Psychodiagnostik des schlußfolgernden Denkens

Psychodiagnostik des schlußfolgernden Denkens

Handbuch zur Adaptiven Computergestützten
Intelligenz-Lerntestbatterie für Schlußfolgerndes
Denken (ACIL)

von

Jens F. Beckmann und Jürgen Guthke

unter Mitarbeit von Heike Dobat, Silke Rittner,
Henrik Stein und Hans Vahle

 Hogrefe · Verlag für Psychologie
Göttingen · Bern · Toronto · Seattle

Dr. rer. nat. Jens F. Beckmann, geb. 1963. 1985-1990 Studium der Psychologie in Leipzig. 1990-1993 Forschungsstipendiat an der Universität Leipzig, danach Wissenschaftlicher Mitarbeiter an den Universitäten Bonn und Leipzig. 1994 Promotion. Seit 1995 Wissenschaftlicher Assistent am Institut für Entwicklungs-, Persönlichkeitspsychologie und Psychodiagnostik an der Universität Leipzig.

Prof. Dr. Jürgen Guthke, geb. 1938. 1956-1961 Studium der Psychologie in Leipzig. 1961-1966 Aufbau einer Psychologischen Beratungsstelle für Kinder und Jugendliche. 1964 Promotion. Seit 1966 ist er an der Universität Leipzig tätig, zunächst als Wissenschaftlicher Mitarbeiter, dann als Dozent für Persönlichkeitspsychologie. 1971 Habilitation und ab 1978 Professor für Klinische Psychologie. Seit 1991 ist er Professor für Differentielle Psychologie und Psychodiagnostik.

Die Deutsche Bibliothek - CIP-Einheitsaufnahme

Beckmann, Jens F.: Psychodiagnostik des schlußfolgernden Denkens : Handbuch zur Adaptiven Computergestützten Intelligenz-Lerntestbatterie für Schlußfolgerndes Denken (ACIL) / von Jens F. Beckmann und Jürgen Guthke. Unter Mitarb. von Heike Dobat ... - Göttingen ; Bern ; Toronto ; Seattle : Hogrefe, Verl. für Psychologie, 1999
ISBN 3-8017-1107-2

© by Hogrefe-Verlag, Göttingen • Bern • Toronto • Seattle 1999
Rohnsweg 25, D-37085 Göttingen

Druck: Dieterichsche Universitätsbuchdruckerei
W. Fr. Kaestner GmbH & Co KG, D-37124 Rosdorf / Göttingen
Printed in Germany
Auf säurefreiem Papier gedruckt

ISBN 3-8017-1107-2

Vorwort und Wegweisung für den Leser und Testanwender

Das hier vorgelegte Handbuch zu einem neuen Test zur Untersuchung des schlußfolgernden Denkens (Adaptive Computergestützte Intelligenz-Lerntestbatterie – ACIL) unterscheidet sich von den üblichen meist recht kurzen Handanweisungen für Tests und soll vor allem den stärker theoretisch interessierten Testanwendern einen gründlicheren Einstieg vor der Testanwendung ermöglichen. Nicht nur Theoretiker, sondern auch nicht wenige Praktiker beklagen mit Recht, daß die bei Tests mitgelieferten Handanweisungen vornehmlich auf psychometrische Daten und auf die Technik der Durchführung und Auswertung orientiert sind. Bei Computertests werden solche rein technischen Handanweisungen noch obsoleter, da das Computerprogramm alle Details der Durchführung und Auswertung vorgibt. Das Handbuch sollte daher mehr Platz für die theoretische Begründung des Verfahrens, empirische Befunde zum Test, Diskussionen, Beispielfälle usw. geben. Wir meinen, daß ein umfangreicheres Handbuch auch deswegen berechtigt ist, weil wir mit der ACIL unseres Wissens weltweit den ersten computergestützten adaptiven Lerntest vorstellen. Das Handbuch sollte darüber hinaus auch für Leser von Interesse sein, die sich unabhängig von der Anschaffung der ACIL über das „Phänomen des schlußfolgernden Denkens" – vor allem aber unter dem Aspekt seiner diagnostischen Erfassung – in Vergangenheit und Gegenwart informieren möchten. Diesen Lesern wird empfohlen, vor allem auch die ersten beiden Kapitel zu lesen; Leser, die sich mehr für die Konstruktionsschritte bei der Entwicklung des Verfahrens und für die Untersuchungen zu den Gütekriterien interessieren, könnten mit dem Kapitel 3 beginnen. Da man heute kaum noch damit rechnen kann, daß ein Leser eine solche spezielle und umfangreiche Monographie von Anfang bis Ende durchstudiert, haben wir uns auch nicht gescheut, an manchen Stellen Wiederholungen in Kauf zu nehmen, um die Verständlichkeit unserer Anliegen in den jeweiligen Abschnitten des Buches zu gewährleisten, wenn diese isoliert gelesen werden sollten. Für ganz eilige Leser, die insbesondere an der Testanwendung interessiert sind, empfehlen wir zunächst das Studium des abschließenden zusammenfassenden Kapitels 9, in dem die üblichen Informationen einer Kurz-Handanweisung sehr gestrafft dargestellt werden – jeweils mit Verweis auf die entsprechenden Stellen im Buch, an denen bei speziellem Interesse die Begründungen und Beweise für die aufgestellten Behauptungen im Detail nachzulesen sind.

Wir haben uns in der Leipziger Forschungsgruppe bereits seit Jahrzehnten (vgl. Guthke, 1972) – ausgehend von einer Kritik der herkömmlichen Intelligenzstatustests und theoretisch vor allem auf Wygotskis (1934/1964) Theorie von der „Zone der nächsten Entwicklung" basierend – um die Entwicklung sog. Lerntests bemüht. Den gegenwärtigen nationalen und internationalen Entwicklungsstand auf dem Gebiet des sog. dynamischen Testens, dessen prominentester Vertreter wohl das Lerntestkonzept ist – im angloamerikanischen, israelischen und holländischen Bereich auch als Learning Potential Assessment, Interactive bzw. Dynamic Assessment bezeichnet – widerspiegeln die jüngst im Hogrefe-Verlag erschienene Monographie von Guthke und Wiedl (1996), vor allem bezogen auf die amerikanischen und israelischen Arbeiten der Sammelband von Haywood und Tzuriel (1992) und auf die niederländischen der Sammelband von Hamers, Sijtsma und Ruijssenaars (1993). Lerntests sind einerseits vielerorts als theoretisch wohl begründet und als echte Innovation in der Diagnostik begrüßt worden – auch von prominenten Fachvertretern, die bisher eher der statusorientierten Intelligenzmessung verpflichtet waren. Hier wären z.B. zu erwähnen: Groffmann (1983) in seinem Beitrag zur „Enzyklopädie der Psychologie" oder Sternberg (1985), der in seinem viel zitierten Buch „Beyond IQ" das Lerntestkonzept als eine der wenigen Innovationen in der Intelligenzdiagnostik bezeichnet, sowie die Nestorin der amerikanischen Psychodiagnostik Anastasi (1987) in ihrem Nachwort zu einem Buch von Lidz über „Dynamic Assessment" (vgl. auch Anastasi, 1981). Leider haben sich aber andererseits Lerntests in der Praxis wohl vor allem wegen ihres hohen Zeitbedarfs und der z.T. komplizierten Darbietungs- und Auswertungsprozedur zumindest in Deutschland wenig durchsetzen können (in Israel, Holland und in den USA sieht es etwas anders aus). Wir haben daher in jüngster Zeit statt des bisher üblichen sog. Langzeit-Lerntests mit dem Design Prätest-Trainingsphase-Posttest (siehe z.B. den 1983 publizierten Lerntest für Schlußfolgerndes Denken, LTS, vgl. Guthke, Jäger & Schmidt, 1983) sog. Kurzzeit-Lerntests entwickelt, die wie der konventionelle Intelligenztest nur eine Testsitzung erforderlich machen und die durch die computerisierte Durchführung und Auswertung den Psychologen weitgehend entlasten. Ein solcher Test ist die ACIL, die auf dem bereits oben erwähnten Langzeit-Lerntest LTS basiert und das schlußfolgernde Denken untersucht.

Da es sich bei der ACIL um die erste Realisierung eines neuen Typs von Intelligenztests zum einen und Computertests zum anderen handelt, bei dem im Vergleich zur „konventionellen Übertragung" handelsüblicher Intelligenztests auf den Computer jetzt die Vorteile des Computers (z.B. bei der standardisierten Hilfengebung und Reaktionszeitmessung) voll ausgenutzt werden, sind die Autoren und der Verlag sehr an den Erfahrungen und natürlich auch an den Testwerten (für die Vervollständigung der Normierung) einer möglichst großen Anzahl von Praktikern/innen dringend interessiert, die die Tests unter unterschiedlichsten praktischen Zielsetzungen und an unterschiedlichen Adressaten einsetzen.

Bisher erfolgte der Einsatz des Verfahrens vorwiegend an Kindern und Jugendlichen im Alter von 12 - 18 Jahren, die Applikation bei Erwachsenen ist aber durchaus denkbar und wurde z.T. auch schon realisiert. Einsatzmöglichkeiten bestehen überall dort, wo man gegenwärtig nur die handelsüblichen Intelligenztests nutzt (vor allem Schullaufbahnberatung, Erziehungs- und Berufsberatung, Eignungsdiagnostik, klinische Leistungsdiagnostik), nun aber überprüfen möchte, ob man nicht bei bestimmten Fragestellungen und bei bestimmten Adressaten durch die Verwendung von Lerntests gegenüber rein konstatierenden Intelligenztests noch wertvolle diagnostische Zusatzinformationen erhalten kann. Als solche speziellen Einsatzgebiete bzw. Adressatengruppen für Lerntests gelten vor allem:

• Untersuchung von „Schulversagern" aus ungünstigem häuslichen Milieu, generell bei Testanden mit „irregulären Lernbedingungen" in ihrer Vorgeschichte (vgl. Flammer & Schmid, 1982; Guthke & Gitter, 1991; Guthke et al., 1983);

- Kinder aus sog. Sondergruppen (z.B. Kinder mit Sinnesstörungen oder minimaler cerebraler Dysfunktion, siehe hierzu Guthke, 1985);
- Immigrantenkinder und „Gastarbeiter" (siehe Hamers et al., 1993; Haywood & Tzuriel, 1992; Hegarty, 1979);
- Besonders testängstliche, „neurotische" und zu impulsive Testanden (siehe Meijer, 1996; Wiedl, 1984);
- Differentialdiagnostik zwischen neurotisch und hirnorganisch bedingtem Leistungsversagen im Erwachsenenalter und Früherkennung von Morbus Alzheimer-Patienten (siehe Baltes, Kühl & Sowarka, 1992; Guthke & Adler, 1990; Neher, 1996; Roether, 1986; Wolfram, Neuman & Wieczorek, 1986);
- Eignungsdiagnostische Fragestellungen bei älteren und ausländischen Arbeitnehmern (siehe Downs, 1985; Robertson & Mindel, 1980; zusammenfassend Guthke & Wiedl, 1996), bei denen die üblichen Statustests oft die wahre Leistungsfähigkeit nicht erkennen lassen; z.Z. überprüfen wir in Zusammenarbeit mit der Bundesanstalt für Arbeit auch Einsatzmöglichkeiten des Verfahrens in sog. Berufsförderungswerken bei erwachsenen und jugendlichen Rehabilitanden.

Wir erhoffen uns durch die Veröffentlichung unseres Verfahrens, daß Kolleginnen und Kollegen in der Zukunft mit uns gemeinsam überprüfen, inwieweit das Verfahren für diese Fragestellungen und Adressatenkreise mit Nutzen einsetzbar ist.

Zur Veröffentlichung entschlossen wir uns auch, weil die ACIL auf der bereits 1983 publizierten Lerntestbatterie „Schlußfolgerndes Denken" (LTS, Guthke et al., 1983) aufbaut, die wir nach sehr umfangreichen jahrelangen theoretischen und praktischen Vorarbeiten publiziert haben. Das inhaltlich-theoretische Konzept dieser Batterie – nämlich den „Kernfaktor der Intelligenz", das sog. schlußfolgernde Denken, in den drei Materialbereichen verbal, figural-anschaulich und numerisch (siehe zur Ableitung dieser drei wesentlichen Inhaltsdimensionen die weithin anerkannte faktoranalytische bimodale Intelligenztheorie von Jäger, 1984) zu erfassen – hat sich seither durchaus bewährt. Die benutzten Testtypen – Zahlenfolgen, Figurenfolgen und verbale Analogien – zählen seit Jahrzehnten in der Praxis der Intelligenzdiagnostik zu den gültigsten – übrigens auch nach der Augenscheinvalidität von psychologischen Laien (vgl. Süllwold, 1987) – und daher auch am häufigsten angewandten Intelligenztests. In der Handanweisung zum LTS werden Untersuchungen referiert, die aufzeigen, daß diese Tests mit der Leistungsfähigkeit besonders für den mathematisch-naturwissenschaftlichen Bereich in engem Zusammenhang stehen (darüber hinaus Figurenfolgen auch für den mehr technischen, verbale Analogien für den sprachlichen Bereich). Für uns war bei der Auswahl dieser Intelligenztestaufgaben auch noch von besonderer Relevanz, daß gerade sie in den letzten beiden Jahrzehnten Gegenstand sehr diffiziler kognitionspsychologischer „Mikroprozeßanalysen" geworden sind, die wir zum Zwecke einer kontentvaliden Itempoolkonstruktion für die ACIL nutzen konnten.

Die ersten Konstruktionsschritte zur ACIL wurden im Rahmen der vom Senior-Autor (Guthke) und seinem ehemaligen Mitarbeiter Dr. M. Caruso (†) betreuten Dissertationen von M. Fiebig (1989), E. Räder (1988) und H. Stein (1993) gegangen. Dr. Räder und Dr. Fiebig arbeiten jetzt in der Praxis und sahen sich außerstande, an den folgenden Normierungs- und vor allem Validierungsarbeiten noch teilzunehmen, so daß neue Bearbeiter (Dr. J.F. Beckmann, Dipl.-Psych. S. Rittner, Dr. H. Vahle) einbezogen werden mußten. Jenen soll an dieser Stelle noch einmal herzlich für ihre „Pionierarbeiten" gedankt werden. Dank gebührt auch sehr vielen Studentinnen und Studenten, die im Rahmen ihrer Diplomarbeiten spezielle Fragestellungen zur ACIL untersucht haben. Danken möchten wir aber auch den vielen „Testanden" und den Mitarbeitern des Verlages Dr. Schuhfried, die die Adaption des Tests auf das Wiener Testsystem vornahmen. Nunmehr ist durch Anregung und durch großen persönlichen Einsatz von Dr. Hänsgen (Fribourg) auch eine verbesserte Adaption des Tests im Rahmen des Hogrefe-Testsystems KIDIS entstanden. Hierfür und vor allem auch für seinen Vorschlag, ein solch umfangreiches Handbuch zu verfassen, sei ihm besonders herzlich gedankt. Für eine Durchsicht auf orthographische und Druckfehler danken wir Frau cand. psych. Ines Kahle, die auch die Verständlichkeit des Textes unter „studentischen Blickwinkel" prüfte und uns wertvolle Hinweise gab.

Ohne die großzügige finanzielle Unterstützung der Untersuchungen zur Konstruktvalidität des Verfahrens im Rahmen der von der DFG geförderten Forschungsprojekte Gu-297/x wäre eine solche Publikation nicht zustande gekommen. Für die Bereitstellung von spezieller Software und wertvollem Rat danken wir Prof. Dr. K.C. Klauer, Prof. Dr. Moosbrugger, Prof. Dr. Neubauer, Dr. Oberauer und Dr. Zistler. Last but not least ist dem Verlag Dr. Hogrefe und vor allem Herrn Dr. Vogtmeier für die rasche Publikation des Textes zu danken.

Die Autoren

Inhaltsverzeichnis

Autorenschaft

Wir möchten ausdrücklich betonen, daß sich alle Autoren bei der kritischen Durchsicht und Verbesserung aller Abschnitte des Buches beteiligt haben, da das Buch auf gemeinsamer Forschungsarbeit und Diskussionen beruht.

Die unten aufgeführten Mitarbeiterinnen und Mitarbeiter haben folgende Abschnitte des Buches vorrangig verfaßt (die von J.F. Beckmann und J. Guthke geschriebenen Abschnitte werden hier nicht extra aufgeführt).

H. Dobat:	5.3.4, 5.3.5, 5.3.6
S. Rittner:	5.3.2, 5.3.7, 6.2, 1.4.2, 3.2.2, 3.3.2, 8.2
H. Stein:	1.4.3, 3.2.3, 3.3.3, 7.2.3, 8.3
H. Vahle:	1.4.2, 3.2.2, 3.3.2, 4.2, 5.3.1, 6.1, 7.2.2, 8.2

1 Das schlußfolgernde Denken – Begriffsbestimmung und psychodiagnostische Forschungstradition

1.1 Der Begriff des schlußfolgernden Denkens aus philosophisch-logischer Perspektive

Wir beschäftigen uns in diesem Buch mit schlußfolgerndem Denken und dessen Diagnostik vom psychologischen Standpunkt aus. Die Philosophie und speziell die Logik haben sich schon viele Jahrhunderte vor Entstehung der experimentellen Psychologie mit Schlußfolgerungsprozessen beschäftigt und untersuchen diese auch heute noch. Aus diesem Grunde erscheint uns eine zumindest kursorische Betrachtung unseres Gegenstandes vom philosophisch-logischen Standpunkt her unumgänglich.

Die Logik (formale Logik) umfaßt in der philosophischen Tradition die Lehre vom Begriff, vom Urteil und vom Schluß. Dabei setzt die Lehre des Schließens die Analyse der Urteile voraus, denn Schließen ist ein Schluß(-Folgern) von einem Urteil auf ein anderes Urteil. Die Grundlage von Urteilen sind wiederum die Begriffe, d.h., dem Urteilen muß eine Analyse der Begriffe vorausgehen. Somit ist die Logik eine Theorie des Schließens, die auf Begriffsbildung und Begriffssynthese (Urteilsbildung) basiert.

In der Logik als Theorie der formal gültigen Schlüsse (siehe u.a. von Kutschera & Breitkopf, 1991, S. 9f.) versteht man unter Schließen die Anwendung eines geregelten Verfahrens (sog. Kalküle), um von bestimmten Aussagen bzw. Urteilen (Prämissen eines Schlusses) zu einer weiteren Aussage bzw. Urteil (Konklusion des Schlusses) zu gelangen. Beim korrekten Schließen muß die Wahrheit der Prämissen die Wahrheit der Konklusion verbürgen. Korrektheit und Wahrheit sind somit unabdingbare Qualitäten von (logischen) Schlußfolgerungen. Dabei bezieht sich die Korrektheit einer Schlußfolgerung auf die Übereinstimmung mit den Gesetzen und Regeln der formalen Logik (formaler Aspekt), während die Wahrheit einer Schlußfolgerung sich auf die Übereinstimmung mit der objektiven Realität (inhaltlicher Aspekt) bezieht. Jeder wahre Schluß muß also logisch korrekt sein, nicht jeder korrekte Schluß muß wahr sein.

Begriffsbildung, Urteilen und Schließen sind nach Kant die wesentlichen Bestimmungsstücke einer Definition des Denkens. Durch die Überschneidung der Begriffsinhalte von Logik (siehe oben) und Denken könnte man Logik verkürzt als Lehre vom Denken definieren. Während Logik ursprünglich in diesem (strengen) Sinne in bezug auf das Denken verstanden wurde, kommt ihr heute – nicht zuletzt in Folge der Emanzipation der Psychologie (mit ihrer Teildisziplin „Denkpsychologie") als selbständige Wissenschaft – eher eine normative Funktion zu. Logik wird somit zur Wissenschaft vom korrekten (Schluß-) Folgern. Die Logik untersucht dabei nicht, wie korrektes Schlußfolgern (z.B. in der menschlichen Informationsverarbeitung) vor sich geht, sondern unter welchen Umständen Schlußfolgerungen als korrekt angesehen werden können.

Zahlreiche empirische Befunde psychologischer Denkforschung zeigen, daß menschliches schlußfolgerndes Denken häufig logischen Regeln widerspricht, also vom Standpunkt der Logik als inkorrekt bezeichnet werden muß. Diese scheinbare Irrationalität scheint im Widerspruch zur – im Vergleich zu anderen Lebewesen – enormen intellektuellen Kapazität der menschlichen Spezies und deren Erfolge bei der Daseinssicherung zu stehen. Evans und Over (1996) unterscheiden vor dem Hintergrund dieses sogenannte Rationalitätsparadoxons zwischen *rationality*$_1$ und *rationality*$_2$. Schlußfolgerungen, die ein zuverlässiges und effizientes Erreichen individueller Ziele ermöglichen, werden der *rationality*$_1$ zugeordnet, *rationality*$_2$ repräsentiert Schlußfolgerungen, die in Einklang mit einem rationalen System (z.B. der Logik) stehen. Eine ähnliche Unterscheidung nimmt Anderson (1990, S. 28) mit der Gegenüberstellung von „rationality as logically correct reasoning" und „rationality as behavior that is optimal in terms of achieving human goals" vor.

Die Konstruktion psychodiagnostischer Verfahren zur Erfassung schlußfolgernden Denkens (sog. reasoning tests) basiert vorwiegend auf rationalen Ansätzen im engeren Sinne (d.h. Prüfung von *rationality*$_2$). Im Rahmen dieser Ansätze werden Testanforderungen definiert, die bei Beachtung der relevanten Aufgabenaspekte (z.B. bei der Encodierung, sensu Sternberg, 1977) und bei im normativen Sinne korrekter Verarbeitung dieser lösungsrelevanten Informationen erfolgreich bewältigt werden. Fehlerhafte Lösungen bei diesen Aufgaben werden performanzbedingt interpretiert (z.B. Überlastung des Arbeitsgedächtnisses, unvollständige Kenntnis relevanter Regeln usw.) und diagnostisch bewertet.

Einschlägige Tests enthalten meist Begriffsbildungs- bzw. Klassifikationsaufgaben, Analogien, Folgen oder Matrizen. Der Gültigkeitsbereich solcher Tests wird oft verwirrend und nicht einheitlich differenzierend umschrieben, z.B. induktives Denken (sowohl im engeren als auch im weiteren Sinne, siehe Hager, 1995), induktives Schlußfolgern in Abgrenzung zum induktiven Denken (zu dieser Unterscheidung siehe z.B. Klauer, 1996), deduktives Schlußfolgern, schlußfolgerndes Denken, allgemeines Schlußfolgern, formales Schlußfolgern, Denkfähigkeit (z.B. Horn, 1983), Reasoning usw.

Im folgenden soll versucht werden, eine Orientierung aus der Sicht der Logik vorzunehmen. Dazu sind zunächst einige einführende Bemerkungen notwendig.

Logische Präliminarien

Ein Syllogismus ist zunächst ganz allgemein die Ableitung eines Urteils (Konklusion) aus einem anderen (Prämisse 1) unter Zuhilfenahme eines weiteren (Prämisse 2). Die Struktur eines syllogistischen Schlusses wird im wesentlichen durch Subjekt- (S), Prädikats- (P) und Mittelbegriffe (M) bestimmt, wobei der Mittelbegriff in den Prämissen entweder als Subjekt- oder als Prädikatsbegriff auftritt. Der Mittelbegriff wird auch als *Argument* bezeichnet, der in beiden Prämissen (*Prinzipien*) enthalten sein muß. Im Rahmen dieser Begrifflichkeit wird Schließen als *Argumentieren* angesehen.

In Abhängigkeit der Position (bzw. Funktion) des Mittelbegriffs in den Prämissen ergeben sich vier mögliche Schlußfiguren (siehe Tabelle 1.1).

Tabelle 1.1

Schlußfiguren des klassischen Syllogismus

| | Schlußfigur | | | |
	1.	2.	3.	4.
Prämisse 1	M – P	P – M	M – P	P – M
Prämisse 2	S – M	S – M	M – S	M – S
Konklusion	S – P	S – P	S – P	S – P

Im Rahmen der sog. Prädikatenlogik lassen sich durch die Kombination eines *Quantors* („alle/jedes" bzw. „einige/manche") und der *Kopula* („ist/sind" bzw. „ist/sind nicht") zu einem *Funktor* vier verschiedene Kategorien von Urteilen unterscheiden: allgemein bejahend (z.B.: jedes S ist P), allgemein verneinend (jedes S ist nicht P), partikulär bejahend (manche S sind P), partikulär verneinend (manche S sind nicht P). Jedes Urteil (ob Prämisse oder Konklusion) läßt sich als allgemein bejahend, allgemein verneinend, partikulär bejahend oder partikulär verneinend formulieren. Somit resultieren für jede der vier Schlußfiguren 64 Möglichkeiten. Diese 256 Syllogismenschemata werden durch eine im Laufe der Logik-Entwicklung unterschiedlich definierte Anzahl von Schlußregeln, wie zum Beispiel: ex puris negativis nihil sequitur (aus verneinenden Prämissen folgt nichts), auf letztlich 19 (siehe z.B. Kondakow, 1983, S. 462), bzw. 24 (siehe z.B. Cohen & Nagel, 1934) bzw. 27 (siehe z.B. Johnson-Laird & Byrne, 1991) korrekte syllogistische Schlüsse reduziert (siehe zu dieser Problematik u.a. Evans, Newstead & Byrne, 1993, S. 212ff.).

Der induktive Schluß

Induktive Schlüsse sind dadurch gekennzeichnet, daß in deren Ergebnis eine allgemeine Aussage, Regel, These steht. Induktive Schlüsse entsprechen rein äußerlich der 3. Schlußfigur des Syllogismus.

Beispiel:

> Stift, Buch, Messer fallen
> Stift, Buch, Messer sind Körper
> also: Alle Körper fallen

Während der Schlußsatz des induktiven Schlusses ein allgemeiner Satz ist („Alle Körper fallen"), sind in der dritten Schlußfigur des Syllogismus gemäß einer festgelegten Schlußregel nur partikuläre Schlüsse gültig, so daß die Konklusion syllogistisch korrekt „Einige Körper fallen" lauten müßte.
Der induktive Schluß verstößt durch eine unzulässige Verallgemeinerung gegen die Regeln des Syllogismus (fictae universalitates). Damit wird deutlich: Induzieren ist

ein Verallgemeinern. Die induktiven Schlüsse sind dadurch charakterisiert, daß der Prozeß des Schließens von der Kenntnis einzelner Fakten oder Teilfakten zur Kenntnis einer allgemeinen Regel verläuft, in der die einzelnen Fakten oder Teilfakten zusammengefaßt werden. Auf diesem Wege wird das in den Prämissen akkumulierte Wissen in der Konklusion auf einen neuen Sachverhalt erweitert. Das Ergebnis einer Induktion ist stets mit einer gewissen Unsicherheit verbunden, d.h., die Konklusion kann also auch falsch (unwahr) sein. Dies folgt aus der Tatsache, daß die in den Prämissen gegebene Information nicht ausreicht, um mit Sicherheit wahre Aussagen über etwas Allgemeines oder auch Spezifisches (Einzelfall) zu treffen. Induktionsschlüsse wurden von Kant auch als Wahrscheinlichkeitsschlüsse bezeichnet.

Gelingt es, alle relevanten Einzelfälle in Form von Prämissen dem Induktionsschluß voranzustellen und dann daraus ein allgemeingültiges Urteil, eine Regel bzw. Gesetzmäßigkeit abzuleiten, dann handelt es sich um eine vollständige Induktion. In diesem speziellen Fall findet keine Erweiterung der Informationsmenge von den Prämissen zur Konklusion statt. Eine vollständige Induktion ist Deduktion. An dieser Stelle soll darauf hingewiesen werden, daß die häufig getroffene Unterscheidung zwischen Induktion und Deduktion hinsichtlich der *Schlußrichtung* („vom Einzelnen zum Allgemeinen" vs. „vom Allgemeinen zum Einzelnen") unzureichend, ja sogar oft irreführend ist (vgl. u.a. Evans, 1990; Shye, 1988; Skyrms, 1975). Die Schluß*richtung* ist lediglich ein Oberflächenmerkmal und als Differenzierung von Induktion und Deduktion nicht trennscharf. Wesentlicher ist die Unterscheidung hinsichtlich des gehaltskonservierenden (die Information in den Prämissen wird nicht erweitert = Deduktion) bzw. des gehaltserweiternden (die Prämisseninformation wird erweitert = Induktion) Charakters der Konklusion. Diese Charakteristik manifestiert sich unmittelbar im Grad der Sicherheit des Schlusses. Allgemein wird in der philosophischen Literatur Induktion als Argument angesehen, bei dem eine Schlußfolgerung nur wahrscheinlich, nicht aber logisch notwendig aus den Prämissen folgt (vgl. u.a. Colberg, Nester & Cormier, 1982).

Der deduktive Schluß

Beim deduktiven Schluß kann davon ausgegangen werden, daß bei Wahrheit der Prämissen und Beachtung der Regeln der Logik (= Korrektheit) die Wahrheit des Schlußsatzes gewährleistet, gewiß ist. Die charakteristische Eigenschaft deduktiver Schlüsse ist somit die Eindeutigkeit, mit der die Konklusion wahr ist. Dementsprechend bezeichnet Brentano (1956, S. 202) deduktive Schlüsse auch als Gewißheitsschlüsse. Bei gültigen deduktiven Schlüssen wird mit der Konklusion keine Erweiterung der Prämisseninformation vorgenommen, so daß die mit der Induktion einhergehenden potentiellen Fehler (siehe oben) nicht auftreten.

Will man sich überzeugen, daß ein Schlußsatz tatsächlich aus gegebenen Prämissen folgt, gibt man der deduktiven Überlegung die Form eines Syllogismus. Dabei richtet man seine Aufmerksamkeit darauf, ob in dem Schluß die Regeln des Syllogismus beachtet wurden. Deduktive Schlüsse sind dadurch beweisbar. Logisches Beweisen erfolgt über eine Rückführung komplizierterer Sätze, Urteile auf einfache, elementare Sätze bzw. Urteile. Dieses Vorgehen wird hier als Regression bzw. regressive Deduktion bezeichnet. Der regressiven Deduktion in der Richtung des Schlusses gleich ist die Induktion. Was aber nicht heißt, daß es sich auch tatsächlich um Induktion handelt (beachte: Schlußrichtung als Oberflächenmerkmal). Entscheidend ist, ob es gelingt, mit Sicherheit von komplexen, speziellen Sätzen auf einfache, allgemeine Sätze zu kommen (Regression). So kann davon ausgegangen werden, daß Regression in der Erfahrungswissenschaft Induktion ist, da dieser Vorgang oft nur unsicher gelingt. In der Mathematik hingegen kann die Regression als deduktives Verfahren betrachtet werden.

Deduktives Denken ist notwendig, um Pläne zu formulieren, alternative Handlungen zu evaluieren, die Konsequenzen von Annahmen und Hypothesen zu bestimmen, Regeln und generelle Prinzipien anzuwenden, Argumentationen und Verhandlungen voranzutreiben, Abwägen von Beweisen und Werten von Daten und bspw., um zwischen konkurrierenden Theorien zu entscheiden.

Der Analogieschluß

Der Analogieschluß beruht auf der Annahme, daß zwei Objekte, die in mehreren Merkmalen übereinstimmen, ganz übereinstimmen, wenn zwischen den erkannten Merkmalen und den (an einem Objekt) nicht erkannten Merkmalen eine konstante Verbindung besteht. Allen Analogieschlüssen ist gemeinsam, daß ein Gegenstand direkt untersucht wird und bezüglich eines anderen eine Schlußfolgerung gezogen wird. Es findet somit eine Eigenschaftsübertragung statt (siehe auch Traduktion). Die darin enthaltene Verallgemeinerung (= Erweiterung der in den Prämissen gegebenen Information) charakterisiert den Analogieschluß als Form der Induktion. Somit sind Ableitungen mittels Analogieschluß stets nur wahrscheinlich (siehe Wahrscheinlichkeitsschlüsse sensu Kant).

Beispiel:
					Stift, Buch, Messer fallen
					Stift, Buch, Messer sind Körper
Mittelschritt:			Einige Körper fallen
Erweiterung (i.S., daß es noch andere Körper gibt, und diese auch zur Erde fallen):
					Ein Apfel ist ebenfalls ein Körper
Daraus ergibt sich dann der (induktive)
Schluß:				Der Apfel fällt auch

Auf Grundlage des aktivierten Weltwissens (reproduziertes Wissen) wird die Quantität des partikulären Urteils erweitert, so daß sich die Konklusion auf einen weiteren Einzelfall (hier der Apfel, der fällt) bezieht. Dieser Schluß deckt sich sicherlich mit dem Bild von der Realität der meisten Leser, ist demnach sicher *wahr*, aber – logisch, bzw. syllogistisch gesehen – *nicht korrekt*.

Das analoge Schließen als Form der Induktion gehört ebenso wie deduktives Schließen untrennbar zum einheitlichen Denkprozeß. Eine oft disjunkt anmutende Betrachtung verschiedener Schlußformen zur Charakterisierung von Anforderungen, wie sie in Reasoning-Tests vorgegeben werden, ist so gesehen recht künstlich.

Konklusion

Das schlußfolgernde Denken erweist sich dem Wesen nach als ein Umstrukturieren, als ein durch *Abstraktion* gerichtetes *Beziehungserfassen* an gewußten Sachverhalten (vgl. Ebert, 1993, S. 147; Lindworsky, 1916). Denken (und synomym Schlußfolgern) – als eine zentrale intellektuelle Fähigkeit im menschlichen kognitiven Repertoire – kann somit als interpretierende und ordnungsstiftende Verarbeitung von Information chararkterisiert werden. Voraussetzung für den „Wissensgewinn" sowohl durch induktives als auch durch deduktives Schließen ist aber das Einhalten von Regeln des korrekten Schlußfolgerns.

Schlußfolgerndes Denken ist dabei deutlich mehr als induktives Denken. Die Trennung von Induktion und Deduktion ist eine metaphysische, eigentlich ist jede Deduktion das Resultat einer vorausgegangenen Induktion; das Resultat induktiven Denkens manifestiert sich letztlich über einen deduktiven Denkakt. So erfolgt die Prüfung der Fähigkeit zum induktiven Denken im Rahmen der Psychodiagnostik nicht selten explizit über Deduktion. Die erfolgreiche Anwendung (Deduktion) der induktiv gewonnenen Regel auf den Einzelfall (= nächstes Item) soll dem Diagnostiker Auskunft darüber geben, ob die Regel erfolgreich induziert wurde.

1.2   Faktoranalytische Studien zum schlußfolgernden Denken

Bereits zu Beginn der systematischen psychologischen Intelligenzforschung und Intelligenzdiagnostik wurde von Binet erkannt, daß man Intelligenz nicht vornehmlich – wie bei Galton und McKeen Cattell praktiziert – durch Prüfung elementarer Basalkomponenten der Informationsverarbeitung mittels sog. mental tests (vgl. allerdings deren Renaissance in der Jetztzeit, siehe A. Neubauer, 1995; Schweizer, 1995) erfassen kann, sondern die „Urteilsfähigkeit" für komplexe Sachverhalte die zentrale Komponente der Intelligenz darstellt. Schlußfolgernde Denkprozesse waren auch der Hauptgegenstand der Untersuchungen der klassischen deutschen Denkpsychologie (Köhler, Duncker, Koffka, Wertheimer) an Anthropoiden und Menschen, in denen der Terminus „Einsicht" eine zentrale Rolle einnahm. Der Begründer der faktoranalytischen Intelligenzforschung, Spearman, postulierte einen Generalfaktor der Intelligenz (g-Faktor), den er zunächst etwas verschwommen und dem damaligen „energetischen Zeitgeist" folgend als „geistige Energie" definierte. Bereits 1927 berichtete er über Korrelationen von $r = .68$ bis $.84$ zwischen Tests zum induktiven Denken und dem g-Faktor. Später wurde von ihm (Spearman, 1946) das Erkennen von Relationen und das Finden einer Regel neben der „spatial discrimination" als *die* zentrale Anforderung in allen mit dem g-Faktor hochgeladenen Tests bezeichnet. Im alternativen Gruppenfaktorenmodell nach Thurstone mit den sieben Primärfähigkeiten (Thurstone & Thurstone, 1941) wurde von Thurstone zunächst ein Faktor „Induktion" definiert, der durch das Erkennen einer Regel im Testmaterial (z.B. in Zahlen- oder Figurenfolgen) geprüft wird (vgl. Thurstone, 1938). Wenn die Regel nicht nur zu erkennen, sondern auch anzuwenden ist, dann könnte man nach Meinung Jägers (1967) auch von Deduktion sprechen (zum oft unlösbaren Zusammenhang induktiver und deduktiver Denkprozesse, siehe auch unsere Ausführungen in 1.1 und Holland, Holyoak, Nisbett & Thagard, 1986). Solche Überlegungen mögen wohl auch mit ein Grund dafür gewesen sein, daß später von Thurstone ein Faktor „reasoning" definiert wurde, der sowohl Induktion als auch Deduktion umfaßt und der heute allgemein als „Schlußfolgerndes Denken" bzw. als „Verarbeitungskapazität, Urteilsfähigkeit und logisches Denken" (vgl. z.B. Jäger, 1967, 1984) übersetzt wird. Dieser wird oft als *der* Kernfaktor der Intelligenz unter den z.T. auch umstrittenen sieben Primärfähigkeiten der Intelligenz nach Thurstone betrachtet. In faktoranalytischen Folgeuntersuchungen von Guilford (nach Meili & Rohracher, 1963) ließ sich unter prozeduralen und inhaltlichen (materialspezifischen) Aspekten der globale Reasoning-Faktor in sieben Subfaktoren aufspalten:

- General Reasoning – z.B. mathematische Textaufgaben lösen
- Logical Reasoning – z.B. unter 5 Schlüssen den richtigen auswählen
- Erkennen von figuralen Relationen – z.B. in einer Figurenfolge
- Erkennen von begrifflichen Relationen – z.B. in verbalen Analogien
- Erkennen von begrifflichen Ordnungen – z.B. Klassifikationsregel erkennen, nach der Kreise in einer Anordnung markiert sind
- Finden des letzten Gliedes in einer Beziehung – z.B. muß das letzte Glied in einer Serie von Paaren ergänzt werden
- Substitution von Symbolen – z.B. müssen in einer Gleichung Zeichen durch Zahlen ersetzt werden

Diese u.E. zu feinen Klassifikationen, die wohl vorwiegend eine Ordnung verwendeter Testaufgaben darstellen (vgl. auch Carroll, 1993a, der nach einer metaanalytischen Übersicht über alle faktoranalytischen Studien zu einer noch feineren Klassifizierung kommt) werden im bimodalen Intelligenz Struktur Modell nach Jäger (1984) überwunden (siehe Abbildung 1.1).

Nach diesem Modell, das inhaltlich auch der Konzeption unserer ACIL zugrundelag, wird die „Verarbeitungskapazität" bzw. das schlußfolgernde Denken in den drei Hauptmaterialbereichen numerisch, figural und verbal getrennt zu untersuchen sein, demzufolge wird der Operationsfaktor „Schlußfolgerndes Denken" nur in drei Inhaltsebenen erfaßt.

Allerdings wird die empirische Evidenz für dieses gegenwärtig sehr populäre, viel untersuchte und mehrfach bestätigte Modell vornehmlich nur durch Faktoranalysen und Multidimensionale Skalierung bei Verwendung der bisher am meisten verwendeten Intelligenztesttypen gewonnen. Jäger selbst läßt offen, ob nicht diese an den traditionellen Intelligenztestaufgaben ausgerichteten drei Inhaltsebenen erweitert werden müßten. So werden gegenwärtig verstärkt praktische und soziale Intelligenz, Problemlösekompetenz für sog. komplexe und intransparente Probleme, Weisheit, prospektive Phantasie bzw. Intelligenz und andere das herkömmliche „akademische Intelligenzkonzept" (vgl. Neisser, 1974) sprengende Ansätze diskutiert (siehe zu diesen neuen Ansätzen die Übersicht bei Guthke, 1996 und Kapitel 2), die mit den herkömmlichen Intelligenztests kaum zu erfassen sind und zweifellos auch Schlußfolgerungsprozesse verlangen.

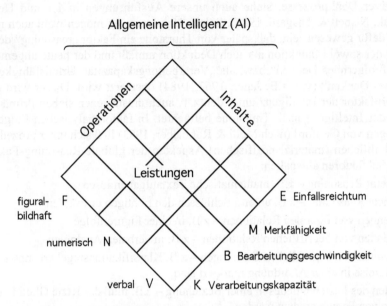

Allgemeine Intelligenz (AI)

Operationen

Inhalte

Leistungen

figural-
bildhaft   F

numerisch   N

verbal   V

K Verarbeitungskapazität

E Einfallsreichtum

M Merkfähigkeit

B Bearbeitungsgeschwindigkeit

Abbildung 1.1:   Das bimodale Berliner Intelligenz Strukturmodell nach Jäger (1984).

In Cattells (vgl. Horn & Cattell, 1966) Theorie der fluiden und kristallinen Intelligenz (g_f und g_c) wird die fluide Intelligenz vor allem auch durch Aufgaben des schlußfolgernden Denkens meist bei mehr figural-abstraktem Material (wie z.B. im Raven-Test oder im Culture-fair-Intelligenztest nach Cattell, siehe die deutschsprachige Version von Cattell, Weiss & Osterland, 1977) definiert und gemessen.

> „Fluid intelligence, representing processes of perceiving relations, educing correlates, maintaining span of immediate awareness in reasoning and abstracting in both speeded and unspeeded tasks of a relatively culture-fair kind, but involving figural, symbolic, and semantic content." (Horn & Cattell, 1966, S. 268)

Allerdings haben spätere Untersuchungen gezeigt, daß der Faktor „Induktion" nicht nur im Sekundärfaktor „Fluide Intelligenz", sondern auch im Sekundärfaktor „Kristallisierte Intelligenz" hoch lädt. Unser Erachtens werden z.B. alle Testaufgaben, die sprachlich-semantisches Material mit hohem Bildungsanteil enthalten auch stets Ladungen im Faktor „Kristalline Intelligenz" aufweisen, auch wenn sie – wie z.B. verbale Analogien – primär fluide Intelligenzleistungen im Sinne des logischen Schlußfolgerns erfassen. Die Analogiebeziehung: „Gras verhält sich zu Kuh wie Brot zu ? (Mann, Butter, Wasser)" erfordert zu ihrer Lösung lediglich Grundwissen und verlangt daher wohl vor allem fluide Intelligenz. Dagegen ist die Analogie: „Schüler zu Lehrer wie Aristoteles zu ? (Sokrates, Plato, Homer)" nicht nur mit fluider Intelligenz lösbar, sondern erfordert philosophiegeschichtliche Kenntnisse – also kristalline Intelligenz – zumindest vom Niveau einer Sofies-Welt-Leserin (vgl. Asendorpf, 1996). Wie insbesondere die Wissenspsychologie (vgl. Mandl & Spada, 1988; Weinert, 1996) herausgearbeitet hat, sind sog. kristalline Intelligenzleistungen – z.B. das Schlußfolgern von Experten auf der Basis eines hoch strukturierten und reichen Vorwissens (etwa eines Mediziners bei der Diagnosestellung) – natürlich auch unter „reasoning" zu subsumieren, auch wenn diese stark wissensgebundenen Denkleistungen in der Regel nicht in den Reasoning-Untertests der Intelligenztests (aptitude tests), sondern mehr in bereichsspezifischen Leistungstests (achievement tests) geprüft werden. Da zum anderen nach Meinung vieler Autoren „fluide Intelligenz" neben Reasoning auch die „Gedächtnisspanne", den „Umgang mit Zahlen" usw. umfaßt (vgl. Amelang & Bartussek, 1990), kann auch aus diesem Grunde „Schlußfolgerndes Denken" nicht mit der fluiden Intelligenz identifiziert, sondern lediglich als deren wesentlichster Bestandteil betrachtet werden. Der Begriff „Schlußfolgerndes Denken" umfaßt also sowohl mehr als auch weniger Inhalte als der Begriff „Fluide Intelligenz".

Das als Diagnose- und vor allem auch Trainingsgegenstand in jüngster Zeit viel diskutierte „Induktive Denken" (siehe hierzu auch u.a. Büchel & Büchel, 1997; Büchel & Scharnhorst, 1993; Hager, 1995; Klauer, 1993; Sydow & Meincke, 1991) ist ebenfalls nicht identisch mit dem „Schlußfolgernden Denken", wenn auch die meisten Reasoning-Tests gleichzeitig als Tests zum induktiven Denken bezeichnet werden. So werden sowohl in der Literatur der Psychometriker als auch in der der Kognitionspsychologen (vgl. Hager, 1995; Pellegrino & Glaser, 1982) vor allem die folgenden vier Aufgabentypen übereinstimmend dem induktiven Denken zugerechnet:

- Klassifikationsaufgaben
- Vervollständigung von Reihen (z.B. Buchstaben- oder Zahlenfolgen)
- Analogien (z.B. verbale, geometrische)
- Matrizen-Probleme (z.B. vom Raven-Test-Typus)

Da aber zum einen die o.g. Aufgabentypen im gewissen Sinne auch deduktive Denkprozesse umfassen können (besonders im Sinne der konsequenten Regelanwendung, siehe 1.1), und es außerdem noch andere Aufgabentypen zum schlußfolgernden Denken gibt, die vornehmlich deduktives Denken prüfen (z.B. Lösung von Syllogismen-Tests), ist die in der Literatur gelegentlich vorgenommene Identifizierung von Reasoning und induktivem Denken u.E. nicht sinnvoll. Induktives Denken ist ebenso wie deduktives Denken lediglich ein wesentlicher Bestandteil des schlußfolgernden Denkens. Die von uns in der ACIL benutzten Aufgabentypen – Analogien, Zahlen- und Figurenfolgen – werden in der Spezialliteratur meist als Tests des induktiven Denkens bezeichnet, verlangen aber u.E. auch deduktive Denkprozesse. Die komplizierten, leider in der Literatur nicht einheitlich bestimmten Abgrenzungen und Wechselbeziehungen zwischen den Begriffen „Fluide Intelligenz", „Kristallisierte Intelligenz", „Schlußfolgerndes Denken", „Induktives Denken" und „Deduktives Denken" sollen in Abbildung 1.2 noch einmal verdeutlicht werden.

Auch modernere psychometrische Untersuchungen zur Struktur der Intelligenz betonen den „zentralen Platz" des schlußfolgernden Denkens und der hierfür vornehmlich entwickelten Aufgabentypen wie Raven-Matrizen, Zahlen- und Figurenfolgen sowie Analogieaufgaben im Aufbau und in der Messung der Intelligenz. Es wird immer wieder festgestellt, daß diese Aufgabentypen die höchsten g-Ladungen unter allen verwendeten Intelligenztests aufweisen.

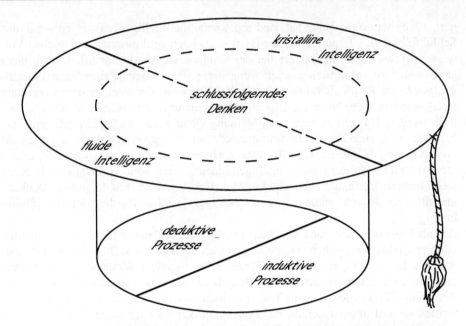

Abbildung 1.2:   Wechselbeziehungen zwischen den Begriffen „Schlußfolgerndes
                 Denken" (Reasoning), „Fluide Intelligenz", „Kristalline Intelligenz",
                 „deduktive und induktive Denkprozesse". (Die Größenverhältnisse
                 der Flächen zueinander sollen keine realen Proportionen
                 widerspiegeln.)

Bereits früher wurde festgestellt, daß z.B. Zahlenfolgen- und Analogietests am höchsten mit dem Gesamtpunktwert des komplexen Intelligenztests (z.B. des IST von Amthauer, 1953) korrelieren (Fischer,
1958, Höger, 1964, Lienert & Leuchtmann, 1958), daß sie im besonderen Maße die Umstellfähigkeit
im Denken, die Plastizität als wesentlichen Faktor des produktiv-schöpferischen Denkens (Amthauer,
1961) sowie das selbständige kritische Urteilen (Fürntratt, 1968) beanspruchen.

In der hierarchischen Intelligenztheorie nach Carroll (1993a) werden auf der Ebene
der Primärfaktoren u.a. induktives Denken, allgemeines schlußfolgerndes Denken
und flexibles Schlußfolgern unterschieden, eine u.E. auch wieder primär durch die
verwendeten Testtypen bedingte und nicht theoretisch begründete Unterteilung. Bei
den übergeordneten „broad abilities" werden von Carroll unterschieden: Allgemeine
Gedächtnis- und Lernfähigkeit, visuelle und auditive Wahrnehmungsfähigkeit (diese
sensorischen Komponenten werden übrigens auch in der modifizierten Theorie von
Cattell [1987] stärker beachtet; Galton läßt grüßen!), Abruffähigkeit, kognitive
Schnelligkeit, kristalline und fluide Intelligenz. Schlußfolgern wird weiterhin primär
der fluiden Intelligenz zugerechnet, aber natürlich auch durch die anderen „breiten
Fähigkeiten" (z.B. dem Arbeitsgedächtnis) mitbestimmt.

Neuere Untersuchungen mit der konfirmatorischen Faktoranalyse (Gustafsson, 1992) haben übrigens
gezeigt, daß viele Differenzen zwischen den unterschiedlichen faktoranalytischen Modellen der Vergangenheit und Gegenwart (z.B. der englischen und amerikanischen Schule bzw. der Zwei- bzw.
Mehrfaktorentheorie, vgl. auch die z.T. ähnlichen, z.T. aber auch unterschiedlichen hierarchischen

Modelle nach Vernon, Cattell, Horn) zum großen Teil „methodische Artefakte" sind. Würde man die bottom-up-Herangehensweise. die im Cattell und Horn-Modell angewandt wird, um eine Stufe oberhalb der Faktoren zweiter Ordnung erweitern, käme man ebenfalls auf einen General-Faktor wie in der Spearman-Theorie. Nutzt man dagegen die top-down-Methodik, die im Vernon-Modell angewandt wird, noch unterhalb der Stufen der Hauptfaktoren, so erhält man die „small abilities" (Carroll, 1993a) bzw. primary mental abilities sensu Thurstone (1938).

Gegenwärtig wird aus verschiedenen – hier nicht weiter zu diskutierenden – Gründen bei der psychometrischen Strukturanalyse der Intelligenz die Methode der Multidimensionalen Skalierung (MDS) gegenüber der bisher dominierenden Faktoranalyse favorisiert. Insbesondere die Untersuchungen von Guttman und Levy (1991) und das von ihnen propagierte Radex- bzw. Facetten-Modell werden international viel diskutiert. Durch Anwendung einer nicht-metrischen Skalierungsmethode, die nur Rangordnungsinformationen benutzt (und daher dem tatsächlichen Datenniveau der Tests eher entspricht) und zur Feststellung relativ weniger Dimensionen tendiert, gelangte Guttman zu folgenden Facetten (Dimensionen, Faktoren) der Intelligenz: Inhalt, Prozeßoperationen und Antwortmodus (siehe Abbildung 1.3).
In der Anwendung auf die bekannten Wechsler-Tests (im deutschsprachigen Raum, HAWIE) unterschied er unter dem Inhaltsaspekt – wie Jäger (1984, siehe oben) – verbale, numerische und geometrisch-figurale Anforderungen. Der prozessuale Aspekt wird aber deutlich anders definiert. Hier wird nach der Komplexität der Anforderungen unterschieden. Im „Kern der Intelligenz" mit den höchsten Anforderungen an das Denken stehen Aufgaben der Regelerkennung, dann folgen Aufgaben der Regelanwendung und schließlich einfache Lern- und Gedächtnisanforderungen. „Inference" im Sinne der Regelerkennung würde also wohl die von uns in der ACIL (siehe unten) benutzten Zahlen- und Figurenfolgentests sowie die Analogien umfassen, bei denen stets Relationen erkannt werden müssen und daraus Regeln abzuleiten sind.
Die dritte Facette – nämlich der Antwortmodus im Test – sei hier nur der Vollständigkeit halber noch erwähnt, ist aber u.E. weniger theoretischer als „technischer" Natur. Unterschieden werden die mündliche Beantwortung, die schriftliche Beantwortung und die praktisch-handelnde „Beantwortung" der Testanforderungen (in Abbildung 1.3 durch entsprechende Symbole gekennzeichnet).
Auch in anderen zeitgenössischen, vorwiegend auf MDS-Analysen aufbauenden Modellen stehen das schlußfolgernde Denken und die dieses repräsentierenden Aufgabentypen ganz im Zentrum der Intelligenzmodelle. Hier wäre vor allem das Modell von Snow und Lohman (1989, siehe Abbildung 1.4) zu erwähnen.
Auch in diesem Modell wird wie bei Guttman eine Ordnung der Tests nach steigender Komplexität vorgenommen, wobei die komplexesten Aufgaben im Zentrum stehen. Dazu gehören die Raven-Matrizen, Analogie-Tests und Folgentests.
Der Inhaltsfaktor spielt hier in diesem Kernsegment kaum eine Rolle (was nicht unserer Auffassung entspricht, siehe auch Jägers Modell, siehe oben), dagegen wird in den mehr peripheren Kreissegmenten mit abnehmender Komplexität wiederum der Inhaltsfaktor mit den drei Merkmalen numerisch, verbal, figural relevant.

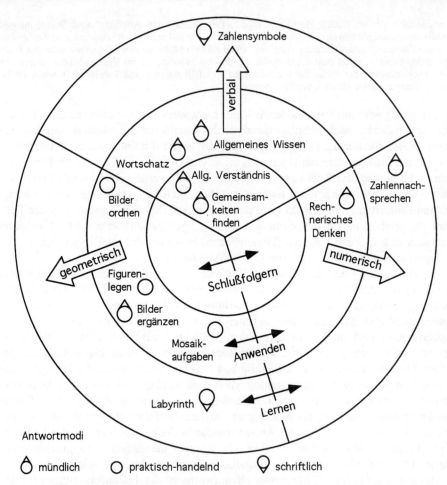

Abbildung 1.3:   Radex-Modell nach Guttman und Levy (1991) für den Wechsler Intelligenz-
               test für Kinder.

In unserem Kontext ist die Schlußfolgerung Gustafssons (1992, S. 18) aus den eben
skizzierten Modellen von besonderem Interesse:

> „there is a close relationship between the degree of 'centrality' of a test
> according to multidimensional scaling, and its loading on the general
> factor. It is also an empirical fact that the tests which are classified as
> 'analytical' or 'rule-inference' tests are the most central ones."

Diese Schlußfolgerung wird auch durch die Befunde von Perleth und Sierwald (1996)
bestätigt, die die Struktur des Kognitiven Fähigkeitstests (KFT 4-13, Heller, Gaedicke
& Weinläder, 1985) mit einer erweiterten LISREL-Methodik untersuchten. Dabei
konnten sie im Unterschied zu Jägers (siehe oben) und des Testautors (Heller) Annahmen keinen eigenen „Figuralfaktor" finden, vielmehr zeigten die Untertests Figu-
renklassifizieren und Figurenanalogien die höchsten Ladungen auf dem g-Faktor.

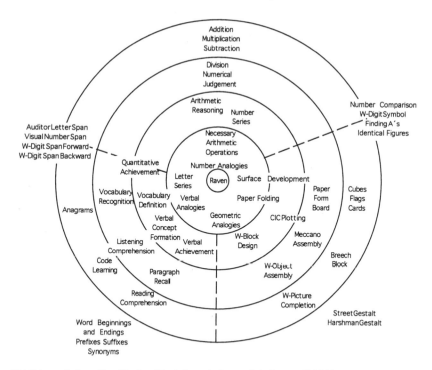

Abbildung 1.4:   Das Radex-Modell nach Snow & Lohman (1989).

Zusammenfassend kann wohl festgestellt werden, daß das von uns mit der ACIL angezielte schlußfolgernde Denken und die zu dessen Diagnostik ausgewählten Testtypen (Analogien, Zahlen- und Figurenfolgen) tatsächlich in der bisherigen Intelligenzdiagnostik und psychometrischen (faktoranalytischen) Forschungstradition eine besonders herausgehobene Bedeutung besitzen, da sie nachweislich die zentralen Komponenten des Intelligenzbegriffs erfassen. Wer in diesen Aufgaben nicht versagt, dürfte kaum aufgrund intellektueller Mängel in Schule, Beruf oder Studium Schwierigkeiten bekommen und wohl auch bei den meisten anderen Intelligenztests in der Regel gut abschneiden.

1.3   Kognitionspsychologische Studien

Die Annahmen von Klix und Klauer und Masendorf

Der immer wieder diskutierte Hauptkritikpunkt an der psychometrischen, insbesondere faktoranalytischen Intelligenzstrukturforschung ist, daß diese von bereits vorliegenden Testaufgaben ausgeht und wohl mehr eine Taxonomie von Testanforderungen als von geistigen Fähigkeiten liefert. Nur stärker theoriebezogene Analysen

kognitiver Prozesse würden dagegen näheren Aufschluß über die Qualtität und
Struktur geistiger Prozesse liefern. Anfänge in dieser Richtung gibt es schon in der
oben bereits erwähnten klassischen deutschen Denkpsychologie und bei den entwicklungspsychologischen Studien Piagets (1975) zur Intelligenz. Es läßt sich nachweisen, daß auch in diesen Studien das Schlußfolgern – allerdings bei meist komplexeren
Problemstellungen als bei den heute üblichen Testitems – ganz im Vordergrund der
Untersuchungen stand. Auch evolutionstheoretisch angelegte Untersuchungen über
die Entwicklung der menschlichen Intelligenz bzw. der „Natur des Verstandes" (vgl.
Klix, 1980, 1992) lassen erkennen, wie emiment wichtig Prozesse des schlußfolgernden Denkens, besonders auch solche der Analogiebildung und der Erkenntnis
von Regelmäßigkeiten für Fortschritte in der Technologie und im wissenschaftlichen
Erkenntnisprozeß sind. Die von Klix (1984a, 1984b, 1984c) aufgrund allgemeinpsychologischer Analysen herausgestellten „Grundkomponenten intelligenzintensiver
Prozesse", nämlich:

- Das Hervorheben wesentlicher und das Unterdrücken unwesentlicher Merkmale
  aus perzeptiven Abbildern der Umgebung
- Das Erkennen von Relationen zwischen Strukturen durch Vergleichsprozesse
  (Relationserfassung) und
- Das Abbilden (Übertragen) von Relationen von einer Struktur auf eine andere
  (Analogiebildung)

sind gleichzeitig auch Beschreibungen der Anforderungsstruktur von Reasoning-
Tests.
Klauers und Masendorfs Theorie zum induktiven Denken (siehe z.B. Klauer, 1989a,
1989b; Masendorf & Klauer, 1986) ähnelt diesem Ansatz und baut ihn noch weiter
aus, indem das Erkennen der Gleichheit oder Verschiedenheit von Merkmalen bzw.
Relationen (GV-Theorie) als Grundlage des induktiven Denkens herausgearbeitet
wird. Auf dieser Basis entwickelt er dann eine Taxonomie fast aller üblichen Test-
und Trainingsaufgaben (siehe Tabelle 1.2).

Tabelle 1.2

Arten des induktiven Denkens mit zugeordneten Itemformen (nach Klauer, 1989b, S. 188)

| | Um die Regelhaftigkeit zu entdecken, ist festzustellen | |
	bei Merkmalen	bei Relationen
Gleichheit	Generalisierung	Beziehungserfassung
	Klassen bilden	Folgen ergänzen
	Klassen ergänzen	Folgen ordnen
	Gemeinsamkeiten finden	einfache Analogie
Verschiedenheit	Diskrimination	Beziehungsunterscheidung
	Unpassendes streichen	gestörte Folge
Gleichheit und Verschiedenheit	Mehrfachklassifikation	Systembildung
	Kreuzklassifikation	doppelte Analogie
	4-Felder-Schema	Matrize

Klauer (z.B. 1996) meint, daß die Aufgabentypen, mit denen üblicherweise in Intelligenztests induktives Denken erfaßt werden soll, alle einheitlich lösbar sind. Aufgaben wie Klassenbildung, Klassenergänzung, Unpassendes streichen sowie Kreuzklassifikation sind durch systematisches Vergleichen ihrer *Merkmale* lösbar. Dagegen sollen Aufgaben wie Folgen ergänzen, Folgen ordnen, Analogien und Matrizen durch systematisches Vergleichen von *Relationen* lösbar sein. Typisch für das induktive Denken ist für Klauer also das systematische Vergleichen von Merkmalen und Relationen im Hinblick auf ihre Gleichheit und/oder Verschiedenheit.

Die von uns in der ACIL (siehe unten) benutzten Testaufgaben – also Zahlen- und Figurenfolgen, verbale Analogien– kämen also nicht nur nach der faktoranalytisch-psychometrischen Tradition (1.2), sondern auch nach neueren grundlagenpsychologisch orientierten Überlegungen in eine Kategorie – bei Klauer in die Kategorie „Beziehung serfassung" (BE), die als kognitive Grundoperation das Erkennen der „Gleichheit von Relationen" verlangt. Hager und Hasselhorn (1995, S. 215) bezweifeln allerdings,

> „daß die von Klauer als grundlegend ausgewiescnen 'Prozesse' der 'Feststellung von Gleichheit und Verschiedenheit' gleichsam automatisch, oder 'fast sicher' zum 'Produkt' 'Regelhaftigkeit' führen ... Beim Erschließen einer Regelhaftigkeit handelt es sich u.E. um einen zusätzlichen Abstraktionsprozeß, und zwar um den zentralen Prozeß beim induktiven Denken".

Es muß allerdings gleichzeitig festgestellt werden, daß dieser „zentrale Prozeß" bisher noch ungenügend aufgeklärt ist. Um eine solche Aufklärung bemüht sich vor allem auch die nordamerikanische Schule der Kognitionspsychologie.

Reasoning-Tests bilden dabei den Schwerpunkt dieser zunächst unter allgemeinpsychologischen, später auch differentialpsychologischen Fragestellungen angelegten experimentalpsychologischen Studien. Bereits 1977 hatte z.B. Sternberg die Tests zum induktiven Denken als „die zentralen Intelligenztests" bezeichnet und ihnen besondere Aufmerksamkeit in seinen Studien gewidmet.

Nach Waldmann und Weinert (1990) lassen sich die kognitionspsychologischen Studien zur Intelligenz unterteilen in einen *kognitiven Korrelateansatz* (vgl. hierzu auch die sehr instruktiven Übersichten bei A. Neubauer, 1995; Schweizer, 1995) und in einen *kognitiven Komponentenansatz.* Beim ersten Ansatz werden Leistungen in herkömmlichen Intelligenztests mit sog. Basalkomponenten der Informationsverarbeitung bzw. Intelligenz verglichen, z.B. mit Maßen für die Informationsverarbeitungsgeschwindigkeit und des Arbeitsgedächtnisses. Im zweiten Ansatz geht es um eine nähere Aufgabenanalyse der benutzten Intelligenztests im Sinne der Feststellung der Eigenart und Sequenz der kognitiven Elementaroperationen, die die Lösung bestimmter Intelligenztestaufgaben bestimmen.

Kognitiver Komponentenansatz

Mikroprozeßanalysen über einzelne Operationen und Operationsabfolgen beim Bearbeiten solcher Reasoning-Tests zum induktiven und deduktiven Denken stammen vor

allem von Hunt, Sternberg, Pellegrino, Glaser, Holzman u.a. (eine sehr gute deutschsprachige Übersicht und nähere Literaturhinweise über die meist englischsprachigen
Originalarbeiten geben Waldmann & Weinert, 1990). Besonders häufig wurde von
unterschiedlichen Forschergruppen das Lösen von Analogietestitems des Typus
A : B = C : D untersucht.

Dabei werden entweder vollständige Analogien vorgegeben, deren Richtigkeit bestimmt werden muß, oder es muß unter mehreren Optionen D1 ... D5 die richtige Alternative ausgewählt werden. Durch experimentelle Variationen der Versuchsanordnung – z.B. wurde zunächst nur der Term A : B vorgegeben – und mit diffizilen Reaktionszeitmessungen wurden die Mikrokomponenten und deren Zeitverbrauch bestimmt. Mit gewissen unwesentlichen Abweichungen (vgl. Sternberg, 1977, 1985,
siehe auch ähnliche Prozeßmodelle bei Goldman & Pellegrino, 1984) wurden in den
einzelnen Forschergruppen meist die in Abbildung 1.5 dargestellten Mikrokomponenten bestimmt.

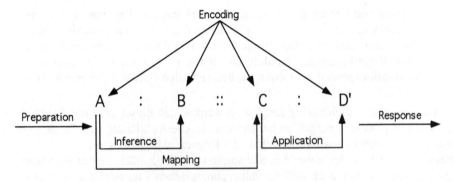

Abbildung 1.5: Komponentenmodell für Analogieschlüsse (nach Sternberg, 1977, S. 135ff.).

Auch für Zahlenfolgen und Figurenfolgen gibt es solche Mikroprozeßanalysen, die
z.T. in Sternberg (1977) bzw. in Waldmann und Weinert (1990) näher dargestellt
werden (siehe auch 3.2). Als Grundlage für solche Analysen dienen vor allem auch
nähere Analysen der Anforderungsstruktur (vgl. zu diesem Terminus auch Lompscher, 1972) durch eine sog. Aufgabenanalyse (task analysis). Zum Beispiel wird die
Schwierigkeit von Analogietestitems nicht mehr primär – wie in der psychometrischen Tradition (vgl. Feststellung des sog. Schwierigkeitsindexes, siehe Lienert,
1989) – dadurch bestimmt, daß man feststellt, wieviel Probanden einer repräsentati-
ven Stichprobe ein Item lösen können. Eine solche Vorgehensweise führt leicht zu einem Zirkelschluß (siehe Berg & Schaarschmidt, 1984). Eine Aufgabe wird nämlich in
der klassischen Psychometrie als schwierig bezeichnet, weil sie wenige Personen lösen können; nur wenige Personen lösen sie aber, weil sie schwierig ist. In der Kognitionspsychologie wird dagegen genauer und objektiver durch logische Analysen und
Strukturanalysen bestimmt, welche Aufgabenmerkmale denn nun ein Item schwierig
machen. Zum Beispiel hat man bei Analogietestitems festgestellt, daß insbesondere
die Inference- und Mapping-Prozesse komplizierter und damit zeitaufwendiger werden, wenn die Anzahl der zu beachtenden Attribute bzw. Relationen in den Analogie-

termen größer wird (vgl. Sternberg 1977 und Klix & van der Meer, 1978). Wir haben daher der Konstruktion unserer Itempools zu den Subtests der ACIL kognitionspsychologische Vorstellungen zur „objektiven Schwierigkeit" der Items im Sinne einer theoriegeleiteten Itempoolkonstruktion und der sog. Kontentvalidierung (Klauer, 1978) von Tests zugrundegelegt (siehe hierzu 3.2).

Interessant sind in unserem Kontext besonders auch die Untersuchungen von Whitley (1980), die herausfand, daß der Erfolg beim Lösen einer Aufgabe sowohl abhängig ist von den Fähigkeiten in bezug auf die o.g. einzelnen Prozeßkomponenten als auch von der Schwierigkeit des Komponenteneinsatzes in bezug auf die Itemeigenschaften. Durch Anwendung eines mathematischen Modells konnte sie nachweisen, daß die Fähigkeit, eine abstrakte Regel zu entdecken, unterschieden werden kann von der Fähigkeit, regelgeleitet Antworten zu vergleichen. Sog. induktive Tests messen daher nach ihrer Auffassung nicht nur induktives Denken, sondern auch (in der „evaluativen Phase") deduktives Denken (siehe zu dieser Frage auch unsere Ausführungen unter 1.1).

> „Betrachtet man nicht nur die unterschiedliche Struktur induktiver und deduktiver Schlüsse, sondern den Prozeß des Schlußfolgerns als Problemlösung, dann verwischen sich die grundsätzlichen Unterschiede zumindest auf der psychologischen Beschreibungsebene" (Waldmann & Weinert, 1990, S.45).

Auch Sternberg (1982, S. 235) schreibt:

> „... it can be shown that the distinction between deduction (reasoning from given premises to a logically certain conclusion) and induction (reasoning from given premises to a reasonable but logically uncertain conclusion) is actually a fuzzy one."

Wichtig ist auch die Feststellung, daß die festgestellten Mikrokomponenten wahrscheinlich ziemlich aufgabenspezifisch sind und keinesfalls völlig inhaltsunspezifisch, wie Sternberg und Gardner (1983) bei Verwendung sprachlicher, geometrischer und schematischer Reasoning-Tests feststellten. Die Korrelationen zwischen den Inhaltstypen lagen allerdings alle über .70.

Im Zusammenhang mit unseren später zu berichtenden Zeit-Analysen (siehe 7.1) sind auch die Untersuchungen aus der Sternberg-Gruppe über den individuell unterschiedlichen Zeitverbrauch bei den Mikrokomponenten interessant. Höher begabte und ältere Kinder (im Vergleich zu jüngeren, vgl. Sternberg & Rifkin, 1979) sowie Experten im Vergleich zu Novizen nehmen sich für die Encodierphase mehr Zeit, sind dafür aber bei den anderen Mikrokomponenten schneller.

Aus der vom Informationsverarbeitungsansatz geprägten entwicklungspsychologischen Perspektive werden einige wenige übergeordnete Prinzipien entwicklungsbedingter qualitativer Veränderung der Intelligenz(-struktur) und des logischen Denkens diskutiert: Im Laufe der Entwicklung gelingt eine zunehmend sophistizierte Kontrolle der Informationsverarbeitung, eine immer vollständigere Verarbeitung von Informationen, das Verstehen Relationen höherer Ordnung und eine flexiblere Nutzung von Informationsverarbeitungsstrategien (siehe dazu z.B. Hasselhorn & Grube, 1997).

Kognitiver Korrelateansatz

Auch im *kognitiven Korrelateansatz* stehen Reasoning-Tests ganz im Vordergrund des Interesses. Insbesondere interessiert schon seit Francis Galton das Problem des Zusammenhanges zwischen Intelligenz und Geschwindigkeit der Informationsverarbeitung (vgl. neuere Übersichten bei A. Neubauer, 1995; Schweizer, 1995). Dieser in den letzten 20 Jahren (siehe aber auch schon Roth, 1964) wieder verstärkt beachtete Ansatz geht davon aus, daß die Geschwindigkeit der zentralnervösen Prozesse bzw. die neuronale Effizienz nach Jensen und Vernon (vgl. Vernon 1985, 1993) die Leistungen in Intelligenztests sehr stark bestimmt. Die Informationsverarbeitungsgeschwindigkeit wird entweder mit Reaktionszeitmessungen bei sog. elementaren kognitiven Aufgaben oder durch physiologische Ableitungen (z.B. evozierte Potentiale beim EEG) gemessen. In unserem Kontext ist nun wichtig, daß in den meisten Untersuchungen (incl. auch unsere eigenen, vgl. Guthke & Caruso, 1987) vor allem die Reasoning-Untertests komplexer Intelligenztestbatterien bzw. Ravens Matrizen-Tests die höchsten Korrelationen zur Informationsverarbeitungsgeschwindigkeit zeigten. Vernon (1992) stellte fest, daß eine Korrelation besteht zwischen der Höhe der g-Ladung eines Tests und seiner Korrelation mit der Informationsverarbeitungsgeschwindigkeit gemessen als einfache Nervenleitgeschwindigkeit. Gleichzeitig würde der Heritabilitätskoeffizient (gemessen in Zwillingsstudien) mit der g-Ladung der Tests korrelieren. Damit wäre also anzunehmen, daß die hoch g-geladenen Reasoning-Tests im gewissen Sinne stärker als andere Intelligenztests die „biologische", stark genetisch bestimmte Seite der Intelligenz widerspiegeln. Auch Cattell nimmt ja an, daß die von ihm postulierte fluide Intelligenz, die vor allem durch Reasoning-Tests gemessen wird, im wesentlichen mit der anlagemäßig vorgegebenen Intelligenz (Intelligenz A sensu Hebb, 1949) identisch ist. Sein langjähriger Co-Autor Horn vertritt aber andere Auffassungen (vgl. Horn, 1985). Danach zeigen vor allem Adoptionsstudien und Zwillingsstudien (vgl. hierzu auch Plomin & DeFries, 1980), daß die fluide Intelligenz keinesfalls stärker erbbestimmt ist als die kristalline Intelligenz, einige Befunde weisen sogar in die entgegengesetzte Richtung (die Korrelationen der Verbaltests bei den leiblichen Müttern mit den entsprechenden Tests bei den Adoptivkindern waren höher als die der fluiden Intelligenz). Unseres Erachtens sollte man aber hier unterscheiden zwischen verbalen Reasoning-Tests (wie z.B. Analogien) und zum Beispiel „Wortschatztests". Von letzteren ist wohl doch anzunehmen, daß sie stärker durch das Milieu als durch die Heritabilität bestimmt werden.

Auch das Arbeitsgedächtnis (vgl. Baddeley, 1986) bzw. das Kurzzeitgedächtnis (beide sind miteinander „verwandt", aber nicht identisch) wird als wesentliche, mit der Informationsverarbeitungsgeschwindigkeit eng im Zusammenhang stehende Basalkomponente der Intelligenz zunehmend mehr diskutiert. Allerdings ist auch hier zu vermerken, daß bereits die Begründer der psychologischen Intelligenzforschung (Galton, Binet, Spearman) Kurzzeitgedächtnisaufgaben (wie das Zahlennachsprechen) als Intelligenzmaße benutzten und im Sinne eines Schwellenmodells gewisse Mindestleistungen als Voraussetzungen für die „Normalintelligenz" betrachteten. Es stellte sich aber schon bald heraus, daß das reine Kurzzeitgedächtnis im Sinne des passiven, kopieartigen Abspeicherns von dargebotenen Informationen in der vorgegebenen Ordnung weniger relevant für intelligente Leistungen ist als das aktive Arbeitsgedächtnis, das aktive Informationsverarbeitungsprozesse und eventuell auch Neuordnungen (incl. Koordinationen) des Materials verlangt (vgl. Oberauer, 1993). So ist es schon seit langem in der Intelligenzforschung bekannt (vgl. Guthke, 1977; Süllwold, 1964), daß Zahlenrückwärts-Nachsprechen höher mit Intelligenztests korreliert als Zahlenvorwärts-Nachsprechen.

In der Spezialliteratur wird angenommen, daß insbesondere Reasoning-Aufgaben vom Typ des Folgenfortsetzens im hohen Maße vom Arbeitsgedächtnis bestimmt werden. Kyllonen und Christal (1990) stellten sogar die Hypothese auf, daß „reasoning" und „working memory" nahezu identisch seien. Allerdings kritisieren Oberauer, Süß, Schulze, Wilhelm und Wittmann (1996) wohl mit Recht, daß die zur Untersuchung des Arbeitsgedächtnisses verwendeten Aufgaben den benutzten Reasoning-Aufgaben sehr ähnlich waren und daß die verschiedenen Facetten des Arbeitsgedächtnisses (vgl. Oberauer et al., 1996) nicht systematisch berücksichtigt wurden. Süß, Oberauer, Wittmann, Wilhelm und Schulze (1996) berichten von einer sehr umfangreichen Studie mit 129 Studierenden, in der sie den auf dem Berliner Intelligenz Struktur-Modell (BIS, vgl. Jäger, 1984) basierenden Berliner Intelligenz Struktur-Test (BIS-4, Jäger, Süß & Beauducel, 1997) mit 24 verschiedenen Arbeitsgedächtnistests korrelierten. Dabei standen die beiden Faktoren des Arbeitsgedächtnisses (für räumliches bzw. numerisch-sprachliches Material) am stärksten mit den Reasoning-Untertests (Skala Verarbeitungskapazität „K" nach Jäger) im Zusammenhang. Allerdings zeigte der erste Arbeitsgedächtnis-Faktor (für verbal-numerisches Material) eine noch höhere Korrelation mit dem Aggregat aller BIS-Skalen – also mit der allgemeinen Intelligenz. Bei der Interpretation ist zu beachten, daß nach Meinung der Autoren ihre Arbeitsgedächtnis-Aufgaben im Unterschied zu den Kyllonen-Christal-Tests nur minimale Wissensanforderungen und keine reasoning-typischen Anforderungen stellen.

Auch die Selbstbeobachtung bei der Lösung von Figurenfolgen- oder Zahlenfolgenaufgaben zeigt schon, daß die Schwierigkeit einer Aufgabe wesentlich dadurch mitbestimmt wird, wieviel unterschiedliche Operationen man gleichzeitig erfassen, „im Kopf behalten" und anwenden muß (z.B. bei der Folge: 8, 4, 12, 16, 8, 24, 28, 14, ... sind das: / 2, * 3, + 4). Holzman, Pellegrino und Glaser (1983) stellten z.B. fest, daß Vorwissensanforderungen und die Anforderungen an das Arbeitsgedächtnis wesentlich die Schwierigkeit von Zahlenfolgenaufgaben bestimmten. Waldmann und Weinert (1990) berichten, daß bei Buchstabenfolgen Wissen und Arbeitsgedächtnis im gleichen Ausmaße die Leistungen determinieren. Auch bei rein deduktiven Tests, wo bei den Schlußprozessen mehrere mentale Modelle berücksichtigt werden müssen, ist nach Johnson-Laird (1983) das Arbeitsgedächtnis ein entscheidender Faktor.

Wenn also auch die Identifizierung von Arbeitsgedächtnis und schlußfolgerndem Denken abzulehnen ist, so ist andererseits nicht zu übersehen, daß gerade Leistungen in Reasoning-Tests – und vor allem bei solchen, die das gleichzeitige Behalten mehrerer Zwischenschritte, Operationen und unterschiedlicher „mentaler Modelle" verlangen – im hohen Grade von der Kapazität des Arbeitsgedächtnisses mitbestimmt werden. Es ist daher zu vermuten, daß die bei älteren Erwachsenen oft feststellbare Absenkung des Leistungsniveaus in Reasoning-Tests (Absinken der „fluiden Intelligenz" bei Konstantbleiben der „kristallinen Intelligenz", vgl. Baltes, 1993) mehr durch Reduzierung des Arbeitsgedächtnisses als durch ein Absinken der Fähigkeit zum Schlußfolgern im engeren Sinne bedingt ist.

Neben dem Arbeitsgedächtnis ist natürlich auch das Langzeitgedächtnis als kognitives Korrelat der Intelligenz in seiner Bedeutung für Schlußfolgerungsprozesse zu untersuchen. Unmittelbar einsichtig ist, daß z.B. die Leistung in einem verbalen Analogientest wesentlich durch die Qualität des Langzeitgedächtnisses bestimmt werden wird. Aber auch Figuren- und Zahlenfolgentests fordern das Langzeitgedächtnis – hier aber weniger bezogen auf das deklarative als das prozedurale Gedächtnis. Vor allem Hunt (1987) hat die Rolle des Gedächtnisses für die verbale Intelligenz untersucht. Unter Bezugnahme auf die Theorie der Produktionssysteme nach Newell und Simon (1972) wird angenommen, daß ein schneller Zugriff zum Langzeitgedächtnis im Vergleich zu einem langsamen auch zu einer effektiveren Informationsverarbeitung von Texten, anderen sprachlichen Mitteilungen und verbalen Tests führt. Die Zugriffszeit zum Langzeitgedächtnis wird z.B. mit dem bekannten Posner-Paradigma (Posner & Mitchell, 1967) gemessen, wo entweder die physische Identität von Buchstaben (A, A) oder die Bedeutungsgleichheit (A, a) bei einer sehr kurzfristigen Darbietung der beiden Reize am Bildschirm zu beurteilen ist. Nur die letztere Anforderung verlangt einen Zugriff auf das Langzeitgedächtnis. Nach Schweizer (1995) werden durchschnittlich Korrelationen von $r = -.30$ zwischen Dauer des Zugriffs auf Informationen im Langzeitgedächtnis und der „allgemeinen Intelligenz" (meist mit dem Raven-Test gemessen) und nur leicht erhöhte Korrelationen mit der verbalen Intelligenz gemessen. Ganz ähnliche Korrelationswerte werden übrigens zum Zusammenhang zwischen Kurzzeit-Gedächtnis (z.B. bestimmt mit dem Sternberg-Paradigma) und Intelligenz gefunden.

Schon seit einiger Zeit wird die Aufmerksamkeit, die es allerdings als homogenes Konstrukt nicht gibt (Differenzierungen unter neurophysiologischer Sicht, siehe vor allem Posner & Rafal, 1987), in ihrer Bedeutung für Intelligenzleistungen diskutiert. Kennzeichnende Atttibute der Aufmerksamkeit sind vor allem ihre Beschränktheit (Selektion und Reduktion der Informationen) und die Bewußtheit ihrer Inhalte. Die „mental attentional capacity" (M-Operator) ist z.B. nach Pascual-Leone und Baillargeon (1994) eine im Kindesalter bis zum 16. Lebensjahr systematisch ansteigende Kapazität und eine der wichtigsten „Hardware-Komponenten" des menschlichen Gehirns. Jüngst konnten Pennings und Hessels (1996) bei gleichzeitiger Anwendung des Pascual-Leone-Tests zur Aufmerksamkeitsprüfung (Figural-Intersections-Test) und des Raven-Tests bei Kindern von 5 - 12 Jahren unter Nutzung eines probabilistischen Testmodells im wesentlichen die Pascual-Leone-Annahmen bestätigen. Die mit dem Alter wachsenden Raven-Leistungen standen in deutlicher Beziehung zu dem relativ einfachen Aufmerksamkeitstest mit seinen auch ansteigenden Anforderungen an den M-Operator. Die Aufmerksamkeit wird in enger Verbindung mit dem Arbeitsgedächtnis (Baddeley, 1986; Stankov, 1983) und der fluiden Intelligenz (Sternberg, 1985) gesehen. Demzufolge ist bereits über diese Stränge eine Beziehung zur Intelligenz gegeben. Tests, die basale Komponenten der Intelligenz wie Informationsverarbeitungsgeschwindigkeit (siehe oben) messen sollen – wie z.B. der Trail-Making-Test oder der ZVT nach Oswald und Roth (1978) – haben durchaus auch den Charakter von sog. Konzentrationstests. Zur Untersuchung des Zusammenhanges zwischen Intelligenztestanforderungen und Aufmerksamkeitskapazität werden gern nebeneinander zu bewältigende einfache Tätigkeiten angewandt (dual task paradigm). Bereits Thurstone (1944) registrierte, daß eine recht einfache Aufgabe, die allerdings eine zweihändige Koordination erforderte, mit der Testintelligenz korrelierte. Überraschenderweise lud diese einfache motorische Aufmerksamkeitsaufgabe in einem Faktor, der durch Tests zum schlußfolgernden Denken markiert wird. Interpretiert wird dieser Befund in dem Sinne, daß die Reasoning-Tests in gleicher Weise oft an die Grenzen der Aufmerksamkeitskapazität stoßen wie einfache Koordinationsaufgaben. Dabei steht also die Theorie der „zentralen Ressource" im Sinne einer globalen Aufmerksamkeitskapazität – wie oben auch bei den Annahmen Pascual-Leones erwähnt – im Hintergrund. Heute wird aber unter Nutzung von Analogien aus der Künstlichen Intelligenz mehr eine Theorie favorisiert, die verschiedene Ressourcen annimmt (Stankov, 1989). Hierbei wird besonders die Fähigkeit der Aufmerksamkeitsaufteilung (time sharing ability) betont. Yee, Hunt und Pellegrino (1991) nehmen eine eigenständige Fähigkeit zur Koordination der Informationsverarbeitung an. Ungünstig ist es z.B. bei der Lösung von Intelligenztestaufgaben, wenn mehr Aufmerksamkeitskapazität als unbedingt notwendig für bestimmte mentale Operationen aufgewandt wird, z.B., wenn man zu lange einzelne Inhalte (etwa Zwischenschritte bei der Lösung einer Zahlenfolgenaufgabe) memoriert und dann zu wenig Zeit für das Vergleichen der Inhalte hat (vgl. Schweizer, 1995). Horn (1980) bringt die Fähigkeit zur Aufmerksamkeitsverteilung in enge Beziehung zur fluiden Intelligenz.

Untersuchungen der Aufmerksamkeit mit Doppelaufgaben wurden zwar sowohl unter allgemein-als auch unter differentialpsychologischem Aspekt häufig vorgenommen, selten aber mit der Intelligenz korreliert. Lunneborg (1977, ref. in Schweizer, 1995) fand eine Korrelation von $r = .47$ zwischen den Leistungen im dichotischen Hören und einem Intelligenztest (besonders hoch korrelierten hier wieder die Reasoning-Subtests). Auch Stankov (1988, ref. in Schweizer, 1995) fand, daß Doppelaufgaben besonders hoch mit der fluiden Intelligenz, also mit Reasoning-Tests korrelierten. Dies stimmt auch mit dem Befund von Crawford (1991, ref. in Schweizer, 1995) überein, der feststellte, daß übliche Labortests zur Konzentrationserfassung mit dem Faktor der fluiden Intelligenz, nicht aber mit anderen Intelligenzfaktoren korrelierten. Es ließen sich sich nun noch andere „kognitive Korrelate der Intelligenz" diskutieren, darauf soll aber nun verzichtet werden. Erwähnt werden soll lediglich noch die „Kognitive Kontrolle als Moderator für Intelligenzkorrelate" (Schweizer, 1995). Intelligenzanforderungen werden seit William Stern vor allem durch die „Neuheit" der Anforderungen gekennzeichnet. Manche Korrelationen zwischen Intelligenztests und den sog. elementary cognitive tasks (ECT, vgl. A. Neubauer, 1995), die bei der Untersuchung kognitiver Basiskomponenten der Intelligenz gern benutzt werden, ergeben sich vielleicht auch artifiziell nur durch das unterschiedliche Instruktionsverständnis auch bei einfachen Aufgaben, die aber eben neue Aufgabenstellungen sind. In diesem Zusammenhang ist die auf Schneider und Shiffrin (1977) zurückgehende Theorie kontrollierter und automatisierer Prozesse von großer Bedeutung. Neue und inkonsistente Aufgaben- bzw. Lernsituationen verlangten den verstärkten Einsatz kontrollierter Prozesse; „Routineaufgaben" könnten mit automatisierten Prozessen erledigt werden. Kanfer und Ackerman (1989) beziehen sich auf diese Prozesse im

Hinblick auf die verschiedenen Phasen des Fertigkeitserwerbs. Sie meinen, daß in den einzelnen Phasen des Fertigkeitserwerbs jeweils andere spezifische kognitive Fähigkeiten besonders involviert sind. Es handelt sich hierbei um die allgemeine Intelligenz, die Wahrnehmungsgeschwindigkeit und die psychomotorische Intelligenz. Die erste Phase sei vor allem durch das Wirken kontrollierter Prozesse und die allgemeine Intelligenz geprägt, die durch das deklarative Wissen, das Verknüpfen und Gebrauchen von Informationen sowie konzeptuelle Fertigkeiten definiert wird. Besonders wird aber von den Autoren hier die Fähigkeit zum schlußfolgernden Denken betont, wie sie z.B. vom Raven-Test untersucht wird. In den folgenden zwei Phasen des Fertigkeitserwerbs sinkt das kognitive Involvement und die Bedeutung der reinen Wahrnehmungsgeschwindigkeit und der psychomotorischen „Intelligenz" (gemessen z.B. mit einfacher Reaktionszeit, Fingerfertigkeitsaufgaben usw.) steigt (siehe bereits Fleishman & Hempel, 1954).

Sternberg (1985) vertritt in seiner triarchischen Intelligenztheorie die Auffassung, daß sich Intelligenz nicht nur – wie bisher meist angenommen – bei der Bearbeitung völlig neuer Probleme zeigt, sondern auch in der Fähigkeit, von einer kontrollierten Bearbeitung früher und schneller zu einer automatisierten Bearbeitung voranzuschreiten. Von Sternberg (1985) wird auch die These vertreten, daß gute Intelligenztestaufgaben weder völlig neu noch sehr bekannt sind, sondern eher eine gewisse Mittelstellung einnehmen. Sind sie bereits sehr bekannt, erfordern sie lediglich den Einsatz automatisierter Prozesse; sind sie völlig neu, sind zu ihrer Bearbeitung oft die Fähigkeit zur Metakognition und gewisse Persönlichkeitseigenschaften (z.B. Selbstsicherheit) von zu großer Bedeutung. Durch Lerntests (siehe 3.1) wird u.E. dieser Forderung Sternbergs entsprochen, da die „Bekanntschaft" mit den Anforderungen durch die Testwiederholungen erhöht wird, ohne daß die Aufgaben nun rein „automatisch" gelöst werden können.

1.4   Häufig benutzte Aufgabentypen zur Diagnostik des schlußfolgernden Denkens

In der internationalen Fachliteratur gibt es Hunderte von Subtests größerer Intelligenztestbatterien oder Einzeltests, die sich zum Ziel gesetzt haben, schlußfolgerndes Denken zu messen. Es ist für uns nun völlig unmöglich, hier einen Überblick über diese „Verfahrensflut" zu geben. Die meisten Tests stellen sowieso auch nur Variationen gewisser Grundtypen dar, die andeutungsweise schon im vorangegangenen Kapitel erwähnt wurden. Wir werden uns daher in der Folge bei unserer exemplarischen Abhandlung auf drei besonders prominente Aufgabentypen – Figurenfolgen, Zahlenfolgen und verbale Analogien – konzentrieren. Unsere Auswahl wird durch vier Gründe bestimmt:

- Diese Aufgabentypen haben sich bisher in der Praxis der Intelligenzdiagnostik und bei empirischen Validitätsprüfungen an Außenkriterien (siehe unten) am meisten bewährt bei der Diagnose der Intelligenz im allgemeinen und des Reasoning-Faktors (vor allem seiner „induktiven Komponente") im besonderen; sie sind daher Bestandteil fast aller bekannten intelligenzdiagnostischen Testbatterien.

- Psychometrische und faktoranalytische Untersuchungen (1.2) ergaben, daß diese Aufgabentypen die höchsten g-Ladungen aufweisen und daher auch im Zentrum insbesondere neuerer Modelle zur Struktur der Intelligenz stehen.

- Auch der psychologische Laie hält in seiner impliziten Intelligenztheorie (vgl. Süllwold, 1987) „logisch aufgebaute Zahlen-, Buchstaben- und Figurenreihen" und generell Reasoning-Aufgaben „für die besten Mittel" zur Diagnose der Intelligenz; die Tests besitzen also die höchste Augenschein-Validität (face validitiy).

- Die kognitionspsychologische Grundlagenforschung hat insbesondere die Anforderungen dieser Tests einer gründlichen Analyse unterzogen (1.3), so daß die immer häufiger geforderte kognitionspsychologische Fundierung der Itempoolkonstruktion bei Tests (im Sinne der Kontentvalidierung) hierbei noch am ehesten möglich erscheint.

- Last but not least sind diese drei Testtypen bereits 1983 von uns in der ersten veröffentlichten „Lerntestbatterie für Schlußfolgerndes Denken" (LTS, Guthke et al., 1983), die auch die Basis für die ACIL (siehe Kapitel 3) darstellt, benutzt worden, so daß wir auch auf eigene Erfahrungen zurückgreifen können.

1.4.1 Zur diagnostischen Relevanz von Aufgaben zum Erfassen schlußfolgernden Denkens im figural-anschaulichen Bereich

Wie bereits angedeutet, findet man eine Vielfalt von Tests, Subtests und Items, die zur Erfassung des schlußfolgernden Denkens verwendet werden. Eine Strukturierungsmöglichkeit dieser Vielfalt ergibt sich z.B. aus der Beachtung der Materialspezifik der Items (figural, verbal, numerisch). Eine materialspezifische Kategorisierung von Items zum schlußfolgernden Denken führt nicht automatisch zu einer inhaltsspezifischen Gliederung. Es ist davon auszugehen, daß bspw. Items mit verbalen Analogien genau wie Items mit figuralen Analogien *in bezug auf schlußfolgerndes Denken* nicht etwas diagnostisch relevant Verschiedenes erfassen. Eine weitere Strukturierungsmöglichkeit ließe sich in der Berücksichtigung der verschiedenen Itemtypen sehen (Matrizen, Folgen, Analogien usw.). Hier trifft das eben Gesagte in gleicher Weise zu: Eine itemtypspezifische Kategorisierung von Aufgaben zum schlußfolgernden Denken ist nicht mit einer inhaltsspezifischen Aufteilung gleichzusetzen. Beim Lösen von figuralen Analogieitems sollten keine *wesentlich* anderen reasoningbezogenen Fähigkeiten (Fähigkeitsfacetten) zum Tragen kommen als bspw. beim Lösen von figuralen Matrizenitems. Die Ausführungen in den vorangestellten Abschnitten – bezogen auf den hier verwendeten Begriffsumfang für „Schlußfolgerndes Denken" – lassen eine „unabhängige" Betrachtung induktiver von deduktiven Schlußprozessen oder von Analogieschlüssen und induktivem Schließen usw. wenig sinnvoll erscheinen. Die in den folgenden Abschnitten dennoch materialspezifische Betrachtung der Items zum schlußfolgernden Denken nimmt lediglich die Struktur der einzelnen Subtests der später vorzustellenden ACIL vorweg, ohne dabei bspw. die Erwartung zu hegen, daß damit faktoranalytisch streng separierbare Anforderungsbewältigungen angesprochen werden. Die gleichzeitig damit einhergehende itemtypspezifische Betrachtung von Figurenfolgen, Zahlenfolgen und verbalen Analogien ist derselben Ursache geschuldet.

Wir gehen davon aus, daß mit der ACIL schlußfolgerndes Denken in den unterschiedlichen Materialbereichen erfaßt wird. Weiter unten werden empirische Ergebnisse referiert, die diesen Validitätsanspruch untermauern. Intraindividuelle Leistungsunterschiede in den materialbereichsspezifischen Subtests – die eine materialbereichsspezifische Erfassung des schlußfolgernden Denkens rechtfertigen würden – sollten vorrangig durch „intervenierende" Fähigkeiten (z.B. Rechenfähigkeit, Wortschatz, usw.) bedingt sein. Die „rein" reasoningbezogenen kognitiven Anforderungen sollten sich über die drei Materialbereiche weitgehend entsprechen.

Im folgenden Abschnitt soll nach einigen anforderungsanalytischen Betrachtungen eine – natürlich unvollständige – Übersicht über empirische Befunde gegeben werden, die die diagnostische Relevanz – also in erster Linie die Validität – von Aufgaben zur Erfassung des schlußfolgernden Denkens im figuralen Bereich unter Beweis stellen.

Anforderungsanalytische Betrachtungen für Items zum schlußfolgernden Denken auf figuralem Gebiet

Figurenfolgen – als hier gewählter Prototyp für diese Itemklasse – bestehen aus einer endlichen Menge an Figuren (z.B. abstrakte geometrische Muster), deren Sequenz potentiell durch Regeln beschreibbar ist. Für den Testanden besteht die Anforderung bei der Bearbeitung dieser Art von Items meist darin, diese Regeln zu rekonstruieren, um dann eine lösungsadäquate Antwort im Sinne des Fortsetzens bzw. Vervollständigens der gegebenen Folge zu generieren. Die Fortsetzung bzw. Ergänzung der Folge als Lösung des Items ist dann eindeutig, wenn genau eine Regel zur Beschreibung der Figurenfolge existiert und die Anwendung dieser Regel genau eine Figur als Fortsetzung bzw. Vervollständigung vorschreibt. Nun sind Figurenfolgen nicht „von Natur aus" eindeutig lösbar, d.h. oft sind mehrere Möglichkeiten der Vervollständigung bzw. Fortsetzung (d.h. mehrere Aufbauregeln) denkbar.

Abbildung 1.6:   Beispiel für die Mehrdeutigkeit des Fortsetzens von Figurenfolgen.

Die in Abbildung 1.6 dargestellte Beispielfolge läßt sich rational u.a. fortsetzen durch einen:

a) 13-zackigen Stern
b) 12-zackigen Stern
c) 5-zackigen Stern
d) ...

Die Begründung für Variante a ist die weitere Zunahme der Anzahl der Zacken um jeweils eine, Variante b ließe sich begründen durch eine nun hier einsetzende Symmetrie (Spiegelung der bisherigen Folge), Variante c ist begündbar durch eine Wiederholung der Folge. Darüber hinaus sind weitere Fortsetzungsmöglichkeiten denkbar.

Nun ließe sich das Argument anführen, daß die Lösungsvariante a die naheliegendste (wahrscheinlichste) Lösung ist, da sie die mit den geringsten Zusatzannahmen verbundene ist. Jedoch, selbst die wahrscheinlichste Lösung ist keine eindeutige Lösung. Die Mehrdeutigkeit des Fortsetzens von Figurenfolgen ist für ein Testitem mit der Maßgabe, eine wohldefinierte Anforderung stellen zu wollen, eine schlechte Voraussetzung bezüglich des Anspruchs, als Meßgelegenheit für ein mehr oder weniger eng umgrenztes Konstrukt gelten zu können. Dem Testautor kommt daher u.a. die Aufgabe zu, solche Items zu konstruieren und im Test zu implementieren, die es gestatten, das Antwortverhalten verschiedener Testanden bezüglich einer wohldefinierten Anforderung zu bewerten. Das heißt, den Items muß eine eindeutige Aufbauregel zugrundeliegen, sie müssen eindeutig lösbar sein. Diese dann wohldefinierte Anforderung für den Testanden besteht in der Identifizierung genau *dieser*, der Folge zugrundegelegten Aufbauregel. Nur unter dieser Voraussetzung sind interindividuelle Vergleiche anstellbar. Eine Möglichkeit zur eindeutigen Gestaltung von Figurenfolgen ist die Vorgabe von Antwortalternativen, unter denen eine und nur eine die richtige Lösung repräsentiert.

Welche Figur setzt die Folge fort?

Abbildung 1.7: Beispiel für die Eingrenzung der Mehrdeutigkeit des Fortsetzens von Figurenfolgen durch die Vorgabe unter multiple-choice-Bedingung.

So dient die multiple-choice-Bedingung der Qualifizierung der Items im Sinne des Testziels. Damit sind jedoch einige Implikationen verbunden, die es bei der Bewertung des Lösungsverhaltens der Testanden zu beachten gilt. Für eine sinnvolle Abschätzung der intellektuellen Leistungsfähigkeit (als *Personmerkmal*) ist es für den Testkonstrukteur unabdingbar, die *Aufgabenmerkmale* hinreichend genau zu kennen. Damit ist u.a. der Aspekt der Itemschwierigkeit angesprochen. Die Schwierigkeit eines Figurenfolgenitems ist durch die Komplexität der zugrundegelegten Regel determiniert (siehe dazu auch 3.3.1). Da wir bereits erfahren haben, daß im allgemeinen die Regel nicht eindeutig identifizierbar sein muß, wir aber durch die Vorgabe einer bestimmten Antwortalternativenkonstellation diesen Umstand (positiv) beeinflussen können, müssen wir zusätzlich zu den Aufgabenmerkmalen auch den Aufgabenkontext als Situationsmerkmal berücksichtigen. Es ist bspw. anzunehmen, daß das Beispielitem unter folgender Bedingung (Abbildung 1.8) schwieriger ist als in der in Abbildung 1.7 dargestellten Variante.

Welche Figur setzt die Folge fort?

Abbildung 1.8:   Beispiel für einen potentiell schwierigkeitsbeeinflussenden Einfluß der multiple-choice-Bedingung.

Zusammenfassend ist zu sagen, daß wir erst bei Kenntnis sowohl der *Aufgabenmerkmale* (Figurenfolge als solche) als auch der *Situationsmerkmale* (u.a. Konstellation der Antwortalternativen bei multiple-choice-Bedingung) sinnvoll – vermittelt über das Lösungsverhalten im Test – auf die individuelle Ausprägung des uns interessierenden latenten *Personmerkmals* schließen können (eine vergleichbare Taxonomie lieferten Newell & Simon, 1972, S. 56 im Rahmen der Problemlöseforschung).

Unter dem Begriff der Figurenfolge seien auch Tests subsumiert, deren Items aus einer Menge von Figuren bestehen, die mit Ausnahme einer Figur mindestens ein Merkmal gemeinsam haben. Die Anforderung besteht darin, diese kritische Figur herauszufinden (siehe z.B. Subtests 3 im Leistungs-Prüfsystem, LPS von Horn, 1983). Ein weiterer Itemtyp zur Erfassung schlußfolgernden Denkens auf figuralem Gebiet sind sog. Matrizen (siehe z.B. Ravens Progressive Matrizen, u.a. Raven, 1956). Hier gilt es für den Testanden eine Leerstelle in einem zweidimensionalen Raster von Figuren auszufüllen. Dabei muß der Testand die Aufbauregel der Figurenmatrix erkennen und unter Anwendung dieser Regel die Matrix mit der entsprechenden Figur vervollständigen[1]. Dazu wird ebenfalls oft ein Pool von Antwortangeboten vorgegeben. Die Anforderung bei den hier diskutierten Itemtypen unter multiple-choice-Bedingung besteht darin, sowohl die in der vorgegebenen Figurenfolge als auch die im Distraktorenangebot enthaltene Information zu analysieren. Aufgrund der synthetisierten Information wird dann ein Urteil über die in die Folge einzufügende Figur erfolgen. Für alle Itemformen läßt sich übergreifend formulieren: Ordnen wir das Identifizieren der Regel dem Aspekt des induktiven Schließens im Rahmen des schlußfolgernden Denkens zu, dann sollte das Anwenden dieser Regel (Vervollständigung der Folge durch entsprechende Auswahl aus dem Antwortangebot) dem der Deduktion

---

[1] Wobei streng genommen nur ein Teil der Raven-Items mit Figurenfolgentests vergleichbar ist. Insbesondere die einfachen Items erfordern „lediglich" den Vergleich von Oberflächenmerkmalen und Gestaltfortsetzung (siehe dazu weiter unten).

zugeordnet werden. Wir erfassen somit die Induktionsfähigkeit vermittelt über die Leistung bei der Deduktion. Mit anderen Worten: Aus der richtigen Anwendung der Regel (Deduktion) schließen wir, daß diese Regel erfolgreich gefunden wurde (Induktion). Damit wird deutlich, daß eine strenge Trennung von induktivem und deduktivem Denken bei derartigen Items artifiziell ist (siehe dazu bereits 1.1 bis 1.3).
Zur Bearbeitung einer Figurenfolge unter multiple-choice-Bedingungen sind verschiedene Lösungsstrategien denkbar. Die naheliegendste (und von den Testkonstrukteuren intendierte) Vorgehensweise besteht darin, die der Figurenfolge inhärente Regel zu erschließen und intern diejenige Figur zu konstruieren, die die Figurenfolge (der identifizierten Regel entsprechend) vervollständigen würde. Dann erfolgt die Suche im Antwortangebot nach der Übereinstimmung mit der gedachten Figur. Simon (z.B. 1977) beschreibt „inductive reasoning" bei Folgenvervollständigungs- bzw. -fortsetzungsaufgaben als Suche in einem zweifachen Problemraum (dem „hypothesis space" und dem „experiment space"). In den Termini des „general model of Scientific Discovery as Dual Search" (SDDS, vgl. Dunbar & Klahr, 1989; Klahr & Dunbar, 1988), als Weiterentwicklung der Arbeiten von Simon zum induktiven Denken (z.B. Simon & Lea, 1974), ließe sich die oben genannte Strategie als hypothesengeleitetes Vorgehen sogenannter „theorists" charakterisieren. Für diese „top-down"- Strategie ist typisch, daß die Suche zunächst im „hypothesis space" erfolgt, also Regeln generiert und dann auf „Daten-fit" überprüft werden (vgl. auch Shute, Glaser & Raghavan, 1989). Bei der Bearbeitung von Reihenfortsetzungsaufgaben unter multiple-choice-Bedingungen ist ebenso eine andere Strategie vorstellbar. Der Testand geht im Sinne einer datengetriebenen „bottom-up"-Vorgehensweise (Shute et al., 1989) vor. Hier würde jedes Element aus dem Antwortangebot intern in die Folge integriert und auf „Passung" überprüft (primäre Suche im „experiment space"). Die Entscheidung für die Antwort erfolgt empiristisch. Nach Klahr und Dunbar (1988) bzw. Dunbar und Klahr (1989) ließen sich diese Probanden als sog. „experimenters" klassifizieren (siehe hierzu auch die unter 1.3 referierte Untersuchung von Whitley, 1980). In dieser Vorgehensweise läßt sich schwieriger die Phase einer Regelanwendung identifizieren. Die Frage ist aber auch, inwieweit der Prozeß der Regelfindung als solcher angenommen werden kann.
Untersuchungen zum SDDS-Modell zeigten, daß „experimenters" weniger effizient die Lösung erreichen und mehr Zeit benötigen (vgl. Klahr & Dunbar, 1988). Bei dieser Klassifizierung von Testanden handelt es sich aber nicht um die Widerspiegelung einer relativ festen, unveränderbaren Eigenschaft (i.S. eines Traits). Die Gruppenzugehörigkeit („experimenters" vs. „theorists") wird durch verschiedene Faktoren bestimmt. Neben einem möglichen „Strategiewechsel" in Abhängigkeit von der Aufgabenkomplexität wird z.B. angenommen, daß mit zunehmender Erfahrung beim induktiven Problemlösen eher hypothesengeleitet vorgegangen wird. Da man speziell beim Lösen von Figurenfolgen den bereichspezifischen Vorwissensaspekt weitgehend vernachlässigen kann, sollte bei dem Anspruch, schlußfolgerndes Denken unter dem Aspekt der Lernfähigkeit erfassen zu wollen, die (Lern-) Testprozedur dahingehend gestaltet sein, die Testanden zu einer hypothesengeleiteten Vorgehensweise bei der Bearbeitung der Reasoning-Items zu führen. Wie wir das zu realisieren versucht haben, wird in 3.3 näher dargelegt.

Einige validitätsbezogene Befunde

Die wohl prominenteste Vertreterin sog. figuraler Matrizen-Tests ist die Testserie
Ravens Progressive Matrizen (RPM) mit ihren verschiedenen Varianten (die farbige
Form: CPM, siehe z.B. Raven, 1976, die Standard Form: SPM, siehe z.B. Raven,
1956, die Advanced Form: APM, siehe z.B. Raven, 1965). Die Items bestehen bekanntermaßen aus geometrischen Figuren (bzw. Flächenmustern), die unter Zuhilfenahme von gegebenen Antwortalternativen ergänzt werden sollen (multiple choice).
Im allgemeinen werden figuralen Matrizen in bezug auf den Gültigkeitsbereich die
Erfassung „induktiven Denkens" (Klauer, 1989a, 1989b), die Erfassung der „allgemeinen Intelligenz" sensu Spearman bzw. im Sinne Cattells die Erfassung derer fluider Anteile zugeschrieben. So wurden auch die Progressiven Matrizen zunächst in
zahlreichen Untersuchungen als eines der „reinsten und besten Maße von ‚g' oder der
allgemeinen intellektuellen Leistungsfähigkeit beschrieben." (Kratzmeier & Horn,
1987, S. 18). Die bei der Überprüfung der sog. „inneren Validität" üblicherweise
verwendeten faktoranalytischen Untersuchungen weisen sehr hohe Ladungen auf den
als „g-Faktor" bezeichneten Faktor auf. In den vielen Untersuchungen „lädt" die SPM
nicht oder nur gering auf Faktoren, die verbale bzw. numerische Fähigkeiten repräsentieren sollen. Diese Ergebnisse unterstützen einerseits die Annahme einer Ma-
terialbereichsspezifik des schlußfolgernden Denkens, andererseits legt die hohe und
in einigen Untersuchungen referierte fast ausschließliche Ladung auf dem g-Faktor
die Erwartung an ein kulturunabhängiges (culture free bzw. culture fair) Verfahren
nahe. In einigen Untersuchungen zur faktoranalytischen Struktur der RPM zeigten
sich jedoch neben der starken „g-Ladung" auch Ladungen in einem Gruppenfaktor
der visuell-räumliche Fähigkeiten repräsentiert. Es ist nun bekannt, daß die durch die
Gruppenfaktoren der Intelligenz repräsentierten Fähigkeiten durch Erziehung und
Umwelt stark beeinflußbar sind. In diesem Zusammenhang stehen die Ergebnisse zu
geschlechtsspezifischen Leistungsunterschieden bei der Bewältigung räumlicher Anforderungen. Die Untersuchungen von Sinha (1968) legen die Vermutung nahe, daß
ein Training räumlicher Fähigkeiten die faktorielle Struktur der RPM verändert. Vor
diesem Hintergrund wurden Zweifel an der „Reinheit" des g-Maßes durch die RPM
angemeldet (vgl. bereits Jensen, 1969), so daß Kratzmeier und Horn (1987, S. 19)
feststellen, „… daß die SPM kein reines Maß für ‚g' sind, während sie die allgemeine
intellektuelle Leistungsfähigkeit gur [sic] erfassen. Die Messung anderer Faktoren
könnte bei interkulturellen Untersuchungen von besonderer Bedeutung sein."
Im Zusammenhang mit der angeblichen „Sprachfreiheit" der im RPM gestellten Anforderungen und der damit verbundenen Stützung der These einer Materialspezifik
der Diagnostik schlußfolgernden Denkens stehen Untersuchungen zur sog. Verbali-
sierungshypothese (siehe Burke & Bingham, 1969; Deutsch, Katz & Jensen, 1968;
Franzen & Merz, 1975; Wiedl & Bethge, 1981), wonach eine erfolgreiche Bewältigung figural-anschaulicher (oder allgemein nichtsprachlicher) Anforderungen tatsächlich eine interne Verbalisierung erfordert. Somit würden sich einerseits eine (verbale) Bildungsabhängigkeit und andererseits eine Material*un*spezifik der Fähigkeit
zum schlußfolgernden Denken erklären lassen. Werden bspw. Testanden aufgefordert, ihr Vorgehen bei der Bearbeitung der RPM zu verbalisieren, dann verbessern
sich ihre Ergebnisse (Radford, 1966). Es ist zu vermuten, daß durch eine Verbalisie-

rung unangemessene Lösungsstrategien kompensiert werden können. In einer Studie von Scharnhorst und Büchel (1995) wird dieser Effekt gezielt für die Induzierung eines Trainingseffektes bei der Bearbeitung von figuralen Reasoning-Aufgaben eingesetzt.

Vor diesem Hintergrund kann – vorsichtig formuliert – zumindest davon ausgegangen werden, daß ein gewisses verbales Grundniveau Voraussetzung für das Erreichen durchschnittlicher Leistungen im RPM (bzw. figuralen Reasoning-Items generell) ist. In diesem Kontext zu interpretierende Befunde findet man z.B. auch beim Grundintelligenztest CFT1 (Weiß & Osterland, 1980). Die darin enthaltenen Reasoning-Aufgaben werden der fluiden Intelligenz (gf) zugeordnet und seien daher in geringem Maße kultur- und schulbildungsabhängig. Das mit den Subtests im CFT geprüfte „Beziehungsstiftende Denken" bzw. „Erkennen von Regelhaftigkeiten und Gesetzmäßigkeiten" kann nach Weiß (1969) als wesentliches, die sog. Grundintelligenz konstituierendes Merkmal angesehen werden. Die „Kulturfreiheit" dieses Grundintelligenztests wird u.a. auch hier in der Sprachfreiheit der Anforderungen gesehen. Ein die (figuralen) Subtests 3, 4 und 5 (Klassifikationen, Ähnlichkeiten, Matrizen, als die sog. sprachfreien Reasoning-Subtests) im CFT1 zusammenfassender Testwert korreliert mit dem Verbal-Teil im Hamburg-Wechsler-Intelligenztest für Kinder (HAWIK, Hardesty & Priester, 1966) immerhin mit $r = .46$. Die Korrelation zum (sprachfreieren) Handlungteil im HAWIK ist mit $r = .63$ (Korrelation zum HAWIK-Gesamttest: $r = .63$) zwar deutlich höher, jedoch von einer „Sprach-, Kultur und Bildungsunabhängigkeit" selbst rein figuraler Anforderungen (wie bspw. im CFT, RPM oder dem Figure Reasoning Test, FRT von Daniels, 1971) kann also keine Rede sein.

Bedeutsamer als die Abwesenheit verbalen Materials im Item selbst ist eine Anforderungsbewältigung ohne wesentlichen Zugriff auf verbale kognitive Ressourcen. Bezogen auf die Materialspezifik von Testanforderungen (Items) wäre zu schließen, daß dies nicht in erster Linie eine Frage des Itemtyps (i.S. der Reizkonfiguration), sondern wohl eher des Aufgabentyps (i.S. der Anforderungsspezifik) ist.

Für die Beurteilung der „inneren" Gültigkeit entsprechender Items zur Erfassung des schlußfolgernden Denkens bedient man sich meist der Betrachtung der Faktorenstruktur bei Analysen auf Itemebene. Die Tatsache, daß man z.B. beim CPM bei derartigen Analysen 3- bzw. 4-Faktorlösungen erhält, zeigt u.a. den Facettenreichtum des Konstrukts „Schlußfolgerndes Denken", so daß eine begriffliche Einengung auf „induktives Denken" unangemessen erscheint (siehe auch unsere Bemerkungen zum Begriffsumfang des schlußfolgernden Denkens in den vorangegangenen Abschnitten). So ergeben z.B. Berechnungen zur faktoriellen Validität durch Corman und Budoff (1974) beim CPM, daß sich die Items 4 Faktoren zuordnen lassen. Die Faktorstruktur wird dahingehend interpretiert, daß die jeweils ersten Items in den Sets die Vervollständigung diskreter Muster bzw. die Kontituität und Rekonstruktion einfacher und komplexer Strukturen erfordert, während schlußfolgerndes Denken (i.e.S.) bei den letzten Items in den Sets Ab und B gefordert wird. Ein vierter Faktor bezieht sich auf Items, die das Vervollständigen einfacher Muster fordern. Eine diesbezügliche Faktoranalyse von Wiedl und Carlson (1976) offenbart drei Faktoren: I: „Konkretes und Abstraktes Denken" (diese Items haben durchschnittlich die höchste Schwierigkeit), II: „Vervollständigung kontinuierlicher und diskreter Muster" (diese Items haben durchschnittlich die niedrigste Schwierigkeit) und III: „Vervollständigung von Mustern durch 'closure'" (diese Items haben durchschnittlich eine mittlere Schwierigkeit). Wie die Autoren selbst bemerken, muß man in Rechnung stellen, daß die Inhomogenität der Itemschwierigkeiten einen starken Einfluß auf die Faktorenstruktur haben kann. Eine ähnliche Zuordnung der Items zu verschiedenen Anforderungsklassen – jedoch nicht faktoranalytisch gewonnen – findet man u.a. bereits bei Klauer (1964). Faktoranalytische Studien auf Subtest- bzw. Testebene zeigen z.B., daß einige Items der CPM (aus Set Ab und B) neben der Ladung auf einem Faktor „Schlußfolgerndes Denken" zusätzlich noch auf „Klassifikation und Begriffsbildung"[2] laden (Flammer, Grubenmann, Inauen & Schuler, 1972). Kratzmeier und Horn (1987, S. 7) führen aus, daß die schwierigeren Items der Sets C und D im SPM vorrangig „... Denken in Analogien ..." verlangen. Es wird deutlich, daß eine itemtypbezogene Homogenität im RPM (figurale Matrizen) nicht zwangsläufig eine Anforderungshomogenität zur Folge hat.

Überschaut man das Angebot an Items bzw. Subtests zur Erfassung schlußfolgernden Denkens, so fällt auf, daß es keine „Gleichverteilung" hinsichtlich des Itemtyps (Matrizen, Analogien, Folgen) über die drei Materialbereiche (verbal, numerisch, figural) gibt (z.B. kaum numerische Matrizen, selten numerische Analogien usw.). Zumindest gehen in item- bzw. subtestbezogene Faktoranalysen kaum Items bzw. Subtests gleichen Typs ein. Werden nun Items aus den drei Materialbereichen in der jeweils materialbereichstypischen Itemform in einer Faktoranalyse „verrechnet", so läßt sich im nachhinein nicht trennen, ob die Faktorenstruktur nicht doch eher die unterschiedlichen Itemtypen widerspiegelt als eine eventuelle Materialspezifik der Anforderungsbewältigung. Hinzu kommt die oft nicht berücksichtigte unterschiedliche Schwierigkeit (Komplexität der Anforderung) der Items aus den jeweiligen Materialbereichen.

Bei der Modellentwicklung zum BIS-4 (Jäger et al., 1997) ließen sich faktoranalytisch zunächst „nur" vier operative Fähigkeiten (Merkfähigkeit, Bearbeitungsgeschwindigkeit, Einfallsreichtum, Verarbeitungskapazität) identifizieren. Die theoretische Annahme einer auch inhaltsbezogenen Klassifizierung kognitiver Fähigkeiten konnte erst im Rahmen der sog. konzeptionell-innovativen Phase der Modellentwicklung durch eine modellgeleitete Aggregation (Ausbalancierung nicht-intendierter, Fokussierung intendierter Varianz in Anlehnung an die strukturelle Testtheorie, siehe u.a. Cattell & Radcliffle, 1962) auch empirische Belege finden. Durch die Bildung „operationshomogener Variablenbündel" wird somit die operationsbezogen zu interpretierende Varianz unterdrückt, somit kann sich die (eventuell „schwächere" ?) inhaltsbezogen zu interpretierende Varianz auch faktoranalytisch niederschlagen. Es resultiert somit eine zweite Beschreibungsdimension kognitiver Leistungen (Modalität) mit den drei Klassen figural-anschaulich, numerisch und verbal. Eine Itemtypspezifik (bezogen auf den angestrebten Gültigkeitsbereich) spielt im BIS-4 – im Gegensatz zu anderen Reasoning Tests – nicht die entscheidende Rolle. Die hier vorgenommene Skaleneinteilung bzw. Zellenbesetzung mit Aufgaben erfolgte mit der Maßgabe einer Maximierung funktional-äquivalenter Varianzanteile innerhalb der Skalen und nicht

---

[2] „Begriffsbildung" und „Klassifikation" lassen sich als Grundbausteine für schlußfolgerndes Denken ansehen (siehe 1.1).

itemtypspezifisch. (z.B. figural-anschauliche Verarbeitungskapazität). Somit dient die Leistung bei Aufgaben (Aufgabengruppen) als Indikator *dreier* Fähigkeiten: einer operativen, einer inhaltsbezogenen und der der Allgemeinen Intelligenz.

Im Kognitiven Fähigkeitstest von Heller et al. (1985) wird im nonverbalen Teil mit dem Subtest N1 (Figurenklassifikation) Begriffsbildung – als Voraussetzung zum Schließen (siehe 1.1) – geprüft. Die Items im Subtest N2 (Figurenanalogien) fordern analoges Schließen auf figuralem Gebiet. Neben der reasoning-Sensitivität spielt beim Bearbeiten dieser Subtests auch anschauungsgebundenes Denken eine Rolle. Um die „reasoning"-Komponente in den nonverbalen (= figuralen) Subtests (N1: Figurenklassifikation, N2: Figurenanalogien, N3: Figurensynthese) des KFT zu maximieren, wurde bei der Itemauswahl versucht, „… die Schwierigkeit der Items … auf die Komplexität der Beziehungen zwischen den einzelnen Figuren und nicht auf die Feinheit der Diskrimination oder die Wahrnehmungsgenauigkeit …" (Heller et al., 1985, S. 8) zu verlagern.

Zusammenfassend kann gesagt werden: Nicht das „Oberflächenmerkmal" Itemtyp, sondern die mit verschiedenen Items gestellte Anforderungsspezifik ist validitätsbezogen relevant. So läßt sich bspw. die in einer Studie von Corman und Budoff (1974) am CPM konstatierte fehlende faktorielle Invarianz des Raven bei verschiedenen intellektuellen Leistungsniveaus auch dahingehend interpretieren, daß ein und derselbe Itemtyp in Verbindung mit unterschiedlichen Ausprägungen von Personenmerkmalen unterschiedliche Gültigkeitsbereiche berühren kann (Phänomen der differentiellen Validität).

Eine weitere Validitätsperspektive orientiert sich daran, inwieweit das psychometrische Verfahren konstruktbezogene Leistungsindikatoren aus der „realen Lebenswelt" der potentiellen Testanden prognostizieren kann. Geht es also bspw. um ein Verfahren, welches die intellektuelle Leistungsfähigkeit von Testanden im schulpflichtigen Alter vorherzusagen beansprucht, dann dienen nachvollziehbarerweise Schulnoten bzw. Lehrerurteile als validitätsbezogene Außenkriterien. So überrascht es nicht, in den Handanweisungen einschlägiger Tests stets auch Korrelationsbefunde zwischen Testleistung und Schulnoten zu finden. Die Inbeziehungssetzung der Testleistung mit Außenkriterien (z.B. Schulleistungen) im Sinne einer kriterienbezogenen Gültigkeit soll unter Beweis stellen, inwieweit der Test in der Lage ist, grundlegende intellektuelle Fähigkeiten zu erfassen und das meist mit dem Ziel, schulische Fördermaßnahmen in sinnvoller Weise einleiten zu können. Inwieweit diese Validierungsstrategie „… unabhängig von Milieueinflüssen (Schule, Elternhaus) …" (Weiß & Osterland, 1980, S. 27) erfolgen kann, ist dabei ein zu beachtender Diskussionspunkt. Die Problematik einer kriteriumsbezogenen Validierung (an Außenkriterien) – vor allem deren psychometrischer Qualität – wird weiter unten (5.3) ausführlicher thematisiert.

Im folgenden werden einige Gegenüberstellungen von Testleistungen beim Bearbeiten von Aufgaben zum schlußfolgernden Denken im figural-anschaulichem Bereich mit schulischen Leistungskriterien aufgeführt:

Die Prätestergebnisse – als Statustest interpretierbar – im Langzeit-Lerntest „Schlußfolgerndes Denken" (Guthke et al., 1983), Subtest „Regelerkennen" (Figurenfolgen, LTS 3), korrelieren mit der sog. Schulleistungszahl (Summe aus Deutsch, Mathematik, Russisch, Physik, Geschichte, Geographie, Biologie, Werken) korreliert in der 6.

Klasse: mit $r = .39$ (die entsprechende Posttestwert-Korrelation, nun als Lerntestwert zu interpretieren, beträgt $r = .48$). Die Korrelationen eines figuralen Reasoning-Subtests im Kognitiven Fähigkeitstest (KFT 4-13+, Heller et al., 1985), also „Figurale Begriffsbildung" (N1), variieren von der 4.-8. Klasse (Grundschule bis Gymnasium) von $r = .08$ bis $.34$ zur Mathematiknote, bzw. von $r = .00$ bis $.44$ zur Deutschnote. Im Subtest N2 („Figurale Analogien") variieren die Korrelationen zur Mathematiknote von $r = .05$ bis $.30$, zur Deutschnote $r = .00$ bis $.32$. Für die Subtests 3 („Figurenreihen") und 4 („Buchstabenreihen") im Leistungs-Prüfsystem von Horn (1983) wird hingegen eine Korrelation von $r = .80$ zur Mathematikzensur berichtet (Aurin, 1966, zit. in Horn, 1983, S. 13). Daraus wird geschlußfolgert: „Offensichtlich wird hier die 'Denkfähigkeit' recht gut erfaßt." (Horn, 1983, S. 13). Im Vergleich zu verbalen und numerischen Testanforderungen scheinen in der Regel Figurenfolgentests aber weniger mit Schulleistungen (Ausnahme Mathematik und technische Fächer) und Lehrerurteilen zu korrelieren (siehe auch die Befunde zum LTS, Guthke et al., 1983).

Auch in der Berufseignungsdiagnostik spielen figurale Tests im Rahmen umfassender Intelligenztestbatterien eine große Rolle (siehe z.B. IST 70, Amthauer, 1970 oder LPS, Horn, 1983). So enthalten die von der Bundesanstalt für Arbeit (siehe Engelbrecht, 1994) entwickelten Verfahren – wie z.B. der Berufswahltest – ebenfalls Figurenfolgentests. Diese tragen dabei wesentlich zu den – allerdings meist nur mäßig hohen – Korrelationen zum Ausbildungs- bzw. Berufserfolg bei (vgl. Schuler, 1996; Schmidt & Hunter, 1983).

1.4.2 Untersuchungen zu Zahlenfolgen und deren diagnostische Relevanz

Mathematische Anforderungen, speziell die Zahlenfolgen, spielen schon sehr lange bei psychologischen Untersuchungen eine wichtige Rolle, da über die mathematische Leistungsfähigkeit hinausgehend die experimentelle denkpsychologische Analyse und differential-diagnostische Relevanz mathematischer Anforderungen ein besonders attraktives Forschungsgebiet darstellen (vgl. schon Selz, 1935, Krause, 1985). Zahlenfolgen erfordern insbesondere das Erkennen von Regeln und Erfassen von Beziehungen im numerischen Bereich. Mit anderen Worten wird hier das Schlußfolgernde Denken im numerischen Materialbereich angesprochen. Bevor wir auf die Untersuchungen mit Hilfe von Zahlenfolgen näher eingehen, konkretisieren wir zunächst den Begriff der Zahlenfolge unter mathematischen Aspekt.

Zahlenfolgen – mathematisch und kognitionspsychologisch betrachtet

Eine Folge kann nach Türke (1981) als eine spezielle Funktion definiert werden:

> „Eine Funktion heißt genau dann Folge, wenn ihr Definitionsbereich eine Teilmenge der Menge N der natürlichen Zahlen und ihr Wertebereich beliebige Elemente sind. Jedes Element des Wertebereiches einer Folge heißt Glied der Folge."

Dann gilt für eine Zahlenfolge:

„Eine Folge heißt genau dann Zahlenfolge, wenn ihre Glieder Zahlen sind."

Eine *Bildungsvorschrift* oder ein *Bildungsgesetz* einer Zahlenfolge ist eine Abbildungsvorschrift, nach der jedem Element des Definitionsbereiches eindeutig ein Element des Wertebereiches zugeordnet ist. Die Ermittlung eines Bildungsgesetzes ist notwendig, um jedes Glied der Folge bestimmen zu können. Dabei existieren allerdings Probleme. Einerseits gibt es unendlich viele Folgen, für die es bisher kein Bildungsgesetz gibt, und es gibt andererseits Folgen, für die beliebig viele Möglichkeiten der Fortsetzung existieren. Wir wollen uns im folgenden nur mit solchen Folgen befassen, für die es ein Bildungsgesetz gibt. Das Ziel ist dann im allgemeinen, das gesuchte Glied einer Folge möglichst auf einfachem Wege zu finden. In der Mathematik unterscheidet man *rekursive* und *explizite* Bildungsvorschriften für Zahlenfolgen. Eine rekursive Bildungsvorschrift erlaubt es, ein Glied einer Folge aus seinen Vorgängern zu bestimmen, und sie erfüllt die Bedingung einer induktiven Definition. Explizite Bildungsgesetze nutzen einen Term bzw. eine Gleichung zur Ermittlung des gesuchten Gliedes. Nun gibt es Zahlenfolgen, bei denen man Bildungsvorschriften beider Varianten finden kann. Ein Beispiel dient der Veranschaulichung: Die Zahlenfolge

$$\{Y\} = 2, 4, 6, 8, 10, 12, 14, \ldots$$

besitzt die rekursive Bildungsvorschrift

$$y_n = y_{n-1} + 2$$

(y_n ist das n-te Glied der Folge), die explizite Bildungsvorschrift lautet demgegenüber

$$y_n = 2\,n.$$

Besonders häufig verwendet man arithmetische und geometrische Zahlenfolgen, deren Bildungsvorschriften man rekursiv und explizit angeben kann. Unter einer arithmetischen bzw. geometrischen Zahlenfolge verstehen wir eine Folge, deren Differenzen bzw. Quotienten zwischen dem nachfolgenden und dem vorangehenden Glied für alle Glieder der Folge konstant sind. Es werden demnach die Relationen benachbarter Glieder betrachtet. Aus einer arithmetischen Zahlenfolge erhalten wir eine Folge von Differenzen (kurz: Differenzenfolge). Da eine solche Differenzenbildung wiederum auch bei Differenzenfolgen möglich ist, liegt es nahe, den Begriff der arithmetischen Zahlenfolge zu erweitern. Eine Zahlenfolge heißt arithmetische Zahlenfolge m-ter Ordnung, wenn – erst – ihre zugehörige m-te Differenzenfolge konstant ist. Die bisher von uns als arithmetische Zahlenfolge bezeichnete Folge ist – genauer – eine arithmetische Zahlenfolge erster Ordnung. Ist erst die zweite Differenzenfolge einer Zahlenfolge konstant, liegt eine arithmetische Zahlenfolge zweiter Ordnung vor. Eine oft verwendete Aufgabenstellung besteht darin, daß zu vorgegebenen Gliedern einer Folge ein Glied zu ergänzen ist.

Holzman et al. (1983) zeigten innerhalb des kognitiven Komponentenansatzes (vgl. die Ausführungen unter 1.3), daß unter Berücksichtigung der kognitiven Elementaroperationen ein Glied einer Zahlenfolge bestimmt wird, indem die Relationen zwischen den Gliedern einer Zahlenfolge, insbesondere zwischen den benachbarten, betrachtet werden und nach Regularitäten bzw. Periodizitäten gesucht wird. Holzman et al. haben eine Informationsverarbeitungstheorie über die Lösung der Folgenaufgaben von Simon und Kotovksy (1963) für Zahlenfolgen spezifiziert. Drei Komponenten werden bei Folgenvervollständigungsaufgaben postuliert.

Die erste Komponente ist die *Relationsentdeckung*. Sie erfordert, die Folge durchzusehen und Hypothesen zu bilden, nach welcher Gesetzmäßigkeit die Elemente verknüpft sein könnten. Es kommen dabei eine Vielzahl arithmetischer Relationen (Addition, Subtraktion, Multiplikation, Division, Potenzieren usw.), die wiederum mit einer Konstanten verknüpft sein können, in Betracht. Des weiteren ist es möglich, daß die Operationen hierarchisch verschachtelt sind. Als zweite Komponente folgt die *Entdeckung der Periodizität*. Die Anzahl der Glieder einer Folge, die einen kompletten Zyklus bilden, werden als eine Periode bezeichnet. Die dritte Komponente umfaßt die *Ergänzung eines Musters*. Wenn die Periode erkannt ist, muß die Relation erfaßt werden, die die anderen Positionen des Musters bestimmen. Um weitere Glieder der Folge zu extrapolieren, müssen diese Regeln angewandt werden.

Die Zahlenfolge

$$\{Y\} = 4, 5, 7, 8, 10, 11, 13, \ldots$$

besitzt die Relationen $+1$, $+2$ mit einer Periode von 2, da zwei Relationen einen kompletten Zyklus bilden.

Kotovsky und Simon (1973) zeigten für Buchstabenfolgen, daß die Schwierigkeit einer Aufgabe mit der Komplexität der Beschreibung der relevanten Eigenschaften des Musters und der Menge der Informationen, die im Arbeitsgedächtnis gespeichert werden müssen, zunimmt. Unklar ist jedoch, wodurch die Komplexität eines Musters in einer Folgenfortsetzungsaufgabe bestimmt wird. Sie sahen zwischen der Periodizität und der Komplexität einer Folge enge Beziehungen. Allerdings gibt es Gegenbefunde, die deutlich machen, daß die Komplexität von Aufgaben nicht nur durch das Aufgabenmaterial allein bestimmt wird, sondern auch durch die Bearbeitungsprozesse, die das Individuum nutzt.

Fuchs (1965) beschäftigte sich in seiner Dissertation zur „Diagnostik der mathematischen Leistungsfähigkeit" sehr ausführlich mit Zahlenfolgen. Er stellte fest, daß zum Beispiel arithmetische Zahlenfolgen (erster Ordnung) dann relativ leicht sind, wenn nur natürliche Zahlen benutzt werden. Die Schwierigkeit nimmt bei Verwendung von Brüchen und größeren Zahlen merklich zu. Arithmetische Zahlenfolgen zweiter Ordnung erhöhen die Schwierigkeit wesentlich, während geometrische Zahlenfolgen sogar zu einem sprunghaften Zuwachs der Schwierigkeit führen.

Holzman et al. (1983) führten eine Untersuchung mit der Fragestellung durch, worin sich Personen mit unterschiedlichem IQ und Alter bei der Bearbeitung von Zahlenfolgen unterscheiden. Als eine der wichtigsten Einflußgrößen der Aufgabenschwierigkeit stellte sich die Anzahl der Einheiten im Arbeitsgedächtnis, die für die Repräsentation des Musters erforderlich ist, heraus. Dieses Merkmal differenzierte vor allem deutlich zwischen Kindern mit hoher und mittlerer Intelligenz. Die Leistungen erwachsener Versuchspersonen und hochintelligenter Kinder unterschieden sich nicht wesentlich. Zur Beurteilung des Vorwissens verglichen Holzman et al. die Leistungen bei der Bearbeitung von Zahlenfolgen mit unterschiedlichen arithmetischen Relationen. Insbesondere Kinder mit durchschnittlichem IQ hatten im Vergleich zu Kindern mit hohem IQ deutlich mehr Schwierigkeiten mit Zahlenfolgen, die die Relationen Multiplikation und Division beinhalteten. Aufgaben mit hierarchischem Relationsaufbau wurden von durchschnittlich intelligenten Kindern ebenfalls deutlich schlechter bearbeitet; eine Operation aufbauend auf einer anderen auszuführen, fällt höher intelligenten Kindern leichter. Daraufhin wurde als Kennzeichen höherer Intelligenz die Fähigkeit, mit neuartigen und unüblichen Strukturen umzugehen, postuliert.

Fiebig (1989) versuchte in einer Studie zur Konstruktion des Itempools zum *Adaptiven ZAhlenFOlgen*-Lerntest (AZAFO) die Resultate von Holzman et al. bezüglich der schwierigkeitsbestimmenden Momente von Zahlenfolgen zu replizieren. Bei der Konstruktion des Verfahrens nutzte er im Gegensatz zum Experiment von Holzman et al. nur Items, deren Lösung die Identifikation von Relationen zwischen benachbarten Gliedern erfordert. Fiebig stellte fest, daß die Anforderungen an das Arbeitsgedächtnis (bestimmt über die Anzahl der Operationen zur vollständigen Beschreibung der Relationen zwischen den Gliedern) auf den Lösungsprozeß großen Einfluß hat. Betrachtet man die durchschnittliche Antwortzeit als Indikator für die Schwierigkeit einer Aufgabe, so zeigte sich, daß auch Vorwissenskomponenten wie die Größe der Zahlen, die Art der Operationen und die Größe der Operanden für die Schwierigkeit einer Zahlenfolge von Bedeutung sind.

Leider konnte in dieser Studie die erwartete Übereinstimmung von statistischer Schwierigkeit der Items (prozentualer Anteil der Testenden, die die Aufgabe richtig gelöst haben) mit den o.g. postulierten schwierigkeitsbestimmenden Größen einer Zahlenfolge nach Holzman et al. nicht durchgängig nachgewiesen werden. Aus diesem Grund stellt Fiebig im Rahmen der Anforderungsanalyse weitere Überlegungen mit Hilfe der Strukturellen Informationstheorie (SIT, Leeuwenberg & Buffart, 1983, siehe auch 1.4.1, 3.2.2) aus der Psychophysik an, um ein angemessenes Maß für die Komplexität bzw. für die theoretische Schwierigkeit einer Zahlenfolge zu erhalten.

Ebert und Tack (1974, siehe schon Selz, 1935) wiesen Lerneffekte bei der Bearbeitung von Aufgaben zu Zahlenfolgen nach. Ein *allgemeiner* Lerneffekt wurde nachgewiesen, wenn mehrfach hintereinander Aufgaben, die unterschiedliche Operationsfolgen erfordern, bearbeitet werden. Der beobachtete Lerneffekt spiegelt sich in einer Reduktion der Lösungszeiten wider. Wenn Zahlenfolgenaufgaben, die die gleiche Operationsfolge erfordern, gelöst werden, spricht man von einem *speziellen* Lerneffekt, dessen Zeitgewinn gegen einen niedrigeren Grenzwert konvergiert als beim allgemeinen Lerneffekt. Ebert und Tack nehmen an, daß der spezifische Lerneffekt Ausdruck eines Trainings bestimmter Rechenoperationen ist und darauf aufbauend eine Veränderung der Entscheidungswahrscheinlichkeit für die möglichen Operationen der Zahlenfolge eintritt. Außerdem wurde gezeigt, daß die Lösungszeit ansteigt, wenn man nach einer Trainingsphase mit Aufgaben des gleichen Lösungstyps zu einer neuen Prüfaufgabe wechselt. Ebert und Tack untersuchten nur Zahlenfolgen mit den Operationstypen Differenzbildung (D) und Quotientenbildung (Q) in verschiedenen Kombinationsfolgen (DD; DQ; QD; QQ). Ein Ergebnis ihrer Untersuchung ist, „... daß die Quotientenbildung einen höheren Zeitbedarf hat als die Differenzenbildung, daß aber darüber hinaus die als zweite geforderte Operation den deutlichen Unterschied bringt ...". Eine Zahlenfolge mit der Operationsfolge DQ ist damit schwieriger als eine Zahlenfolge mit der Kombination QD.

Die Befunde von Ebert und Tack zu den Lerneffekten können mit den von Spada und Wichmann (1993) formulierten Unterschieden wissensbasierter Lernsysteme in Zusammenhang gebracht werden. Danach wirkt induktives Denken stärker als dedukti-ves Denken wissenserweiternd und setzt in der Regel weniger Wissen voraus, „ist aber besonders effektiv, wenn der Prozeß der Hypothesenformulierung und -testung mit Hilfe bereichsspezifischen Wissens gesteuert werden kann." (S. 17, vgl. auch 1.3). Für das bei der Bearbeitung von Zahlenfolgen erforderliche schlußfolgernde Denken bedeutet das, daß die als Vorwissenskomponenten (Größe der Zahlen, Art der Operationen, Größe der Operanden) bekannten Dimensionen für die Hypothesenge-nerierung bei der Relationsentdeckung zwischen den Gliedern bedeutsam sind.

Auch Ptucha (1994) untersuchte die Lösung von Zahlenfolgentests unter kognitions-psychologischen Aspekten. Für die Modellbildung verwendete er eine Erweiterung der Theorie der Wissensräume von Doignon und Falmagne (1985), die bei der Mo-dellierung zwischen Beobachtungsebene (Antwortmuster) und Konstruktebene (la-tente, kognitive Wissenselemente) unterscheiden. Dadurch wird in den Anwendungen eine effiziente Diagnose des Wissens zu erreichen versucht. Das betrifft zum einen die Vermittlung des Wissens und zum anderen die Überprüfung kognitionspsy-chologischer Theorien und Modelle zum Wissen. In der Studie Ptuchas zu Problemen kognitiver Operationen beim Fortsetzen von Zahlenfolgen wurde die Modellierung von Lösungsverläufen hinsichtlich der Abbildung der Schwierigkeitsordnung der Operationen, der Reihenfolge der Operationen im Lösungsprozeß und der Identifika-tion zweier verschiedener Prozeßkomponenten (Regelaufdeckung vs. Regelanwen-dung) vorgestellt.

Gebräuchliche Zahlenfolgentests und deren Korrelationen zu anderen Tests und Außenkriterien

Das Paradigma „Zahlenfolgenfortsetzen" ist wegen seiner Zuordnung zum schlußfol-gernden Denken eine sehr häufig eingesetzte Itemform in Intelligenztests. Erste An-wendungen finden wir etwa bei Ruthe (1919/20), Bogen (1922), Stern und Wiegmann (1926), Kohn-Schächter (1926), Wiegmann (1929), Revecz (1930), Weber (1953) und Schaedli (1961). In vielen der gebräuchlichsten Intelligenztests sind Zahlenfolgen enthalten, wie bspw. im Intelligenz-Struktur-Test (IST, Amthauer, 1973), im Ko-gnitiven Fähigkeits-Test (KFT, Heller et al., 1985), im Mannheimer Intelligenztest (MIT, Conrad, Büscher & Hornke, 1971), im Wilde-Intelligenztest (WIT, Jäger & Althoff, 1984) oder im Ergänzungstest der deutschsprachigen Version des Cattell-schen „Culture Fair Intelligence Test" (CFT 20, Weiß, 1987). Darüber hinaus findet das Aufgabenparadigma auch Anwendung in den Aufgaben zum Nachdenken (AzN4+, Hylla & Kraak, 1993), im Bildungs-Beratungs-Test (BBT, Ingenkamp, Knapp & Wolf, 1977) sowie im Kombinierten Lern- und Intelligenztest (KLI, Schrö-der, 1968). Neuere Verfahren nutzen Zahlenfolgen ebenso, z.B. der Test der Zahlen-reihen und -analogien (TZRA, Facaoaru, 1985, 1996) und der Lerntest für ethnische Minderheiten (Hamers, Hessels & van Luit, 1994). Das Aufgabenparadigma Zahlen-folgen variiert in den verschiedenen Verfahren hinsichtlich der Länge der Zahlenfol-gen (drei bis sieben vorgegebene Glieder), der Anzahl der zu ermittelnden Glieder (eins oder zwei), der Position des/der gesuchten Glieder und der Form der Antwort-gabe (z.B. multiple choice, freie Antwort).

Die Ergänzungstests zum Grundintelligenztest CFT 20 (Weiß, 1987) bestehen aus den zwei Aufgabenfolgen Wortschatztest und Zahlenfolgentest, die als Erweiterung zum CFT 20 angesehen werden können. Der CFT 20 stellt bereits eine Weiterentwicklung des CFT 2 von Cattell und Weiß dar und soll das allgemeine intellektuelle Niveau im Sinne der Cattellschen fluiden Intelligenz (g_f) erfassen. Im CFT 20 werden sprachfreie, figural-anschauliche Testaufgaben verwendet, wodurch Personen mit schlechten Sprachkenntnissen und mangelhaften Kulturtechniken angeblich nicht benachteiligt werden. Durch den Ergänzungstest sollen nun auch verbale und numerische Elemente des Faktors Verarbeitungskapazität (vgl. Intelligenzstrukturmodell von Jäger, 1984) erfaßt werden. Von dem Testautor werden die Aufgaben Zahlenfolgen und Wortschatztest hypothetisch dem kristallinen Intelligenzfaktor (g_c) zugeordnet, wobei den Zahlenfolgenaufgaben auch ein gewisser Anteil von g_f zugeschrieben wird. Beide Untertests zusammen (Wortschatz und Zahlenfolgen) sollen demnach ein gutes Maß für g_c darstellen.

Wir wollen nun die Zusammenhänge der Zahlenfolgentests zu anderen Tests, zu anderen Kriterien (wic Zensuren und Beurteilungen) sowie verschiedene faktoranalytische Ergebnisse betrachten. Wir gehen zunächst auf Korrelationen mit anderen Tests ein. So gibt Weiß (1987) an, daß der Zahlenfolgentest des CFT 20 mit dem KFT-Gesamttestwert deutlich höher korreliert ($r = .63$, 8. Klasse) als mit dem Wortschatztest des CFT 20 ($r = .35$, 4. und 8./9. Klasse) oder den Verbal-Untertests des KFT (V1 + V4, $r = .44$). Der Untertest Zahlenfolgen aus dem IST (Amthauer, 1973) korreliert im Durchschnitt mit dem eher konstruktähnlichen CFT 2 (Kurzversion) mit $r = .50$ (nach Weiß, 1987), wohingegen der konstruktferne IST-Untertest Gemeinsamkeiten eine Korrelation von durchschnittlich $r = .25$ aufweist. Die Autoren des KFT (Heller et al., 1985) schließen aus ihren korrelationstatisischen Analysen, daß die „Reasoning"-Anteile der Q-Tests („quantitative" Subtests) gut gesichert sind und daß die Zahlenfolgentests die „reinsten" Reasoning-Tests sind.

Süllwold (1964) referiert interessante Befunde mit einer Vorform des Vierfeldertests, der als Maß für das unmittelbare Behalten (Arbeitsgedächtnis) angesehen wird. Der Untertest Zahlenfolgen des IST korreliert am höchsten ($r = .54$) mit den Ergebnissen des Vierfeldertests. Die Korrelationen der Untertests Satzergänzen, Wortauswahl, Analogien und Gemeinsamkeiten des IST sind nahe Null. Süllwold führt die Befunde auf den Komplexitätsgrad der Aufgaben zurück. Die Anforderungen von Zahlenfolgenaufgaben seien komplex strukturiert, womit die Bedeutung des unmittelbaren Behaltens für solche Aufgaben zunimmt (siehe oben).

Bei den Zusammenhängen von Zahlenfolgentests und Zensuren interessierte besonders die Korrelation zur Mathematiknote. So weist der Zahlenfolgenergänzungstest des CFT 20 durchschnittlich einen korrelativen Zusammenhang zur Schulnote im Fach Mathematik von $r = .60$ bei Grundschülern vierter Klassen und Hauptschülern neunter Klassen auf und wird somit von den Autoren als kriteriumsvalide eingeschätzt. Im Vergleich dazu liegen die berichteten Korrelationen des Wortschatztests zur Deutschnote durchschnittlich bei $r = .50$. Die Prädiktion der Mathematiknote von Schülern fünfter Klassen konnte mit dem Zahlenfolgentest des Bildungs-Beratungs-Tests (BBT, Ingenkamp et al., 1977) mit $r = .30$ für Realschüler und bis $r = .52$ für Gesamtschüler ermittelt werden. Anhand des Zahlenfolgentests in Kombination mit dem Subtest Denkaufgaben gelang es außerdem, Diskrepanzen zwischen Zensuren (Mathematiknote deutlich besser als die Deutschnote) aufzudecken. Die Identifikation von Schülern, deren Deutschnote besser als die Mathematiknote war, fiel nicht so erfolgreich aus. Weiß (1987) berichtet von einer Studie, in der eine gute prognostische Validität für die Zahlenfolgen aus den Aufgaben zum Nachdenken (AzN 4+) bei einer Bewährungskontrolle von Schülern vierter Klassen, die sich über zehn Jahre erstreckte, bestätigt wurde. Ähnliches gelte auch für die Realschulprognosen. Signifikante Unterschiede ergaben sich bei erfolgreichen Schülern mit Abitur bzw. mittlerer Reife und nicht erfolgreichen Schülern. Sehr ähnliche Befunde konnten mit dem noch später vorzustellenden AZAFO gewonnen werden. Das führt zu dem Schluß, daß Zahlenfolgentests gut geeignet erscheinen, um zwischen leistungsschwachen und leistungsstarken Testanden zu differenzieren (vgl. auch die Befunde von Holzman et al., 1983). Die Schichtzugehörigkeit der Testanden (Beruf des Vaters) macht bei den Extremgruppen (un- bzw. angelernter Arbeiter vs. akademischer Beruf) Mittelwertunterschiede in den Ergänzungstests „Wortschatz" und „Zahlenfolgen" des CFT 20 von zusammen 16 IQ-Punkten aus. Im CFT 20 selbst beträgt die Differenz dagegen nur 9 IQ-Punkte, was für eine stärkere Milieuabhängigkeit der Zahlenfolgenaufgaben spricht, wobei nicht genau aufgeschlüsselt werden kann, welcher Anteil tatsächlich auf die Zahlenfolgen entfällt. Eine Untersuchung zur prognostischen Validität des IST 70 (Amthauer, 1973) weist signifikante korrelative Zusammenhänge des IST-Zahlenfolgenuntertests zum theoretischen Teil der IHK[3]-Abschlußnote von $r = .18$ bei Chemielaboranten und zum praktischen Teil der IHK-Note von $r = .21$ bei Büroassistenten aus (vgl. Schmidt-Atzert & Deter, 1993).

Facaoaru (1985, 1996) entwickelte ein Testverfahren der Zahlenreihen und -analogien (TZRA). Jede Zahlenfolge oder jeder Analogiesatz besteht aus 11 Informationseinheiten, die subtil mehrere lösungsrelevante Informationen darbieten. Die Aufgabe der Testanden besteht darin, die grundlegende Konstruktionsregel möglichst früh bzw. aufgrund einer möglichst geringen Anzahl von Informationseinheiten zu entdecken und bis dahin möglichst viele Hypothesen aufzustellen über verschiedene Möglichkeiten, in denen sich die vorliegenden Informationseinheiten sinnvoll integrieren lassen. Eine vergleichende Analyse des Testlösungsverhaltens und der Testantworten im TZRA zwischen Forschungs- und Planungsingenieuren ergab, daß Forschungsingenieure zur Inspektion einer Informationseinheit einer Zahlenfolge bzw. -analogie im Durchschnitt eine längere Zeit im Vergleich zu Planungsingenieuren benötigen. Die Forscher versäumen es seltener, eine einmal erkannte Konstruktionsregel weiter zu verwerten (siehe Rolle des Arbeitsgedächtnisses!) und sind eher in der Lage, mehrere übergeordnete komplexere, auf einem höheren Abstraktionsniveau liegende Regeln zu konstruieren. Facaoaru faßt zusammen, daß die Ergebnisse erkennen lassen, daß die Forschungsingenieure häufiger dazu tendieren, sich mit einer einzigen Teilmenge so lange zu beschäftigen, bis sie die richtige Lösung herausgefunden haben. Sie analysieren gründlicher, strukturieren häufiger und flexibler um, schöpfen die sich daraus ergebenden Kombinationsmöglichkeiten intensiver aus und verwerten lösungsrelevante Elemente effizienter. Planungsingenieure, die praktisch in derselben Zeit eine

---

[3] Industrie- und Handelskammer

größere Menge an Informationseinheiten inspizieren, tendieren häufiger dazu, bereits nach Aufstellung einer geringen Anzahl nicht zutreffender Hypothesen „die Geduld zu verlieren" (möglicherweise, weil das Arbeitsgedächtnis überlastet ist). Die Korrelationen des TZRA mit dem Außenkriterium „Ausüben einer Tätigkeit mit hohem Anforderungsniveau" fällt um ein Beträchtliches höher aus ($r = .50$) als die kriterienbezogenen Korrelationen herkömmlicher Verfahren, die zur Messung konvergenter ($r = .29$) und divergenter ($r = .19$) Denkleistungen eingesetzt werden, was einen deutlichen Zuwachs des TZRA an Validität nahe legt.

Der Wilde-Intelligenztest (WIT, Jäger & Althoff, 1983) wurde in zahlreichen Bewährungskontrollen zu eignungsdiagnostischen Fragestellungen eingesetzt. Der Zahlenfolgen-Subtest korreliert signifikant mit den Erfolgskriterien unterschiedlicher Berufe (mittlerer und gehobener verwaltungstechnischer Dienst $r = .25$ bis $r = .46$; Polizeibeamte $r = .28$ bis $r = .39$; Managementpersonal $r = .26$ bis $r = .27$, Vermessungstechniker $r = .27$ bis $r = .38$). Jäger und Althoff machen in diesem Zusammenhang auf die Unterschätzung der Korrelationskoeffizienten aufmerksam. Die Streuung der erfaßten Maße ist in den Bewährungskontrollen eingeschränkt, da nur Personen berücksichtigt werden konnten, die die Ausbildung tatsächlich beendet haben.

Bei einer ebenfalls durchgeführten Faktoranalyse der beiden Ergänzungstests des CFT 20 mit verschiedenen Referenztests ergaben sich zwei essentielle Faktoren. Faktor 1 für verbal-sprachgebundenes Denken und Faktor 2 für numerisch-zahlengebundenes Denken, auf dem der Zahlenfolgentest substantiell lädt.

Die Konzeption des WIT orientiert sich an Thurstones (1938) Strukturmodell der Intelligenz. Der Test besteht aus 15 Subtests, wozu auch Zahlenfolgen gehören. Eine faktoranalytische Untersuchung des WIT mit Referenzvariablen ergab eine 7-Faktoren-Lösung, von denen ein Faktor das zahlengebundene Denken repräsentiert. Der Zahlenfolgen-Subtest lädt substantiell mit einer Ladung von .65 auf diesem Faktor.

Perleth und Sierwald (1996) analysierten die Subteststruktur des KFT mit der LISREL-Methode erneut. Sie bedienten sich eines Modelles, das entsprechend dem bimodalen Intelligenzmodell (vgl. Jäger, 1984) als eine der beiden Modalitäten die Materialart (beim KFT verbal, quantitativ, nonverbal) spezifiziert. Die zweite Dimension des Modelles wurde ebenfalls in Anlehnung an das Berliner Modell mit „Operationen" überschrieben, wobei die Operationen allerdings anders definiert werden. Die Operationen beziehen sich hierbei auf die Art der Lösungsfindung: „Wissen aktivieren und anwenden" bzw. „Regeln ableiten und anwenden" (schlußfolgerndes Denken). In der Studie konnte ein Wissensfaktor extrahiert werden, der ca. 15% der erklärten Varianz abdeckt. Als materialspezifische Faktoren konnten ein verbaler (ca. 15% der erklärten Varianz) und ein quantitativer Faktor (ca. 40% der erklärten Varianz) nachgewiesen werden. Dabei erwies sich der Untertest Zahlenfolgen in Kombination mit dem Subtest Gleichungenbilden als am stärksten operationsunabhängig bei zugleich recht starker Materialabhängigkeit.

1.4.3 Untersuchungen zu verbalen Analogien und deren diagnostische Relevanz

Auch verbale Analogientests haben eine lange Tradition in der Intelligenzdiagnostik; Analogienaufgaben gibt es schon im Binet-Test. Darüber hinaus verlangen häufig auch die in der Denkpsychologie vorgelegten Problemstellungen analoges Denken (Hesse, 1991). Bei Klaus und Buhr (1974, S. 63) wird eine Analogie als „Übereinstimmung zweier oder mehrerer Objekte hinsichtlich bestimmter Merkmale, so z.B. in der Struktur, in der Funktion usw." definiert (vgl. auch Definition in 1.1). An anderer Stelle (z.B. Gentner & Toupin, 1986) wird stärker die Übereinstimmung von strukturellen und/oder funktionellen *Beziehungen* zwischen verschiedenen Termen betont. Auch in der Klassifikation von Klauer (1989b, siehe 1.3) werden Analogieaufgaben eingeordnet bei „Erfassen von Beziehungen", die als kognitive Grundoperationen das Erkennen der „Gleichheit von Relationen" verlangen. Hesse (1991) faßt das analoge Schließen als einen Spezialfall von Inferenzen auf. Inferenzen dienen der „Ableitung einer neuen Aussage aus anderen Aussagen" (Hesse, 1991, S. 7). Er unterscheidet folgende Klassen von Analogien:

- analoges Zuordnen
- analoges Verstehen
- analoges Problemlösen
- metaphorische Beschreibungen (Metaphern) usw.

Im folgenden sollen diese Klassen hinsichtlich der Gegenstandsbereiche und Analogieprozesse verglichen werden, wobei für unsere Darstellung die letztgenannte Klasse im Augenblick keine Rolle spielt und deshalb hier auch nicht beachtet wird.

Analoges Problemlösen ist als Spezialfall des Paradigmas Problemlösen anzusehen. Um analoges Schließen zu ermöglichen, bedarf es eines aktuell ungelösten Problems (des Zielproblems) und mindestens eines gelösten Problemes, das als Quellproblem bezeichnet wird. Der Analogieprozeß führt zu einer Übertragung der Lösungsstrategie oder einzelner Elemente der Lösung des Quellproblems auf das Zielproblem. Untersuchungen zum analogen Problemlösen kommen aus der Arbeitsgruppe um Holyoak (siehe z.B. Gick & Holyoak, 1980, 1983) und auch von Hesse (1991).

Das *analoge Verstehen* dient der Abstraktion einer Kernidee aus einem dem Probanden zuerst dargebotenen (Alt-) Bereich (z.B. in Form einer Geschichte). Diese Idee soll zum Verständnis eines noch unbekannten (Neu-) Bereiches genutzt werden. Dazu müssen gezielt bestimmte Relationen gefunden werden. Arbeiten zu dieser Thematik stammen u.a. von Gentner und Mitarbeitern (Gentner, 1983; Gentner & Toupin, 1986).

Das *analoge Zuordnen* entspricht der aus der Psychodiagnostik bekannten Form. Beliebige Terme werden dem Testanden als Item, bspw. in der Form A : B = C : D, vorgegeben (zu Formen der Aufgabenstellung weiter unten). Hier konstatiert Hesse den am stärksten eingeschränkten Suchraum. So reduziert sich die Leistung beim analogen Zuordnen vor allem darauf,

- Wissen über mögliche Eigenschaften oder Aspekte der dargebotenen Begriffspaare zu generieren und

- die richtige Verknüpfung zwischen den Eigenschaften zu finden (Hesse, 1991). Diese Schritte sind sowohl im Altbereich als auch im Zielbereich (also z.B. auf der linken und rechten Seite des Gleichheitszeichens) durchzuführen.

In einer dargebotenen Aufgabe, die analoges Zuordnen im oben beschriebenen Sinne verlangt, kann in den meisten Fällen das zur Lösung notwendige Wissen nicht im Test erworben werden. Die in der Aufgabe genutzten Begriffe sind entweder bekannt oder nicht – ein Wörterbuch wird nicht zur Verfügung gestellt. Dadurch kann es geschehen, daß durch fehlendes Begriffswissen eine analoge Zuordnung nicht gelingt, weil das zur Lösung erforderliche Wissen fehlt – eine Aussage zur Fähigkeit zum analogen Denken dürfte dann aber auch nicht gemacht werden. Weiterhin muß sichergestellt sein, daß die Verknüpfung der Terme (z.B. der Begriffe) durch das Erkennen und Übertragen einer (begrifflichen) Relation geschieht und nicht durch Assoziation erfolgt. Auch in letzterem Falle würde man nicht das analoge Zuordnen prüfen.

Analoges Denken wird also in psychodiagnostischen Verfahren meist in Form des beschriebenen analogen Zuordnens untersucht. Die dabei genutzten Materialien sind häufig verbaler und figuraler Art. Denkbar sind aber auch numerische, Buchstaben- und Silbenanalogien. Belser (1975) spricht in diesem Fall von „Trickaufgaben", da das Analogieprinzip bspw. auf den Regeln des Alphabets beruht, das damit stillschweigend als bekannt vorausgesetzt wird.

Verbale Analogien, zu deren Lösung spezielles Wissen eines Fachgebietes herangezogen werden muß, sind ungeeignet, in erster Linie das analoge Zuordnen zu prüfen. In seiner Darstellung zum Frankfurter Analogientest (FAT) schildert Belser (1975) eine Voruntersuchung, die sicherstellen sollte, daß – entsprechend der Zielgruppe – altersentsprechende Begriffe genutzt werden. In dieser Voruntersuchung wurden die in den Items enthaltenen Begriffe in Form eines Wortschatztestes dargeboten und anhand eines Kriteriums über den Verbleib entschieden. In der genannten Untersuchung wurden einige Begriffe (z.B. aus dem technischen Bereich) wegen gefundener Geschlechtsunterschiede ersetzt bzw. ganze Aufgaben entfernt. Die Wortwahl kann auch unter Nutzung von Literatur (Sprachstatistik) oder durch die Analyse von Lehrplaninhalten begründet werden.

Da die „Ähnlichkeit oder Proportionalität der formalen oder inhaltlichen Beziehungen" der Terme der Analogie es möglich macht, „ein fehlendes Glied durch analoges Schließen zu ermitteln" (Belser, 1975, S. 24), ist es prinzipiell egal, welches Glied der vorgegebenen Aufgabe fehlt. Bei figuralen Aufgaben ist das besonders offensichtlich. Hier werden geometrische Formen kombiniert und variiert. Das Erkennen der Analogieregel ist dabei durch den Vergleich und das In-Beziehung-Setzen aller vorgegebenen Terme der Analogie möglich. Solche Aufgaben findet man bspw. in der Snijders-Oomen Nichtverbalen Intelligenz-Skala (SON-58, Snijders & Snijders-Oomen, 1958 bzw. deren Revision zum SON-R, Snijders, Tellegen & Laros, 1989), im CFT (Weiß, 1987), im KFT (Heller et al., 1985) oder im FAT (Belser, 1975).

Bei verbalen Analogien werden die Terme mit Begriffen (meist der natürlichen Sprache) besetzt. Hier fehlt meistens das letzte Glied. Allerdings wird gelegentlich die Stellung der Terme der Aufgabe verändert, d.h. eine sog. Transposition durchgeführt (Grudin, 1980). Bei der Lösung muß nun zuerst herausgefunden werden, welche

Glieder zueinander gehören. So versucht man, die Schwierigkeit der Analogie zu erhöhen. Letztlich stellt das aber nur eine Verschiebung der Leerstelle der Aufgabe dar. Bei den Beispielaufgaben weiter unten werden aber auch Analogien mit zwei Leerstellen gezeigt. Solche Analogien sind nur dann sinnvoll zu bearbeiten, wenn Distraktoren zur Wahl gestellt werden. Neben der Analyse der Begriffe der Aufgabe ist hier auch ein In-Beziehung-Setzen der Distraktoren nötig.

Im Falle von *einer* Leerstelle ist sogar die Möglichkeit einer Analogiekonstruktion gegeben. Der fehlende Term wird dann frei „konstruiert", also hergeleitet. Das verlangt eine Einzeluntersuchung, so daß man bei ungenauen oder dem Versuchsleiter nicht verständlichen Antworten nachfragen kann (wie z.B. beim Binet-Simon-Kramer-Test, Kramer, 1985). Bei schriftlicher freier Antwortgabe könnten unterschiedlicher Wortgebrauch oder regional gefärbte Begriffe zu falschen Beurteilungen führen.

Bildliche Analogien stellen insofern eine Mischform aus den vorgestellten Analogieaufgaben dar, da die Terme zwar figürlich sind, die Figuren aber Begriffe markieren sollen und es sich damit um enge „Verwandte" der verbalen Analogien handelt. Solche Aufgaben findet man bevorzugt dann, wenn kleinere Kinder untersucht werden sollen, die mit der bildlichen Darstellung angesprochen werden sollen. Auch im o.g. FAT sind derartige Aufgaben enthalten. Sie sollen hier laut Verfahrensbeschreibung eine gewisse Abwechslung innerhalb der Vielzahl an Aufgaben bieten.

Tzuriel und Klein (1987) entwickelten in Israel einen Analogien-Lerntest mit bildlichem Material. Bei Sydow und Meincke (1991) findet man, im Rahmen eines Förderprogramms, bildliche Analogieaufgaben für Vorschulkinder. In diesem Training bilden Analogieaufgaben den Abschluß der Aufgabenserien. Zuvor werden einzelne Komponten (z.B. das Erkennen und Vergleichen von Merkmalen) geübt. Klauer, Kauf und Sydow (1994) berichten über die Trainingswirksamkeit dieses Programms.

Für die Darbietung der Aufgaben haben sich verschiedene „Standards" etabliert. Bei kleineren Kindern, die noch nicht lesen können, ist (neben der o.g. bildlichen Aufgabenstellung) das Vorlesen der Aufgabe als zu vervollständigender Satz bzw. als Frage möglich (Beispiel 1 in Abbildung 1.9). Die Applikation der Aufgabe als Satz bzw. Frage kann, wenn die Lesefähigkeit gegeben ist, auch in schriflicher Form erfolgen (Beispiel 2 in Abbildung 1.9). Eine schon relativ „formalisierte" Form ist in den Beispielen 3 und 4 in Abbildung 1.9 dargestellt. Bei diesen Beispielen sind jeweils zwei Distraktoren auszuwählen.

Besonders bei figuralen Analogien beliebt ist die Darbietung der Analogie als Matrix, in der ein Element fehlt (Beispiel 5 in Abbildung 1.9). Hier ist ein relativ hoher Aufforderungsgrad gegeben, so daß der Testand im besten Falle „von sich aus" versucht, die Lücke in der Matrix zu füllen. Aber auch bei verbalen Aufgaben findet sich diese Anordnung (in einer älteren Auflage des FAT). Häufiger allerdings (und ökonomischer) ist die Anordnung des Beispiels 6 in Abbildung 1.9.

Welche Gründe führten zum Einsatz von verbalen Analogieaufgaben? Was ist über die Lösungsprozesse bekannt? Welche Ergebnisse wurden gewonnen? Hier ist nicht der Ort für eine erschöpfende Übersicht. Weiter oben wurden auch schon einzelne Befunde, z.B. über den Komponentenansatz, mitgeteilt. So soll hier als erstes das Problem von verbalen – und damit (schul-)bildungsabhängigen Inhalten diskutiert werden. Anschließend werden einige Ergebnisse, die mit Verfahren aus dem deutsch-sprachigen Raum gewonnen wurden, vorgestellt.

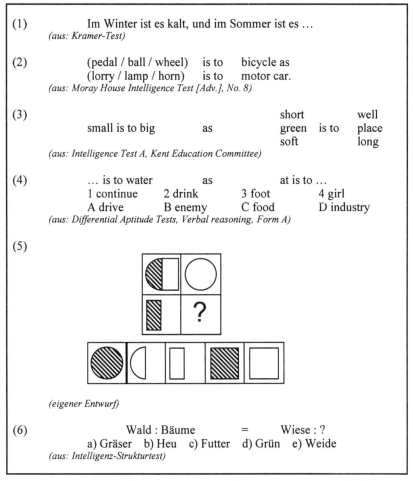

Abbildung 1.9:   Beispiele für unterschiedliche Formen von Analogieaufgaben.

Bei der Nutzung von verbalem Material ist die Problematik semantischer, schulbil-dungsabhängiger Inhalte zu berücksichtigen. Zwar betont Wechsler (1956, S. 113), „im Gegensatz zur Auffassung des Laien gilt der Wortschatz einer Person nicht nur als Index seiner schulischen Ausbildung, sondern auch als ausgezeichneter Maßstab seiner allgemeinen Intelligenz. Die Anzahl der Wörter, über die ein Mensch verfügt, bildet ein Maß seiner Lernfähigkeit, seines Bestandes an sprachlichen Kenntnissen und seines allgemeinen Vorstellungsumfanges". Unseres Erachtens setzt diese An-nahme aber ein für alle Menschen vergleichbares Bildungsangebot voraus.
Manche Autoren entscheiden sich bei ihrem Verbaltest bewußt für schwieriges bzw. oft unbekanntes Material, z.T. mit Fremdworten, um bestimmte Teile der Intelligenz

zu prüfen (z.B. im Mehrfachwahl-Wortschatz-Intelligentest MWT-B, Lehrl, 1977). Andere Autoren setzen derartige, selten zur Allgemeinbildung und kaum zur Umgangssprache gehörende Begriffe auch in Analogieaufgaben ein, wie im Kognitiven Fähigkeitstest (KFT 4-13+, Heller et al., 1985). Hornke und Rettig (1989) kritisieren, daß man durch „die Einbeziehung schwieriger, im Sinne von ‚allgemein wenig verwendeter' Wörter in Analogieaufgaben ... diese praktisch beliebig schwer machen" kann. „Allerdings mißt ein solches Item weniger ‚analogisches Denken' als vielmehr den Wortschatz des Testanden; zumindest sind diese beiden Validitätsaspekte nicht voneinander zu trennen" (Hornke & Rettig, 1989, S. 41). Hinzu kommt u.U. Spezialwissen, welches zur Lösung der Analogie benötigt wird (siehe 1.3). Es gibt aber keine allgemeingültigen Kenntnisse über die Seltenheit aller Begriffe bzw. des Wissens darüber, so daß der Testautor hier Freiräume hat.

Wie weiter oben schon dargestellt (siehe 1.3), gibt es mehrere Konzeptionen zu den bei der Bearbeitung einer Analogie ablaufenden kognitiven Prozessen. Deren Aufklärung unter denk- und lernpsychologischer Fragestellung kann auch für die Psychodiagnostik befruchtend sein.

Komponentenmodelle bieten durch die Analyse von Antwortzeiten die Möglichkeit, bestimmte „Stadien" des Lösungsprozesses zu identifizieren. Unter 1.3 wurde das von Sternberg (1977) vorgeschlagene Modell vorgestellt. In anderen Ansätzen, die duch die Forschung zur Künstlichen Intelligenz beeinflußt sind, wird durch die Aufstellung von Algorithmen die Entwicklung von Ansätzen „allgemeiner Problemlöser" versucht. Der von uns für die Verfahrensentwicklung favorisierte Ansatz bezieht sich auf ein Modell der Speicherung von Wissen im Gedächtnis, das unter 3.2.3 ausführlicher vorgestellt wird.

Zur diagnostischen Relevanz verbaler Analogieaufgaben

In einer Übersicht zur Vorhersagbarkeit von Schulleistungen findet man bei Kühn (1987) für die Verfahren mit verbalem Material – bei denen auch Analogietests vertreten waren – die höchsten Korrelationskoeffizienten zu Schulergebnissen, interessanterweise oft zur Mathematiknote, aber auch zur Deutschzensur. Es von wird Werten um $r = .60$ berichtet gegenüber Korrelationen um $r = .40$ zur Mathematikzensur bei sprachfreiem Material (z.B. Matrizenaufgaben, die ja auch schlußfolgerndes Denken erfassen sollen). Die verschiedenen Formen des FAT korrelieren am stärksten mit der Deutschzensur, insbesondere in höheren Klassen bzw. weiterführenden Schulen. Bei älteren Schülern sinken dabei die Zusammenhangsmaße bis zu $r = .30$, bei jüngeren liegen sie um $r = .40$, teilweise über $r = .50$.

Da im FAT verschiedene Arten von Analogieaufgaben dargeboten werden, bietet sich hier ein Blick auf die Zusammenhänge zwischen verbalen und sprachfreien Aufgaben an. In Tabelle 1.3 stellen wir die von Belser (1975) berichteten Ergebnisse mit dem FAT4-6 vor. Der Gesamtwert (die letzte Spalte) ergibt sich dabei als Summe der vorherigen Spalten. Die Zusammenhangsmaße zum Gesamtwert spiegeln in starkem Maße die Anzahl der Items wieder. Der Wechsel des Materials (Wort – Bild – Figur) führt zu niedrigeren Korrelationen, die aber noch immer recht hoch sind. Der niedrigste beobachtete Wert betrifft die Beziehung zwischen Bild- und Figuranalogien, die aber auch durch die wenigsten Aufgaben repräsentiert werden.

Im Intelligenzstruktur-Test (IST) von Amthauer (Amthauer, 1953, 1973) weisen die Analogien die höchste Korrelation aller Subtests zum Gesamtscore auf, nämlich $r = .72$ bei einer Stichprobe von $N = 799$ Testanden. Amthauer (1973, S. 39) nennt folgende „Funktionen", die „bei der Lösung der Aufgabengruppe beteiligt sind: Kombinationsfähigkeit, Beweglichkeit und Umstellfähigkeit im Denken, Erfassen und Übertragen von Beziehungen, Klarheit und Folgerichtigkeit im Denken, Widerstand gegen Ungefährlösungen". Im IST gibt es noch andere Subtests, die induktives Denken erfassen sollen (Wortauswahl, Rechenaufgaben, Zahlenreihen).

Tabelle 1.3

Interkorrelationen der Analogieformen im FAT 4-6 sowie die Beziehungen zum Gesamtwert (nach Belser, 1975)

	Analogieform			
	Wortanalogie	Bildanalogie	Figuranalogie	Gesamtverfahren
Wortanalogie		.82	.70	.98
Bildanalogie			.61	.86
Figuranalogie				.82
Anzahl Items	60	12	23	95

Haenschke-Kramer und Mehl (1967) prüften bei einer Eingangsuntersuchung für eine Mathematik-Spezialschule, wodurch man mathematische Hochbegabung am besten vorhersagen kann. Sie setzten den vollständigen IST ein, das komplexe Problem „Turm von Hanoi", eine mathematische Textaufgabe und einen Wortassoziationstest als Kreativitätstest. Dabei erwies sich der Untertest „Analogien" des Intelligenzstruktur-Testes von Amthauer als bestes Kriterium.

Schmidt-Atzert und Deter (1993) prüften im Rahmen einer umfangreichen beruflichen Eignungsuntersuchung die Vorhersagbarkeit des Ausbildungserfolgs mit dem IST. Bei mehreren Berufsgruppen erwies sich der Subtest mit verbalen Analogien als der beste Prädiktor für die theoretische Prüfung (Chemikanten, Mechaniker- und Elektroberufe). Die Korrelationen lagen hier um $r = .30$, während sie bei der praktischen Prüfung bei einigen Berufen (trotz großer Stichproben mit N um 200) im Zufallsbereich lagen (vgl. auch Schmidt-Atzert, Hommers & Heß, 1995).

Willner (1970, ref. bei Kukla, 1984) entwickelte unter klinisch-diagnostischem Aspekt einen Analogientest. Dieser Willner-Scheerer-Analogietest berücksichtigt Besonderheiten gestörter Informationsverarbeitungsprozesse oder Gedächtnisfunktionen. Dazu wurde in Vorversuchen in Patientenstichproben nicht die vollständige Analogie geboten, sondern nur der Term „C". Die Testanden sollten dazu passende Begriffe finden. Willner schied alle die Items aus dem Verfahren aus, deren Lösung durch diese „Assoziation" (und damit nicht nur durch logisches Schließen) gefunden werden kann. So kommt er zu einem für differentialdiagnostische Fragestellungen zur pathologischen Gedächtnistätigkeit (bei Schizophrenie oder nach Hirnschäden) hoch trennscharfen Instrument mit verbalem Material. Kukla (1981, 1984) untersuchte verschiedene Patientengruppen (u.a. Schizophrene und Alkoholiker) und Gesunde mit verbalen Analogieaufgaben. Er konnte zeigen, daß die Überlegenheit der Gesunden bei bestimmten Arten von Analogiebeziehungen besonders hoch war. Derartige Analogien erfordern nach einer weiter unten (3.2.3) dargestellten Konzeption zum Gedächtnis und zum Wissensabruf die Ausführung kognitiver Operationen wie „die Gewinnung von Relationen aus Merkmalsstrukturen der Begriffe" (Kukla, 1984, S. 182). Demgegenüber traten bei Aufgaben, die mit fest gespeichertem Wissen zu lösen sind, nur geringe oder keine Unterschiede zwischen den Gruppen auf.

2   Neue Verfahrensansätze zur Diagnostik des schlußfolgernden Denkens

2.1   Kognitionspsychologisch begründete Verfahren

Vor allem die in 1.4 exemplarisch geschilderten Tests dienten auch ursprünglich in der kognitionspsychologischen Forschung als Hauptuntersuchungsgegenstand (siehe 1.3). Es sind allerdings auch andere interessante Aufgabentypen (z.T. aus der formalen Logik abgeleitet, wie Syllogismen) z.B. in den Arbeitsgruppen von Sternberg, Klix, Johnson-Laird usw. zur Untersuchung deduktiver und induktiver Denkprozesse entwickelt und analysiert worden. Kritisch muß man allerdings vermerken, daß auf der Basis moderner kognitionspsychologischer Theorien und Erkenntnisse unseres Wissens nach noch keine publizierten Verfahren (Tests) mit „neuen Aufgabentypen" konstruiert wurden. Gemeint ist hiermit, daß Aufgaben direkt aus einem kognitiven Prozeßmodell hergeleitet und konstruiert werden. Nach Auffassung von Waldmann und Weinert (1990) ist dies z.B. Kosslyn (1981) im Hinblick auf das bildhafte Denken bei der Konstruktion von Testaufgaben für die Forschung (noch nicht für die diagnostische Routinepraxis) vorbildhaft gelungen, so daß hier eine „Wende" innerhalb des kognitiven Komponentenansatzes zu verzeichnen ist. Dabei werden Leistungen in „Elementarmodulen", die theoriebezogen konstruiert wurden, überprüft. Durch die Analyse dieser Fehlleistungen wird dann deutlich, welche Elementarkomponenten möglicherweise defizitär sind und daher das Versagen in den üblichen „komplexen" psychometrischen Raumvorstellungstests erklären können. Wir müssen allerdings gestehen, daß wir uns bisher kaum vorstellen können, daß in absehbarer Zeit auch praktisch anwendbare Reasoning-Tests publiziert werden, die mit einem noch vertretbaren zeitlichen und apparativen Aufwand Mikrokomponenten- und Strategieanalysen in der diagnostischen Alltagsroutine ermöglichen. Um z.B. reliable Parameterschätzungen für die Mikrokomponenten zu erhalten, mußten Sternberg und Gardner (1983) 2800 Analogienaufgaben in 25 Stunden Untersuchungsdauer pro Testand stellen. Und selbst wenn man diese Parameter dann zuverlässig bestimmt hat, weiß man in Anbetracht der hohen Aufgabenspezifität der Parameterbestimmung noch nicht, inwieweit Verallgemeinerungen auf andere Test-Aufgabentypen, geschweige denn auf Alltagsanforderungen des schlußfolgernden Denkens möglich sind. Auch die sich im Rahmen der sog. Wissensdiagnostik (Arbinger, 1991; Tergan, 1988) – insbesondere im Sinne einer kognitionspsychologisch begründeten Fehlertypologie – entwickelten Ansätze haben weiterhin den Status einer „positiven Utopie" (Spada & Reimann, 1988). Sie wurden bisher auch vorwiegend für sehr bereichsspezifische Anforderungen (z.B. einfache Arithmetik-Aufgaben) – im Sinne von curriculumbezogenen prozeßanalytisch angelegten „Verfahren" (als Tests sind sie noch nicht publiziert) – konstruiert. Gegenwärtig wird allerdings die Übertragung des Ansatzes auf bereichsübergreifende und allgemeine Aspekte der menschlichen Informationsverarbeitung erprobt. Man untersucht z.B. das Erzeugen und Testen von Hypothesen, das deduktive Schließen usw. (siehe unten). Zusammenfassend ist also festzustellen, daß all diesen Ansätzen gemeinsam ist, daß sie 1. bisher noch nicht „aus dem Labor herausgekommen sind" und sich nicht in praktikablen diagnostischen Verfahren „niedergeschlagen" haben und 2. bisher noch nicht bewiesen wurde, daß sie eine höhere Validität aufweisen als die vielgeschmähten pragmatisch-praktizistisch konstruierten herkömmlichen Intelligenztests. Ganz im Gegenteil hat man bisher lediglich durch Berechnung von Korrelationen mit psychometrischen Intelligenztests zu beweisen versucht, daß z.B. bestimmte Mikrokomponenten besondere Relevanz haben. Eine umfassende Konstruktvalidierung einschließlich der Bewährung bei der Vorhersage von „Intelligenzaußenkriterien" fehlt bisher. Bleibt man bei der Komponentenanalyse herkömmlicher Intelligenztestaufgaben stehen, dann ist auch „kaum zu erwarten, daß die Komponenten von Testaufgaben die prädiktive Validität der gesamten Testskala übersteigen, so daß jede Kritik an IQ-Tests, die deren geringe prädiktive Validität bemängelt, auch deren Komponentenansatz betrifft" (Waldmann & Weinert, 1990, S. 94). Allerdings wäre es wohl unabhängig von der kaum steigerbaren prädiktiven Validität im Sinne einer „therapiebezogenen Validität" ein Gewinn für die bessere wissenschaftliche Fundierung und Individualisierung der z.Z. boomenden „Programme zur Förderung des Denkens" (vgl. Hager, 1995; Klauer, 1993), wenn es gelänge, z.B. bei Schülern individualtypische Strategiedefizite, häufige Fehlertypen, ungenügend ausgeprägte „Mikrokomponenten" bzw. Mängel in deren „Zusammenspiel" durch kognitionspsychologische „Prozeßtests" zu identifizieren. Die im Rahmen der curriculumbezogenen „Förderdiagnostik" entwickelten Ansätze (vgl. hierzu Kornmann, Meister & Schlee, 1983, kritische Einschätzung bei Guthke & Wiedl, 1996) haben ebenfalls diese Zielstellung, sind aber sehr stark didaktisch-schulbezogen orientiert und nicht so experimentell-mikroanalytisch in ihrer Herangehensweise wie die Ansätz in der Kognitions- und Wissenspsychologie. In unserem Kontext wäre aus dem Bereich der Förderdiagnostik z.B. das Vorgehen von Probst (1981) zur Diagnostik der Oberbegriffsbildung bei schulischem Lehrstoff erwähnenswert.

Die kognitionspsychologische Forschung hat heute u.E. vor allem Relevanz für die theoretisch begründete Auswahl von Aufgabentypen für Diagnoseverfahren und vor allem auch für die Konstruktion der Itempools, die nicht mehr nur nach test- und meßtheoretischen Gesichtspunkten erfolgen sollte, wie sie z.B. bei Kubinger (1988), Lienert (1989) und Rost (1996) auf der Basis der klassischen oder probabilistischen Testtheorie beschrieben werden. Möglich wird nunmehr eine stärker theoretisch-inhaltlich – im Sinne der Kontentvalidierung (Klauer, 1978) – begründete Itempoolkonstruktion (siehe hierzu auch im Hinblick auf die ACIL Kapitel 3). Einen ersten Ansatz in dieser Richtung hat schon vor längerer Zeit Winkelmann (1975) vorgelegt, der in seiner „Testbatterie zur Erfassung kognitiver Operationen" (TEKO) bei der Zusammenstellung der Aufgaben von der Entwicklungstheorie der Intelligenz nach Piaget, einem der „Urväter" der modernen Kognitionspsychologie ausging. Das Verfahren hat leider keine große Resonanz in der Praxis gefunden. Auf denkpsychologischen Überlegungen und Untersuchungen aus der Klix-Schule (vgl. Klix, 1983, 1984a, 1984b, 1984c, siehe 1.3) beruht das von Berg und Schaarschmidt (1984, 1990) entwickelte „Testsystem zur Diagnostik bildlich angeregter Leistung" (BILKOG) für jüngere Kinder. Neu ist auch bei diesem System nicht die Aufgabengestaltung – so enthält es die bekannten Analogieaufgaben, Reihen-Fortsetzen, Bilderordnen usw. – sondern die systematische Zuordnung der Testaufgaben zu den von Klix herausgestellten Grundoperationen des Denkens (siehe 1.3). Demzufolge werden bei der Auswertung dann auch Testwerte für die elementareren Leistungen des Herauslösens und Vergleichens von Merkmalen und die komplexeren Leistungen des Vergleichens und Übertragens bestimmt. Auch erfolgt eine u.E. problematische Unterteilung in einen mehr wissensabhängigen und einen wissensunabhängigen Teil. Eigentliche mikroanalytische Prozeßanalysen erlaubt dieser Test aber nicht; im Bild-Analogietest gibt es aber erste Ansätze in dieser Richtung (nähere Schilderung in Guthke, 1996). Aus der gewählten Lösung läßt sich hier erkennen, welche Lösungsstrategie das Kind gewählt hat. Dabei läßt sich feststellen, daß mit fortschreitender geistiger Entwicklung die Kinder von der sog. topologischen Lösung zur verkürzten, „vereinfachten" Lösungsstrategie („Bewegungslösung") übergehen.

Auch der jüngst von Scharnhorst und Büchel (1995) aufgrund vorwiegend rehabilitationspsychologischer Überlegungen (im Rahmen eines Trainings für lernbehinderte Kinder) vorgestellte „Inductive Reasoning Tests" enthält die aus anderen Tests bereits bekannten Aufgabentypen, allerdings nach einer Kombinationsregel aus drei Dimensionen systematisch aufgebaut. Diese drei Dimensionen sind:

- Aufgabentyp (Klassifikation, Folgenfortsetzen und Analogien)
- Komplexität (systematische Steigerung der zur Verarbeitung anstehenden Information)
- Modalität (figürlich-konkret, figürlich-abstrakt, symbolisch, verbal-konkret, verbal-abstrakt).

Hager und Elsner (1995) meinen, daß bisher noch kein Test existiert, der explizit und ausschließlich induktives Denken im engeren Sinne erfaßt. Hager, Roick und Bartholomäus (1994) haben eine Experimentalform eines Tests zum induktiven Denken (TID) entwickelt, bei dem das Aufstellen und Anwenden einer Regel im Vordergrund steht und in allen vier Subtests in den Instruktionen stets aufs Neue betont wird (über die große Bedeutung der Instruktion, die neben den Aufgabencharakteristika, die Art der in Gang gesetzten Denkprozesse wesentlich mitbestimmt, siehe Hager, 1995). Die verwendeten Aufgabentypen sind aber wiederum die klassischen bekannten Tests (siehe 1.4). Auch Facaoaru (1985, Test der Zahlenreihen- und analogien, siehe hierzu auch 1.4.2) benutzte klassische Testaufgaben, modifizierte aber deren Vorgabe und Auswertung vor allem im Sinne der Kreativitäts- und kognitiven Stilforschung. So wird z.B. eine Zahlenfolge schrittweise vorgegeben und der Testand soll zunächst mögliche (auch plausible) Hypothesen über die Konstruktionsregel (im Sinne des divergenten Denkens) produzieren, bevor er nach weiterer Vorgabe von Informationseinheiten im Sinne des konvergenten Denkens die zutreffende Regel entdeckt. Als Maß für die Reflexivität dient die Inspektionszeit bei der Betrachtung der vorgegebenen Informationseinheiten in diesem power-Test.

Bei Aufgaben zur expliziten Prüfung deduktiven Denkens soll aus Prämissen die notwendige Schlußfolgerung abgeleitet werden oder vorgegebene Schlußfolgerungen hinsichtlich ihrer formalen Korrektheit beurteilt werden (siehe auch 1.1). Unterstellt man, daß die Palette der verfügbaren diagnostischen Verfahren in gewisser Weise die Bedeutung des jeweils zu messenden Konstrukts reflektiert, so muß man aufgrund der wenigen deduktiven Denktests eine unverhältnismäßige Unterrepräsentierung des deduktiven Denkens konstatieren. Dafür ließen sich vielfältige Ursachen diskutieren: Aus der Not eine Tugend machend, ließe sich argumentieren, daß mit induktiven Aufgaben bereits hinreichend die Fähigkeit zum schlußfolgernden Denken prüfbar sei. Induktive Aufgaben erfordern bekanntermaßen das Erkennen einer Regel, die anschließend angewandt werden soll. Geht man nun davon aus, daß einzig die Anforderung der Regelfindung entscheidend für eine Differenzierung der Leistungsfähigkeit ist und die Anwendung der gefundenen Regel als solche nicht leistungsbegrenzend ist, so ließe sich daraus ein ausschließlicher Bedarf an induktiven Denktests ableiten. Außerdem ließ sich in faktoranalytischen Studien oft kein separater Deduktionsfaktor extrahieren, so daß aus dieser Perspektive ebenfalls „Belege" gegen einen Bedarf an deduktiven Denktests vorlägen. Es darf bei dieser Argumentation jedoch nicht übersehen werden, daß der Erfolg faktoranalytisch orientierter Separierungs- bzw. Strukturierungsbemühungen eventuell daran scheitert, daß es bislang kaum psychometrisch akzeptable Tests explizit zum deduktiven Denken gibt, die darüber hinaus theoriegeleitet konstruiert wurden. Aus post hoc Analysen sind demnach schwerlich deduktive und induktive Faktoren separierbar, da die deduktiven Aufgaben oft keine solchen waren und deswegen die deduktiven Anforderungen im Rahmen faktoranalytischer Strukturierungsbemühungen unterrepräsentiert sind.

Das Defizit an diagnostischen Instrumenten zur Erfassung deduktiven Denkens im Rahmen der differentiellen Psychologie ist in Anbetracht der Tatsache, daß allgemeinpsychologische Forschungen zum deduktiven Denken eine lange Tradition aufweisen, umso verwunderlicher. Vorrangig kognitionspsychologische Theorien zum deduktiven Denken lassen sich grob zwei Hauptkategorien zuordnen. Die *nicht-rationalen Ansätze* gehen vor dem Hintergrund oft beobachteter und beschriebener Fehler beim logischen Denken davon aus, daß sich beim Schlußfolgern vorrangig auf logisch irrelevante Aspekte (z.B. Oberflächenmerkmale) konzentriert wird (siehe z.B. die Atmosphärentheorie, vgl. Begg & Denny, 1969; Sells, 1936, 1963; Woodworth & Sells, 1935). Die *rationalen Ansätze* hingegen unterstellen, daß Personen prinzipell rationale Strategien zur Bearbeitung logischer Denkprobleme nutzen. In diesem Zusammenhang werden sog. Regeltheorien („natürliche Logik", Anwendung einer mentalen Logik, siehe z.B. Rips, 1983, 1994) bzw. Modelltheorien (Aufbau und Manipulation mentaler Modelle, siehe z.B. Johnson-Laird & Byrne, 1991) diskutiert[4].

Im Rahmen sog. Regeltheorien werden interindividuelle Leistungsunterschiede mit der Menge individuell verfügbarer Inferenzschemata erklärt, während aus der Perspektive modelltheoretischer Ansätze die Kapazitätsbegrenzung des Arbeitsgedächtnisses (zur Manipulation verschieden komplexer mentaler Modelle, Ausschluß von Gegenbeispielen usw.) für interindividuelle Leistungsunterschiede verantwortlich gemacht wird.

Für eine theoriegeleitete Konstruktion von Tests zur Erfassung logischen Denkens (deduktive Denktests) gilt es, eine mehr oder weniger begründete Präferenz für die eine oder andere Theorie zu treffen. Die Analyse von G.P. Neubauer (1995) legt

---

[4] Die Zwei-Faktoren-Theorie Evans' (vgl. Evans, 1982) vereint die verschiedenen Ansätze, indem ein Konkurrieren sowohl rationaler Verarbeitungsprozesse einerseits als auch nicht-rationaler Reaktionstendenzen andererseits um die Reaktionskontrolle unterstellt wird.

nahe, daß sich das Lösungsverhalten seiner Probanden bei der Bearbeitung von abstrakt eingekleideten Syllogismen (unter multiple-choice-Bedingung mit „none-of-the-above"-Option) im wesentlichen (d.h. bei 15 von 18 Syllogismen) mit der Atmosphärentheorie erklären läßt (siehe auch Gilhooly, Logie, Wetherick & Wynn, 1993). Er kommt daraufhin zu dem diskutablen Schluß, daß reine Syllogismen-Tests ungeeignet sind, deduktives Denken zu prüfen. Wilhelm und Conrad (1997) stellen ihrerseits den interessanten Entwurf eines deduktiven Denktests vor, dessen theoretisches Fundament auf der Theorie mentaler Modelle basiert. Dabei diskutieren sie die Bedeutung der semantischen Einbettung und Vorwissenskompatibilität deduktiver Denkaufgaben für den potentiellen Fit mit der einen oder anderen Theorie (siehe zu diesem Sachverhalt auch unsere Ausführungen in 1.4.1 zur Trennung von Aufgabenmerkmalen und Situationsmerkmalen). Wilhelm und Conrad plädieren für die Verwendung semantisch eingebetteter Aufgaben. Darüber hinaus wird die Bedeutung der logischen Domäne für die Erfassung deduktiver Denkfähigkeit thematisiert (vgl. Tabelle 2.1).

Tabelle 2.1

Aufgabentypen zur Prüfung deduktiven Denkens (siehe Wilhelm und Conrad, in Druck)

Bereich der Logik	Beispiel
syllogistisch	Alle A sind B; Alle B sind C $\Rightarrow$ Alle A sind C
propositional	A oder B; nicht A; wenn B oder C dann E $\Rightarrow$ E
räumlich relational	A ist rechts von B; C ist links von B; D ist vor C; E ist vor B $\Rightarrow$ D ist links von E
zeitlich relational	A passiert vor B; B passiert vor C; D passiert während A; E passiert während C $\Rightarrow$ D passiert vor E
mehrfachquantifiziert	Kein A ist wo einige B sind; alle B sind wo einige C sind $\Rightarrow$ Kein A ist wo ein C ist
metadeduktiv	Für drei Personen soll folgende Regel gelten: Eine Person lügt immer; eine Person lügt manchmal; eine Person lügt nie. Person A sagt: Ich lüge manchmal Person B sagt: A lügt nicht Person C sagt: Ich lüge nicht manchmal $\Rightarrow$ C sagt die Wahrheit, B lügt manchmal, A lügt immer

Die modelltheoretisch abgesicherte Konstruktion der Items sowohl zum räumlich-relationalen Schließen als auch zum syllogistischen Schließen weisen neben akzeptablen psychometrischen Eigenschaften substantielle Zusammenhänge zu Leistungen in Tests zur Erfassung der Verarbeitungskapazität auf. Die im Test verwendeten Items zum räumlich-relationalen Schließen korrelieren mit einer „K-sensitiven" (Operationsklasse Verarbeitungskapazität) Kurzform des BIS (Jäger et al., 1997) mit $r = .63$; die Items zum syllogistischen Schließen korrelieren ebenfalls mit $r = .62$.

Die modelltheoretisch begründbare Komplexitätshierarchie der syllogistischen Items
(u.a. definiert durch die Anzahl der jeweils notwendig zu konstruierenden mentalen
Modelle) konnte anhand der empirischen Itemschwierigkeiten bestätigt werden. Bei
den relationalen Items konnten die Modellannahmen bezüglich der Komplexität nicht
bestätigt werden; hier mußte u.a. die Möglichkeit der Nutzung modellwidriger Bear-
beitungstrategien in Betracht gezogen werden. Weiterhin ist interessant, daß i.S. einer
differentiellen Validität beachtet werden muß, daß validitätsverheißende korrelative
Zusammenhänge der Leistungen im Denktest mit Leistungen in Reasoningtests (hier
BIS-K) sich in Abhängigkeit der Leistungsfähigkeit der untersuchten Probanden unterscheiden. Nur die intelligenteren Probanden „verhielten sich modellkonform", so
daß die Deduktionsleistung mit der BIS-K Leistung bei den weniger leistungsfähigen
Probanden in deutlich geringerem Zusammenhang stand. Der darauf bezug nehmende
Zweifel an der Geeignetheit deduktiver Denktests zur Prüfung der Fähigkeit zum lo-
gischen Denken ist streng genommen natürlich auch auf die traditionell verwendeten
Tests zum induktiven Denken auszuweiten. Denn hier findet man bislang recht selten
eine kognitionspsychologisch begründete und somit theoriegeleite Itemkonstruktion.
Erst die darauf aufbauende modellbezogene Evaluation deckte ja schließlich auf, daß
Testanden etwas anderes machten, als ursprünglich theoretisch angenommen, so daß
sich daraus Zeifel bezüglich *der* Validität ableiten ließen.

2.2   Komplexes Problemlösen

Bereits die klassische deutsche Denkpsychologie der 20er und 30er Jahre widmete
sich der Analyse von Denkprozessen. Dazu wurden den Versuchspersonen mehr oder
weniger komplexe Problemstellungen (z.B. die Bestrahlungsaufgabe, siehe Duncker,
1945) vorgelegt. Dadurch erhoffte man sich, bessere Einsichten in das Lösungshan-
deln von Testanden zu gewinnen als durch die Vorgabe möglichst vieler „Mini-Pro-
bleme", wie sie die Intelligenztestitems darstellen. Es wurden in diesem Zusammenhang generalisierbare Denkoperationen identifiziert, die es gestatten sollten, den
Denkprozeß relativ unabhängig von einer Inhaltsspezifik näher aufzuklären (Grup-
pieren, Umordnen, Zentrieren bei Wertheimer, 1945; Materialanalyse, Konfliktana-
lyse und Zielanalyse bei Duncker, 1935, begriffliche Überordnung, Unterordnung
oder Nebenordnung bei Selz, 1935). In den 70er und 80er Jahren erlebte diese For-
schungsrichtung im Rahmen des Paradigmas des komplexen Problemlösens eine Renaissance und zahlreiche Weiterentwicklungen. Ein Katalysator für diese Entwicklung mag u.a. eine Unzufriedenheit über die Aussagekraft von traditionellen Intelligenztests gewesen sein. Mit der Vorgabe (hoch)-komplexer, vernetzter, (eigen)-dy-
namischer, intransparenter und polyteler Problemstellungen spielen Begriffe wie
Alltagsnähe der Anforderungen (ökologische Validität sensu Dörner, 1986) und eine
prozeßorientierte Operationalisierung der erbrachten intelligenten Leistung eine zentrale Rolle. Durch dieses Vorgehen erhofft man sich, auch für das „Alltagshandeln"
verallgemeinerbare „Testergebnisse" zu erhalten. Beim komplexen Problemlösen
werden die Probanden mit den verschiedensten, mehr oder weniger realistischen Auf-

gaben konfrontiert. Sie sollen als absolutistischer Herrscher eines fiktiven König-
reichs (Gediga, Schöttke & Tücke, 1983) oder aber weniger monarchisch, und doch
noch lange nicht demokratisch, die Geschicke einer Kleinstadt lenken (vgl. Dörner,
Kreuzig, Reither & Stäudel, 1983), sich als Entwicklungshelfer dem Wohl eines fiktiven Nomadenstammes annehmen (Strohschneider, 1986), eine fiktive Textilfabrik
managen (Putz-Osterloh, 1981), über ein simuliertes Ökosystem wachen (Opwis &
Spada, 1985), Feuerlöscheinheiten in einem (Computer-) Waldstück dirigieren
(Brehmer, 1987; Dörner & Pfeifer, 1992), Lebensmittel in einem simulierten Kühl-
haus durch Steuerung der Aggregate vor dem (ebenfalls fiktiven) Verderb bewahren
(Reichert & Dörner, 1988), die reproduktiven Beziehungen außerirdischer Lebewesen
erforschen (Müller, Funke, Fahnenbruck & Rasche, 1987; Funke, 1992b) u.v.a.m.
Nicht weniger vielfältig als die Szenarien selbst sind die Zielstellungen der damit an-
gestrengten wissenschaftlichen Studien. Nun wird in den zahlreichen Publikationen
dazu deutlich, daß es sich mit dem komplexen Problemlösen keineswegs um ein eta-
bliertes (als hinreichend valide anerkanntes) diagnostisches Instrumentarium handelt.
Darüber kann auch nicht der vielfältige Einsatz derartiger Instrumente in verschiedenen praktischen Anwendungsfeldern, z.B. in der Personalauswahl und -entwicklung
und in der Eignungsdiagnostik, hinwegtäuschen (siehe U. Funke, 1993). So wird neben der Objektivität (Konkordanz) und der Reliabilität vor allem die Validität einschlägiger Problemlöseszenarios diskutiert.[5]
Im Rahmen der Forschungen zum komplexen Problemlösen nehmen (vor allem in der
deutschen Problemlöseforschung) Studien zum Zusammenhang von komplexem Problemlösen und Intelligenztests einen breiten Raum ein. Ausgangspunkt der Gegenüberstellung von Leistungen beim komplexen Problemlösen und Leistungen bei der
Bearbeitung von Intelligenztests ist aus der Sicht der Problemlöseforscher die – zunächst noch relativ einhellige – Annahme, daß für eine erfolgreiche Problemlösung
intelligentes Verhalten notwendig sei. Aus der Perspektive der Intelligenztestforscher
wird die Annahme vertreten, daß Intelligenztests so etwas wie allgemeine Problemlösefähigkeit, bei denen auch Reasoning bzw. die Fähigkeit zum schlußfolgernden
Denken vorausgesetzt wird, erfassen sollen (siehe z.B. Sternberg, 1982, S. 225). So
dienen korrelationsanalytische Zusammenhangsuntersuchungen einer Validitätsbe-
stimmung beider Konstrukte, also der Problemlösefähigkeit einerseits und der (Test-)
Intelligenz andererseits. Operational ausgedrückt: Von beiden Seiten werden zunächst
substantielle Zusammenhänge (im Sinne kriteriumsbezogener Korrelationsstudien)
erwartet. Die empirischen Ergebnisse erzeugen – oberflächlich betrachtet – ein recht
inhomogenes Befund- und inkonsistentes Interpretationsbild. In einigen Untersuchungen werden substantielle korrelative Zusammenhänge referiert, in anderen werden hingegen Nullkorrelationen berichtet (eine Übersicht geben z.B. Kluwe, Schilde,
Fischer & Oellerer, 1991).
Die divergierenden Befunde (bzw. deren Interpretation) zum Zusammenhang zwischen Testintelligenz und komplexem Problemlösen lassen sich folgendermaßen um-
reißen.

---

[5] Selbst in diesbezüglich relativ gut kontrollierten Studien konnte z.B. der Berufserfolg auch nur mit
Korrelationen von $r = .20$ bis .30 vorhergesagt werden (vgl. Literaturübersicht bei U. Funke, 1995),
das ist keinesfalls höher als dies mit üblichen Intelligenztests möglich ist (Schuler, 1988).

Tabelle 2.2

Schematische Einteilung möglicher Befunde zum Zusammenhang von komplexem Problemlösen und Intelligenz

	erwartungsgemäß	erwartungswidrig
keine Zusammenhänge	1	2
Zusammenhänge	3	4

Befunde, die der *Zelle 1* (erwartungsgemäß keine Zusammenhänge) zuzuordnen wären, ließen sich wie folgt umschreiben: Hier wird dem Paradigma des komplexen Problemlösens (bzw. dessen instrumentelle Umsetzung) a priori eine höhere – nämlich ökologische – Validität bezüglich der Erfassung von Intelligenz unterstellt. Es wird argumentiert, daß die computersimulierten Szenarien aufgrund ihrer mehr oder weniger umfangreichen Komplexität realere, alltagsnähere Anforderungen an den Testanden stellen, als es Intelligenztestitems tun. Die Tatsache, daß die computersimulierten Szenarien in verschiedensten „Alltagsbereichen" (z.B. Regieren einer Kleinstadt, Managen einer kleinen Textilfirma, Arbeit eines Entwicklungshelfers, Kommandant einer Feuerlöscheinheit u.v.a.m.) angesiedelt sind, (ver-) führt zu diesem Schluß. Lassen sich nun aus dieser Sicht in einschlägigen Studien erwartungsgemäß keine Zusammenhänge mit Intelligenztestindikatoren nachweisen, ist die These der „Realitätsferne" von traditionellen Intelligenztests erhärtet.

„Intelligentes, raffiniertes, vernünftiges, effektives Problemlösen basiert nur zum geringen Teil auf dem Funktionieren einer psychischen 'Intelligenzmaschinerie', d.h. auf rein intellektuellen Prozessen." (Dörner, 1982, S. 3)

Mit diesem Ergebnis und dessen Interpretation geht dann die Forderung nach einer „neuen Intelligenzdiagnostik", einer Diagnostik der operativen Intelligenz (Dörner, 1986) einher. Diese soll, anders als die reine Produktorientierung der (Intelligenz-) Statustests, Verlaufscharakteristiken des komplexeren und somit „ökologisch valideren" Bearbeitungsprozesses erfassen (Dörner & Pfeifer, 1992; Kreuzig, 1983; Putz-Osterloh, 1981). Außerdem soll mit diesem Zugang ein verstärkter Einbezug auch von nicht-kognitiven Personmerkmalen erfolgen.

Die in Zelle 2 der Tabelle 2.2 einzuordnenden Untersuchungen und deren Befundinterpretation (wider Erwarten keine Zusammenhänge) lassen sich so charakterisieren: Entsprechend der für Intelligenztests geforderten und in den Testmanualen berichteten Reliabilitäts- und Validitätskennwerten erfolgt nun die Kritik (nicht nur von „klassischen" Intelligenztestforschern, Jäger, 1991) an der meßtheoretischen Güte des Problemlöseparadigmas (vgl. Amelang & Bartussek, 1990; Funke, 1984). Schwerpunktmäßig konzentriert man sich bei der Kritik auf die mehr „intuitive" Konstruktion der komplexen Problemstellungen und auf den oft anzutreffenden „ad-hocismus" (Dörner, 1989 in einem anderen Zusammenhang) der Operationalisierung der Problemlösegüte und deren Interpretation. Die mangelnde meßtheoretische Güte der Instrumente zum Lösen komplexer Probleme ist nicht zuletzt Ausdruck der von zahlreichen Forschern konstatierten Theorienarmut (siehe z.B. Funke, 1992b). Nicht selten gewinnt man auch den Eindruck, daß die mit dem komplexen Problemlösen gestellten Anforderungen nicht nur für den Testanden, sondern auch für die Forscher zu komplex und deswegen generell (experimentell) nicht beherrschbar seien. Diese meßtheoretischen Defizite werden als ursächlich für die nicht gefundenen Zusammenhänge zwischen Testintelligenz und komplexem Problemlösen angesehen (z.B. Frensch & Funke, 1995).

In Zelle 3 (erwartungsgemäß gefundene Zusammenhänge) lassen sich Befunde klassifizieren, in denen entweder das Intelligenzkonstrukt differenzierter betrachtet oder aber die Problemlösebedingungen (u.U. unter Verzicht auf „Realitätsnähe") prozedural an die Intelligenztests angenähert wurden („well structured problems" sensu Simon, 1973). Betrachtet man nun die Ergebnisse von Untersuchungen, die sich gegenüber einer eher allgemeinen Sicht auf das Intelligenzkonstrukt (globaler Intelligenztestwert) mehr auf spezifische Teilkomponenten der Intelligenz konzentrieren, so erscheint das Befundbild konsistenter. So berichten mittlerweile zahlreiche Untersuchungen substantielle Zusammenhänge des Faktors „K" (als Operationsklasse „Verarbeitungskapazität" im Berliner-Intelligenz-Struktur-Test von Jäger, 1982; Jäger et al., 1997) zum komplexen Problemlösen (vgl. Hörmann & Thomas, 1989; Hussy, 1992; Jäger, 1991; Süß, Kersting & Oberauer, 1991; Wittmann & Süß, 1996). Die BIS-Skala „Verarbeitungskapazität" erfaßt Leistungsaspekte, die bei der Bearbeitung von mehr oder weniger komplexen Aufgabenstellungen „vielfältiges Beziehungsstiften", „Erkennen von Regelhaftigkeiten" und „formallogisches Schlußfolgern" erfordern (z.B. in Figurenfolgen-, Zahlenfolgentests und Analogien). Sie ist in etwa mit Thurstones „reasoning-Faktor" vergleichbar (Thurstone, 1938), dem Gegenstand dieses Buches. Werden die Reasoning-Tests als Lerntests appliziert (vgl. Beckmann, 1994), dann steigen die Korrelationen sogar noch beträchtlich an (siehe auch 5.3.3). Diese „hohe Ladung" komplexer Problemstellungen mit dem Reasoning-Faktor ist auch der Grund dafür, daß wir an dieser Stelle uns relativ ausführlich mit dem Ansatz des komplexen Problemlösens beschäftigen.

Auf der Seite des komplexen Problemlösens lassen sich wie auf der „Intelligenztestseite" verschiedene Leistungsaspekte differenzieren. So kann bei entsprechender Gestaltung der Bearbeitungsprozedur versucht werden, die Wissenserwerbsleistung durch eine explizite Wissensdiagnostik separat zu erfassen. Die damit verbundene Anforderungsanalyse ermöglicht die Entwicklung eines differenzierten Erwartungsbildes über korrelative Zusammenhänge zwischen den Teilaspekten problemlösenden Verhaltens einerseits und spezifischen Intelligenzleistungen andererseits. Diese Betrachtungsweise läßt sich eher dem Aspekt der Konstruktvalidierung zuordnen.

Zelle 4 in Tabelle 2.2 (wider Erwarten doch Zusammenhänge) müßte Untersuchungen beinhalten, bei denen sich die hier hypostasierten Nullkorrelationen nicht nachweisen ließen. Solche Untersuchungsberichte gibt es erwartungsgemäß sehr selten (vgl. aber z.B. Schmid & Schoppek, 1989).

Für die „Inkonsistenz" der Befundlage und deren Interpretation lassen sich folgende Probleme diskutieren:

Das Problem der „ökologischen Validität"

Die in zahlreichen komplexen Problemen angestrebte „Realitätsnähe" beruht bestenfalls auf einer „face-validity". Die Gleichsetzung von „Realitätsnähe", die sich vorrangig auf Oberflächenmerkmale bezieht, mit ökologischer Validität ist u.E. nicht gerechtfertigt. Bei der unterstellten ökologischen Validität handelt es sich meist um ein
nicht empirisch überprüftes und überprüfbares, sondern um ein ex cathedra postu-
liertes bzw. durch bloße Augenschein-Validität belegtes Merkmal einer (Test-) Anforderung. Außerdem läßt eine vorrangig auf Oberflächenmerkmalen rekurrierende
„Realitätsnähe" die Frage aufkommen, wie groß der Prozentsatz derjenigen Testanden ist, die real bspw. eine Hemdenfabrik leiten bzw. Aufgaben eines Entwicklungshelfers zu erfüllen haben (und dies zusätzlich losgelöst vom sozialen Kontext und
unter einem sehr artifiziellen Zeithorizont). Zur Einschätzung der Repräsentativität
von Laborproblemen für die Tiefenstruktur realer Lebensbewältigung jedoch ist ein
Kriterium notwendig, welches sich nur aus einer Theorie mit einem bestimmten Elaboriertheitsgrad ableiten ließe. Die „Laborprobleme" müßten die Tiefenstruktur von
Alltagsproblemen, nicht aber unbedingt deren Oberflächenstruktur mit ihrer spezifischen semantischen Einbettung repräsentativ widerspiegeln. Darüber hinaus kann der
Repräsentativitätsanspruch sicher nur für mehr oder weniger eng umschriebene
Adressatengruppen gelten. Dieser müßte – wie bei Intelligenz- und Entwicklungstests
gefordert – theoretisch und empirisch nachgewiesen sein.

Das Problem des Zielkriteriums

Bisherige Befunde deuten darauf hin, daß Problemlöseleistungen, die am Kriterium
eines klar definierten Ziels (z.B. einen bestimmten Systemzustand zu erreichen und
dann stabil beizubehalten) erbracht wurden, eher mit (Test-) Intelligenz kovariieren
als das Problemlösen ohne explizite, exakte Zieldefinition. So besteht z.B. beim komplexen System „Lohhausen" das Ziel darin, das Wohlergehen dieser fiktiven Kleinstadt in der näheren und ferneren Zukunft zu sichern. Vage Zieldefinitionen werden
meist mit der Begründung gegeben, daß zur erfolgreichen Bewältigung realer (und
damit immer komplexer) Probleme eine selbständige Zieldefinition notwendig sei.
Und im Sinne der angestrebten „Realitätsnähe" (der Anforderung) sei damit der
Aspekt der ökologischen Validität abgesichert (siehe bereits weiter oben). Klar definierte Ziele haben hingegen u.a. die Funktion, daß im interindividuellen Vergleich ein
einheitlicher Bewertungsmaßstab angelegt werden kann. In diesem Zusammenhang
muß auf die nicht-triviale Forderung hingewiesen werden, daß der Bewertungsmaßstab der zu erbringenden Problemlöseleistung auch für den Testanden transparent sein
muß, um als faires Vergleichskriterium akzeptabel sein zu können. Das heißt, das
Zielkriterium und die Bewertungsfunktion müssen a priori festliegen und durch die
Instruktion an den Testanden vermittelt werden.

Das Transparenzproblem

Eine Befundgruppe im Rahmen der korrelativen Gegenüberstellung von Problemlösen und Intelligenz wird unter dem Begriff der „Transparenzhypothese" diskutiert. Bezogen auf den Zusammenhang von komplexem Problemlösen und Intelligenz heißt das: Je transparenter ein Problem ist, desto enger ist der erwartete Zusammenhang zu Intelligenztestleistungen. Es wird angenommen, daß die Bearbeitung eines transparenten Problems aufgrund der somit vorliegenden größeren anforderungsbezogenen Ähnlichkeit zu Intelligenztestitems eher mit Intelligenztestleistungen vergleichbar ist (Hörmann & Thomas, 1989; Hussy, 1989; Süß et al., 1991). Das hiermit angesprochene Problem (der Transparenz) bezieht sich jedoch nicht auf die Problemtransparenz, sondern auf die (verwirrende) Intransparenz der Begriffsdefinition selbst.

Der Begriff der Intransparenz (als ein von Dörner vorgeschlagenes Bestimmungsstück komplexer Probleme, vgl. Dörner et al., 1983) erfährt in zahlreichen Studien unterschiedliche Definitionen. Infolgedessen werden die experimentellen Bedingungen (z.B. der Transparenz) unterschiedlich realisiert. Komplexe Probleme werden bspw. als transparent bezeichnet, wenn alle systemimmanenten Variablen für den Testanden von Anfang an permanent beobachtbar sind (eine aktive Informationssuche danach vom Testanden nicht gefordert wird). Andererseits werden Transparenzbedingungen experimentell umgesetzt, indem den Testanden bspw. Graphiken mit der Vernetzungsstruktur der Systemvariablen vorgegeben werden. Speziell für die letzte Variante stellt sich die Frage, ob es sich dabei nicht eher um „einfaches" Aufgabenerfüllen als um Problemlösen handelt. Unter diesen Umständen sind die Ergebnisse von Studien zum sogenannten Transparenzeffekt oft nicht vergleichbar. Dadurch und nicht zuletzt auch durch Gegenbefunde dazu (d.h. auch substantielle Korrelationen zu Testintelligenz bei in diesem Sinne intransparenten Problemen, vgl. Süß et al., 1991; Strohschneider, 1991; Putz-Osterloh & Lüer, 1981) ist die sogenannte Transparenzhypothese nicht entscheidbar. So könnten auch Nullkorrelationen auftreten, weil in „intransparenten" (und somit „realitätsnahen") Problemen u.U. weniger reliable Leistungsmessungen vollzogen werden können.

Das Semantikproblem

Mit dem Aspekt der semantischen Einbettung (u.U. ebenfalls ein Vehikel für „Realitätsnähe") wird eine weitere Moderatorvariable für den Zusammenhang zwischen Intelligenz- und Problemlöseleistung angesprochen. Mit der Art der semantischen Einbettung des komplexen Problems wird mehr oder weniger umfangreiches Vorwissen aktiviert. Die aufgrund der Nutzung von Vorwissen erbrachte Problemlöseleistung kann dann u.U. kein hinreichend valider Indikator für die Problemlösefähigkeit bzw. für Intelligenz sein. Vorwissen beeinflußt den Problemlöseprozeß. Interindividuell unterschiedliches Vorwissen kann die korrelativen Zusammenhänge artifiziell verringern bzw. verschwinden lassen.

„Im Vergleich zu vielen Intelligenztestanforderungen ist dadurch [semantische Einbettung, d.V.] eine zusätzliche Varianzquelle geschaffen, die zu einer Reduktion des korrelativen Zusammenhangs führen kann." (Hesse, 1982, S. 64)

Nach einer Kontrolle des Vorwissens, z.B. durch die Verwendung abstrakter, vorwissensfreier komplexer Probleme oder durch eine Vorwissensdiagnostik, sollten hingegen substantielle Korrelationen zur Intelligenzleistung zu erwarten sein (siehe dazu z.B. Beckmann, 1994).

Das Taxonomieproblem

Mittlerweile wird eine Vielzahl von Instrumenten und ein sehr heterogenes Paradigmenverständnis unter dem gemeinsamen Oberbegriff „komplexes Problemlösen" subsumiert. Die nahezu inflationäre Produktion immer „neuer" komplexer Problemstellungen erschwert eine Strukturierung der Ergebnisse zusätzlich. „Geschäftsberichte" dieser Produktion gibt Funke (Funke, 1986, S. 11; Funke, 1991, S. 187ff.; Funke, 1992a, 1992b, S. 8f.). Diese anhaltende Konjunktur ist Ursache und Folge zugleich (im Sinne eines Symptoms) für den u.a. von Dörner (1991, S. 3) beklagten Charakter des Theorienbildungsprozesses. Dieser ist durch einen substitutiven statt akkumulativen (in Zukunft möglichst: integrativen) Anspruch einzelner Untersuchungen und deren manchmal nicht so recht erkennbaren theoretischen Grundlegungen gekennzeichnet.

> „Die Problemlöse- wie Intelligenzforschung und ihre praktisch-diagnostischen Anwendungen dürfte es weiterbringen, wenn sich beide entschließen könnten, nicht nur an partout alternativen, sondern mehr als bisher an komplementären Konzepten und Strategien zu arbeiten." (Jäger, 1991, S. 290)

Als erste Orientierungsansätze sind die Bestrebungen nach einer Problemtaxonomie, wie sie bspw. von Funke (1990, 1991) oder Brehmer (1990) vorgeschlagen werden, zu werten. Den Arbeiten von Hübner (1989a, 1989b) und Strauß (1993) sind Orientierungen vor allem für die Beschreibung von Systemeigenschaften zu entnehmen.

Aufgrund der schwer strukturierbaren Problemstellungsvielfalt verwundern die recht niedrigen Korrelationen zwischen Problemlöseleistungen in diesen verschiedenen Problemanforderungen nicht. Das Pauschalurteil, von einer geringen Binnenvalidität des Paradigmas zu sprechen, wäre hier jedoch verfrüht. Selbst ein Vergleich der Ergebnisse verschiedener Untersuchungen zum nominal gleichen komplexen Problem ist oft durch uneindeutige Begriffsdefinitionen erschwert (Möglichkeit einer Kreuzvalidierung).[6] Hohe Erwartungen an Korrelationen zwischen Intelligenztests einerseits und komplexen Problemlöseanforderungen andererseits sind daher nicht gerechtfertigt.

---

[6] Es existieren für eine Reihe von komplexen Problemen verschiedene Programmversionen (z.B. für das computersimulierte System SCHNEIDERWERKSTATT vgl. Funke, 1983, 1985; Putz-Osterloh & Lüer, 1981; Süß & Kersting, 1990). Demnach werden auch die Problemlöseleistungen unterschiedlich operationalisiert.

Das Anforderungsproblem

Weitere Aufschlüsse über die Zusammenhangserwartungen sollten aus einer detaillierteren Anforderungsanalyse zu erwarten sein. So wird oft konstatiert, daß sich die Anforderungen an den Testanden beim komplexen Problemlösen und beim Bearbeiten von Intelligenztests wesentlich unterscheiden. Beim komplexen Problemlösen werden vom Testanden Planungs- und Entscheidungsprozesse, Informationsverarbeitungsprozesse (Informationsreduktion und -generierung), Prozesse des Aufbaus von Wissensstrukturen bzw. der Handlungssteuerung unter Nutzung von Feedback und aktiver Informationssuche gefordert. Die Orientierung bei (Status-)Intelligenztests liegt hingegen eher auf der Erfassung des Leistungsproduktes (vgl. z.B. Kluwe et al., 1991). Diese unterschiedlichen Anforderungen und deren sich idealerweise unterscheidenden Operationalisierungen sollten naturgemäß eher nur moderate Zusammenhänge zwischen Intelligenzleistung und komplexen Problemlösen erwarten lassen. Es muß an dieser Stelle jedoch bemerkt werden, daß der postulierte (als Fortschritt zu wertende) Unterschied des komplexen Problemlösens zum Intelligenztest – prozeßorientierte statt vorrangig produktorientierte Leistungsaspekte zu erfassen – bislang in der Operationalisierung der verschiedenen Aspekte der Problemlösegüte (Wissenserwerb, Wissensnutzung, Strategien) noch sehr unbefriedigend umgesetzt wurde. Es werden nach wie vor mittlere Abweichungen von Zielzuständen, die Summe des angehäuften Kapitals (in ökonomischen Problemstellungen), Hirseerträge und Rinderzahl (in einem Entwicklungshilfeszenario) und dergleichen mehr als Problemlöseleistungskriterien definiert. Somit dürfte aufgrund der gemeinsam vorhandenen Produktorientiertheit der Leistungserfassung die Hoffnung auf substantielle Zusammenhänge steigen (gemeinsame Methodenvarianz).

Das Dimensionalitätsproblem

Wie bereits angesprochen zeigt sich, daß für eine sinnvolle Betrachtung der Zusammenhänge zwischen Testintelligenz und komplexem Problemlösen die Berücksichtigung der Mehrdimensionalität sowohl des Intelligenzkonstruktes als auch des komplexen Problemlösens unabdingbar ist (vgl. Zelle 3 in Tabelle 2.2). Die Umsetzung dieses Gedankens durch die Verwendung multivariater Analysetechniken wird jedoch wieder einmal mehr durch den noch unbefriedigten Elaboriertheitsgrad einer Theorie zum komplexen Problemlösen begrenzt.

Auf die „asymmetrische Betrachtungsweise" bei den häufig durchgeführten Korrelationsstudien weisen vor allem Wittmann und Matt (1986) bzw. Wittmann (1990) unter Bezug auf das Linsenmodell von Brunswik hin. Um einen wirklich „fairen" Vergleich zwischen Intelligenztests und komplexen Problemlöseanforderungen zu ermöglichen, müssen die beiden Situationen „symmetrisch" angelegt sein, d.h. in ihren Parametern auch wirklich vergleichbar sein. Es ist demnach fragwürdig, einen globalen (d.h. neben Reasoning auch noch verschiedenste bereichsspezifische Aspekte beinhaltenden) Intelligenztestwert mit der Leistung in einer mehr oder weniger spezifischen Problemlösesituation zu vergleichen, deren psychometrische Qualitäten oft selbst in Frage gestellt werden.

Die Diskussion über den vermeintlich validitätsbestimmenden Zusammenhang von Intelligenztests und Leistungen beim komplexen Problemlösen zusammenfassend sind „enttäuschte Erwartungen" (sprich: nicht bestätigte Zusammenhangshypothesen) solange nicht als ein Pro oder Contra in bezug auf inhaltliche Fragestellungen zu werten, wie mehr oder weniger berechtigte Zweifel über die Reliabilität und Validität der der Hypothesenprüfung zugrundegelegten Daten bestehen (vgl. u.a. Funke, 1992b; Süß, Kersting & Oberauer, 1993, S. 190f.; Tent, 1984).

> „Ungerechtfertigt ist es, wie mehrfach geschehen, aus der Not eine Tugend zu machen und alleine die geringe Intelligenzkorrelation von Szenarios als Hinweis auf ihre über Intelligenzkonzepte hinausweisende Prädiktorqualität zu interpretieren. Hierzu sind zusätzliche, positive Validitätsnachweise für das alternative Konzept unabdingbar." (U. Funke, 1993, S. 113)

Generell scheint es fraglich, ein Konstrukt (komplexes Problemlösen) an einem anderen Konstrukt (z.B. [Test-] Intelligenz) und das unter kriteriumsbezogener Perspektive validieren zu wollen, dessen postulierte Unzulänglichkeit überwunden werden soll (sei es nun unter konvergenter oder diskriminanter Zielsetzung).

Zusammenfassend läßt sich an dieser Stelle sagen, daß eine Vielzahl von Faktoren (Aufgaben- und Situationsmerkmale) bei der Beurteilung von komplexen, dynamischen Problemstellungen beachtet werden müssen. Für eine Zusammenhangsbetrachtung ist eine systematische (und experimentell beherrschbare) Variation einzelner Komponenten sowohl des komplexen Problemlösens einerseits als auch der Intelligenztests andererseits notwendig, um zu validitätsbezogenen Erkenntnissen zu gelangen.

2.3   Weisheitstests und Tests der praktischen und sozialen Intelligenz

Die bisherigen Intelligenztests prüfen vor allem die „akademische Intelligenz" (Neisser, 1974), in unserem Kontext also z.B. Schlußfolgerungsprozesse, wie sie beim erfolgreichen Lernen in der Schule und beim Studium verlangt werden. Asendorpf (1996) definiert daher sogar die Intelligenz (wie sie herkömmliche Intelligenztests messen) als die „Fähigkeit zur hohen Bildung". Demgegenüber betonen andere Auffassungen von Intelligenz, daß die üblichen Intelligenztests nicht oder nur unzureichend Facetten der Alltagsintelligenz erfassen, die sich nicht unbedingt in hohen Schul- und Studienleistungen widerspiegeln müssen. Schon seit langem wird die praktisch-manipulative Intelligenz diskutiert – beginnend in den zwanziger Jahren mit der sog. Psychotechnik im Rahmen der beruflichen Eignungsdiagnostik für mehr handwerkliche Berufe. Auch die allerersten Intelligenzprüfungen der Psychiater im vorigen Jahrhundert mit den Formbrettern waren mehr praktische Intelligenzproben. Im international bekanntesten Intelligenztest – dem Wechsler-Test (deutsch HAWIE bzw. HAWIK) – gibt es bekanntlich neben dem Verbalteil einen Handlungsteil, der geringer mit der Schulleistung korreliert. Einige seiner Untertests (z.B. Bilderordnen) fordern auch Schlußfolgerungsprozesse.

Heute wird noch neben dieser praktisch-manipulativen Intelligenz eine andere Form von „praktischer Intelligenz" zunehmend mehr beachtet, die man vielleicht auch als „cleverness" bezeichnen könnte. Insbesondere Wagner und Sternberg (1986) (siehe auch Schilderung des Ansatzes und seiner Kritik bei Amelang & Bartussek, 1990; Guthke, 1996) fordern Tests der praktischen Intelligenz, bei denen mehr ein „practical know how", soziale Intelligenz (kritisch zu diesem Konzept siehe bereits Orlik, 1978), die Zielfindung und die Lösung bei schlecht definierten Problemen des Alltages (siehe hierzu auch den oben skizzierten Ansatz der komplexen Problemlösungsforschung) im Vordergrund stehen. Niemand wird bezweifeln, daß es im Berufs- und vor allem auch Geschäftsleben sehr erfolgreiche Menschen gibt, die in einem akademischen Intelligenztest vielleicht nur durchschnittliche oder eventuell sogar leicht unterdurchschnittliche Resultate zeigen (siehe auch die durch den Bestseller von Goleman, 1996 erneut angeregte Diskussion um die sog. emotionale Intelligenz). Beruflicher und geschäftlicher Erfolg ist eben keinesfalls nur von der Intelligenz, geschweige denn von der Fähigkeit, formale Schlußfolgerungsprozesse durchzuführen, abhängig. Berufserfolg kann daher nicht als das einzige und entscheidende Kriterium für die Validität eines Intelligenztests im Erwachsenenalter gelten. Man kann u.E. nicht alle möglichen Prädiktoren des Berufserfolges (zu denen auch soziale und psychologische Kompetenzen im Sinne der sog. emotionalen und sozialen „Intelligenz" zählen) in neue „praktische, soziale oder emotionale Intelligenztests" aufnehmen, ohne nicht zugleich das Konstrukt der „Intelligenz" zu überdehnen und zu verwässern. Man könnte sich aber durchaus vorstellen, daß z.B. Schlußfolgerungsprozesse mehr in realen, alltagsnäheren, möglicherweise auch berufsnäheren Kontexten untersucht werden. Das Hauptproblem ist dann allerdings stets, inwieweit die dann meist vorhandene hohe Vorwissensabhängigkeit bei der Lösungsfindung die Möglichkeit reduziert, die intellektuellen Potenzen eines Menschen relativ vorwissensunabhängig festzustellen. Man müßte wahrscheinlich zunächst gleiche Vorwissensvoraussetzungen bei allen Testanden schaffen oder mehr den Prozeß des Wissenserwerbs (acquisition of knowledge als wichtiger Faktor der Intelligenz in der Sternbergschen Intelligenztheorie, siehe Sternberg, 1985, siehe auch Lerntestkonzept, siehe 3.1) und nicht die reine Konstatierung des Wissens in den Mittelpunkt der intelligenzdiagnostischen Verfahren stellen. Von Wagner (1987) wird allerdings auch das sog. tacit knowledge (stilles, nirgendwo explizit gelehrtes Wissen) als wichtiger Bestandteil der „praktischen Intelligenz" betont. Allerdings überzeugen uns seine Beispiele nicht davon (vgl. Kritik in Guthke, 1996), daß in den vorgeschlagenen tacit knowledge-Tests – z.B. für Akademiker – wirklich noch Intelligenzleistungen im eigentlichen Sinne verlangt werden. Gefragt wurde z.B. danach, welche Aktivitäten wohl ein ehrgeiziger Assistent (bzw. Assistentin) bevorzugen sollte, um schnell wissenschaftliche Karriere an einer Universität zu machen. Entgegen aller in den USA und heute auch in Deutschland besonders betonter Bedeutung der Lehre an Hochschulen stellte sich heraus, daß die Erfolgreichen (Experten und „clevere Anfänger" gleichermaßen) an der Universität eher die Lehre für minder wichtig hielten und ihre Hauptenergie auf die Forschung (z.B. Publikationen in wissenschaftlich renommierten Zeitschriften) orientierten. Wir halten es schon für sehr fraglich, ob man Intelligenz – und wenn es auch „nur" die praktische Intelligenz ist – an sehr problematischen Nützlichkeitsabschätzungen messen sollte, die in kürzester Frist ganz anders aussehen könnten, wenn zum Beispiel Studenten und Universitätsleitungen beziehungsweise Ministerien sich nicht länger mit einem solchen Übergewicht der Forschung gegenüber der Lehre bei Professorenberufungen zufrieden geben (wie jetzt schon absehbar). Im Raven-Test bleibt die richtige Lösung immer gleich, bei solcher Art von „praktischen Intelligenztests" wechselt sie wohl sehr in Abhängigkeit vom „Zeitgeist". Darüber hinaus ist zu fragen, ob in diesem Ansatz nicht der Intelligenzbegriff überdehnt wird, da man zweifellos noch sehr viele andere Faktoren außer der Intelligenz finden kann, die den Berufs- und Lebenserfolg bedingen, darunter neben zweifellos positiven Eigenschaften (wie Leistungsmotivation, Wißbegier) möglicherweise auch moralisch sehr fragwürdige wie „Ellenbogenmentalität", Egoismus, gewissenlose Anpassung an die jeweils Stärkeren, Machiavelismus. Will man diese denn nun auch in „praktischen Intelligenztests" umsetzen, und ist derjenige dann der „Intelligentere", der in Tests und im Leben dann auch solche fragwürdigen Eigenschaften besonders zeigt?

Im Zusammenhang mit der Untersuchung der sog. Altersintelligenz wurde schon lange vermutet, in jüngster Zeit aber auch festgestellt, daß die sog. Weisheit im Unterschied zur fluiden Intelligenz keinem Altersabbau unterliegt, sondern im Gegenteil bis ins hohe Alter sogar noch steigerungsfähig ist. Das Weisheitskonstrukt (vgl. Staudinger & Baltes, 1996) ist schwierig zu definieren und noch schwieriger zu operationalisieren. Trotzdem gibt es insbesondere in der Baltes-Gruppe seit einigen Jahren Versuche, auch sog. Weisheitsproben zu entwickeln. Dabei wird Weisheit als Expertise (zu diesem Begriff siehe Mandl & Spada, 1988) im Hinblick auf die fundamentale Pragmatik des Lebens aufgefaßt. Diese Expertise ist wiederum schwer zu definieren und abzugrenzen, umfaßt aber z.B. Probleme der Lebensplanung, Lebensgestaltung und Lebensdeutung – sowohl unter individuellem als auch gesellschaftsbezogenem Aspekt. In „Weisheitstests" wird z.B. die folgende Situation geschildert: Jemand erhält einen Telefonanruf von einem guten Freund. Dieser sagt, er könne nicht mehr weiter, er werde sich das Leben nehmen. Was könnte man/die Person in einer derartigen Situation tun?

Die aufsatzartigen Stellungnahmen der Testanden werden von Psychologen nach sog. Weisheitskriterien ausgewertet. Diese Weisheitskriterien machen deutlich, daß das Konstrukt Weisheit an der Schnittstelle von Intelligenz, Persönlichkeit, allgemeiner Lebenserfahrung, spezieller Berufserfahrung (z.B. als Psychotherapeut) und Bildung angesiedelt ist. Es werden 5 Weisheitskriterien unterschieden:

1. Faktenwissen in grundlegenden Fragen des Lebens
2. Strategiewissen in grundlegenden Fragen des Lebens
3. Lifespan-Kontextualismus (es werden die Kontexte des Lebens beachtet)
4. Wert-Relativismus (Toleranz und gemäßigter Pluralismus)
5. Erkennen von und Umgehen mit Ungewißheit

Natürlich spielen auch bei diesen Kriterien Prozesse des Schlußfolgerns eine Rolle. Insbesondere gilt dies für das Strategiewissen, das kennzeichnend für jegliches Expertentum (vgl. Mandl & Spada, 1988) ist. Von Staudinger und Baltes (1996) werden hier z.B. Kosten-Nutzen-Analysen, Erfassung von Ziel-Mittel-Relationen usw. genannt. Schlußfolgerungen aufgrund von Relationserfassungen dürften hier zweifellos aber oft nicht die logische Exaktheit, den nachprüfbaren Wahrheitsgehalt und Bestimmtheit besitzen, die man z.B. aus Syllogismen oder Folgentests kennt. Wahrscheinlichkeitsschlüsse mit relativ hohem Unsicherheitsrisiko (siehe 1.1), dessen sich aber „der Weise" bewußt ist (vgl. Kriterium 5), dürften dagegen die Regel sein.

Auch die Aufgaben zur Feststellung der sog. prospektiven Intelligenz bzw. Phantasie (Süllwold, 1968, 1996) widmen sich einem Aspekt des intelligenten Verhaltens, der z.B. für Führungskräfte in der Wirtschaft und Politik sehr wichtig ist, in den üblichen Intelligenztests aber nicht erfaßt wird. Es geht um die Fähigkeit eines Individuums, „sich Konsequenzen aus gegebenen Sachverhalten vorzustellen, die sich in der Zukunft ergeben können, aber nicht notwendig ergeben müssen" (Süllwold, 1996, S.1). Es handelt sich also um eine „Phantasietätigkeit von vornehmlich deduktivem Charakter". Im „Test über utopische Annahmen" werden Aufgaben gestellt, wie man sie auch aus Untersuchungen zum sog. divergenten Denken als eine wichtige Komponente der Kreativität kennt. Zum Beispiel: Was würde sein, wenn das durchschnittliche Lebensalter der Menschen auf 120 Jahre steigt? Was würde sein, wenn sich die Bevölkerungsdichte in Deutschland von jetzt 224 auf 500 Menschen pro Quadratkilometer erhöht?

3 Entwicklung der Adaptiven Computergestützten Intelligenz-Lerntestbatterie für Schlußfolgerndes Denken (ACIL)

3.1 Das Lerntestkonzept, Lerntestvarianten und das Prinzip des Diagnostischen Programms

Zum Lerntestkonzept

Obwohl schon bei der ersten Konferenz über Intelligenztests 1921 in den USA von Dearborn (1921) gefordert wurde, daß man Intelligenz nicht nur als momentane Leistungsfähigkeit, sondern vor allem als „Fähigkeit zum Lernen" messen sollte (siehe auch Thorndike, 1924, der Intelligenz explizit als Lernfähigkeit definiert) und bereits die deutsche Denkpsychologie der zwanziger Jahre (Köhler, Duncker, Wertheimer, Koffka) ein stärker prozeßanalytisches Vorgehen bei der Intelligenzdiagnostik anmahnte, dominiert bis auf den heutigen Tag in der praktischen Routinediagnostik des Psychologen der herkömmliche rein statusorientierte Intelligenztest. Dafür gibt es natürlich Gründe. Die vor allem von Theoretikern seit Jahrzehnten geäußerte Kritik an der ungenügenden grundlagenwissenschaftlichen Fundierung von Intelligenztests (siehe z.B. Sternberg, 1985) und die darauf aufbauenden „Mikroprozeßanalysen" intelligenten Verhaltens (z.B. bei der Lösung von Analogie-Aufgaben, siehe 1.3) führten zwar zu sehr interessanten laborexperimentellen Methodiken, aber noch nicht zu praktisch einsetzbaren „neuen Verfahren" für die Routinediagnostik. Ein erster Versuch, der allerdings auch nur einige Forderungen der Kognitionspsychologen nach prozeßanalytischem Vorgehen erfüllt, liegt jetzt mit dem BILKOG (vgl. Berg & Schaarschmidt, 1990, siehe auch 2.1) vor.

Auch die Bestrebungen, Intelligenz nicht nur als momentanen intellektuellen Status, sondern als Lernfähigkeit zu messen, gewinnen zwar zunehmend an Bedeutung – vor allem in den USA, Israel, Großbritannien, Holland und auch in Deutschland (interessanterweise alles Länder, die eine besonders starke Immigration zu verzeichnen haben), sind aber auch noch weit von einer praktischen Anwendung im größeren Umfange entfernt.

Wie im Vorwort bereits angedeutet, sind es, ganz ähnlich wie bei den mehr kognitionspsychologisch orientierten Neuentwicklungen (siehe auch 2.1), vor allem die „umständliche" und sehr zeitaufwendige Testprozedur, z.T. auch die fehlende Standardisierung und Normierung und der noch nicht voll befriedigende Nachweis einer größeren Validität gegenüber „herkömmlichen Tests", der potentielle Anwender zögern läßt. Allerdings wächst das Angebot von publizierten und praktisch einsatzfähigen sog. Lerntests international gesehen von Jahr zu Jahr.

Es ist hier nicht der Platz, um die theoretische Fundierung des Lerntestkonzepts im Detail zu erörtern (siehe hierzu vor allem die Monographien Guthke, 1977, 1980 und an neuen Publikationen die Bücher von Carlson, 1995; Guthke & Wiedl, 1996; Hamers et al., 1993; Haywood & Tzuriel, 1992) oder um eine kritische Bilanz über die Lerntestforschungen zu ziehen (siehe hierzu die Sammelreferate von Flammer & Schmid, 1982; Guthke, 1982, 1988, 1992; Wiedl, 1984).

Auch international gesehen bezieht man sich bei der theoretischen Begründung für das Lerntestkonzept meist auf die aus entwicklungstheoretischen Überlegungen abgeleitete Idee von Wygotski (russ. 1934, deutsch 1964), daß man in der Intelligenzdiagnostik nicht nur die „Zone der aktuellen Entwicklung", sondern auch die „Zone der nächsten Entwicklung" (als „Zone of the proximal development" in der anglo-amerikanischen Literatur übersetzt, siehe z.B. Minick, 1987) erfassen muß. Auf Kern (1930), der mehr aus einer Kritik an der Eignungsdiagnostik zu ganz ähnlichen Schlußfolgerungen wie Wygotski kam (siehe hierzu Guthke, 1977) wird dagegen leider kaum Bezug genommen, eher schon auf den Piaget-Mitarbeiter Rey (vor allem von Feuerstein et al., 1979). Rubinsteins (1958) These, daß man die Lernfähigkeit eines Kindes am besten studieren könne, wenn man es unterrichtet, wird oft zitiert.

Denk- und Problemlösungspsychologen erfassen seit jeher in ihren Experimenten die „operative Intelligenz" (vgl. Dörner, 1986, siehe 2.2) nicht wie der übliche Intelligenztest durch einfaches Abfragen der richtigen Lösung mit Hilfe eines Itempools, sondern durch ein methodisches Vorgehen, bei dem der Proband die Möglichkeit hat, aus Versuchswiederholungen (siehe z.B. Vorgehen beim „Turm von Hanoi", vgl. Klix & Lander, 1967), Feedbacks über die Wirkungen seiner Handlungen (Dörner, 1986) und aus Hilfen (Denkimpulsen) während des Problemlösungsprozesses zu lernen (vgl. auch Rubinstein, 1961). Lernpsychologen betonen, daß man zukünftiges Lernen am besten prädizieren kann, wenn man als Prädiktor „Lernstichproben" nutzt (vgl. hierzu schon Ferguson, 1954). In der Persönlichkeitsdiagnostik (siehe Riemann, 1991) und beruflichen Eignungsdiagnostik (Guthk & Wiedl, 1996) wird nicht nur für Leistungseigenschaften, sondern auch im Hinblick auf Charaktereigenschaften seit Fiske und Butler (1963) gefordert, aber bisher nicht praktisch realisiert, daß man versuchen solle, nicht nur – wie bisher üblich – die „durchschnittlichen oder typischen", sondern auch die „maximalen" Verhaltensweisen unter optimalen Bedingungen (z.B. Wie dominant wird sich jemand „maximal" – nicht also typischerweise – in einer bestimmten Situation verhalten können?) zu erfassen. In diesem Kontext sind auch die Unterscheidung zwischen personality abilities und capabilities bei Paulhus und Martin (1987) und Zimmermanns Arbeiten zur Diagnostik der „sozialen Lernfähigkeit" (Zimmermann, 1987) zu erwähnen. Lerntestdiagnostik läßt sich somit auch in einen größeren theoretischen Rahmen einordnen, nämlich als ein auf die Leistungsdiagnostik bezogener Versuch, die „Spielbreite von Eigenschaften" (siehe hierzu Zubin, 1950) im Rahmen einer „Psychodiagnostik intraindividueller Variabilität" (vgl. Guthke, 1981) stärker zu berücksichtigen. Allerdings unterscheiden sich die theoretischen Begründungen und methodischen Prozeduren der „Lerntestrealisatoren" trotz der allen Forschern gemeinsamen Ausgangsposition – nämlich, in den Testprozeß Lernanregungen einzubauen und in der Testsitzung Veränderungspotentiale aufzudecken – in einigen wesentlichen Punkten z.T. erheblich voneinander.

Die Lerntestidee wird international auch unter verschiedenen Termini eingeführt. Neben dem Begriff „Lerntest", der vor allem von der Leipziger Forschungsgruppe ge-

Il furto

Pia: *Bruno, hai già sentito cosa è successo?*
Bruno: *No, spero niente di grave!*
Pia: *Pensa, durante la notte i ladri hanno scassinato la Cassa di Risparmio qui all'angolo e hanno portato via una cassaforte. Per fortuna era quella che avevano sostituito la scorsa settimana, perciò era completamente vuota.*

Note _____ 18ª settimana

_____

_____

Lun	Mar	Mer	Gio	Ven	Sab	Dom
					1	2
3	4	5	6	7	8	9
10	11	12	13	14	15	16
17	18	19	20	21	22	23
24	25	26	27	28	29	30
31						

3

Lunedì   Maggio '99

Der Diebstahl

Pia: Bruno, hast du schon gehört, was passiert ist?
Bruno: Nein, ich hoffe nichts Schlimmes!
Pia: Stell dir vor, in der Nacht sind Diebe in die Sparkasse an der Ecke eingebrochen und haben einen Tresor mitgenommen. Zum Glück war es der Tresor, der letzte Woche ausgetauscht worden war, deswegen war er vollkommen leer.

--- VOKABELN ---

il furto [furto]	Diebstahl
succedere [su'tʃɛːdere]	passieren, geschehen
scassinare [skassi'naːre]	einbrechen
il ladro [la:dro]	Dieb
la cassaforte [kassa'fɔrte]	Tresor, Panzerschrank
	vollkommen
completamente [kompleta'mente]	komplett, ganz

prägt wurde (vgl. Guthke, 1972, 1977), gibt es für gleiche oder ähnliche Prozeduren vor allem die Begriffe:

- „Testing the Limits" - Prozeduren (vgl. Kliegl & Baltes, 1987; Schmidt, 1971),
- Learning Potential Assessment (Budoff, Meskin & Harrison, 1971; Hamers et al., 1993),
- Dynamic Assessment (Carlson & Wiedl, 1980; Lidz, 1987, 1991),
- Dynamisches Testen (vgl. Guthke & Wiedl, 1996),
- Interactive Assessment (Haywood & Tzuriel, 1992).

Haywood und Tzuriel (1992, S. 5) sprechen in ihrem Vorwort von einer „healthy diversity" auf diesem Feld und unterscheiden „...a Russian-German-tradition, represented in the work of Vygotsky and subsequently the German Lerntest movement, Swiss-Israeli-tradition [ausgehend von Piaget und Rey, die Verf.] that has crossed both the Mediterranean and the Atlantic; an American-Canadian-Australian-tradition that has strong roots in experimental psychology; a Swiss-French-tradition that displays both neo-Piagetian and experimental roots...". Es wären aber vor allem noch die holländischen (Hamers et al., 1993), ungarischen (Klein, 1975) und englischen Beiträge (Hegarthy, 1979), auch die zum sog. trainability-concept in der Eignungsdiagnostik (Robertson & Mindl, 1980) zu ergänzen.

Von der diagnostischen Zielstellung und theoretischen Ausgangsposition her gibt es zum einen das Bestreben, so etwas wie eine „neue Eigenschaft" – z.B. die modifiability im Feuerstein-Ansatz (siehe Feuerstein et al., 1979) oder die „intellektuelle Lernfähigkeit" (bzw. Intelligenzpotenz, siehe Guthke, 1977, 1980) – zu erfassen, zum anderen den Versuch, die Intelligenz umfassender in ihrer „Spielbreite" (Zubin, 1950) zu untersuchen, wie z.B. im Testing the Limits-Ansatz oder auch in den sog. Kurzzeit-Lerntestprozeduren (siehe unten). Hinsichtlich der Prozedur und Auswertungsmodi gibt es einerseits die Forderung nach einer klinisch-qualitativen Vorgehensweise und die weitgehende Ablehnung eines standardisierten, klassifikatorischen und psychometrischen Vorgehens – z.B. bei den älteren russischen Arbeiten (siehe z.B. Mentschinskaja, 1974; Kalmykowa, 1975) oder auch bei einigen Vertretern des Learning Potential Assessment Device nach Feuerstein – andererseits den Versuch, die „Diagnostik der Zone der nächsten Entwicklung" mit der Forderung nach Standardisierung und im gewissen Grade auch Psychometrisierung zu verbinden. Hierfür steht vor allem das Lerntestkonzept. Hinsichtlich des inhaltlichen Bezugs der Testaufgaben gibt es einerseits die Anlehnung an herkömmliche Intelligenztestitems und andererseits den stärkeren Bezug auf curriculumbezogene Aufgabenstellungen (siehe u.a. Hamers et al., 1993; Kormann, 1979; Müller, 1978; Rüdiger, 1978; Scholz, 1980). Der LTS (siehe oben) und nun auch die ACIL sind im Sinne herkömmlicher Intelligenztestverfahren mehr auf allgemeine geistige Fähigkeiten und nicht so sehr auf eng curriculumbezogene Aufgabenstellungen orientiert.

Lerntestvarianten

Wir haben zwei Typen von Lerntests unterschieden (siehe Guthke, 1977). Die sog. Langzeit-Lerntests mit dem Design Prätest—Training—Posttest standen am Anfang der Entwicklung. Davon sind die Kurzzeit-Lerntests zu unterscheiden, die in nur einer Sitzung durchgeführt werden können. Die „standardisierten Lernanregungen" werden nun nicht mehr in Form eines Trainingsprogrammes zwischen Prä- und Posttest realisiert, sondern als einfache Feedbacks und Denkhilfen während der Testabarbeitung (übrigens war dies auch der ursprüngliche Vorschlag von Wygotski). Für die Entwicklung von Kurzzeit-Lerntests war vor allem die Überlegung ausschlaggebend, daß die Langzeit-Lerntests insbesondere für die ambulante Praxis des Psychologen zu zeitaufwendig sind. Allerdings führt der Wegfall einer getrennten „Trainingsphase" zwischen Prä- und Posttest und die damit einhergehende „Verkürzung der pädagogischen Einflußmöglichkeiten" nicht nur zu neuen psychometrischen Problemen (hierzu weiter unten), sondern auch zu der Frage, ob nun wirklich noch „intellektuelle Lernfähigkeit" oder Intelligenzpotenz erfaßt wird und nicht nur der Intelligenzstatus. Bei der Beantwortung dieser Frage ist die von Kliegl und Baltes (1987) empfohlene Unterscheidung zwischen zwei Stufen der Intelligenzpotenz oder Intelligenzreserve hilfreich. Sie unterscheiden *baseline performance* (Ergebnis eines konventionellen rein statusorientierten Intelligenztests), *baseline reserve capacity* (current maximum) und *developmental reserve capacity* (future maximum). Unter *baseline reserve capacity* wird die zu einem gegebenen Zeitpunkt in einer „leistungsoptimierenden Testdarbietung" (vgl. Wiedl, 1984) noch entdeckbare Intelligenzpotenz oder „Intelligenzreserve" (nach Kliegl & Baltes, 1987) verstanden, während die *developmental reserve capacity* die nach einer längeren Trainingsphase noch zusätzlich erzeugbaren „neuen Kapazitäten" meint. In Langzeit-Lerntests, noch mehr allerdings nach länger dauernden kognitiven Trainingsprogrammen – wie sie jüngst in der Erforschung der Altersintelligenz in der Baltes-Gruppe (Baltes et al., 1992; Kliegl & Baltes, 1987) angewandt wurden oder bei Schulkindern (siehe hierzu Klauer, 1989a) – wäre die Feststellung einer Intelligenzpotenz im Sinne der *developmental reserve capacity* möglich. Wir meinen nun aber und haben dafür schon empirische Belege, daß auch die durch Kurzzeit-Lerntests feststellbare Intelligenzpotenz im Sinne der *baseline reserve capacity* eine bessere Prognose zukünftigen Lernens in nachfolgenden Langzeit-Lerntests, „natürlichen" Lernprozessen (z.B. in der Schule oder in der beruflichen Ausbildung, siehe 5.3) und in kognitiven Trainingsprogrammen erlaubt.

Diagnostische Programme (DP) als spezielle Kurzzeit-Lerntests

Wir haben schon weiter oben die Notwendigkeit betont, den Lerntestansatz stärker mit den Theoriebildungen im Bereich der Kognitionspsychologie zu verbinden. Angestrebt wird, die bisherige reine Lerngewinndiagnostik zu einer Lernprozeßdiagnostik zu entwickeln, die auch Aufschlüsse über Testverläufe bzw. Lernwege, Problemlösungs- und Lernstrategien, Stärken und spezielle kognitive Defizite erlaubt. Obwohl von verschiedener Seite immer wieder eine solche Art von Intelligenz- und Leistungsdiagnostik gefordert wird, ist ihre Realisierung bis heute noch nicht erreicht. Die dynamische, qualitativ-klinisch orientierten Vorgehensweisen im Rahmen des Learning Potential Assessment Device nach Feuerstein et al. (1979) oder der sog. Förderdiagnostik (Kornmann et al., 1983) sind zwar auch dieser Zielstellung primär verpflichtet, aber theoretisch explizit abgeleitete und klar unterschiedene „Beobachtungskategorien" und intersubjektiv vergleichbare Beobachtungsrichtlinien für solche „Lernprozeßbeobachtungen" fehlen noch (vgl. die diesbezügliche Kritik von Büchel & Scharnhorst, 1993 am Learning Potential Assessment Device auch aus der Sicht von grundsätzlichen Befürwortern des Feuerstein-Ansatzes).

In den 80er Jahren haben wir eine neue Variante von Kurzzeit- Lerntests entwickelt (siehe Guthke, 1980; Guthke, Räder, Caruso & Schmidt, 1991), die wir Diagnostisches Programm (DP) nennen und die erste Wege zu einer psychometrisch fundierten Lernprozeßdiagnostik eröffnen soll. Tests werden in der Art eines programmierten Lehrprogramms appliziert. So wurde z.B. ein Diagnostisches Programm zur Diagnostik der Fremdsprachenlernfähigkeit für Studenten (siehe Guthke & Harnisch, 1986) und ein Diagnostisches Programm zum begriffsanalogen Klassifizieren für Kinder der 1. Klasse (siehe Guthke, Wolschke, Willmes & Huber, 1992) konstruiert.

Die Diagnostischen Programme (DP) sollen einige Kritikpunkte an den bisher publizierten Lerntests überwinden. Vor allem wird angestrebt, daß die Itempoolkonstruktion im Sinne der Kontentvalidierung (Klauer, 1978) grundlagenpsychologisch fundierter erfolgt und gleichzeitig nicht nur – wie in den „herkömmlichen Lerntests" (z.B. auch im LTS) – eine Lerngewinnfeststellung erfolgt, sondern auch bessere Möglichkeiten für eine Lernprozeßanalyse und eine qualitative Fehleranalyse geschaffen werden. Wir versuchen damit der „Vision" von Brown und French (1979) ein Stück näher zu kommen, die für das nächste Jahrtausend eine Verdrängung der herkömmlichen Intelligenztests durch Verfahren voraussagen, bei denen das Lerntestkonzept mit der task analysis im Sinne der modernen Kognitionspsychologie verbunden wird.

Bei einigen Diagnostischen Programmen – wie auch in der ACIL – wird darüber hinaus eine Verbindung des Lerntestkonzepts mit der Idee des adaptiven Testens (siehe hierzu Hornke, 1982; Kubinger, 1986) angestrebt. „Adaptivität" wird hier von uns allerdings vor allem in dem Sinne gemeint, daß nicht wie bei den ansonsten vorgeschlagenen adaptiven Tests gruppenstatistisch gewonnene Schwierigkeitsparameter und Homogenitätsprüfungen nach dem probabilistischen Testmodell (vgl. Kubinger, 1986) im Vordergrund stehen, sondern der „individuelle Fehler" des Testanden bestimmt die weitere Itemdarbietung und die angewandten Hilfestellungen. Das adaptive Testen soll also vor allem die geforderte Individualisierung der Testung erlauben, ein Postulat, das vor allem auch immer wieder von der Feuerstein-Schule hervorgehoben wird, in dieser aber gleichzeitig die Standardisierung und Vergleichbarkeit der Testprozedur beeinträchtigt (siehe oben). In der ACIL wird die Adaptivität und gleichzeitig die Vergleichbarkeit des Vorgehens dadurch erreicht, daß alle Testanden zum Beginn und zum Ende eines jeden Komplexitätsbereiches sog. Target-Items lösen müssen, deren Bewältigung die Fähigkeit zur Lösung von Items des jeweiligen Schwierigkeits- bzw. Komplexitätsgrades anzeigt. Werden die Target-Items nicht gelöst, erhält der Testand leichtere Zusatzaufgaben und auf den Fehler abgestimmte Hilfestellungen. Dann wird er wieder zu den bisher nicht gelösten Target-Items geführt, um erneut einen Lösungsversuch starten zu können. Bei weiterem Versagen wird ihm die Lösung gezeigt und erklärt. Dieses prinzipielle Vorgehen bei DP wird in den einzelnen Subtests leicht variiert und bei der Schilderung des Testaufbaus der Subtests weiter unten näher erläutert.

Zusammenfassend werden also folgende Kennzeichen des Diagnostischen Programms von uns postuliert:

- Sicherung der Kontentvalidität des Itempools bzw. Charakterisierung der objektiven kognitionspsychologisch analysierten Anforderungsstruktur des Itempools. Dazu gehört auch die Bestimmung sog. objektiver Schwierigkeitsparameter der Items in Abhebung von der bisher nur üblichen Berechnung subjektiver Schwierigkeitsindizes im Sinne der klassischen Testtheorie.

- Sequentieller (möglichst hierarchischer) Aufbau der Testanforderungen aufgrund einer Anforderungsstrukturanalyse

- Einbau von systematischen Rückinformationen (feedbacks) bzw. Denkhilfen in den Testprozeß selbst

- Man kann nur dann zu den nachfolgenden schwierigeren Aufgaben voranschreiten, wenn man alle vorhergehenden leichteren Aufgaben selbständig oder mit – z.T. auch massiver – Hilfestellung durch den Versuchsleiter (oder Computer) gelöst hat (im Sinne der *mastery learning strategy*, siehe Block, 1974).

- Zum Zwecke einer Individualisierung und Ökonomisierung der Testung wird das Lerntestkonzept mit dem Prinzip des adaptiven Testens verbunden. Es werden nicht nur die Richtiglösungen, sondern vor allem die benötigten Hilfen und der Lernverlauf (Zeit- und Hilfenverbrauch in den einzelnen Komplexen des Diagnostischen Programms) ausgewertet. Eine spezifische, besonders valide Auswertungsmöglichkeit ist die Bestimmung der sog. Schrittzahl. Darunter versteht man die Anzahl der im Programm benötigten Hilfen und (Zusatz-) Aufgaben bis zur Lösung des letzten Items.

- Es wird eine qualitative Fehleranalyse ermöglicht (z.B.: Bei welchen Typen von verbalen Analogien oder Zahlenfolgen treten die meisten Probleme auf?), und es kann auch eruiert werden, nach welcher Art von Hilfestellungen die Richtiglösungen erreicht werden.

- Durch Verlaufsbetrachtungen – z.B. im Hinblick auf Lösungs- und Zeitcharakteristika in den einzelnen Komplexen des Verfahrens – werden erste Schritte zu einer Prozeßdiagnostik (siehe hierzu Kapitel 7) abgesteckt.

3.2   Konstruktion des Itempools

3.2.1 Figurenfolgen

Traditionellerweise basiert die Itemkonstruktion bei Intelligenztests vorwiegend auf der Intuition und Erfahrung des Testautors. Die Auswahl der geeigneten Items für die Testendform orientiert sich dann an formal-statistischen Kriterien, wie sie im Rahmen der „klassisch-testtheoretischen" Itemanalyse gewonnen werden. So liegt jedoch das Hauptproblem einer statistischen Schwierigkeitsbestimmung in der Tatsache, daß man an einer niedrigen *Lösungswahrscheinlichkeit* lediglich erkennen kann, daß diese

Aufgabe von relativ wenigen Testenden der Analysestichprobe gelöst wurde und deswegen wohl schwierig sein muß. Betrachtet man eine niedrige Lösungswahrscheinlichkeit im Zusammenhang mit der *Trennschärfe*, so läßt sich – die *Homogenität* der Items vorausgesetzt – daraus schließen, daß die wenigen, die dieses Item lösten auch die mit dem höchsten Testscore sind. Für eine vorrangig konstatierende Diagnostik mag dies meist befriedigen; eine Diagnostik der intellektuellen Lernfähigkeit muß darüber hinausgehend weiteren Kriterien genügen (siehe 3.1, Merkmale Diagnostischer Programme). Begreift man intellektuelle Lernfähigkeit u.a. als die Fähigkeit, Lernanregungen (Denkhilfen) nutzen zu können, so resultiert daraus die Forderung nach der Zielgerichtetheit bzw. Angemessenheit der im diesbezüglich ausgerichteten diagnostischen Prozeß gegebenen Lerngelegenheiten. Dabei muß sich die Zielgerichtetheit möglichst genau auf den oder die Aspekte im Lösungsprozeß beziehen, die für die (noch) nicht richtige Antwort bei einem bestimmten Item verantwortlich ist/sind. Somit muß idealerweise aus der (Falsch-) Antwort des Testenden bei einem Item für den Diagnostiker erkennbar sein, welcher fehlerhafte Denkprozeß dahinter steht und nicht nur lediglich konstatiert werden, daß diese Antwort falsch gewesen ist.

Zusammenfassend ist mit dem Anspruch, die intellektuelle Lernfähigkeit messen zu wollen, die Maßgabe verbunden, Bedingungen zu schaffen, die eine inhaltliche Aufklärung der mit Intelligenztestitems gestellten Anforderungen ermöglichen. Damit rückt die diagnostische Relevanz des Fehlers in den Vordergrund. Sie stellt die Voraussetzung für die im Rahmen der Diagnostischen Programme (DP) angestrebte Individualisierung des Diagnoseprozesses (der Adaptivität) dar.

Der Adaptive Figurenfolgenlerntest (ADAFI, Guthke et al., 1991; Räder, 1988) als Subtest der Adaptiven Computergestützten Intelligenzlerntestbatterie (ACIL) basiert in gewisser Weise auf dem Subtest „Regeln erkennen" (LTS 3) aus der Lerntestbatterie Schlußfolgerndes Denken. Dieser erfaßt schlußfolgerndes Denken im figural-anschaulichen Bereich unter Verwendung von farbigen, nach bestimmten Gesetzmäßigkeiten aufgebauten Figurenfolgen. Während der LTS 3 als Langzeit-Lerntest das individuelle Ausmaß der durch eine Pädagogisierungsphase (standardisiertes Trainingsprogramm) induzierten Verbesserung von Prä- zu Posttest in das Zentrum der diagnostischen Betrachtung stellt, fordert der ADAFI als Kurzzeit-Lerntest eine andere Operationalisierung der intellektuellen Lernfähigkeit. Da in der einmaligen Testsitzung eines Kurzzeit-Lerntests sowohl die Test- als auch die Trainingsphase enthalten sein muß, müssen die Items beide Funktionen (Test- und Trainingsfunktion) erfüllen. Um den Items im Kurzzeit-Lerntest neben der gegebenen Test- auch eine Trainingsfunktion zukommenzulassen, werden sie mit Rückkopplungsoptionen versehen, die in Abhängigkeit vom Fehler aktiviert werden. Es werden also in Abhängigkeit vom sich aktuell in der Falschantwort manifestierenden Fähigkeitsniveau durch die Gabe von Hilfen „Vereinfachungen" vorgenommen, deren Verarbeitung in Abhängigkeit von der Lernfähigkeit den Testanden in die Lage setzen soll, das nächste (gleichkomplexe) Item ohne zusätzliche Hilfe lösen zu können. Eine Unterschätzung der tatsächlichen Itemkomplexität durch statistische Schwierigkeitsberechnungen ist zum einen auch durch den im Lerntest gezielt vorgenommenen Verstoß gegen die lokal stochastische Unabhängigkeit der Itemlösungen bedingt und zum anderen durch die Tatsache, daß beim adaptiven Testen durch unterschiedliche Testanden unterschiedliche Itemsequenzen bearbeitet werden. Sequenzeffekte (ein schwierigeres Item nach einer Reihe leichterer hat eine höhere statistische Lösungswahrscheinlichkeit als stünde es allein) lassen sich in gewisser Weise beim traditionellen Testen ignorieren, da alle Testanden die gleiche Itemsequenz bearbeiten. Beim adaptiven Testen ist gerade diese Bedingung nicht erfüllt. Die statistischen Schwierigkeitsindizes würden also neben der u.U. komplexitätsbezogenen Eigenschaften des Items selbst auch dessen sequentielle Abhängigkeiten widerspiegeln.

Voraussetzung für die Effizienz eines Kurzzeit-Lerntests mit gezielten Denkhilfen ist die Kenntnis der Anforderungstruktur der Items, um aus der (Falsch-) Antwort rückschließen zu können, welche Komponenten der Anforderungstruktur gerade nicht bewältigt wurden. Neben der Überwindung der mit einer traditionellen, statistischen Schwierigkeitsbestimmung verbundenen Probleme war es also notwendig, nach einer Möglichkeit zu suchen, die mit dem jeweiligen Item zu bewältigende Anforderungstruktur *inhaltlich* aufzuklären.

Die Grundannahme bei der Suche nach einer Möglichkeit zur Beschreibung der „objektiven" Anforderungstruktur von Figurenfolgen-Items war, daß ein Item um so schwieriger ist, je komplexer die zu entdeckende Regel ist bzw. die Komplexität der zur Lösungsreaktion notwendigen Abfolge kognitiver Operationen. Ein Item sollte also dann erfolgreich bearbeitet werden, wenn die subjektive Bearbeitung der objektiven Anforderungstruktur gerecht wird. Eine Abbildung der vom Testanden zu leistenden „kognitiven Arbeit" sollte durch eine Beschreibung der Komplexität der zugrundegelegten Regel gegeben sein. Mit anderen Worten: Aus der Komplexität der Itemstruktur (Struktureigenschaften) wird auf die Komplexität der Anforderungsstruktur (notwendiger kognitiver Aufwand) geschlossen.

Die Bemühungen, die intuitiv-erfahrungsgeleiteten Konstruktions- und die formalstatistischen Auswahlprinzipien für Intelligenztestitems durch eine mehr inhaltliche Aufklärung der durch sie gegebenen Anforderungstruktur zu ergänzen, sind Kernstück der Kontentvalidität als Binnenaspekt der Konstruktvalidierung (Klauer, 1987, S. 43). Um der Forderung nach einer stärkeren grundlagenpsychologischen Fundierung des Diagnostizierens gerecht zu werden, wurden im Rahmen der Entwicklung des ADAFI Erkenntnisse der Psychophysik aufgegriffen, namentlich die Strukturelle Informationstheorie von Buffart und Leeuwenberg (1983, siehe auch Buffart, 1987; van der Vegt, Buffart & van Leeuwen, 1989; van Leeuwen & Buffart, 1989; van Leeuwen, Buffart & van der Vegt, 1988).

Die Strukturelle Informationstheorie (SIT) liefert psychologisch relevante Beschreibungen von Wahrnehmungsobjekten und gestattet es, die darin enthaltene Informationsmenge zu quantifizieren. Sie versucht u.a. zu klären, warum eine bestimmte Reizkonfiguration vorzugsweise in einer bestimmten Weise wahrgenommen wird; eine Frage, die die Gestaltpsychologie unter Zuhilfenahme der Begriffe Gestalt, Gestaltqualität oder Gestaltfaktoren zu beantworten versucht hat. Ohne an dieser Stelle auf Details und auf die verschiedenen Entwicklungsetappen einzugehen, besteht das Grundprinzip der SIT darin, visuelle Muster in ihre Elementareinheiten (z.B. Strecken und Winkel) zu zerlegen und nach bestimmten Regeln durch eine formale Sprache redundanzfrei zu beschreiben. Die Komplexität der damit abgebildeten Struktur kommt in einem zu bestimmenden Informationsgehalt zum Ausdruck. Zahlreiche empirische Studien zur SIT setzen sich dabei das Ziel, die Beschreibungsvariante herauszufinden, die der tatsächlichen Wahrnehmung am ehesten entspricht. Dabei spielt das Einfachheits- bzw. Minimumsprinzip eine entscheidende Rolle.

Die SIT wurde – wie schon erwähnt – ursprünglich zur Kodierung des kognitiven Aufwandes bei der Wahrnehmung einzelner geometrischer Muster entwickelt und nicht zur Beschreibung von Figurenfolgen. Räder (1988) prüfte die Adaptierbarkeit der SIT zur Beschreibung von Figuren*folgen*. Grundgedanke dabei war, daß die Komplexität einer Figurenfolge (Komplexität der zugrundeliegenden Aufbauregel) nicht in erster Linie von der Komplexität ihrer Einzelfiguren abhängt, sondern von der Komplexität der die Abfolge dieser Figuren determinierenden Regel. Eine Adaptation der SIT zur Abbildung der Komplexität von Figurenfolgen konzentriert sich auf die Beschreibung der Sequenz der Elementareinheiten der Folge, also hier der geometrischen Figuren bei Figurenfolgen. Zu diesem Zweck wurde zunächst die Anwendbarkeit der SIT zur Beschreibung der Komplexität der Items im LTS 3 geprüft.

Abbildung 3.1: Beispielitem aus dem LTS 3 (Form B, Item 8). Aus drucktechnischen Gründen ist die Farbdimension als Schraffur dargestellt, „$\mathbf{0}$" entspricht im Original rot, „$\ominus$" blau, „$\oslash$": grün.

Zur Beschreibung dieser – auf traditionellem (s.o.) Wege erstellten – Figurenfolgen wurde ein dreidimensionaler Merkmalsraum aufgespannt („Farbe", „Form", „Gestaltung"). Innerhalb jeder Dimension läßt sich eine bestimmte Anzahl von verschiedenen Merkmalen identifizieren (z.B. auf der Dimension „Farbe" die Merkmale „blau", „rot", „grün" usw.).
Für das in Abbildung 3.1 dargestellte Beispielitem heißt das:
Merkmale je Dimension D_i:

D_1 („Farbe") mit den Elementen a_j (a_1: „$\mathbf{0}$", a_2: „$\ominus$", a_3: „$\oslash$")
D_2 („Form") mit den Elementen b_j (b_1: „$\triangle$", b_2: „$\square$", b_3: „$\square$")
D_3 („Gestaltung") mit den Elementen c_j (c_1: „ausgefüllt", c_2: „hohl").

Das Beispielitem besteht aus 10 - 1 Figuren. Eine Maßgabe der SIT für die Kodierung der Figurenfolge ist die Endlichkeit des Alphabets (begrenzte Anzahl von Elementen pro Dimension). Daraus resultiert eine endliche Menge an verschiedenen Figuren. Im Beispiel sind dies potentiell 18 verschiedene Figuren, die aber praktisch – gemäß der Aufbauregel der Folge – nicht alle vorkommen. Die Kodierung der Figurenfolge durch die SIT basiert zum einen auf der Vollständigkeit und zum anderen auf der Redundanzfreiheit. Im obigen Beispiel setzt die Redundanz der Figurenabfolge bereits nach der sechsten Figur ein. Eine Beschreibung der Folge durch die sechs relevanten Merkmalstripel im Rahmen der SIT lautet demnach:

$$X = \{(a_1b_1c_1), (a_1b_2c_2), (a_2b_3c_1), (a_2b_1c_2), (a_3b_2c_1), (a_3b_3c_2)\}$$

Diese Beschreibung wird unter Zuhilfenahme bestimmter Kodierregeln und unter Berücksichtigung von strukturbildenden Funktionen (z.B. Symmetrie, Iterationen usw.) und unter der Maßgabe des Minimumprinzips in einen Minimumcode transformiert.

$$X = <2>*<a_1a_2a_3>\backslash<<b_1b_2b_3>\backslash<c_1c_2>>$$

Gemäß der SIT werden neben der Dimensionsanzahl und der Anzahl der Merkmale je Dimension bestimmte Merkmalsordnungen wie z.B. Iteration oder Symmetrie als Schwierigkeitskonstituenten für Figurenfolgen angenommen. Der Betrag an struktureller Information als die Anzahl nicht reduzierbarer Elemente in einem Kode ist für dieses Beispielitem I = 9.

Auf diese Weise wurden alle Items des LTS 3 reanalysiert. Räder (1988) stellte in ihrer Arbeit den so bestimmten Informationsgehalt jedes Items aus dem LTS 3 der statistisch gewonnenen Schwierigkeit gegenüber. Zur Bestimmung der statistischen Schwierigkeit wurde lediglich das Lösungsverhalten im Prätest herangezogen. Da hier Lerneffekte weniger relevant sein sollten als im Posttest, ist aus den Korrelationen (Form A: $r = .75$ und Form B: $r = .76$, $N = 200$) erkennbar, daß die mit der SIT vorgenommene Bestimmung der „objektiven" Komplexität der Items gut geeignet ist, die „subjektive" Schwierigkeit abzubilden. Dies eröffnete zum einen den Zugang zur Komplexitätsbestimmung von Items, bei denen das Lösungsverhalten durch Lernvorgänge bei vorangegangenen Items beeinflußt ist (Items in Kurzzeit-Lerntests). Zum anderen erschließt sich die Möglichkeit, nachdem sich die SIT beim LTS 3 im *deskriptiven* Sinne prinzipiell bewährt hat, sie *präskriptiv* zur Konstruktion des Itempools beim ADAFI zu nutzen. Räder (1988) entwickelte dazu ein Rational zur Itemkonstruktion. Es garantiert eine Systematik im Anstieg der Itemschwierigkeit und darin eine Hierarchie der komplexitätsbestimmenden Eigenschaften der Items (siehe 3.1, Merkmale Diagnostischer Programme).

Fehleranalytische Untersuchungen am LTS 3 durch Räder (1988) ergaben, daß diejenigen Distraktoren häufiger gewählt werden, die nur in einer Dimension von der Richtigantwort abweichen, und dabei ist diese Abweichungsdimension die „informationsreichere" (d.h. die Dimension, in der im Vergleich zur erkannten Dimension mehr Merkmale enthalten sind). Diese Befunde konnten von Hochmann (1991) an einer deutlich erweiterten Stichprobe repliziert werden.

Die Dimension „Farbe" erwies sich jedoch trotz eventuell größerer Merkmalszahl generell als „informationsärmer", so daß bei Items mit der Farbdimension als informationsreichste Dimension diese Aussage nicht voll bestätigt werden konnte.

Für die Konstruktion des ADAFI wurde deshalb eine Konstruktionsregel auch für die Zusammenstellung der Antwortangebote entwickelt: Neben der richtigen Antwort werden jeweils vier weitere gegeben, wobei einer der Distraktoren in keiner Dimension mit der Lösung übereinstimmen soll, die anderen sollen jeweils in einer oder (bei dreidimensionalen Folgen) in zwei Dimensionen von ihr abweichen. Dieses Rational gestattet es, aus der Wahl des Distraktors den fehlerhaften Denkprozeß beim Testanden zu rekonstruieren, d.h. zu erkennen, welche der lösungsrelevanten Dimensionen nicht berücksichtigt wurde(n). Eine Denkhilfe (Rückkopplung) muß genau hier ansetzen, um eine effektive Lernsituation im Rahmen des diagnostischen Prozesses in Kurzzeit-Lerntests zu realisieren.

Eine vergleichbare Vorgehensweise wählten Scharnhorst und Büchel (1995) bei der Konstruktion eines für eine Trainingsstudie verwendeten „inductive reasoning tests". Sie beabsichtigten damit – ähnlich wie soeben beschrieben –, die Itemkomplexität nicht a posteriori durch die empirische Schwierigkeit zu beschreiben, sondern konstruierten Items (neben Folgenfortsetzungsaufgaben auch Klassifikationsaufgaben und Analogien), die sich in Abhängigkeit von der zur Lösungsfindung notwendig zu verarbeitenden Informationsmenge drei verschiedenen Komplexitätsstufen zuordnen lassen. Die Figurenfolgen (sechs Figuren, die letzte, siebte Stelle gilt es unter multiple-choice-Bedingung auszufüllen) lassen sich bspw. aufgrund der Anzahl der in ihnen enthaltenen „Perioden" (sequentielle Wiederkehr einer bestimmten Merkmalsabfolge) den Komplexitätsstufen zuordnen. Gilt es bspw., nur die Wiederkehr der Periode „Dreieck, Quadrat, Kreis, Rechteck, Rhombus, Dreieck, …" zu erkennen, dann ist dies weniger komplex als bei der Notwendigkeit, die Merkmalsperiode „ausgefüllt, schraffiert, leer, ausgefüllt, …" *zusätzlich* beachten zu müssen usw.. Wenn mehrere Perioden in einer Folge enthalten sind, so müssen sie zwangsläufig unterschiedlich lang sein, sonst sind die Perioden zueinander redundant (also nicht komplexitätserhöhend). Für die Zusammenstellung des Antwortangebotes galten ebenfalls bestimmte Kriterien (siehe 3.3.1). Die von Scharnhorst und Büchel erfolgreich gewählte Vorgehensweise macht gleichzeitig deutlich, daß es nicht vorrangig um eine „Quantifizierung" der Itemkomplexität geht, sondern in erster Linie um eine mehr oder weniger explizit theoriegeleitete Item- bzw. Testkonstruktion, die sich unterschiedlicher quantitativer Zugänge bedienen kann.

3.2.2 Zahlenfolgen

Geht man von dem Anspruch aus, daß der AZAFO – als Kurzzeit-Lerntest unter Verwendung des Paradigmas „Fortsetzen von Zahlenfolgen" – die Lernfähigkeit im schlußfolgernden Denken auf numerischem Gebiet erfassen soll, gilt es zunächst, die Frage nach den sich daraus ergebenden Anforderungen zu klären. Zur Beantwortung der Frage greifen wir auf eine Informationsverarbeitungstheorie über die Lösung von Zahlenfolgen von Holzman et al. (1983) zurück. Sie ordnet sich in das Bemühen ein, kognitive Grundlagen induktiven Denkens im Rahmen eines kognitiven Komponentensansatzes zu identifizieren. Die Autoren zeigten innerhalb dieses Ansatzes (vgl. die Ausführungen unter 1.3), daß unter Berücksichtigung der kognitiven Elementaroperationen ein Glied einer Zahlenfolge bestimmt wird, indem die Relationen zwischen den Gliedern einer Zahlenfolge, insbesondere der benachbarten, betrachtet werden und nach Regularitäten bzw. Periodizitäten gesucht wird. Holzman et al. haben eine Informationsverarbeitungstheorie über die Lösung von Folgenaufgaben von Simon und Kotovsky (1963) für Zahlenfolgen spezifiziert. Über die drei Komponenten haben wir schon oben berichtet (vgl. 1.4.2).

Bei der praktischen Umsetzung konnten die mit dem Langzeit-Lerntest LTS 1 – Zahlenfolgen – der Lerntestbatterie „Schlußfolgerndes Denken" (LTS; siehe Guthke et al., 1983) gewonnenen Erkenntnisse und Erfahrungen genutzt werden. Die konkrete Konstruktion des Kurzzeit-Lerntests AZAFO erfolgte nach folgenden Prämissen:

- Die vorgegebene Zahlenfolge ist nach einem Bildungsgesetz konstruiert. Das Bildungsgesetz ist aufgrund der stets vorgegebenen sieben Zahlen erkennbar, so daß die zu ergänzende achte Zahl *eindeutig* bestimmbar ist.
- Die Zahlen der Zahlenfolge sind natürliche Zahlen und kleiner als 1000. Das Fortsetzen der Zahlenfolge erfolgt mittels ganzer Zahlen.
- Als Rechenoperationen werden nur die vier Grundrechenarten verwendet. In den (noch zu definierenden — siehe unten) Komplexitätsbereichen I und II werden Addition und/oder Subtraktion genutzt, in den Komplexitätsbereichen III und IV können Multiplikation und/oder Division dazukommen.
- Die Entdeckung der Relationen (Rechenoperationen) in der Folge beschränkt sich jeweils auf die Nachbarn der Folge – evtl. unter Beachtung der Periode – und kann durch Differenzen- und/oder Quotientenbildung ermittelt werden.
- Die Periodenlänge ist für die einzelne Zahlenfolge fest und maximal vier. Die Periodenlängen verschiedener Zahlenfolgen können sich unterscheiden.
- Items etwa gleicher Schwierigkeit sind zu Itemgruppen (Komplexitätsbereichen) zusammenzufassen und die Schwierigkeit für diese Gruppen ist systematisch zu steigern.

Die Umsetzung dieser Prämissen durch entsprechende Wissenselemente wurde mittels arithmetischer und geometrischer Zahlenfolgen realisiert, wobei die Struktur dieser Zahlenfolgen über Differenzen- (Nachfolger minus Vorgänger) bzw. Quotientenbildung (Nachfolger dividiert durch Vorgänger) ermittelt werden kann. Damit sind die grundsätzlichen kognitiven Strategien zum Fortsetzen der Zahlenfolgen genannt.

In Anlehnung an die kognitionspsychologischen Betrachtungen von Holzman et al. (1983) hat sich Fiebig (1989) in einem Experiment mit der Frage nach möglichen Schwierigkeitskonstituenten bei den vorhandenen Zahlenfolgen befaßt. Er stellte fest, daß das Arbeitsgedächtnis (Anzahl der Operationen und Art) auf den Lösungsprozeß großen Einfluß hat. Betrachtet man die durchschnittliche Antwortzeit als Indikator für die Schwierigkeit einer Aufgabe, so zeigte sich, daß auch die Art der Operationen und die Größe der Operanden für die Schwierigkeit einer Zahlenfolge von Bedeutung sind.

Da in Fiebigs Studie die erwartete Übereinstimmung von statistischer Schwierigkeit der Items (prozentualer Anteil der Testanden, die die Aufgabe richtig gelöst haben) mit den o.g. postulierten schwierigkeitsbestimmenden Momenten einer Zahlenfolge nach Holzman et al. eindeutig nur in bezug auf die Bearbeitungszeit, nicht aber durchgängig hinsichtlich anderer Testparameter nachgewiesen werden konnte, stellte Fiebig im Rahmen der Anforderungsanalyse weitere Überlegungen mit Hilfe der Strukturellen Informationstheorie (SIT, Leeuwenberg & Buffart, 1983, aber auch 3.2.1) an. Die SIT wurde genutzt, um ein angemessenes Maß für die Komplexität bzw. für die theoretische Schwierigkeit einer Zahlenfolge zu erhalten. Sie liefert einen abstrakten Kode für die Struktur eines Musters, der die Relationen zwischen den Musterelementen beschreibt. Dabei muß die Struktur so bestimmt werden, daß die Periodenlänge minimal wird. Es wird davon ausgegangen, daß die Reduktion der

Komplexität der vorgegebenen Informationsmenge eine wesentliche Komponente im Problemlöseprozeß darstellt. In dem Paradigma „Fortsetzen einer Zahlenfolge" bilden die Zahlen der Folge und die Relationen zwischen diesen Zahlen die Bestimmungsstücke der Komplexität.

Die Schwierigkeitssteigerung wurde wie folgt realisiert:

1. Arithmetische Zahlenfolgen erster Ordnung, d.h., die Differenzen erster Ordnung sind konstant.

2. Arithmetische Zahlenfolgen zweiter Ordnung, d.h., die Differenzen zweiter Ordnung sind konstant.

3. Geometrische Zahlenfolgen, deren Quotienten konstant sind. Um auch hier der Forderung nach ganzen Zahlen zu genügen, müssen die Quotienten z.T. durch Produkte ersetzt werden. (Wir wollen im folgenden diesen Sachverhalt der Einfachheit halber auch weiterhin als Quotientenbildung bezeichnen.)

4. Geometrische Zahlenfolgen, bei denen die Zahlen (Operanden) der Quotienten bzw. Produkte eine arithmetische Zahlenfolge erster Ordnung bilden.

Innerhalb der vier Gruppen erfolgte jeweils eine relativ geringe Schwierigkeitssteigerung durch Verwendung unterschiedlicher Perioden. Die k Elemente einer Periode lassen sich dabei als Elemente von k verschiedenen, miteinander verketteten Zahlenfolgen auffassen. In der dritten und vierten Gruppe können bei Periodenlängen größer als eins neben den geometrischen auch arithmetische Zahlenfolgen (erster und/oder zweiter Ordnung) auftreten. Während die Schwierigkeitssteigerung von der zweiten zur dritten Gruppe durch den Übergang zur Quotientenbildung erheblich ist, führt der Übergang von der ersten zur zweiten bzw. von der dritten zur vierten Gruppe zu einer wesentlich geringeren Schwierigkeitserhöhung.

Zur Illustration wollen wir einige Beispiele betrachten. Die Ermittlung des achten Gliedes einer durch sieben Glieder gegebenen arithmetischen Zahlenfolge erster Ordnung

$$\{Y\} = 2, 4, 6, 8, 10, 12, 14, ?$$

erfordert die Berechnung der Differenzenfolge zwischen den jeweils benachbarten Gliedern. Die Differenzenfolge lautet:

$$\{D\} = +2, +2, +2, +2, +2, +2, ?$$

Die Glieder dieser Differenzenfolge sind konstant und bestehen jeweils aus dem Operator „+" und dem Operand „2". Die Periode ist eins. Das zu ergänzende achte Glied ist demnach

$$14 + 2 = 16.$$

Bei der Zahlenfolge

$$\{Y\} = 4, 5, 7, 8, 10, 11, 13, ?$$

können wir ebenfalls die Differenzenfolge bilden und erhalten

$$\{D\} = +1, +2, +1, +2, +1, +2, ?$$

Wir erkennen, daß eine Periode (Länge 2) mit jeweils konstanten Relationen vorliegt:

$$\{D\} = (+1, +2), (+1, +2), (+1, +2), ?$$

Auch hier können wir auf das zu ergänzende Glied schließen:

$$13 + 1 = 14.$$

Gehen wir zu arithmetischen Zahlenfolgen zweiter Ordnung über, so sind die zweiten Differenzen, d.h. die Differenzenfolgen der Differenzenfolge, konstant. Das zu ergänzende Glied bildet man bei diesen Zahlenfolgen mit Hilfe der zweiten Differenzenfolge analog. Charakteristisch für arithmetische Zahlenfolgen – unter Beachtung der Periodizität – ist demnach zum einen, daß wir über die Differenzenfolgen sowohl Operator als auch Operand erhalten und zum anderen, daß wir – entsprechend den Differenzenfolgen erster bzw. zweiter Ordnung – eine oder zwei Lösungsebenen haben. Bei diesem Sachverhalt wollen wir auch von Lösungsfolgen erster Art sprechen.

Lösungsfolgen erster Art sind demnach solche, bei denen durch Differenzenbildung erster bzw. zweiter Ordnung – unter Beachtung der Periodizität – die Operandenfolge konstant ist sowie Operator und Operand zur Ergänzung des fehlenden Gliedes einer Zahlenfolge erhalten werden. Die Anzahl der Lösungsebenen wird – unter Beachtung der Periodizität – durch die Anzahl der für eine konstante Operandenfolge notwendigen Differenzenfolgen bestimmt.

Betrachten wir nun die geometrische Zahlenfolge

$$\{Y\} = 1, 2, 4, 8, 16, 32, 64, ?$$

Natürlich können wir auch bei dieser Zahlenfolge die Differenzenfolgen erster oder zweiter Ordnung bilden. Die Operandenfolge ist nicht konstant. Die so gebildete Lösungsfolge führt demnach nicht zum Ziel. Bilden wir jedoch die Folge der Quotienten aufeinanderfolgender Glieder, so erhalten wir einschließlich des Operators

$$* 2, * 2, * 2, * 2, * 2, * 2, ?$$

Die Operanden sind konstant (Periodenlänge eins), und damit ergibt sich als zu ergänzendes Glied

$$64 * 2 = 128.$$

Bei geometrischen Zahlenfolgen muß zunächst entschieden werden, welcher Operator – und damit welche Rechenoperation – zu verwenden ist. Neben der Addition und Subtraktion (bei arithmetischen Zahlenfolgen) sind jetzt Multiplikation (Operator „*") und Division (Operator „/") einzubeziehen, so daß sich die Anzahl der Lösungsmöglichkeiten – und damit die Komplexität – vergrößert. Wir wollen solche Lösungsfolgen, bei denen zuerst der Operator und dann der Operand ermittelt werden muß, als Lösungsfolgen zweiter Art bezeichnen.

Als Lösungsfolgen zweiter Art werden solche Lösungsfolgen bezeichnet, bei denen vor Ermittlung der Operandenfolge der Operator aus der Operatormenge {+, -, *, /} bestimmt werden muß.

Beachten wir, daß über die Periodenbildung zudem geometrische Zahlenfolgen mit weiteren arithmetischen und/oder geometrischen Zahlenfolgen verkettet werden können, dann wird klar, daß Lösungsfolgen zweiter Art einen wesentlich höheren kognitiven Aufwand bei den Testanden erfordern. Lösungsfolgen zweiter Art können auch zu Folgen führen, die nicht lösungsrelevant sind. Solche so gebildeten Folgen werden von Fiebig – in Anlehnung an Birth (1987) – als redundante Folgen bezeichnet. Nach

Birth sind diejenigen Operationsfolgen redundant, die zur Lösungsfindung nicht beitragen.

Auch für Lösungsfolgen zweiter Art gibt es zwei Lösungsebenen, d.h., die Operandenfolge kann gleich konstant sein oder erst bei nochmaliger Bildung der Lösungsfolge. Für alle Lösungsfolgen gilt, daß es darum geht, eine Lösungsfolge mit minimaler Periode zu finden, die zur richtigen Ergänzung des fehlenden Gliedes einer Zahlenfolge führt. Es lassen sich zwei schwierigkeitsbestimmende Dimensionen für Zahlenfolgen ermitteln:

1. Die Lösungsebene, d.h. die Ebene über der Folge, auf der die lösungsrelevante Minimalstruktur zu finden ist und
2. die Menge der Lösungsfolgen erster und zweiter Art.

Daraus läßt sich der Informationscode für die jeweilige Zahlenfolge ermitteln, der als Maß für die Komplexität einer Zahlenfolge verwendet wird. Eine ausführliche Beschreibung zum Informationscode auf Basis der SIT sowie der entsprechenden Begriffe (Minimalstruktur, Lösungsebene, redundante Folge usw.) findet der interessierte Leser bei Fiebig (1989).

Aufgrund der schwierigkeitsbestimmenden Dimensionen für die verwendeten Zahlenfolgen lassen sich mit jeweils verschiedenen Periodenlängen n ($1 \leq n \leq 4$) vier Komplexitätsbereiche bilden:

1. Lösungsfolge erster Art mit einer Lösungsebene, d.h. arithmetische Zahlenfolgen erster Ordnung der Periode n (mit $1 \leq n \leq 4$).
2. Lösungsfolge erster Art mit zwei Lösungsebenen, d.h. arithmetische Zahlenfolgen zweiter Ordnung.
3. Lösungsfolge zweiter Art mit einer Lösungsebene, d.h. geometrische Zahlenfolge – Lösungsfolge zweiter Art – und/oder arithmetische Zahlenfolge bzw. geometrische Zahlenfolge.
4. Lösungsfolge zweiter Art mit zwei Lösungsebenen, d.h. geometrische Zahlenfolge – Lösungsfolge zweiter Art – und/oder arithmetische Zahlenfolge bzw. geometrische Zahlenfolge.

In folgenden Abbildungen (Abbildungen 3.3 bis 3.5) wird exemplarisch eine Zahlenfolge aus jedem Komplexitätsbereich dargestellt, womit dem Leser die Variation der schwierigkeitsbestimmenden Dimensionen veranschaulicht werden soll.

Die Itemanforderungen nehmen vom ersten bis zum vierten Komplexitätsbereich zu, so daß damit der Forderung nach einem sequentiell-hierarchisch strukturierten Itempool gefolgt wird. Die Administration der Aufgaben erfolgt adaptiv. Das heißt, daß die Reihenfolge und die Anzahl der zu bearbeitenden Items von den jeweiligen Fähigkeiten des Testanden abhängig ist. Die Gestaltung des Hilfesystems ist ebenfalls an die Fähigkeiten des Testanden angepaßt und leitet sich aus der Einschätzung des beobachteten Fehlers (also von der Eingabe des Testanden in den Computer) ab.

Komplexitätsbereich I: Operationen eindeutig bestimmbar auf erster
                                Lösungsebene und bei Lösungsfolge erster Art
                                (Periode 1)

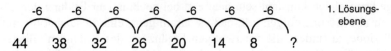

Abbildung 3.2:   Beispiel für eine Zahlenfolge aus dem Komplexitätsbereich I.

Komplexitätsbereich II: Operationen eindeutig bestimmbar auf zweiter
                                Lösungsebene und bei Lösungsfolge erster Art
                                (Periode 1)

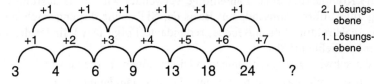

Abbildung 3.3:   Beispiel für eine Zahlenfolge aus dem Komplexitätsbereich II.

Komplexitätsbereich III: Operationen nicht eindeutig bestimmbar auf erster
                                Lösungsebene und bei Lösungsfolge zweiter Art
                                (Periode 2)

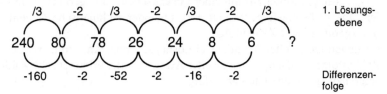

Abbildung 3.4:   Beispiel für eine Zahlenfolge aus dem Komplexitätsbereich III.

Komplexitätsbereich IV: Operationen nicht eindeutig bestimmbar auf zweiter
                                Lösungsebene und bei Lösungsfolge zweiter Art
                                (Periode 2)

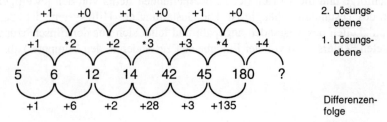

Abbildung 3.5:   Beispiel für eine Zahlenfolge aus dem Komplexitätsbereich IV.

Der Aspekt der Inhaltsvalidität (bzw. Kontentvalidität) des Verfahrens begründet sich in der Tatsache, daß es sich bei den Items des AZAFO um eine Teilmenge aus einem exakt definierten Aufgabenuniversum handelt (vgl. Klauer, 1984, 1987). Dieser (Item-) Stichprobenziehung liegen die durch die Adaption der SIT (siehe Leeuwenberg & Buffart, 1983; Buffart, 1987) entwickelten Konstruktions- bzw. Generierungsregeln der Items zugrunde (siehe oben). Durch die Bestimmung der „objektiven" Aufgabenkomplexität mit Hilfe der SIT lassen sich Überlegungen zum jeweiligen kognitiven Bearbeitungsaufwand im Sinne einer Anforderungsanalyse anstellen. Natürlich sind auch andere Wege zur Bestimmung der objektiven Schwierigkeit möglich. So formulierten Doignon und Falmagne (1985) eine Theorie der Schwierigkeitsstruktur von Aufgaben, die von Ptucha (1994) genutzt wurde.

Die einzelnen Komplexitätsbereiche enthalten nur Items etwa gleicher Schwierigkeit und können als Quasiordnung aufgefaßt werden. Für diese Quasiordnung soll nun eine Relation erklärt werden.

Sei Q eine Menge, auf der die Relation S, die Quasiordnung, erklärt ist. Diese Relation habe die Eigenschaften, reflexiv und transitiv zu sein, d.h., für a, b, c (Q) gilt

$$aSa \qquad \text{(reflexiv)}.$$

Aus

$$aSb \quad \& \quad bSc \quad \text{folgt} \quad aSc \quad \text{(transitiv)}.$$

Man definiert nun die Relation S als „ist leichter oder genau so schwer wie" (kurz: $\leq$). Seien a, b, c, ... Items und Q die Menge dieser Items, dann bildet

$$a \leq b \leq c$$

eine Guttman-Skala, d. h., wer c löst, kann auch b bzw. a lösen.

Wir betrachten jetzt eine Menge Q von Aufgaben a, b, c, ..., auf welcher die Ordnungsrelation S (oder $\leq$) erklärt ist, und sei diese Ordnungsrelation die surmise-Relation (Vermutungsrelation). Diese Vermutungsrelation habe die Eigenschaft:

Genau dann, wenn aus der richtigen Beantwortung von Item b eine ebenfalls richtige Beantwortung des Items a vermutet werden kann, gilt

$$aSb \qquad \text{oder} \qquad a \leq b.$$

Das ist nach Ptucha eine Verallgemeinerung der Guttman-Skala, da dabei auch nicht vergleichbare Elemente enthalten sein können.

Beim AZAFO stellen die Komplexitätsbereiche eine solche Quasiordnung dar. Aus der richtigen Lösung von zwei besonders ausgezeichneten Items – die wir im folgenden mit Target-Items bezeichnen wollen – vermuten wir, daß dann auch die weiteren Items des Komplexitätsbereiches gelöst werden können. Aus diesem Grunde gehen wir zum nächsthöheren Komplexitätsbereich über, bieten auch dort die entsprechenden Target-Items an und verfahren analog. Auf diese Weise erhält man bei sofortiger Richtiglösung eine minimale Anzahl von zu bearbeitenden Items, d.h. Schritten (Warming-up-Items und alle Target-Items).

3.2.3 Verbale Analogien

In diesem Abschnitt wird zuerst die weiter oben schon erwähnte gedächtnis- und wissenspsychologische Konzeption von Klix und Mitarbeitern vorgestellt (z.B. Häuser, 1981; Klix, 1984a, 1984b, 1984c; Klix & van der Meer, 1978; van der Meer, 1978). Danach soll dargestellt werden, wie davon ausgehend die Konstruktion des Itempools erfolgte.

Der Arbeitsgruppe um Klix ging es insbesondere um Probleme der Struktur von Begriffen, ihrer Organsition in einem System von Begriffen und der Ableitung von Wissen aus diesem System. Anders als in Experimenten mit künstlichen, wohldefinierten Begriffen kommt bei natürlichem Material die „Unschärfe" der begrifflichen Definition zum Tragen.

In den Untersuchungen mit verbalen Analogien wurde hauptsächlich die Methode der Analogieakzeptierung eingesetzt. Die nach bestimmten Prinzipien konstruierten Analogien waren zu verifizieren, wenn eine wahre Analogiebeziehung vorlag, oder anderenfalls zu falsifizieren. Zur Auswertung gelangten die Reaktionszeiten und die Qualität der jeweiligen Antworten. Allerdings lösten in vielen Fällen die Versuchspersonen (meist Psychologiestudenten) alle Aufgaben richtig, so daß eine qualitative Analyse nur zum Teil erfolgen konnte. Die Versuchspersonen waren in einigen Experimenten instruiert, die Analogie nach einem bestimmten Muster, einer festgelegten Strategie, zu bearbeiten. Bei Preuß (1985) waren die Versuchspersonen aufgefordert, eine begriffliche Beziehung entsprechend der noch vorzustellenden Klassifikation einzuordnen. Das geschah durch Betätigung einer bestimmten Taste oder Nennung einer Zahl für eine bestimmte Art der Analogiebeziehung. Solche Aufgaben konnten natürlich nur von hochtrainierten Personen bearbeitet werden.

Klix (1984a, 1984b, 1984c) leitet aus theoretischen Überlegungen zwei Möglichkeiten der Bereitstellung von Wissen ab. Grundlage dieser zwei Möglichkeiten des Abrufes von Wissen sind für ihn zwei „Klassen" semantischer Relationen, die sich aus der jeweiligen Art der begrifflichen Verknüpfung ergeben. Demnach existieren Innerbegriffliche Relationen (IBR) und Zwischenbegriffliche Relationen (ZBR). Die Differenzierung in Inner- und Zwischenbegriffliche Relationen wird hier (wie bei Klix, 1984c) mit der Unterscheidung in zwei Relationsklassen bezeichnet. Innerhalb dieser Klassen gibt es wiederum unterschiedliche Arten von Relationen, die sogenannten Relationstypen. Die beiden Klassen semantischer Relationen sollen nun kurz vorgestellt werden. Modifikationen und weitere Spezifizierungen (wie z.B. bei Klix, in Druck) bleiben hier unbeachtet. Sie betreffen vor allem das gedächtnispsychologische Modell, verändern aber nicht prinzipiell die hier berichteten Annahmen und Interpretationen der Befunde.

Zu den Innerbegrifflichen Relationen

Die typische Art der Bereitstellung von Wissen ist bei den *Innerbegrifflichen Relationen* (IBR) die Ableitung durch kognitive Prozesse. Daher bezeichnete man es auch als prozedurales Wissen. Das können z.B. Merkmalsvergleichsprozesse sein, die über die Merkmalssätze der Begriffe ablaufen. Die Merkmale der Begriffe können unterschiedliche Wichtung haben und für den Begriff definierend oder fakultativ, komplex oder elementar, typisch oder untypisch sein – wichtig ist, daß sie fix mit dem Begriff gespeichert und abrufbar sind. Sie bilden die „innere" Struktur eines Begriffes, daher auch die Bezeichnung *Inner*begrifflichen Relationen. Untersuchungen von Hoffmann und Zießler (1982) zu begrifflichen Merkmalen weisen auf eine Besonderheit von Merkmalen eines bestimmten Abstraktionsgrades hin. Gerade noch anschauliche Merkmale bei hoher Generalisierung zeichnen die sogenannten Primärbegriffe aus. Bei diesen Primärbegriffen wurden überwiegend *sensorische* (oder anschauliche, im Unterschied zu *kategorialen*) Merkmale zur Beschreibung genannt. Bei höherem Abstraktionsgrad kehrt sich das Verhältnis um. Die auf der so gekennzeichneten Abstraktionsebene liegenden Begriffe fassen also bei der relativ kleinsten Menge anschaulicher Merkmale die relativ größte Objektmenge zusammen. Solche Primärbegriffe erlauben die rascheste Erkenntnis der Zugehörigkeit eines Begriffes zu einer Klasse. Zur Erklärung der Tatsache, daß bestimmte Begriffe „typische" Vertreter ihrer Klasse sind (und als solche besonders schnell zugeordnet werden können), wird meist die sogenannte Prototypenhypothese (vgl. z.B. Rosch, 1975) herangezogen. Demnach gibt es bestimmte Exemplare von Objekten, an denen sich die Klassenbildung im Gedächtnis orientiert. Die Merkmale des Prototypen (z.B. Tisch) sind folglich „typischer" für Möbel als andere Exemplare (z.B. Garderobe). Solche Prototypen spielen vor allem beim Erwerb von Begriffen eine große Rolle.

Die Prozesse zur Ableitung des Wissens müssen wegen der o.g. Unterschiede der Merkmale auch unterschiedlichen Aufwand besitzen. Im einfachsten Falle ist nur ein (definierendes) Merkmal zu aktivieren (auf der Ebene der Relation kann man von der Attributrelation sprechen). Aufwendigere Prozesse sind bei der Prüfung von Unter-Oberbegriffsrelationen nötig: Hier muß gefragt werden, ob der Unterbegriff alle Merkmale des Oberbegriffes besitzt und ob er außerdem noch über mindestens ein weiteres definierendes Merkmal verfügt. Zu den Unterschieden im Aufwand der Prozesse sei insbesondere auf die Arbeiten von van der Meer (1978) und Klix (1984a, 1984b, 1984c) verwiesen. Zuerst sollen einige Vertreter der IBR vorgestellt werden. Es wird bspw. unterschieden zwischen

- Attributrelation
- Kontrastrelation
- Komparativrelation
- Unter-Oberbegriffsrelation
- Nebenordnungsrelation.

Zur *Attributrelation* wurde schon angeführt, daß zu ihrer Erkennung geprüft werden muß, ob ein bestimmtes Merkmal für einen Begriff definierend ist. „Zucker – süß" oder „Berg – hoch" sind Beispiele für diese Art der IBR. Es handelt sich bei dieser Prüfung um eine elementare, meist sehr schnell durchzuführende Operation.

Bei der *Kontrastrelation* bilden zwei Begriffe bezüglich eines gemeinsamen Merkmales in ihrer Merkmalsausprägung einen Gegensatz. Beispiele sind „Riese – Zwerg" oder „Junge – Mädchen". Die gemeinsame Merkmalsdimension kann dabei elementarer oder komplexer Natur sein. Die Erkennung des Gegensatzes ist bei für die Begriffe zentralen, definierenden Merkmalen schneller möglich als bei eher peripheren begrifflichen Merkmalen. Auf jeden Fall muß zuerst aber die gemeinsame Dimension, auf der das Begriffspaar (auf gegensätzlichen Polen) liegt, herausgefunden werden.

Die *Komparativrelation* ist mit der Kontrastrelation insofern vergleichbar, als auch hier eine dem Begriffspaar gemeinsame Merkmalsdimension erkannt werden muß. Allerdings bilden die jeweiligen Ausprägungen auf dieser Dimension keinen Gegensatz, sondern Abstufungen. Beispiele sollen das illustrieren: „Hügel – Berg", „kühl – kalt". In bezug auf die begrifflichen Merkmale gilt das bei der Kontrastrelation Ausgeführte. Daher ist ein direkter Vergleich dieser beiden Relationstypen hinsichtlich der Prozesse möglich, die zu ihrer Erkennung nötig sind. Bei beiden Typen muß zuerst die gemeinsame Merkmalsdimension des Begriffspaares herausgefunden werden. Der Unterschied liegt in der darauffolgenden Prüfung, ob es sich um Gegenpole bzw. Extreme der Ausprägung handelt (entspricht Kontrastrelation) oder um Abstufungen in dieser Ausprägung (entspricht Komparativrelation). Da für die Unterscheidung des Kontrastes weniger kognitiver Aufwand angenommen werden kann als für die Erkennung der Steigerung der Ausprägungen, sollten Analogieaufgaben mit der Kontrastrelation schneller und ggf. leichter (mit weniger Fehlern) bearbeitet werden als solche mit Komparativrelation. Diese Annahme ließ sich in verschiedenen Untersuchungen verifizieren (van der Meer, 1978; Meißner, 1983).

Auch die Erkennung der *Unter-Oberbegriffsrelation* beruht auf kognitiven Prozessen, die an den im Gedächtnis gespeicherten Merkmalssätzen der Begriffe ansetzen. Es existiert eine Menge von Merkmalen, die den Oberbegriff definiert. Diese ist eine echte Teilmenge der Merkmale des Unterbegriffes. Die Differenz der beiden Mengen darf nicht leer sein; es muß mindestens ein weiteres, den Unterbegriff definierendes Merkmal geben. Sinngemäß gilt das auch für eine Umkehrung in eine Ober-Unterbegriffsrelation. Beispiele sind auf sehr vielen Abstraktionsstufen möglich, z.B. „Gerste – Getreide" oder auch „Maus – Lebewesen". Durch gezielte Variation des Abstraktionsgrades der Begriffe sollte man Analogien konstruieren können, deren Erkennung unterschiedlich schwer fällt. Bei Häuser (1981) und Preuß (1985) finden sich Experimente, wo dies geschah. Die Grundlage bildete dabei die Bestimmung einer semantischen Distanz in einem hypothetischen Begriffssystem. Bei biologischen Klassifikationen bspw. konnte man bei einem bestimmten Bildungsgrad der Versuchspersonen (Psychologiestudenten) gezielte Annahmen über eine solche Struktur machen.

Zu beachten ist u.E. weiterhin der Einfluß, der sich bei der Nutzung von Primärbegriffen ergeben müßte. Analogien mit Unter-Oberbegriffsrelation bei Nutzung von Primärbegriffen sollten schneller bearbeitet werden.

Es ist zudem nach Klix (1984c, S. 17) durchaus möglich, daß durch „eine hohe Gebrauchshäufigkeit, große Bedeutsamkeit oder Bedarf an rascher Verfügbarkeit Bedingungen für explizite Speicherung auch bei diesen Relationen" vorliegen. Explizite Speicherung bedeutet, daß die kognitiven Prozesse des Merkmalsvergleiches usw. entfallen können. Die semantische Relation ist durch einfaches Abrufen verfügbar – was zu verringerten Reaktionszeiten führen dürfte.

Die Aussagen über Begriffshierarchien lassen sich zum Teil auf die Erkennung der *Nebenordnungsrelation* übertragen. Dieser Relationstyp ist definiert durch Begriffe, die sich durch einen gemeinsamen Oberbegriff auszeichnen. Die Merkmale der Begriffe besitzen also eine Schnittmenge, die den Oberbegriff definiert. Beide Differenzmengen dürfen zudem nicht leer sein, es muß für beide Begriffe also neben der Schnittmenge noch weitere definierende Merkmale geben. Dies ist z.B. bei „Rathaus – Hochhaus" der Fall und bei „Hecht – Karpfen".

Bei Klix, van der Meer & Preuß (1984) wurde die Distanz zum gemeinsamen Oberbegriff systematisch variiert. Ausgehend von Begriffen auf der anschaulichen Ebene wie Rose und Tulpe, Eiche und Birke oder Frosch und Unke wurden Begriffspaare gebildet, deren Oberbegriffe auf immer höheren Abstraktionsstufen liegen können: Rose und Tulpe sind Blumen (Ebene 1), Rose und Birke sind Pflanzen (Ebene 2), Rose und Frosch sind Lebewesen (Ebene 3). Obwohl die Menge der gemeinsamen Merkmale, die den Oberbegriff repäsentieren, immer kleiner wird, dauert das Finden der Nebenordnungsrelation immer länger. Gleichzeitig steigt die Fehlerrate. Allerdings sind die Differenzen nicht signifikant, was von den Autoren mit einer zu geringen „Stichprobe" von Items begründet wird.

Da sowohl zur Erkennung der Unter-Oberbegriffs- als auch der Nebenordnungsrelation die Suche nach Oberbegriffen einen Teilschritt des Lösungsprozesses darstellt, liegt ein direkter Vergleich der beiden Relationstypen nahe. Bei der Nebenordnungsrelation ist dieser Schritt zweimal (nämlich einmal hin zum Oberbegriff, einmal von diesem auf den Unterbegriff zurück) durchzuführen, bei dem anderen Relationstyp nur einmal. Folglich sollte der Erkennungsaufwand für die Nebenordnungsrelation größer sein. Diese Annahme ließ sich in mehreren Experimenten u.a. von van der Meer (1978), Klix, van der Meer & Preuß (1984) bestätigen.

Zu den Zwischenbegrifflichen Relationen

Typisch für die Zwischenbegrifflichen Relationen ist die im Gegensatz zu den IBR feste Speicherung im Gedächtnis. Bei Bedarf werden solche Relationen durch Aktivierung abgerufen, van der Meer (1978) spricht von einer „Zündung". Wie kann es zu so einer festen Eintragung im Gedächtnis kommen? Klix (1984a, 1984b, 1984c) führt als (theoretische) Begründung eine andere Entstehung und Funktion dieser Gedächtnisstrukturen an. Sie entstehen aus erlebten Situationen, aus Ereignissen, die sich durch einen bestimmten raum-zeitlichen Zusammenhang auszeichnen. Ähnliche Ereignisse können zusammengefaßt und zu sogenannten Geschehenstypen klassifiziert werden. Solche Geschehenstypen sollen durch eine bestimmte Konfiguration von Begriffen im Gedächtnis gekennzeichnet sein, die das Geschehen widerspiegeln. Sie „sind in der Regel durch einen zentralen Begriff, ihren semantischen Kern bestimmt und durch eine bestimmte Abstraktionsebene ausgezeichnet" (Klix 1984c, S. 62). Als Beispiele bietet er vor allem Verben als semantischen Kern, da sich durch sie eine Situation (ein Ereignis) recht gut auf „einen Begriff bringen" läßt. Die Funktion derartiger Gedächtnisstrukturen liegt darin, daß sie „ein rasches Zurechtfinden sowie eine angepaßte Verhaltenseinstellung in allen Situationsvarianten, für die sie repräsentativ sind", ermöglichen. Da Ereignisse jeweils individuell erlebt werden, muß sich auch die individuelle Biographie auf diesen Gedächtnisbesitz auswirken. Zur Kennzeichnung der Geschehenstypen, die für eine Person aufgrund ihrer Autobiographie zusammengehören (z.B. aufgrund von vergleichbarer Motivation oder gleichartiger affektiv-emotionaler Tönung), wurde der Begriff Orientierungsbereich eingeführt. Ein Orientierungsbereich stellt also eine geordnete Sammlung von Geschehenstypen dar.

Zur Beschreibung der unterschiedlichen Beziehungen, die Ereignisse kennzeichnen, wurde auf die prädikatenlogische Notierung zurückgegriffen, die von Fillmore (1968, ref. bei Klix, 1984c) in Verbindung mit der Untersuchung von Verbvalenzen genutzt wurde. Er unterschied entsprechend der Anzahl der Argumente, die ein Verb bindet, Prädikate nach ihrer Stelligkeit. Damit kann man die Komplexität einer solchen Beziehung (zum Teil) erfassen.

Die Relationen wurden in Anlehnung an psycholinguistische Unterscheidungen bezeichnet, wie diese Beispiele zeigen sollen:

- Handlungsträgerrelation
- Lokationsrelation
- Objektrelation
- Instrumentrelation
- Finalitätsrelation

Den Valenzen der Verben vergleichbar, kann man von der Stelligkeit einer Relation sprechen: Sie gibt an, wieviele weitere Angaben nötig sind, um mit dem Verb eine Situation anschaulich und vollständig zu beschreiben.

Die o.g. Relationstypen sollen durch Beispiele und mit Hinweisen auf ihre Stelligkeit illustriert werden.

Die *Handlungsträgerrelation* charakterisiert den Zusammenhang zwischen einer Tätigkeit und deren Träger, wobei die Handlung typisch für ihn sein soll. Das ist bei den Begriffspaaren „Fisch – schwimmen" oder „Autor – schreiben" der Fall. Die Beziehung „Autor – tanzen" ist zwar durchaus möglich, würde aber keine typische Tätigkeit beschreiben. Die Aktivierung einer untypischen Relation erfordert mehr Aufwand und dauert länger als die einer typischen Beziehung. Durch Veränderungen des Grades der sogenannten Typikalität sollten sich daher Analogieaufgaben unterschiedlichen Schwierigkeitsgrades konstruieren lassen (Ergebnisse dazu weiter unten).

Wie anhand der Beispiele ersichtlich, kann die Handlungsträgerrelation sowohl ein- als auch zweistellig sein. Während zur Beschreibung der Situation „Autor – schreiben" möglicherweise noch eine Erweiterung nötig ist (das Objekt: Was schreibt der Autor?), kann das Begriffspaar „Fisch – schwimmen" für sich stehen. „Katze – schnurren" wäre einstellig, „Katze – jagen" zweistellig (es fehlt wiederum das „Objekt", das gejagt wird).

Zur Abgrenzung der belebten Handlungsträger von unbelebten Objekten, die ja auch durch typische Vorgänge charakterisiert sein können, wird für letztere die sogenannte *Aktorrelation* genutzt (z.B. „Wasser – fließen").

Meist einstellig ist die *Lokationsrelation*. Durch sie werden typische räumliche Beziehungen beschrieben. „Fisch – Wasser" oder „Auto – Garage" sollen als Beispiele genügen.

Bei der *Objektrelation* soll der eine Begriff auf den anderen gerichtet sein, so daß der zweite ein charakteristisches Objekt des ersten darstellt (Objekt ist syntaktisch zu verstehen, es kann sich dabei durchaus um Menschen und „Subjekte" handeln). Bei „unterrichten – Schüler" und „rekonstruieren – Haus" sind die Objekte einmal belebt, einmal unbelebt. Aus den Beispielen dürfte auch unschwer die (bevorzugte) Stelligkeit erkennbar sein, die Objektrelation ist meist zweistellig. Der Handlungsträger ist unbedingt erforderlich (der Lehrer unterrichtet den Schüler), gelegentlich noch ein Instrument.

Dies führt zur *Instrumentrelation*, die dann vorliegt, wenn der eine Begriff Merkmale aufweist, durch die er von einem Handlungsträger als Instrument für eine bestimmte Tätigkeit eingesetzt werden kann. Man kann bspw. mittels eines Messers etwas zerschneiden, also ist durch das Begriffspaar „Messer – schneiden" eine Instrumentrelation realisiert. Zur Vollständigkeit muß sie noch mit einem Objekt erweitert werden (hier: mit dem Messer Brot schneiden), so daß es sich (mindestens) um eine zweistellige Relation handelt. Ein weiteres Beispiel ist „Schlüssel – öffnen".

Bei der *Finalitätsrelation* handelt es sich um einen mindestens dreistelligen Relationstyp. Der zu beschreibende Sachverhalt stellt eine Mittel-Zweck-Beziehung dar, die meist auch durch einen zeitlichen Verlauf charakterisiert ist. „Pflege – Gesundung" und „Übung – Verbesserung" als Beispiele verdeutlichen die Drei- (oder Mehr-) stelligkeit: Um seine Leistungen zu verbessern, muß der Schüler den Mathematikstoff (evtl. noch zu Hause, mit dem Taschenrechner...) üben.

Erinnert sei noch einmal an die Entstehung dieser begrifflichen Verknüpfungen durch eigenes Erleben. Einige der Beispiele mögen für manchen Leser gar keine sein, da er entsprechende Situationen nicht oder anders erlebt hat. Folglich gibt es auch typische Verbindungen und weniger typische. Diese „Bindungsstärke" (van der Meer, 1978) wird Typikalität genannt und beeinflußt die Verfügbarkeit der semantischen Relation. Dabei modifiziert eventuell die Ausprägung der Typikalität den Einfluß der Stelligkeit (dazu liegen z.T. widersprüchliche Daten vor, vgl. van der Meer, 1978).

In den einleitenden Bemerkungen wurde ein weiterer Faktor genannt, durch den man eine ZBR charakterisieren kann – nämlich aus welchem Orientierungsbereich sie stammt. Da bei Analogieaufgaben zwei Begriffspaare geboten werden, können diese aus einem gemeinsamen oder aus zwei verschiedenen Orientierungsbereichen stammen. Aufgrund der Hypothesen über die Zusammenfassung in Beziehung stehender Geschehenstypen und deren zusammenhängender Speicherung sollten Begriffspaare, die aus einem gemeinsamen Orientierungsbereich kommen, mit geringerem Aufwand, also schneller, erkannt werden. Diese Annahme ließ sich, auch für verschiedene Relationstypen, bestätigen (z.B. bei van der Meer, 1978).

Bei Analogien, die auf ZBR beruhen, kann man also auf der Grundlage

- des Relationstypes bzw. dessen Stelligkeit,
- von Annahmen über die Typikalität der Beziehung zwischen den Begriffen sowie
- der Herkunft aus einem gemeinsamen Orientierungsbereich oder aus zwei verschiedenen

Aussagen zur (relativen, im Vergleich zu anderen Analogien mit ZBR) Schwierigkeit machen.

Zur Itemkonstruktion

Da eine Unterscheidung in prozedurales und ereignisbezogenes Wissen (nach den Bezeichnungen von van der Meer, 1985; andere Autoren belegen eine vergleichbare Differenzierung mit anderen Marken, z.B. episodisches Gedächtnis oder deklaratives und prozedurales Wissen) sinnvoll ist und gesichert scheint, sollten Analogien mit den jeweils entsprechenden Klassen semantischer Relationen (Innerbegriffliche und Zwischenbegriffliche Relationen) enthalten sein.

Es ist anzustreben, mehrere verschiedene Relationstypen einzusetzen. Damit wird zum einen die Vielfalt möglicher Beziehungen der Realität widergespiegelt, zum anderen verlangt ein Testverfahren nach Aufgaben unterschiedlicher Schwierigkeiten. Da Lernprozesse angeregt werden sollen, ist wiederum eine gewisse Mindestanzahl von Items, die einen Relationstyp repräsentieren, aufzunehmen. Dabei ist über diese hinweg zur Forcierung und ggf. Erfassung von Lernprozessen eine Steigerung der Schwierigkeiten anzuzielen. Die Distraktoren stellen Antworten bei Erkennung ungenauer oder falscher semantischer Relationen oder bei Nichtwissen dar. Auch hier ist gezielte Variation anzustreben. Da es sich um einen Lerntest mit der Gabe von inhaltlichen Hilfen handelt, sollen diese auf den gewählten Distraktor und dessen Inhalt (seine semantische Relation) bezogen sein.

Zur Sicherung der Kontentvalidität (Klauer, 1987) müßte nun die Beschreibung des Aufgabenuniversums erfolgen. Günstig wäre dazu die Angabe einer Konstruktionsvorschrift, auf deren Grundlage beliebige Analogien zu erzeugen sind. Außerdem sollte aus dieser Konstruktionsvorschrift eine Quotenauswahl aus der Menge aller möglichen Analogien abgeleitet werden können, um eine repräsentative Stichprobe von Items in das Verfahren aufnehmen zu können.

Formale Regeln zur Bildung von Analogien liegen vor, z.B. bei Klix und Pötschke (1980). Wenn man sich für den Gültigkeitsbereich „Lernfähigkeit beim Lösen von verbalen Analogieaufgaben" entscheidet, könnten beliebige, dieser formalen Definition entsprechende Items aufgenommen werden. Bezogen auf die Klassen und Typen von semantischen Relationen muß dann eine Auswahl erfolgen. Welche Arten semantischer Relationen kommen mit welcher Häufigkeitsverteilung in der Alltagssprache oder beim Wissensbestand eines „Durchschnitts"-Schülers unseres Geltungsbereiches vor? Dazu haben wir keine Erkenntnisse. Das bedeutet, daß das Konzept der Kontentvalidität an dieser Stelle nicht mehr in reiner Form umzusetzen ist. Wir sehen die Ursache dafür in dem gegenüber einem (schul-) lernzielorientierten Test hier umfassenderen Gültigkeitsbereich.

Bei der Auswahl der Relationstypen wurde auf solche zurückgegriffen, die eine gezielte Variation der Schwierigkeiten zuließen (die also auch schon in den oben skizzierten Untersuchungen eine Rolle spielten). Konkret bedeutet dies, daß von den IBR die Kontrast-, die Komparativ-, die Unter-Oberbegriffs- und die Nebenordnungsrelation sowie von den ZBR die Lokations-, die Objekt-, die Instrument- und die Finalitätsrelation mit jeweils vier Items vertreten sind. Die meisten der Aufgaben wurden direkt oder verändert dem „alten" LTS 2 (Guthke et al., 1983) entnommen. Zwei Items mit Nebenordnungsrelation stammen modifiziert aus den Untersuchungen der Mitarbeiter um Klix. Einige wurden neu konstruiert.

Für die Aufgaben, die den IBR zugeordnet werden können, bestand folgendes Ziel: Je zwei Aufgaben sollen vom Aufbauprinzip her leicht, je zwei schwer zu lösen sein. Sie sollen also zwei Stufen einer theoretischen (und hypothetischen) Komplexität repräsentieren. Von Komplexität werden wir in Zukunft – zur besseren Abgrenzung von der empirischen Schwierigkeit (als Lösungshäufigkeit) – sprechen, wenn eine theoretisch begründete Schwierigkeit gemeint ist. Außerdem sollte sich eine Steigerung der Komplexität durch die o.g. Reihenfolge der Relationstypen ergeben.

Bei den Aufgaben mit ZBR stehen die weiter oben genannten Faktoren zur Verfügung, durch deren Variation eine gezielte Konstruktion unterschiedlich komplexer Items möglich sein sollte. Eine Analyse des LTS 2 hatte allerdings gezeigt, daß die leichten Aufgaben eher auf ZBR, die schwierigen eher auf IBR beruhten. Darum setzten wir für die Items mit ZBR zusätzlich noch die Transposition (also das Vertauschen der beiden mittleren Analogieterme, vgl. 1.4.3) ein, um die Aufgabenschwierigkeiten zu erhöhen.

Für die je vier Items eines Relationstypes der ZBR gelten darum folgende Konstruktionsprinzipien (vgl. Tabelle 3.1):

Tabelle 3.1

Konstruktionsvorschriften für die je vier Aufgaben eines Relationstypes mit ZBR

	Item 1	Item 2	Item 3	Item 4
Begriffspaare aus zwei Orientierungsbereichen	nein	ja	ja	ja
niedrige Typikalität	nein	nein	ja	ja
mit Transposition	nein	nein	nein	ja

Damit sollte eine Steigerung der Komplexität innerhalb der vier Aufgaben eines Relationstyps erreicht werden. Aber auch die Reihenfolge der Relationstypen, wie sie weiter oben vorgestellt wurde, sollte eine Komplexitätssteigerung bewirken.

Bei der Wahl der Distraktoren war zu beachten, daß an der vom Testanden gewählten Antwort im Falle eines Fehlers die Hilfen ansetzen sollen. Außerdem ist nach Lienert (1989) darauf zu achten, daß die Testandenreaktionen gleichmäßig über die Falschantworten verteilt sein sollen. Selbstverständlich darf es keine zwei Lösungen geben, von denen dann nur eine anerkannt wird (in der Instruktion werden die Testanden auf diese Tatsache – nur eine Richtiglösung je Aufgabe – hingewiesen). Darum war bei der ersten empirischen Überprüfung eine Kontrolle des Antwortverhaltens der Testanden notwendig.

Um die Eignung des vorgestellten Konstruktionsansatzes und der gewählten Items zu prüfen, wurde eine Untersuchung durchgeführt. Deren Ergebnisse bestätigten weitgehend die gewünschte Komplexitätssteigerung innerhalb der vier Analogien auf der Grundlage eines Relationstyps. Als nicht nachvollziehbar erwiesen sich die Unterschiede zwischen den einzelnen Relationstypen. In der Diskussion dieses Befundes finden wir (Stein, 1989) zumindest tendenzielle Belege dafür, daß in der untersuchten Stichprobe bei einfachen Analogien die gewünschten Schwierigkeitsstaffelungen sehr wohl zu finden sind, nicht aber bei Aufgaben hoher Komplexität. Hier ist von einer Überlagerung der variierten schwierigkeitsbestimmenden Faktoren auszugehen.

Alle Items wurden, gestützt auf die Ergebnisse der Voruntersuchung, entsprechend ihrer Komplexität und der empirischen Schwierigkeit zu einer von zwei Komplexitätsstufen zugeordnet (also je zwei Analogien jeden Relationstyps zu jeder Komplexitätsstufe).

Aus Gründen der Konsistenz wurde beim Aufbau des Verfahrens (siehe unten) die nur für die einfacheren Aufgaben nachgewiesene Reihenfolge auch im Bereich der komplexeren Analogien beibehalten.

3.3 Der Testablauf und das Hilfesystem

Der Testablauf und das Hilfesystem ist bei allen drei Subtests der ACIL ähnlich, verdient jedoch aufgrund der jeweiligen Subtestsspezifik (vor allem materialbereichsabhängig) eine gesonderte Darstellung.

3.3.1 ADAFI

Beim ADAFI werden dem Testanden farbige Figurenfolgen (in Abbildung 3.6 aus drucktechnischen Gründen schraffiert dargestellt) mit einer Leerstelle (gekennzeichnet durch ein Fragezeichen) auf dem Computerbildschirm dargeboten. Die Aufgabe besteht für die Testanden darin, die jeweils fehlende Figur aus einem Angebot von fünf Auswahlfiguren herauszufinden. Dazu werden die Testanden aufgefordert, die Aufbauregel der Figurenfolge zu identifizieren, die fehlende Figur (intern) zu konstruieren und aus dem Antwortangebot auszuwählen. Abbildung 3.6 zeigt ein Beispielitem aus dem ADAFI.

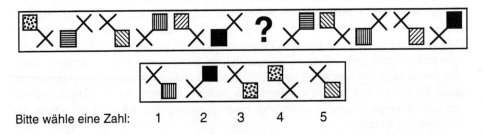

Bitte wähle eine Zahl: 1   2   3   4   5

Abbildung 3.6:   Beispielitem aus dem ADAFI.

Um dem Anspruch als Diagnostisches Programm gerecht werden zu können, ist u.a. die sequentiell-hierachische Struktur des Itempools Voraussetzung. Sie gewährleistet, daß die Bearbeitung eines Items als (gelernte) Grundlage zur Bearbeitung des folgenden, schwierigeren Items dient. Ein weiteres Ziel ist, eine möglichst an die Leistungsbesonderheiten des einzelnen Diagnostikanden angepaßte Testung vollziehen zu können. Diese Individualisierung des Testverlaufs soll durch ein adaptives Vorgehen gewährleistet werden, d.h., in Abhängigkeit der jeweiligen Testandenantwort wird der weitere Testverlauf determiniert. Die Adaptivität wurde in der Form realisiert, daß sich in Abhängigkeit der Distraktorenwahl bei der Beantwortung eines Items die Vorgabe des folgenden zu bearbeitenden Items ergibt. Grundlage für die Angemessenheit der „individuellen Verzweigung" ist die mit Hilfe der SIT (siehe 3.2) mögliche „subjekt-unabhängige" Beschreibbarkeit der Itemkomplexität. Die Implementation einer festen Verzweigungsregel (siehe Abbildung 3.8) soll gewährleisten, daß die Individualisierung der Testung nicht den psychometrischen Standards zuwiderläuft. Ziel der Individualisierung des Testverlaufs durch eine antwortbezogene Adaptivität ist zum einen, Über- bzw. Unterforderungssituationen für den Testanden zu vermeiden. Zum anderen – und das eher aus der Sicht des Diagnostikers – wird damit auf die Applikation nicht-informativer Items (in bezug auf die zu treffende diagnostische Entscheidung) verzichtet. Darüber hinaus ist im Sinne der Testökonomie (als ein sekundäres Testgütekriterium; vgl. Lienert, 1989) eine Testzeitverkürzung bei gleichbleibender Aussagekraft der gewonnenen Informationen angestrebt, wenn auch nicht immer erfolgreich realisiert (siehe dazu z.b. Kubinger, 1993; Wild, 1989).

Konstruktionsprinzipien und Testaufbau

Der ADAFI besteht aus 32 Items, die drei Schwierigkeitsgruppen (Komplexitäts-bereichen) zugeordnet werden können. Im Komplexitätsbereich I ist die Struktur der acht dazugehörigen Figurenfolgen von der Variation der Merkmale einer Dimension bestimmt. Diese eine, das Aufbauprinzip bestimmende Dimension ist entweder die Farbe oder die Form der Figuren in der Folge. Die Strukturen der 12 Items im Komplexitätsbereich II entstehen durch die Kombination der zwei Dimensionen Farbe und Form. Der Bereich III enthält die 12 schwierigsten („komplexesten") Figurenfolgen des ADAFI. Ihre Komplexität ergibt sich aus der Kombination dreier lösungsrelevanter Dimensionen, der Farbe, der Form und der Gestaltung. Der Itempool ist über alle drei Komplexitätsbereiche durch eine systematische Steigerung der mit Hilfe der Strukturellen Informationstheorie berechneten Informationswerte strukturiert (siehe Abbildung 3.7).
Dabei wird innerhalb der Bereiche die Schwierigkeit der Aufgaben durch die Erhöhung der Merkmalsanzahlen in den Dimensionen (z.B. Wechsel dreier statt zweier Farben) und durch den Einbau von Symmetrien (z.B. Spiegelungen in der Merkmals-abfolge) gesteigert. Die Komplexitätssteigerung zwischen den Bereichen erfolgt durch die Zunahme der lösungsrelevanten Dimensionszahl. Weiterhin ist der Item-pool durch einen parallelen Aufbau gekennzeichnet. Das heißt, daß auf jeder Komplexitätsstufe zwei informationswertgleiche Items mit unterschiedlichen Strukturbildern realisiert wurden. In jedem Komplexitätsbereich sind vier Aufgaben (jeweils zwei auf der gleichen Komplexitätsstufe) gesondert ausgewiesen (in Abbildung 3.7 mit „●" markiert). Sie werden als „Target-Items" bezeichnet und gelten somit als Repräsentanten der Komplexitätsbereiche. Ihre Strukturen und Informationswerte charakterisieren die Aufgabenschwierigkeiten des jeweiligen Bereiches. Diese Items werden entsprechend ihres Repräsentantencharakters von allen Testanden bearbeitet; sie sind also von der bereits oben angedeuteten Adaptivität ausgeschlossen.

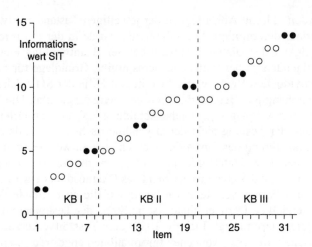

Abbildung 3.7   Abbildung des komplexitätsgestaffelten Itempools des ADAFI anhand des
                mittels SIT bestimmten Informationsgehaltes.
                (KB: Komplexitätsbereich, ●: obligate Target-Items, ○: zusätzliche
                Trainings-Items, (weitere Erläuterung im Text).

Zur Beschreibung der insgesamt 12 obligaten Target-Items: Die Aufgaben 1 und 2
dienen der Festigung des Aufgabenverständnisses und dem „warming-up". Die Items
7 und 8 sind die Figurenfolgen mit der höchsten Schwierigkeit im Bereich I und
schließen die eindimensionalen Folgen ab. Die Bereiche II und III besitzen jeweils
zwei Paare typischer Vertreter. Davon ist je ein Aufgabenpaar von mittlerer und ein
Paar von höchster Schwierigkeit. So sind es für den Bereich II die Aufgabenpaare 13,
14 und 19, 20, während der Bereich III die Target-Items 25, 26 und 31, 32 enthält.
Die Abbildung 3.8 zeigt (ausschnittsweise) den Graphen der dem ADAFI zugrundegelegten Verzweigungsregel.
Das Diagnostische Programm ADAFI beginnt für jeden Testanden mit den Aufgaben
1 und 2. Sind beide fehlerfrei abgearbeitet, können die Figurenfolgen 3 bis 6 über-
sprungen werden, und es folgen die nächsten Target-Items 7 und 8. Bei richtiger Beantwortung von 7 und 8 folgt der nächste Sprung zu den Aufgaben 13 und 14. Sind
auch diese beiden ohne Fehler gelöst, folgt die Vorgabe der Figurenfolgen 19 und 20.
Nach Richtig-Antwort auch dieser Target-Items werden die Items 25 und 26 zur Bearbeitung vorgegeben und dann unter den gleichen Voraussetzungen die Figurenfolgen 31 und 32. Diese Sprünge von einem Target-Item-Paar zum nächsten (ihre Darstellung befindet sich im oberen Teil der Abbildung 3.8) sind also immer nur dann
möglich, wenn beide Target-Items einer Stufe mit der Erstantwort richtig gelöst wurden. Der somit beschriebene Weg durch den „Itemraum" stellt die minimale Anzahl
zu bearbeitender Items (12) dar. In diesem Falle bestand kein Hilfebedarf. Der
Testand bekommt nach jedem Item lediglich die Rückmeldung: „richtig". Die feste
Kopplung von jeweils zwei gleichkomplexen (Target-) Items wurde vorgenommen,
um die Ratewahrscheinlichkeit zu reduzieren, und um eine reliablere Erfassung des
aktuellen Leistungsniveaus (als Grundlage für die Entscheidung bezüglich des weiteren Verzweigungsweges) zu gewährleisten.

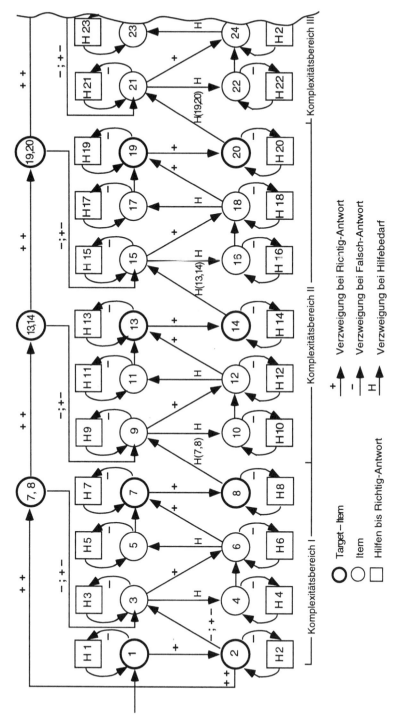

Abbildung 3.8:   Verzweigungsalgorithmus des ADAFI (Ausschnitt).

Wird ein Target-Item-Paar „angesprungen" und eine oder beide Aufgaben falsch beantwortet, werden die zwischen den beiden Target-Item-Paaren liegenden Figurenfolgen appliziert. Diese als „Trainings- bzw. Übungsitems" fungierenden Aufgaben sollen die Anforderungen des entsprechenden Komplexitätsbereiches bewältigbar machen und sukzessive zum nächsten Komplexitätsbereich hinführen. Erfolgt bspw. für
die Aufgaben 7 oder 8 keine richtige Lösung, erhält der Testand zunächst eine Rückkopplung („Falsch") und dann wird die Testbearbeitung mit der Administration von
Item 3 fortgesetzt. Die Bearbeitung der Aufgaben zwischen den Target-Items wird
sowohl dann verlangt, wenn die vorangegangenen falsch beantwortet wurden, als
auch, wenn die nächsten noch nicht ohne Hilfe lösbar waren. Durch diesen „zusätzlichen Weg" kann sich der Testand schrittweise die Komplexitätsstufe erarbeiten, die
vorher für ihn nicht ohne Hilfe lösbar war. Aus den hier angedeuteten verschiedenen
möglichen Wegen durch den Itempool wird deutlich, daß der ADAFI von jedem
Testanden in Abhängigkeit von seinem individuellen Leistungsniveau und seiner
Lernfähigkeit verschieden durchlaufen wird. So variiert interindividuell die Anzahl
der zu bearbeitenden Figurenfolgen und die Anzahl und Art der Hilfen.
Ein weiterer Aspekt der Individualisierung des Testprozesses (ohne Objektivitäts-
verlust) ist dadurch gegeben, daß der Testand standardisierte, aber fehlerbezogene
Hilfen erhält. Der Hintergrund für die Konstruktion eines derartigen Hilfeangebotes
ist im Abschnitt 3.2.1 bereits erläutert worden.
Durch die Kenntnis der Komplexität der einzelnen Figurenfolgen sind die Antwortangebote so gestaltet, daß bei ihrer Wahl hinlänglich sicher darauf geschlossen werden kann, welche Dimension(en) vom Testanden erkannt wurde(n) und welche nicht.
Wenn z.B. eine Antwortfigur gewählt wird, die mit der Lösung das Farbmerkmal gemeinsam hat, aber deren Form nicht mit der richtigen Antwort übereinstimmt, nehmen wir an, daß der Testand zwar die Regel in der Farbabfolge erkannt hat, jedoch
nicht die der Formfolge. Die Hilfen nehmen dann jeweils Bezug auf die unerkannte
Dimension und zwar in der Form, daß diese dem Testanden noch einmal, jedoch abstrahiert von den bereits erkannten Dimensionen, vorgegeben wird. Im angeführten
Beispiel würde der Testand aufgefordert, sich die Abfolge der unterschiedlichen
Formen nochmals genauer anzusehen. Dazu erscheint zusätzlich zur falsch vervoll-
ständigten Figurenfolge die Abfolge der Figuren „farbfrei" (also weiß) auf dem Bildschirm. Wenn der Testand die Gesetzmäßigkeit der nun eindimensionalen Folge erkannt hat, müßte er nun auch besser in der Lage sein, die Aufgabe zu lösen. Er bekommt dazu die Aufforderung, es noch einmal zu versuchen. Für diesen zweiten Lösungsversuch bleibt aber die Hilfsfigurenfolge unter dem Testitem stehen, so daß ein
ständiger Vergleich möglich ist. Zusätzlich „springt" bei jeder Wahl die vom Testand
ausgewählte Figur in die Folge (als optische Vervollständigung der Folge), und er erhält die Rückkopplung „Richtig" oder „Falsch". Für die drei Komplexitätsbereiche ist
das Hilfesystem quantitativ unterschiedlich. Die Anzahl der potentiellen Hilfen richtet
sich logischerweise nach der Anzahl der relevanten Dimensionen. Im Bereich I kann
eine Hilfe gegeben werden, die dazu auffordert, sich die Farb- bzw. Formabfolge
noch einmal anzuschauen. Danach wird die Aufgabe gelöscht und die einzelnen Figuren der gleichen Folge erscheinen langsam hintereinander auf dem Bildschirm, so daß
der Testand die Abfolge genau verfolgen kann. Wird nach dieser Hilfe die Aufgabe

wiederum nicht richtig beantwortet, wird durch das Programm die Lösung gezeigt. Dies werten wir ebenfalls als Hilfe, da der Testand hieraus Hinweise für die Lösung des folgenden Items entnehmen kann. Es sind also maximal zwei Hilfen pro Item im Bereich I möglich. Im Bereich II werden zwei Hilfen – wie eben beschrieben – gegeben. Nach der dritten Falsch-Antwort zeigt der Computer die richtige Antwort. Der Bereich III enthält als dritte zusätzliche Dimension die der „Gestaltung". Bei entsprechender Falsch-Antwort wird diese abstrahiert von Farbe und Form dargestellt (z.B. erscheinen bei der Ausmalung voll-, halb- oder nicht ausgemalte weiße, von der ursprünglichen Form der Figuren abstrahierte Quadrate). Für alle Aufgaben des dritten Komplexitätsbereiches kann es jeweils drei Hilfen geben, ehe die Lösung (als vierte Hilfe) auf dem Bildschirm erscheint. Mit diesem so aufgebauten Hilfesystem beabsichtigen wir nicht nur, auf typische Fehler einzugehen, sondern darüber hinaus dem Diagnostikanden eine zweckmäßige Heuristik für das Lösen solcher Figurenfolgen zu vermitteln. Die Items mit ihren Hilfen haben somit sowohl eine Test- als auch eine Trainingsfunktion (als ein wesentliches Merkmal von Kurzzeit-Lerntests). Im Sinne der Trainingsfunktion heißt das, der Testand erhält die Möglichkeit, die dimensionale Struktur der Figurenfolgen zu erkennen, daraus die geeignete Vorgehensweise abzuleiten und für die Bearbeitung der folgenden (gegebenenfalls schwierigeren) Items zu nutzen. Damit soll dem Anliegen Diagnostischer Programme, durch gezielte Hilfengabe Lernprozesse zu evozieren, entsprochen werden. Da dieser Lernprozeß antwort- und jeweils fehlerbezogen in der Itemdarbietung adaptiv gesteuert wird, haben wir eine weitreichendere Individualisierung der „Pädagogisierung" erreicht, als es bisher im Rahmen von Langzeit-Lerntests möglich war.

Indikatoren

Wie bereits erwähnt, ist eine mit dem Langzeit-Lerntest vergleichbare Erfassung von Status (Prätestwert) und Lernpotenz (Posttestwert oder Residualgewinn) bei Kurzzeit-Lerntests nicht möglich. Es muß daher ein von der Auswertungsmethodik bei Langzeit-Lerntests (Post-Prä-Testdifferenz, Residualgewinn usw.) verschiedener Zugang für eine Abbildung der Leistung gefunden werden.
Wie im voranstehenden Abschnitt beschrieben, lassen sich durch die Adaptivität verschiedene Wege durch den Itemraum beschreiben. Hier setzten auch die Überlegungen zur Operationalisierung der Lerntestleistung an. Unterschiedliche Leistungsfähigkeit äußert sich in einer unterschiedlichen Effizienz, die verabreichten Lernanregungen (Hilfen) zu nutzen.
Dies schlägt sich zunächst in der Anzahl der bearbeiteten Items nieder. Die minimale Anzahl zu bearbeitender Items ist 12 (Target-Items). Der ADAFI enthält insgesamt 32 Items auf drei Komplexitätsstufen, von denen 10 der Target-Items – entsprechend dem Verzweigungsschema – doppelt bearbeitet werden können. Daraus resultiert die Maximalanzahl zu bearbeitender Items von 42. Bei Falschantworten werden dem Fehler entsprechend abgestufte Hilfen gegeben. Die Anzahl der möglichen Hilfen pro Item richtet sich nach dessen Komplexitätsstufe, also nach der potentiell möglichen Fehlermenge. Unterschiedliche Leistungsfähigkeit bei der Bearbeitung des ADAFI äußert sich zum einen in der Anzahl bearbeiteter Items, zum anderen in der Anzahl

benötigter Hilfen. Beide Parameter werden zur sogenannten Schrittzahl zusammengefaßt (Hochmann, 1991). Somit ergibt sich ein Wertebereich der Schrittzahl, als den die Lerntestleistung beim ADAFI abbildenden Parameter, von minimal 12 bis maximal 132 Schritten.

Um die inhaltliche Begründung unserer Parameterwahl (Schrittzahl statt Aufgaben- bzw. Hilfenanzahl) nachvollziehen zu können, müssen wir uns die Verzweigungsregel (des ADAFI) vergegenwärtigen. Wird eines der Target-Items nicht gelöst, so erfolgt die Bearbeitung eines weiteren zusätzlichen Items (zunächst ohne Hilfe). Wird dieses zusätzliche Item nun richtig beantwortet, wird ebenfalls keine Hilfe gegeben. Orientiert man in diesem Falle auf die Anzahl der benötigten Hilfen, könnte man nicht zwischen Probanden unterscheiden, die das Target-Item gleich richtig bearbeitet haben und denjenigen, die hier einen Fehler begangen und ein zusätzliches Item zu bearbeiten haben. Diese Tatsache würde nun zunächst für die Verwendung des Leistungsparameters *Aufgabenzahl* sprechen. Diese Präferenz relativiert sich aber, führt man sich eine weitere Möglichkeit vor Augen. Wird ein zusätzlich zu bearbeitendes Item nicht gelöst, so werden Hilfen verabreicht, die es ermöglichen sollen, dieses Item richtig zu lösen. Die Anzahl der bearbeiteten Aufgaben differenziert nun nicht zwischen Testanden mit sofortiger Richtiglösung des zusätzlichen Items und denen, die eine oder mehrere Hilfen für die Richtiglösung eben dieses zusätzlichen Items benötigen. Unter der Voraussetzung, daß eine derartige Differenzierung wesentliche diagnostische Informationen bezüglich des Diagnostizierungsziels beinhaltet, scheint der Parameter der „Schrittzahl" (als Summe beider) für eine Differenzierung unterschiedlicher Leistungsfähigkeit bei der Bearbeitung der hier verwendeten Kurzzeit-Lerntests geeignet zu sein.

Natürlich hängt das Ausmaß des Vorteils der „Schrittzahl" von der Leistungsfähigkeit der Stichprobe ab. In einer Stichprobe mit guter Leistungsfähigkeit ist es zu erwarten, daß die einfache „Richtig/Falsch"-Rückmeldung als lernförderliches Feedback genügt. Ein Rückgriff auf die Anzahl benötigter Hilfen wird in diesem Falle kaum weitere diagnostische Informationen liefern, da Hilfen ja erst ab einem bestimmten Leistungsniveau (welches wahrscheinlich unter dem hier vorhandenem liegen dürfte) gegeben werden (müssen). Die Orientierung auf den Parameter „Hilfenanzahl" könnte unter diesen Umständen einen artifiziellen Deckeneffekt zur Folge haben. In einer eher gut leistungsfähigen Stichprobe nimmt sich der Vorteil der Schrittzahl gegenüber der Aufgabenanzahl sicherlich gering aus.

Beim Gegenstück (einer eher wenig leistungsfähigen Testandengruppe) werden erwartungsgemäß viele Fehler gemacht, die zunächst die Bearbeitung zusätzlicher Items zur Folge haben. Aus einer ausschließlichen Orientierung an der Aufgabenanzahl würde unter diesen Umständen ein artifizieller Bodeneffekt resultieren. Es sollte sich also hier auf die darüber hinaus vorliegenden Informationen bezüglich einer unterschiedlichen Inanspruchnahme der Hilfen gestützt werden.

Der mit den Kurzzeit-Lerntests angestrebte Gültigkeitsbereich erfordert eine Differenzierungsmöglichkeit über einen möglichst breiten Bereich des Leistungsspektrums. Insofern halten wir den Parameter der Schrittzahl am besten geeignet, diesen Anspruch operational zu verwirklichen.

3.3.2 AZAFO

Aus der Variation der schwierigkeitsbestimmenden Dimensionen nach der Strukturellen Informationstheorie ergaben sich vier Komplexitätsbereiche anforderungsglei-
cher Items (vgl. 3.2.2). Für den Aufbau des Verfahrens wurden zu den vier Komplexitätsbereichen jeweils sechs Zahlenfolgen ausgewählt, so daß das System über insgesamt 24 verschiedene Zahlenfolgen verfügt.

Die Komplexitätsbereiche unterscheiden sich bezüglich der zwei schwierigkeitsbestimmenden Dimensionen – Lösungsebene (erste und zweite) und Lösungsfolgen
(erster und zweiter Art) – auf folgende Weise:

Tabelle 3.2

Die schwierigkeitsbestimmenden Dimensionen im AZAFO

	Lösungsebene	Lösungsfolge
Komplexitätsbereich I	1. Ebene	1. Art
Komplexitätsbereich II	2. Ebene	1. Art
Komplexitätsbereich III	1. Ebene	2. Art
Komplexitätsbereich IV	2. Ebene	2. Art

Der Testablauf ist sequentiell-hierarchisch gestaltet, alle Testanden beginnen mit
leichten Items und bearbeiten am Testende die schwierigsten Aufgaben. Die Adaptivität des Verfahrens ist dadurch gekennzeichnet, daß nicht jeder Testand alle Items
bearbeitet, sondern sowohl die Reihenfolge als auch die Anzahl der zu bearbeitenden
Items (10 bis 30) von Testand zu Testand entsprechend der jeweiligen Fähigkeiten
variieren. Am Ende eines Komplexitätsbereiches bearbeitet jeder Testand zwei Kon-
troll- bzw. Target-Items.

Der Testablauf läßt sich grob wie folgt skizzieren: Ist der Testand in der Lage, die
letzten beiden Items eines Komplexitätsbereiches ohne Inanspruchnahme von Hilfen
zu lösen, so wird davon ausgegangen, daß er alle Items des Komplexitätsbereiches lösen kann. Deshalb erhält er sofort die letzten beiden Items des nächsten Komplexitätsbereiches zur Bearbeitung. Löst er beide richtig, so werden wiederum die letzten
beiden Items des dann folgenden Komplexitätsbereiches dargeboten. Macht er allerdings einen Fehler, so wird er an den Beginn des betreffenden Komplexitätsbereiches
geführt. Dies geschieht, ohne daß der Fehler korrigiert wird. Der Testand erhält lediglich eine Rückmeldung. Hilfen bei Falschantworten werden immer dann gegeben,
wenn ein Komplexitätsbereich von Beginn an bearbeitet wird. Eine Ausnahme bildet
natürlich der „Startbereich" (Komplexitätsbereich I). Beginnt ein Testand die Bearbeitung eines Komplexitätsbereiches von Anfang an, so muß er nicht unbedingt alle
Items dieses Komplexitätsbereiches bearbeiten. Die Anzahl der zu bearbeitenden
Items innerhalb eines Komplexitätsbereiches hängt vom Antwortverhalten des
Testanden ab. Lediglich die letzten zwei Items eines jeden Komplexitätsbereiches
müssen stets bearbeitet werden. Diese Items beinhalten alle für ihren Komplexitätsbereich typischen Anforderungen. Sie erfüllen eine gewisse Kontroll- oder Zielfunktion

und werden deshalb auch Target-Items genannt. Im AZAFO erfüllen die Items 5, 6, 10, 12, 17, 18, 22 und 24 diese Funktion.

Die Gestaltung des Testablaufs zeigt das Verzweigungsschema des AZAFO in Abbildung 3.9.

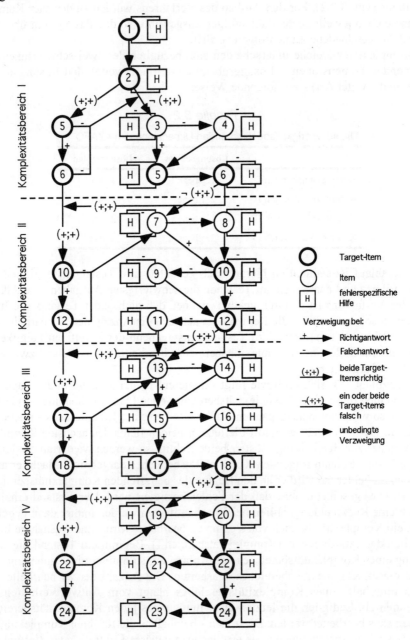

Abbildung 3.9:   Verzweigungsstruktur des AZAFO.

Alle Testanden beginnen mit der Bearbeitung von Item 1 und 2. Diese Items sind relativ leicht. Sie haben neben ihrer eigentlichen Funktion noch zwei weitere wichtige Aufgaben. Zunächst wird durch die Vorgabe zweier leichter Items ein warming-up-Effekt angestrebt. Es wird vermieden, daß der Testand bei Testbeginn sofort negative Rückmeldungen erhält. Außerdem läßt sich an diesen Items ein eventuell vorhandenes Mißverständnis aus der Instruktionsphase einfach und schnell aufklären. Werden beide Items ohne Inanspruchnahme von Hilfen gelöst, so wird das erste Target-Item des Komplexitätsbereiches I (Item 5) dargeboten. Bei sofortiger Richtiglösung folgt Item 6. Wird auch dieses sofort richtig gelöst, wird das erste Target-Item des zweiten Komplexitätsbereiches (Item 10) appliziert. Wird dagegen eines der beiden Target-Items des ersten Komplexitätsbereiches nicht sofort richtig gelöst oder werden schon bei den ersten beiden Items Hilfen benötigt, so wird Item 3 (gegebenenfalls mit Hilfen) vorgegeben. Wird das Item 3 sofort richtig gelöst, folgt Item 5. Anderenfalls erhält der Testand Hilfen zu Item 3 und bekommt die Möglichkeit, zusätzlich das gleichschwierige Item 4 (gegebenfalls mit Hilfen) zu bearbeiten. Bei der Bearbeitung der Target-Items 5 und 6 werden nun im Falle von Fehlern Hilfen gegeben. Damit ist die Bearbeitung von Komplexitätsbereich I beendet. Der Beginn der Bearbeitung des zweiten Komplexitätsbereiches hängt von der Bearbeitung der beiden Target-Items des ersten Komplexitätsbereiches ab. Wurden beide sofort richtig gelöst, beginnt Komplexitätsbereich II mit Target-Item 10, sonst mit Item 7. Beginnt der Testand bei Item 10 und kann dieses sowie auch das zweite Target-Item (Item 12) sofort richtig lösen, dann wird er zum ersten Target-Item des dritten Komplexitätsbereiches geführt. Anderenfalls folgt Item 7. Sind zur Lösung von Item 7 Hilfen notwendig, folgt Item 8, sonst Item 10. Das zu Item 10 anforderungsgleiche Item 9 ist zu bearbeiten, wenn das Target-Item 10 beim „zweiten Anlauf" nur mit Hilfen gelöst wird. Es folgt Item 12. Mit der Lösung von Item 12 ist der Komplexitätsbereich II beendet. Werden aber auch bei Item 12 Hilfen in Anspruch genommen, so ist noch Item 11 zu bearbeiten.

Wir wollen an dieser Stelle die Beschreibung des Verzweigungsschemas beenden. Aus dem bis hierher dargestellten Ablauf und dem Schema in Abbildung 3.9 lassen sich die Bearbeitungsschritte der Komplexitätsbereiche III und IV ableiten.

Zusammenfassend sei bemerkt, daß das Computersystem bei „Erstanlauf" der Target-Items im Verzweigungspfad im Falle einer Falschantwort keine Hilfen administriert, sondern zu leichteren Aufgaben des gleichen Komplexitätsbereiches (eventuell mit Darbietung von Hilfen) verzweigt. Nachdem leichtere Aufgaben des Komplexitätsbereiches bearbeitet wurden, erhält der Testand nochmals das/die zuvor falsch bearbeiteten Target-Item/s, diesmal jedoch mit der Möglichkeit des Hilfengebrauchs.

Wir haben gesehen, daß die Reihenfolge und die Anzahl der zu bearbeitenden Items von den jeweiligen Fähigkeiten des Testanden abhängig sind. Die Gestaltung des Hilfesystems ist ebenfalls an die Fähigkeiten des Testanden angepaßt und leitet sich aus der Einschätzung des beobachteten Fehlers (also von der Eingabe des Testanden in den Computer) ab. Im folgenden wird das fehlerorientiert-adaptive Hilfesystem erläutert. Umfang und Intensität der Hilfestellung sind abhängig von der Art und der Anzahl der vom Testanden im Lösungsprozeß gemachten Fehler. In dieser Anpassung an die Fähigkeit des Testanden kommt die Adaptivität des Hilfesystems zum Ausdruck.

Die Gestaltung des adaptiven Hilfesystems leitet sich aus der Anforderungs- und Fehleranalyse ab und erfüllt drei Funktionen:

- Identifizierung des beobachteten Fehlers aufgrund der Eingabe des Testanden,
- Administration einer auf diesen Fehler bezogenen Hilfe und
- Vermittlung eines Lösungsalgorithmus.

Für das Fortsetzen einer Zahlenfolge lassen sich in der Regel unterschiedliche Lösungsalgorithmen angeben. So vermittelt z.B. Jäger (1972) im Trainingsprogramm des LTS 1 (Guthke et al., 1983) unterschiedliche, auf die speziellen Eigenschaften einer vorgegebenen Zahlenfolge bezogene Algorithmen. Dies hat zum Ziel, bei den Schülern die Flexibilität im Denken zu trainieren.

Die Zusammenfassung von Test- und Trainingsphase beim AZAFO zwingt jedoch dazu, sich auf einen Algorithmus zu beschränken, mit dem alle Items des AZAFO zu lösen sein müssen. Dieser Algorithmus wird deshalb der Fehleranalyse und dem darauf aufbauenden Hilfesystem zugrunde gelegt.

Bei arithmetischen Anforderungen können allerdings eine Vielzahl von Fehlerursachen, die sich gegenseitig überdecken, eine Rolle spielen. Es ist also schwierig, bei der komplexen Anforderung „Fortsetzen einer Zahlenfolge" Fehlerursachen eindeutig zu identifizieren (wie es bspw. beim ADAFI möglich ist). Aus diesem Grund ist eine interaktive Fehleranalyse, die zugleich Analyse- und Hilfsfunktion hat, notwendig. Wenn der Testand ein Item falsch bearbeitet hat, versucht das System im Dialog den der Antwort zugrundeliegenden Fehler zu bestimmen und dem Testanden bewußt zu machen. Aufgrund des ersten fehlerhaften Lösungsversuches ist die Ursache des zugrundeliegenden Fehlers nicht eindeutig bestimmbar. „Rückfragen" sollen die möglichen Fehlerursachen eingrenzen.

Um eine Zahlenfolge richtig lösen zu können, muß deren Minimalstruktur (vgl. Fiebig, 1989) erkannt werden. Der erste Schritt dazu besteht im Erkennen ihres Monotonieverhaltens. Deshalb wird beim Vorliegen einer falschen Fortsetzung zuerst geprüft, ob diese Fortsetzung zumindestens dem Monotonieverhalten der Folge gerecht wird (programminterne Frage). Ist das nicht der Fall, so wird dem Testanden das Monotonieverhalten anhand der vorgegebenen sieben Glieder der Folge demonstriert (1. Hilfe, Abbildung 3.10).

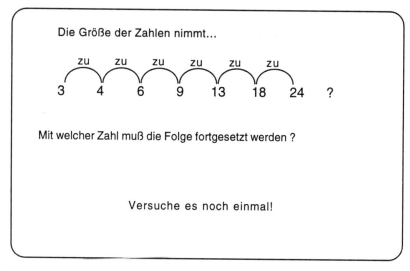

Abbildung 3.10:   Erste Hilfe aus dem Hilfesystem des AZAFO am Beispiel von Item 7.

Anschließend wird der Testand noch einmal aufgefordert, die richtige Fortsetzung der Folge anzugeben. Gelingt ihm das, erhält er das nächste Item zur Bearbeitung. Ist die Fortsetzung dagegen wiederum falsch, so wird noch einmal geprüft, ob mit dem zweiten Lösungsversuch zumindest das Monotonieverhalten der Folge berücksichtigt wurde. Ist das nicht der Fall, wird dem Testanden erläutert, daß die richtige Fortsetzung größer bzw. kleiner als das letzte vorgegebene Glied der Folge ist (2. Hilfe, Abbildung 3.11).

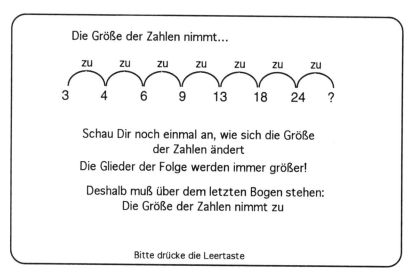

Abbildung 3.11:   Zweite Hilfe aus dem Hilfesystem des AZAFO am Beispiel von Item 7.

Ist die Fortsetzung der Folge falsch, so ist zu klären, ob der Testand die anzuwendende Rechenoperation erkannt hat. An dieser Stelle erfolgt eine Rückfrage über die Art der anzuwendenden Rechenoperation (3. Hilfe, Abbildung 3.12).

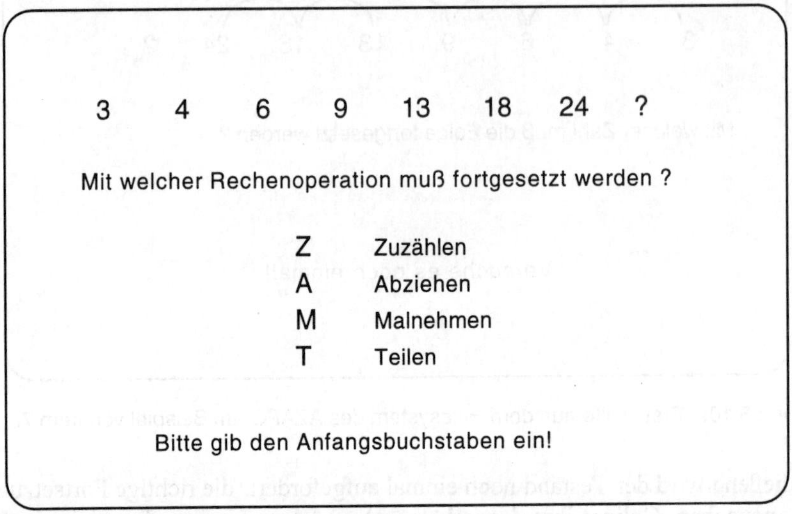

```
        3    4    6    9    13   18   24    ?

        Mit welcher Rechenoperation muß fortgesetzt werden ?

                    Z      Zuzählen

                    A      Abziehen

                    M      Malnehmen

                    T      Teilen

                Bitte gib den Anfangsbuchstaben ein!
```

Abbildung 3.12:   Dritte Hilfe aus dem Hilfesystem des AZAFO am Beispiel von Item 7.

Wird diese Frage falsch beantwortet (Operator- oder Operationsfehler), werden dem Testanden die Rechenoperationen, die jeweils von einem zum nächsten Glied der vorgegebenen Folge führen, gezeigt. Daraufhin wird die Frage wiederholt (4. Hilfe). Ist die Antwort wiederum falsch, wird dem Testanden gezeigt, wie sich aus der Folge der Rechenoperationen die zur Fortsetzung der Folge notwendige Rechenoperation ermitteln läßt.

Nachdem nun Klarheit über die zur Fortsetzung der Folge notwendige Rechenoperation herrscht, stellt sich die Frage, mit welcher Zahl zu operieren ist. Um zu überprüfen, ob der Testand diese Zahl erkannt hat, ist auch hier eine Rückfrage notwendig (6. Hilfe, Abbildung 3.13).

Wurde diese Frage falsch beantwortet (Operandenfehler), wird gezeigt, wie die Lösungsfolge der Rechenoperanden aufgebaut ist. Darauf wird die Frage nach der Zahl, mit der operiert werden muß, wiederholt. Wird diese falsch beantwortet, folgt eine Erläuterung, wie man den Operanden zur Bestimmung der richtigen Fortsetzung der Folge findet. Daraufhin wird der Testand aufgefordert, die richtige Fortsetzung der Folge zu berechnen. Tritt dabei ein Fehler (der sog. Rechenfehler) auf, wird dem Testanden das richtige Ergebnis mitgeteilt (7. Hilfe).

Damit wird die Darbietung der Hilfen beendet, und der Testand erhält das nächste Item zur Bearbeitung.

Das Hilfesystem entspricht den Forderungen, die im Zusammenhang mit der Fehleranalyse aufgestellt wurden. Außerdem ist sichergestellt, daß der Testand bei der Bearbeitung des n-ten Items zumindestens über die Grundkenntnisse zur Lösung der (n − 1) vorhergehenden Items verfügt.

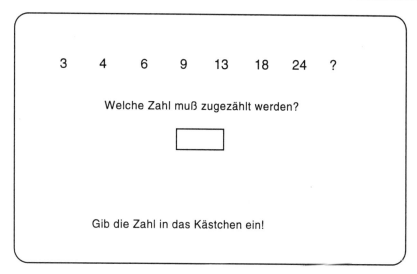

3 4 6 9 13 18 24 ?

Welche Zahl muß zugezählt werden?

Gib die Zahl in das Kästchen ein!

Abbildung 3.13: Sechste Hilfe aus dem Hilfesystem des AZAFO am Beispiel von Item 7.

Als Indikatoren werden wie bei dem ADAFI und dem ADANA die Anzahl der bearbeiteten Aufgaben, die Anzahl der benötigten Hilfen und die Schrittzahl, die die Summe der Aufgaben- und Hilfenanzahl darstellt, ausgegeben.

Minimal muß der Testand 10 Pflichtaufgaben (zwei Anwärm- und acht Target-Items) bearbeiten, so daß dies als untere Grenze für die Aufgaben- und zugleich die Schrittzahl anzusehen ist. Pro Aufgabe werden bis zu maximal sieben Hilfen gezählt, so daß pro Komplexitätsbereich bis zu 42 Hilfen registriert werden (vgl. Tabelle 3.3). Für den Gesamttest ergeben sich damit im Maximum 168 Hilfen. Da die Ziel- bzw. Target-Items zweimal zur Bearbeitung dargeboten werden können, ergibt sich eine maximale Komplexitätsbereichs-Aufgabenanzahl von acht und für den Gesamttest von 30 Aufgaben. Des weiteren wird der Zeitverbrauch registriert.

Tabelle 3.3

Auswertungsparameter des AZAFO mit Angabe von Minima und Maxima

Auswertungs-parameter	Gesamttest min…max	KB I min…max	KB II min…max	KB III min…max	KB IV min…max
Aufgaben	10; 30	4; 8	2; 8	2; 8	2; 8
Hilfen	0; 168	0; 42	0; 42	0; 42	0; 42
Schritte	10; 192	4; 48	2; 50	2; 50	2; 50

Drei Fehlerarten werden vom Programm eindeutig bestimmt: Operationsfehler, Operandenfehler und Rechenfehler. Eine Falschantwort hinsichtlich der Regularität in der Folge der Rechenoperationen stellt einen Operationsfehler dar, während ein Operandenfehler eine Falscheingabe bezüglich der Regularität in der Operandenfolge der Zahlenfolge bedeutet. Ein Rechenfehler kommt zum Ausdruck, indem der Testand

die auszuführende Rechenoperation mit dem entsprechenden Operanden inkorrekt
ausgeführt hat. Vom Testprogramm wird außerdem ein „Komplexfehler" ausgewiesen. Bei dieser Fehlerart ist die Ursache der Falschlösung unklar und kann sich bspw.
auch auf die Nichteinhaltung der Monotonie in der Zahlenfolge beziehen.

3.3.3 ADANA

Die Reihung der Relationstypen erfolgt getrennt nach Innerbegrifflichen und Zwischenbegrifflichen Relationen (IBR und ZBR). Durch diese „Mischung" kommt es im
ersten Bereich über die unterschiedlichen Relationstypen, entsprechend den Ergebnissen der Voruntersuchung, zu einer Schwierigkeitssteigerung. Es können gewisse Strategien erworben und übernommen werden, wie z.B. die Suche nach gemeinsamen
Merkmalsdimensionen oder nach Oberbegriffen. Andererseits wollen wir trotzdem
eine gewisse Abwechslung erreichen, indem zuerst alle Analogien der Komplexitätsstufe I bearbeitet werden, danach erst die der zweiten.
Es werden demnach zuerst alle Aufgaben der Komplexitätsstufe I in der Reihenfolge
Kontrast-, Komparativ-, Unter-Oberbegriffs-, Nebenordnungsrelation (also die mit
IBR) dargeboten. Darauf folgen, immer noch Komplexitätsstufe I, Lokations-, Objekt-, Instrument- und Finalitätsrelation (also die Analogien mit ZBR). Nunmehr werden die Items der Komplexitätsstufe II dargeboten, wieder in der vorgestellten Reihenfolge der Relationstypen. Entsprechend wurden die Aufgaben auch numeriert: Die
Nummern 1 bis 16 stehen für Analogien der Komplexitätsstufe I, 17 bis 32 für Aufgaben der Komplexitätsstufe II.
Es gibt bei allen Antworten durch den Testanden eine Information über die Lösungsqualität, also die Mitteilungen „Falsch!" oder „Richtig!". Bei einer Richtiglösung
wird außerdem die Analogie in Form einer Aussage noch einmal verbalisiert. Damit
wollen wir erreichen, daß auch bei Unsicherheit des Testanden über seine Antwort
diese begründet wird.
Unter Beachtung der Befunde von Guthke (1972) sollte die erste Hilfe noch keine inhaltliche sein. Es sollte eher ein unbestimmter Hinweis auf einen Fehler sein, der auf
eine Aufmerksamkeitserhöhung zielt. Neben der Information „Falsch!" formulierten
wir als Hinweis an dieser Stelle „Versuche noch einmal, die Beziehung zwischen diesen Worten zu erkennen!". Dazu wird verdeutlicht, welche Worte des Items dabei
gemeint sind. Es werden die Begriffe des „Urbereiches" in der Analogie hervorgehoben und verbunden. Deren semantische Relation soll erkannt und übertragen werden,
auf ihnen beruht die analoge Beziehung. Das sind meistens die Terme A und B. Bei
einer komplexen Aufgabe mit ZBR wird aber gegebenenfalls auch auf eine Transposition verwiesen (Verbindung der Terme A und C der Analogie).
Bei einer Falschantwort auf die nun erfolgte zweite Darbietung derselben Aufgabe
kommt die eigentliche inhaltliche Hilfe. Wir gingen davon aus, daß der Testand nicht
geraten, sich bei seiner Distraktorwahl also „etwas gedacht" hat. Deshalb bezieht sich
der erste Teil der zweiten Hilfe auf die konkret gewählt falsche Antwortalternative.
Dazu wird eine mögliche begriffliche Beziehung zwischen den betreffenden Worten
(Terme C und D der Analogie) als Erklärung für die Wahl vorgeschlagen. Es folgt der

Hinweis, daß dies aber nicht die gesuchte Beziehung ist zwischen (Begriff 1) und (Begriff 2). An dieser Stelle folgen die in der ersten Hilfe hervorgehobenen Begriffe. Diese gesuchte Relation wird dann verbalisiert. Dazu bedienen wir uns nicht der wissenschaftlichen Kategorie (wie z.B. „Lokationsrelation"). Vor allem über die Verben in den gewählten Formulierungen verdeutlicht sich die Analogie. Meist kann man den Satz einfach mit dem gesuchten zweiten Begriffspaar fortsetzen.

Wird danach wieder falsch geantwortet, zeigt die dritte Hilfe die Lösung der Aufgabe. Neben der Hervorhebung des betreffenden Distraktors wird die Analogie verbalisiert, unter Verwendung der schon in der zweiten Hilfe genutzten Formulierung, die die gesuchte Beziehung betraf.

An einem Beispiel soll die Gestaltung der Hilfen verdeutlicht werden (vgl. Abbildung 3.14).

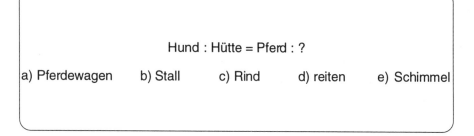

Antwort		dargebotene Rückinformation
	b	• Richtig! Der Hund „wohnt" in der Hütte, das Pferd in einem Stall.
Erstantwort	a, c, d, e	• Falsch! Versuche noch einmal, die Beziehung zwischen diesen Worten herauszufinden! (ein Pfeil verbindet die Begriffe Hund und Hütte)
Zweitantwort	a	• Falsch! Das Pferd kann einen Wagen ziehen. Aber das ist nicht die gesuchte Beziehung zwischen Hund und Hütte. Der Hund kann in der Hütte schlafen, das ist sozusagen seine Wohnung.
	c	• Falsch! Ein Rind ist, ebenso wie das Pferd, ein Haustier; aber das ist nicht die gesuchte Beziehung zwischen Hund und Hütte. Der Hund kann in der Hütte schlafen, das ist sozusagen seine Wohnung.
Drittantwort	a, c, d, e	• Nein. Der Hund „wohnt" in der Hütte, das Pferd in einem Stall. Stall ist also die Lösung.

Abbildung 3.14: Aufbau der Rückmeldungen und Hilfen im ADANA, dargestellt am Item 15.

Ein Ziel des adaptiven Aufbaus ist es u.a., das Verfahren für leistungsstarke, fehlerfrei arbeitende Testanden zu verkürzen. Darum sind bei der sofort richtigen Lösung bestimmter Aufgaben Sprünge „nach vorn", über mit der gelösten Analogie vergleichbare Items hinweg, möglich. Treten dagegen Fehler auf, wird (nach der Hilfengabe) eine zur falschen Analogie parallele oder leichtere Aufgaben appliziert. Die Vergleichbarkeit der Schwierigkeit von Aufgaben nehmen wir durch die Voruntersuchung (Stein, 1989) als bestätigt an, wenn sie auf einer gemeinsamen Komplexitätsstufe liegen.

Wenn also zuerst nur die Analogien eines Relationstypes der ersten Komplexitätsstufe betrachtet werden, kommt es zu folgender Darbietung:

- Wird das erste Item sofort richtig gelöst, folgen Analogien des nächsten Typs.
- Versagt der Testand bei der ersten Aufgabe, folgt (nach den Hilfen zur ersten) die zweite, schwierigkeitsparallele, Analogie. Auch hier werden bei Bedarf Hilfen geboten. Danach werden die Items des jeweils nächsten Relationstypes appliziert.

Eine Ausnahme stellen die ersten beiden Aufgaben dar. Diese recht einfachen Items mit Kontrastrelation werden als „Einstieg" allen Testanden dargeboten, unabhängig von der Qualität der Antwort.

Mit der Bearbeitung von Aufgabe 15 oder 16 entsprechend der vorgestellten Regel wird Bereich I abgeschlossen. Das Prinzip der Verzweigung im zweiten Komplexitätsbereich (bezogen auf die vier Analogien eines Relationstyps) lautet wie folgt:

- Antwortet der Testand mit der ersten Wahl richtig auf das dritte Item des Relationstyps (meist das schwierigste), folgen Analogien des nächsten Relationstypes
- Die erste Antwort bei der dritten Aufgabe war falsch. Es wird keine inhaltliche Hilfe geboten, sondern zu anderen (leichteren) Analogien verzweigt:
- Wurde das zweite Item im ersten Komplexitätsbereich noch nicht dargeboten, folgt dieses, ggf. mit Hilfen. Es schließt sich die vierte Analogie an, wiederum mit Hilfen (falls nötig). Daraufhin wird die dritte Aufgabe noch einmal dargeboten, bei Bedarf diesmal mit Hilfen.
- Wenn das zweite Item im ersten Komplexitätsbereich schon bearbeitet wurde, folgt auf die erste Falsch-Reaktion zur dritten Aufgabe die vierte Analogie. Bei fehlerhafter Antwort erfolgt die Hilfendarbietung zu dieser Aufgabe. Danach wird das dritte Item wieder geboten, wobei diesmal bei Fehlern Hilfen gegeben werden.

Die Bearbeitung der ersten und dritten Aufgaben aller Relationstypen ist demnach für alle Testanden „Pflicht". Sie entsprechen den weiter oben beim ADAFI und AZAFO (siehe 3.3.1 bzw. 3.3.2) vorgestellten Target-Items (vgl. auch Räder, 1989; Fiebig, 1990). Damit wird eine bessere Vergleichbarkeit der Ergebnisse angestrebt, die sonst bei jeweils individuellen Verläufen schwierig ist.

Die Abbildung 3.15 soll das Vorgehen für das gesamte Verfahren verdeutlichen.

Lernprozesse sollen also durch mehrere Konstruktionsprinzipien erreicht werden:

- Durch die Hilfen, indem durch das Verbalisieren eine „Strategie" zur Bearbeitung von Analogien angeboten wird. Zur Wirksamkeit derartiger Verbalisierungsstrategien als Unterstützung bei der Lösung sei auf Franzen und Merz (1975) verwiesen.
- Die Testanden werden durch die Hilfen gezielt auf bestimmte Beziehungen und Merkmale hingewiesen, die auch bei den Aufgaben mit anderen Relationstypen zu beachten sind.
- Hinter der Abfolge der Aufgaben an sich steht eine Steigerung der Komplexität, die ebenfalls zu Lernprozessen führen kann.

Im Falle eines Fehlers wird die Komplexität durch Verzweigung zu einfacheren Analogien und langsames Hinführen zur schwierigen Aufgabe aufgehoben. Dabei muß darauf hingewiesen werden, daß es sich nicht um eine monoton wachsende Komplexität handelt. Über eine Vorschrift, diese zu erzeugen, verfügen wir leider nicht. Ein Rückgriff auf die empirischen Schwierigkeiten erschien uns ebenfalls nicht sinnvoll, da in diesem Fall die Systematik des Testaufbaus nicht mehr zu gewährleisten wäre. Außerdem würde es sich in Abhängigkeit der Reihenfolge der dargebotenen Aufgaben um jeweils andere „subjektive" Schwierigkeiten der Items handeln.

Für die jeweils vier Analogien von einem Relationstyp gibt es aber eine hierarchische Struktur. Die Lösung der komplexesten Aufgabe halten wir im Prinzip für ausreichend, alle im Test enthaltenen Aufgaben dieses Types richtig zu beantworten. Das spiegelt sich in der Verzweigungsstruktur wider (siehe Abbildung 3.15).

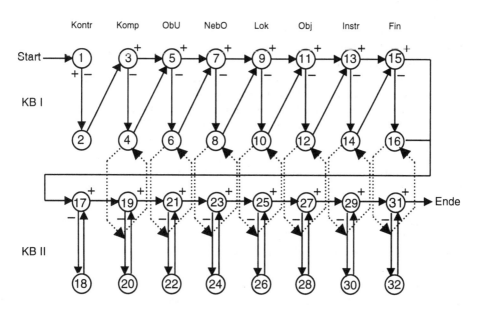

Abbildung 3.15: Adaptives Verzweigungsschema des ADANA.
KB: Komplexitätsbereich;
+ Verzweigung, wenn das Item bei der ersten Wahl richtig gelöst wurde;
– Verzweigung, wenn das Item bei der ersten Wahl falsch gelöst wurde;
- - -> Verzweigung bei Falschantwort, wenn das angezielte Item noch nicht bearbeitet wurde.

Entsprechend der Gesamtstruktur des Verfahrens sind mindestens 17 Items zu bearbeiten. Diese Zahl kann sich auf maximal 40 dargebotene Aufgaben erhöhen (alle 32 Aufgaben und zweifache Applikation der 8 Target-Items des zweiten Komplexitätsbereiches). Hinzu kommen bis zu 96 Hilfen (je 3 für 32 Analogien).

Der beschriebene Verzweigungsalgorithmus allein ist komplex genug, zur Durchführung des Verfahrens auf Computerunterstützung zu setzen. Es gibt aber noch andere Gründe. Durch die Vorgaben des PC ist gesichert, daß die Hilfengabe genau in gleicher Art und Weise bei allen Testanden erfolgt. Die Standardisierung dieser Prozedur ist für die Objektivität des Verfahrens unerläßlich. Gleichzeitig sind wir dadurch in

der Lage, alle Daten der Testbearbeitung festhalten zu können. So kann mit den Latenzen und allen Eingaben des Testanden der Verlauf der Interaktion Mensch-Com-
puter vollständig rekonstruiert werden. Das ist für eine vorgesehene Prozeßanalyse
bedeutsam.

Bei der Programmierung wurde dem Design der Schnittstelle Mensch-Maschine
große Aufmerksamkeit gewidmet. Durch eine klare Gliederung in verschiedene Bild-
schirmbereiche sind Aufgaben, Distraktoren und Informationstexte getrennt. Das wird
unterstützt durch bestimmte Farbzuordnungen. Auf akustische Signale (z.B. bei Rich-
tig/Falsch) wurde verzichtet, um eventuelle spätere Gruppenuntersuchungen nicht zu
stören.

In der Instruktion wird im Dialog mit dem Nutzer neben dem zur Programmbedie-
nung nötigen Wissen das Prinzip von Analogieaufgaben vermittelt. Dabei wird auch
betont auf die Möglichkeit einer Transposition hingewiesen; ein Beispielitem dazu ist
enthalten.

Die Ausgabe aller Texte, z.B. in der Instruktion oder für die Hilfen, geschieht „zei-
chenweise". Man kann also mit den Augen das Schreiben auf dem Bildschirm verfolgen. Bis zur Eingabe der nächsten Antwort muß noch eine gewisse Zeit verstreichen.
So soll der Aufforderungscharakter der Hilfen verstärkt und der „blinden" Eingabe
eines beliebigen Distraktors entgegengewirkt werden.

Als zusammenfassende Parameter der Bearbeitung des ADANA durch einen Testan-
den dienen die Anzahl der Aufgaben, die Summe der Hilfen sowie die gesamte
Wahlzeit. Als „Wahlzeit" wird nur die Zeit gewertet, in welcher der Testand eine
Aufgabe bearbeiten soll, also die Möglichkeit einer Wahl hat. Damit entfallen die
Zeiten für den Bildaufbau und das Erfassen solcher Informationen, die nur durch Ta-
stendruck zu quittieren sind.

Wie bei den anderen Subtests der ACIL nutzen wir beim ADANA die additive Zu-
sammenfassung der Hilfenanzahl und der Summe bearbeiteter Aufgaben, die wir als
„Schrittzahl" bezeichnen. Sie enthält eine quantitative Gesamtinformation über die
Testbearbeitung, da sie jede gebotene Aufgabe und Hilfe als einen „Schritt" wertet.
Zwei Testanden können sich also in der Schrittzahl unterscheiden, obwohl beide die
gleiche Anzahl an Hilfen erhielten. Das ist möglich, da bei angesprungenen Target-
Items ohne Hilfengabe zu leichteren Aufgaben „zurückverzweigt" wird.

4 Psychometrische Analyse

4.1 Generelle Probleme der Psychometrie und Standardisierung in Lerntests

Wie bereits oben angedeutet, war es von Anfang an unser Bestreben, das Prinzip des standardisierten psychometrischen Tests mit der Forderung Wygotskis nach der Diagnostik der „Zone der nächsten Entwicklung" zu verbinden. Übrigens hat dies auch Wygotski selbst angestrebt, was ein wesentlicher Grund für seine spätere „Verdammung" als Anhänger der sog. Pädologie nach deren Liquidierung und dem Testverbot 1936 in der Sowjetunion war. Wir gehören also nicht zu den scharfen Kritikern des standardisierten, normierten psychometrischen Tests, die diesen als unvereinbar mit einer individualisierten, qualitativ-klinischen und förderungsorientierten Lerndiagnostik betrachten (siehe entsprechende Äußerungen bei Feuerstein et al., 1979 – einige Vertreter der Feuerstein-Schule bemühen sich aber um Psychometrisierung, siehe z.B. Haywood und Tzuriel, 1992 – vgl. vor allem auch die Kritik der sog. Förderungsdiagnostik an psychometrischen Tests, vgl. Kornmann et al., 1983).

Wir sind der Überzeugung, daß diagnostische Verfahren eine gewisse intersubjektive Vergleichbarkeit (Objektivität) im Hinblick auf das Testmaterial, die Durchführungs- und Auswertungsprozeduren haben müssen, um nicht der Willkür Tür und Tor zu öffnen. Dies gilt natürlich insbesondere dann, wenn Tests auch für Entscheidungsfindungen (z.B. bei der schulischen oder beruflichen Laufbahnberatung) zu Hilfe genommen werden. Wir können daher auch die Kritik von amerikanischen Praktikern (siehe Cordes, 1986) verstehen, die z.B. nach dem gerichtlichen Verbot der Anwendung von herkömmlichen Intelligenztests bei der Überprüfung für Sonderschulbedürftigkeit im Staate Kalifornien wegen deren Unfairness für unterprivilegierte Kinder (vor allem schwarze) nur das Learning Potential Assessment Device nach Feuerstein als „Methode der Wahl" empfohlen bekommen und dessen „objektiven Gebrauch" sehr bezweifeln. In einem Handbuchartikel haben Glutting und McDermott (1990) von einem mehr wissenschaftsmethodischen Standpunkt ebenfalls sehr scharf die mangelnde Standardisierung und Psychometrisierung vieler israelischer und amerikanischer Arbeiten zum Learning Potential Assessment kritisiert. Sie beziehen sich dabei auch auf die Standards der APA (1985, S. 30), in denen es heißt „directions to a test taker that are intended to produce a particular behavior sample (often called a 'prompt') should be standardized, just as the directions are standardized for any other test". Obwohl wir durchaus auch Verständnis für die Argumentation der Fachvertreter haben, die eine qualitativ-klinische Methodik favorisieren, möchten wir aber bei den Lerntests nicht auf Standardisierung und Psychometrisierung verzichten. Die in der klinisch-qualitativen Methodik vor allem angestrebte höhere Individualisierung der Untersuchung (durch Eingehen auf den spezifischen Fehler, den ein Kind macht) und die mehr qualitative Auswertung soll zumindest in Ansätzen durch den neuen Typ des Lerntests – nämlich das Diagnostische Programm (DP, siehe 3.1) – ebenfalls gewährleistet werden. Die Hilfen bzw. das Training sind also nicht mehr wie in den Lang-zeit-Lerntests mehr oder minder für alle Kinder gleich, sondern abgestimmt auf die individuellen Schwächen und Bedürfnisse des Kindes. Indem in den Diagnostischen Programmen gleichzeitig von allen Kindern eine bestimmte Gruppe von Items bearbeitet werden muß (die sog. Target-Items) und die Testanden zwar sehr unter-schiedliche Wege durch das Programm gehen können, diese Wege aber exakt regi-striert werden und an standardisierten Zusatzaufgaben und Hilfen „entlang führen", haben wir das Standardisierungsprinzip mit dem Individualisierungsprinzip verbun-den. Diese Verbindung führt aber im Sinne eines Kompromisses zwangsläufig dazu, daß beide Postulate nicht in der Strenge realisiert werden können, wie wir dies einer-seits vom psychometrischen Test (was die Standardisierung anbetrifft) und anderer-seits von der klinisch-qualitativen Methode (was die Individualisierung anbetrifft) kennen.

Neben der Standardisierung ist auch das Normierungsproblem zu besprechen. Wieder im Gegensatz zu den Kritikern der sog. statistischen Normierung von Tests sind wir der Auffassung, daß der Praktiker statistische Vergleichswerte für die Wertung des individuellen Testergebnisses benötigt. Wir haben daher auch unsere zunächst publi-zierten Lerntests – z.B. auch den Lerntest „Schlußfolgerndes Denken " (LTS, vgl. Guthke et al., 1983) – nach dem Kanon der „klassischen Testtheorie" (siehe Lienert, 1989) normiert. Damit entsprachen auch wir den Forderungen von Glutting und McDermott (1990), die die mangelnde Normierung der amerikanischen und israeli-schen Lerntests sehr kritisieren. Zunächst hatten wir die Hoffnung, daß der „Lernge-winn" zwischen Prätest und Posttest den aussagekräftigsten Parameter darstellt und daher vor allem normiert werden sollte. Es stellte sich aber bald heraus, daß der Lern-gewinn als Differenzwert mit all den z.T. noch ungelösten Problemen der Verände-rungsmessung (vgl. u.a. Guthke & Wiedl, 1996; Petermann, 1978) belastet ist, die diskutiert werden (z.B. mangelnde Reliabilität, Abhängigkeit vom Ausgangswert). Daher verwunderte es auch nicht weiter, daß wir schon in den ersten Forschungen zu Lerntests (siehe Guthke, 1977) feststellen mußten, daß nicht so sehr die Lerngewinn-werte (auch wenn die ausgangswertrelativierten Differenzwerte in Form sog. Resi-dualgewinne berechnet wurden, siehe hierzu die Handanweisung zum LTS, Guthke et al., 1983), sondern vor allem die Posttestwerte die gültigsten und zuverlässigsten Lerntestparameter darstellen. Auch Versuche, die „klassische Testtheorie", die ja ei-gentlich nicht für veränderungsorientierte Verfahren entwickelt wurde, zu verlassen und Hilfe für die Lerntestauswertung in der probabilistischen Testtheorie zu finden, führten trotz einiger offensichtlicher methodischer Fortschritte bisher noch nicht zu dem Nachweis, daß der nunmehr probabilistisch bestimmte Lerngewinnwert dem Posttestresultat in der Gültigkeit überlegen ist (vgl. Embretson, 1987; Gebser, 1980; Klauer et al., 1994; siehe auch Hamers et al., 1993). In den Langzeit-Lerntests werden also für die Prätests und für die Posttests getrennt Normwerte bestimmt, was natürlich z.B. beim LTS einen „Riesenaufwand" für die Normierung erforderlich machte.

Der Posttest stellt nun aber eine Konfundierung von Anfangsleistung (Status) und durch das zwischengeschaltete Training erzeugten Lerngewinn dar, so daß „Puristen" in der Lerntestmethodik dessen Proklamierung zum maßgeblichen Lerntestparameter als theoretisch problematisch beklagen mögen. Vielleicht werden eines Tages die

Lerngewinnparameter bei neuen Auswertungsstrategien und/oder neuen Validierungsparametern eine größere Bedeutung erhalten; z.Z. aber überwiegen eindeutig die Vorteile einer Auswertung, die sich vor allem auf den Posttestwert stützt.

Die „Konfundierung" von Anfangsleistung und Zugewinn – oder mehr positiv formuliert – deren „Kombination" tritt in noch größerem Ausmaße bei Kurzzeit-Lerntests auf, wo wir nicht mehr getrennte Prä- und Posttestwerte, sondern nur noch einen Testwert (wenn auch aufgespalten in einzelne Komplex-Testwerte) erhalten. Man könnte allerdings den ersten Lösungsversuch bei den einzelnen Items als Prätestwert betrachten, der aber durch das mögliche Lernen bei den vorhergehenden Items schon z.T. Lerntestcharakter trägt.

Glutting und McDermott (1990) halten sog. teach-test oder within-test Strategien im Unterschied zu den in Langzeit-Lerntests realisierten test-teaching-test Strategien für methodisch außerordentlich problematisch, da man die einzelnen Faktoren für die Determination der Testleistung nicht mehr auseinanderhalten könne. Dagegen unterbreiten Klauer et al. (1994) einen Vorschlag, wie man durch Anwendung eines für die Analyse von Lernvorgängen modifizierten probabilistischen Modells den Fähigkeitsstatus und einen Lernfähigkeitswert auch in Kurzzeit-Lerntests unterscheiden kann. Wir werden diesen Vorschlag neben anderen Vorschlägen zur Lösung der außerordentlich schwierigen meßmethodischen Probleme bei Kurzzeit-Lerntests aufgreifen und auf seine Anwendbarkeit überprüfen (siehe 5.3.1). Zunächst empfehlen wir aber dem Testbenutzer nur die einfache Bestimmung der Schrittzahl als Summe aus den im Testprozeß benötigten (Zusatz-) Aufgaben und Hilfen, da dieser Wert die höchsten Gültigkeitskennwerte aufweist. Uns erscheint dies auch theoretisch gerechtfertigt, da die intellektuelle Lernfähigkeit sich natürlich nicht nur im Lerngewinn zeigt, sondern auch in dem im Leben aufgrund langjähriger Lernprozesse zustandegekommenen Intelligenzstatus. Ziel der Lerntests war es daher auch nie, die Feststellung des Intelligenzstatus völlig „abzuschaffen", sondern diese – insbesondere bei Menschen mit irregulären Lernbedingungen unzureichende – Status-Information durch eine zusätzliche diagnostische Information über die Veränderbarkeit der Leistungsfähigkeit nach standardisierten Lernanregungen zu ergänzen. Die von mancher Seite beklagte Konfundierung von Status und Lernzuwachs entspricht genau dieser angestrebten „Ergänzungsfunktion" des Lerntests. Andererseits wäre es natürlich nicht uninteressant, wenn es gelänge, in Kurzzeit-Lerntests individuumsbezogen und nicht nur gruppenstatistisch (vgl. Klauer et al., 1994) Status- und Zuwachsparameter zu trennen. Zusammenfügen kann man sie dann immer noch – vor allem zum Zwecke der Validitätserhöhung.

Auch die psychometrische Aufgabenanalyse ist bei Kurzzeit-Lerntests viel problematischer als bei konventionellen Intelligenztests und auch als bei Langzeit-Lerntests. Die Schwierigkeitsindizes der Items, die man bei der üblichen statistischen Schwierigkeitsbestimmung bei konventioneller Testdarbietung erhält, haben wenig Relevanz für die Lerntestdarbietung. So kann ein an sich sehr schwieriges Item im Diagnostischen Programm relativ leicht werden, wenn vorher an leichteren Items das Lösungsvorgehen geübt wurde. Umgekehrt kann ein relativ leichtes Item schwieriger erscheinen, wenn es am Beginn des Programms steht. Wir möchten in diesem Kontext auch auf den unter 1.3 erwähnten Zirkelschluß (vgl. Berg & Schaarschmidt, 1984) in bezug auf die übliche Schwierigkeitsbestimmung von Items hinweisen. Notwendig ist also eine „objektivere Schwierigkeitsbestimmung" (siehe hierzu auch die Konstituenten-analyse nach Berg, 1993), um die wir uns auch bei der Konstruktion der Testitem-pools für die ACIL bemüht haben. Falls es wirklich gelingt, ein Diagnostisches Pro-gramm hierarchisch nach diesen objektiven Schwierigkeitsparametern aufzubauen und dies auch theoretisch zu begründen, ist u.E. für Diagnostische Programme die rein statistische Schwierigkeitsbestimmung für die Items sekundär. Insbesondere bei den Zusatzaufgaben, die ja nicht alle Probanden (im Unterschied zu den sog. Target-Items) bearbeiten, sondern immer nur eine ausgewählte Teilstichprobe (meist die lei-stungsschwächeren), wäre die Berechnung von Schwierigkeitsindizes eher irreführ-end. Allerdings bestünde noch die Möglichkeit, für alle im DP verwendeten Items bei einer rein konventionellen Darbietung (möglichst nach dem Zufallsprinzip darge-boten) die üblichen Schwierigkeitsindizes zu bestimmen.

Ähnlich problematisch ist die Bestimmung der Trennschärfenindizes der Items bei ei-nem DP oder von Cronbachs Alpha als Kennwerte für die Homogenität des Verfah-rens. Ziel des DP ist es ja gerade, Veränderungen der Rangreihen der Testanden bei den einzelnen Items bzw. Itemkomplexen im Verlaufe des Testprozesses zu evozie-ren. So wird es geradezu erwartet, daß es Testanden gibt, die bei den ersten Items im DP (also z.B. im ersten Komplexitätsbereich) relativ schlecht abschneiden, dann aber am Ende des Tests sehr aufholen und daher dann noch relativ gute Gesamtwerte er-zielen (siehe hierzu 7.2). Da die Trennschärfe eines Items durch Korrelation des Items mit dem Gesamtpunktwert bestimmt wird, würden solche an sich gewünschten „Fälle" die Trennschärfe der Items herabsetzen. Generell sehr hohe Trennschärfen-werte begrüßt der „konventionelle" Testautor, der Lerntestautor wird darüber eher traurig sein, da sie anzeigen, daß während der Tests sich wider Erwarten eigentlich nichts verändert hat. Allerdings erwartet er, daß die am Testende stehenden Items doch relativ hohe Trennschärfenwerte haben müßten, da sich in ihnen der Lernprozeß während der Testabarbeitung am stärksten widerspiegelt. Unsere bisherigen empiri-schen Ergebnisse bei DP bestätigen diese Hypothese allerdings nicht generell (siehe 4.2).

Die Problematik der Bestimmung der Gütekriterien wird im Kapitel 5 behandelt. Hierzu zunächst nur folgende kurze Anmerkungen: Das Konzept der Reliabilität be-ruht eigentlich auf der Annahme der Homogenität bzw. Unveränderlichkeit des ge-messenen Merkmals während der Testung. Nun nehmen bekanntlich Meßprozeduren nicht selten Einfluß auf den zu messenden Gegenstand – bekanntlich sogar in den ex-akten Naturwissenschaften (wie man seit der Entdeckung der Heisenberg'schen Un-schärferelation weiß). Dies gilt aber im besonderen Maße für Lerntests. Bei den Langzeit-Lerntests kann man trotzdem in traditioneller Weise Retest-, Halbierungs- und Konsistenzkoeffizienten jeweils für Prä- und Posttest getrennt berechnen (siehe die entsprechenden Werte in der Handanweisung zum LTS, Guthke et al., 1983).

Was macht man aber bei Kurzzeit-Lerntests? Wegen der angestrebten Inhomogenität der Testteile (jeweils primär bezogen auf die statistische, nicht inhaltlich bestimmte Homogenität, siehe zu diesen Facetten des Homogenitätsbegriffs Guthke, Böttcher & Sprung, 1990) verbietet sich eigentlich die Reliabilitätsabschätzung mittels der übli-chen Testaufspaltungsmethodiken (Halbierung, Konsistenzanalyse). Die Retestmethodik ist auch nicht anwendbar, da bei einer Testwiederholung infolge des interindividuell unterschiedlichen Lernfortschritts bei der Ersttestung eine andere Situation vorliegt. Aus ähnlichen Überlegungen ist auch die Paralleltestmethodik problematisch. Notwendig wäre für die Reliabilitätsbestimmung in Lerntests eigentlich eine vierfache (zweimal Prätest, zweimal Posttest) Testung der Probanden, die kaum zu realisieren ist. Außerdem wäre die Konstruktion solcher Paralleltests außerordentlich schwierig. Man kann aber durch die Standardisierung der Durchführungs- und Auswertungsbedingungen die wichtigste Bedingung für eine hohe Zuverlässigkeit von Lerntests – nämlich die Durchführungs- und Auswertungsobjektivität (bzw. Konkordanz) – garantieren. Gerade die computergestützten Verfahren bieten hierfür die besten Voraussetzungen.

Die externe Validität von Lerntests haben wir bisher meist in ganz traditioneller Weise geschätzt, indem wir wie bei der Validierung von herkömmlichen Intelligenztests Zensuren und Lehrerurteile als Außenkriterien benutzten. Dieses Vorgehen hielten wir zunächst für notwendig, um nachzuweisen, daß unsere Lerntests zumindest nicht schlechtere Gültigkeitswerte erzielen als die herkömmlichen Intelligenzstatustests. Dies konnte auch nachgewiesen werden. So zeigen z.B. im LTS die einzelnen Subtests in fast allen Untersuchungen eher sogar leicht höhere Korrelationen des Posttests mit den Außenkriterien als die Prätests, die dem konventionellen Intelligenztest entsprechen. Die Differenzen sind aber nicht sehr groß, insbesondere dann nicht, wenn der Prätest schon sehr hohe Gültigkeitswerte hat. Uns war von Anfang an bewußt, daß diese herkömmliche Validierung an fragwürdigen Außenkriterien letztendlich unbefriedigend ist. Schon für den herkömmlichen Intelligenztest beklagt Jäger (1986), daß das Problem der Validierung noch nicht gelöst ist. Um so mehr gilt diese Feststellung für Lerntests, bei denen eigentlich „dynamische Außenkriterien" erforderlich sind statt der bisher üblichen „statischen Kriterien". Im Sinne einer internen Validierung sind Überprüfungen des zugrundeliegenden Testmodells (vgl. Rost, 1996) und Konstruktvalidierungen vonnöten. Über Ergebnisse in dieser Richtung wird im Kapitel 5 berichtet werden. Für die künftige Auswertung von Lerntests haben wir uns vor allem auch Lernprozeßanalysen vorgenommen; erste Versuche mit der Feststellung von Verlaufsclustern und Latenzzeitanalysen werden bei Beckmann, Guthke und Vahle (1997) und im Kapitel 7 berichtet.

4.2   Itemanalyse

Trotz der lerntestspezifischen Probleme bei der statistischen Aufgabenanalyse (vgl. dazu oben) wollen wir Aussagen zu Schwierigkeitsindizes und Trennschärfe machen. Dabei sollen die Richtig-Falsch-Antworten ebenso berücksichtigt werden wie die von uns als für Lerntests besonders relevant herausgestellte Schrittzahl.

Über die Target-Items (einschließlich der „Anwärmitems") wurde eine Itemanalyse nach dem Ansatz der Klassischen Testtheorie durchgeführt. Die Schwierigkeit bezieht sich zunächst auf die Richtig-Falsch-Antwort und damit auf die erstmalige Darbietung einer Aufgabe, wobei die Reaktionen auf mögliche Hilfen unberücksichtigt bleiben. Die Schwierigkeitsindizes wurden nach Lienert (1989, S. 88f.) berechnet und in den nachfolgenden Tabellen wiedergegeben. Die Variabilität der Schwierigkeitsindizes entspricht in etwa den Anforderungen der Testtheorie, wobei die extremen Werte bei den ersten beiden „Anwärmitems" toleriert werden können.

Die Trennschärfenbestimmung erfolgte mit verschiedenen Methoden, nämlich über die Rangkorrelation mit den benötigten Schritten pro Item sowie – für die Richtig-Falsch-Antwort der Items – mit Hilfe des punktbiserialen Korrelationskoeffizienten und des Trennschärfeindexes SPS. Der mit SPS bezeichnete Trennschärfeindex wurde nach dem schwierigkeitsproportionalen Stichprobenteilungsverfahren (SPS) von Moosbrugger und Zistler (siehe Moosbrugger & Zistler, 1993 bzw. Zistler & Moosbrugger, 1991[7]) ermittelt. Der punktbiseriale Korrelationskoeffizient berechnet sich nach der Formel von Lienert (1989, S. 94f.). Bei der Rangkorrelation werden die benötigten Schritte pro Item mit der Gesamtschrittzahl korreliert, so daß die durch die Schritte gegebene Information genutzt wird und auch auf der Itemebene eine graduell abgestufte Qualität der Itemlösung vorliegt. Die Trennschärfewerte erreichen fast immer Werte über dem allgemein als Minimalwert angegebenen $r_{it} > .30$, so daß auch unter diesem Aspekt fast alle Target-Items geeignet erscheinen.

Der Aufgabenanalyse lagen Stichproben von $N = 772$ Schülern beim ADAFI, $N = 692$ Schülern beim AZAFO und $N = 886$ Schülern beim ADANA – verteilt über die Klassenstufen 5 bis 9 – zugrunde.

Für die drei Subtests der ACIL haben wir die Gesamtschrittzahl und die Gesamtbearbeitungszeit – getrennt nach Schularten und Klassen – betrachtet. Bei den Schularten haben wir zwischen Gymnasium und Mittelschule unterschieden. Unter Mittelschüler verstehen wir dabei Haupt- und Realschüler. Diese Zusammenfassung ist vor allem der Spezifik des Schulwesens in Sachsen zu Beginn der 90er Jahre geschuldet. Die untersuchten Schüler stammten zum überwiegenden Teil aus Sachsen. Obwohl sich die Schülerzahlen gegenüber früheren Stichproben (vgl. Guthke, Beckmann, Stein, Rittner & Vahle, 1995) z.T. wesentlich erhöht hatten, blieben die Ergebnisse stabil.

Beim ADAFI (vgl. Tabelle 4.1) zeigen die Schwierigkeitsindizes die erwartete Tendenz, daß die Erhöhung der Komplexität auch zu einer Steigerung der empirischen Schwierigkeit führt. Die besonders leichten Anwärmitems haben erwartungsgemäß eine sehr geringe Trennschärfe. Die Schwierigkeitsindizes zeigen beim AZAFO (vgl. Tabelle 4.2) übereinstimmend, daß – wie beabsichtigt – die Anwärmitems sehr leicht sind, während die Target-Items vor allem in den höheren Komplexitätsbereichen am schwierigsten sind. Zumindest tendenziell läßt sich eine Steigerung der Trennschärfewerte in der zweiten Hälfte der Tests registrieren.

Beim ADANA (vgl. Tabelle 4.3) erkennt man ähnliche Tendenzen wie beim AZAFO. Im zweiten Komplexitätsbereich (ab Item 17) finden wir, dem Konstruktionsprinzip entsprechend, meist die schwierigeren Aufgaben.

---

[7] Wir danken beiden Autoren für die Bereitstellung des Programms.

Tabelle 4.1

Schwierigkeitsindizes und Trennschärfekoeffizienten der Items des ADAFI (*N* = 772)

Komplexitäts-bereich	Target-Item Nr.	Item-schwierigkeit	SPS	Trennschärfen punktbiserial	Rangkorr.
I	1	.98	.19	.13	.07
	2	.98	.06	.15	.13
	7	.59	.49	.58	.65
	8	.73	.40	.51	.47
II	13	.84	.41	.45	.42
	14	.68	.53	.57	.54
	19	.36	.36	.40	.42
	20	.50	.36	.45	.41
III	25	.45	.30	.37	.31
	26	.59	.46	.52	.49
	31	.16	.30	.32	.35
	32	.40	.33	.36	.39
	gesamt	.61	.35	.40	.39

Bemerkung: Bei „gesamt" wurden die mittleren Schwierigkeitsindizes bzw. Trennschärfen angegeben.

Tabelle 4.2

Schwierigkeitsindizes und Trennschärfekoeffizienten der Items des AZAFO (*N* = 692)

Komplexitäts-bereich	Target-Item Nr.	Item-Schwierigkeit	SPS	Trennschärfen punktbiserial	Rangkorr.
I	1	.91	.20	.29	.27
	2	.86	.31	.38	.34
	5	.60	.41	.51	.47
	6	.68	.50	.56	.48
II	10	.59	.37	.50	.50
	12	.70	.51	.55	.53
III	17	.31	.50	.53	.66
	18	.56	.53	.62	.68
IV	22	.25	.37	.44	.52
	24	.35	.51	.57	.54
	gesamt	.58	.42	.50	.50

Bemerkung: Bei „gesamt" wurden die mittleren Schwierigkeitsindizes bzw. Trennschärfen angegeben.

Die relativ niedrigeren Trennschärfekoeffizienten beim ADANA (vgl. Tabelle 4.3) weisen auch auf eine gewisse Inhomogenität der Aufgaben hin, die neben der weiter oben bereits diskutierten Absenkung der Trennschärfen durch den Lerntestcharakter unserer Verfahren zu einer weiteren Reduzierung der Trennschärfen dieses Subtests beiträgt. Wir halten das für materialbedingt. Auffällig niedrig ist bei allen Berechnungsarten insbesondere die Trennschärfe der Items 19 und 27. Bei diesen Aufgaben, d.h. bei der Komparativrelation mit Fremdwörtern (Item 19) und der Objektrelation mit Fremdwörtern, die allerdings zum Schulstoff gehören (Item 27), wird wahrscheinlich in stärkerem Maße als bei anderen Items begriffliches Wissen verlangt.

Tabelle. 4.3

Schwierigkeisindizes und Trennschärfekoeffizienten der Items des ADANA (N = 886)

Komplexitäts-bereich	Target-Item Nr.	Item-Schwierigkeit	SPS	Trennschärfen punktbiserial	Rangkorr.
I	1	.97	.25	.24	.17
	3	.90	.37	.37	.28
	5	.84	.43	.46	.40
	7	.74	.42	.48	.42
	9	.84	.42	.45	.35
	11	.66	.36	.47	.39
	13	.76	.47	.55	.49
	15	.61	.34	.39	.32
II	17	.42	.26	.28	.34
	19	.58	.24	.26	.26
	21	.29	.46	.47	.63
	23	.67	.23	.31	.33
	25	.17	.36	.34	.52
	27	.20	.22	.25	.25
	29	.49	.44	.53	.61
	31	.50	.40	.47	.51
	gesamt	.60	.35	.40	.39

Bemerkung: Bei „gesamt" wurden die mittleren Schwierigkeitsindizes bzw. Trennschärfen angegeben.

In der Tendenz sollten die theoretischen Schwierigkeiten (Komplexität) der Target-Items – bei Berücksichtigung der Modifikation durch Lerneffekte – auch durch die empirisch ermittelten Schwierigkeitsindizes für diese Items entsprechend ausgewiesen werden. Das ist im allgemeinen der Fall. Mit einer Ausnahme (ADAFI: Item 13 und 14) sind die zugehörigen zweiten Target-Items eines Komplexitätsbereiches leichter, was auf Lerneffekte hinweist.

Wir haben auch die Unterschiede der empirischen Schwierigkeitsindizes der Target-
Items bezüglich Geschlecht, Schultyp und Klassenstufe untersucht. Es wurden keine
Geschlechtsunterschiede bei den Subtests gefunden. Für die Gymnasiasten waren die
Aufgaben – erwartungsgemäß – durchweg leichter als für die Mittelschüler. Das ist
auch aus den Abbildungen 4.1 bis 4.3 zu ersehen.

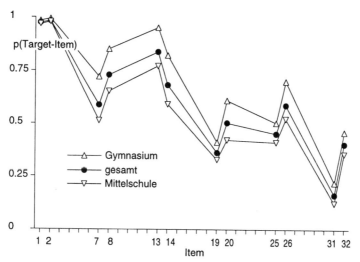

Abbildung 4.1:   Schwierigkeitsindizes für die Gesamtstichprobe sowie getrennt
nach Schularten für den ADAFI.

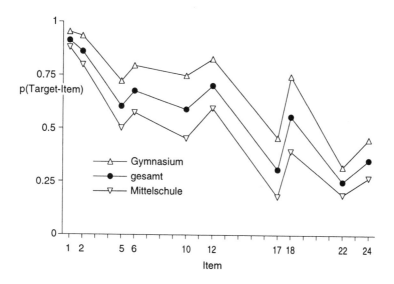

Abbildung 4.2:   Schwierigkeitsindizes für die Gesamtstichprobe sowie getrennt
nach Schularten für den AZAFO.

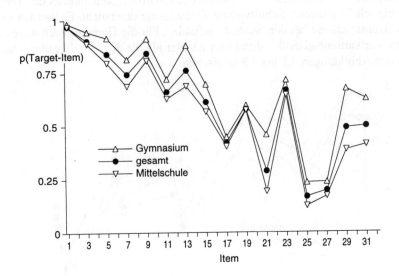

Abbildung 4.3:   Schwierigkeitsindizes für die Gesamtstichprobe sowie getrennt
                  nach Schularten für den ADANA.

Analog verhielt es sich bei der Klassenstufe. Je höher die Klassenstufe, desto leichter
wurden im allgemeinen die Aufgaben (das gilt auch bei Berücksichtigung des Schultyps).
Zusätzlich zu den bisherigen Untersuchungen der Schwierigkeitsindizes haben wir
die Rangkorrelationen der Schwierigkeitsindizes für die einzelnen Klassenstufen, für
die Geschlechter und für die Schultypen bei den drei Lerntests berechnet. Wir erhielten durchweg positive, statistisch hoch gesicherte Rangkorrelationskoeffizienten, die
mit wenigen Ausnahmen größer als .90 waren. Die Tabellen 4.4 bzw. 4.5 zeigen dies.
Die Auswertung der Rangkorrelationen der Schwierigkeitsindizes unterstützt die bisher getroffenen Feststellungen. Sie ließen sich bei allen Subtests bestätigen. Die sehr
hohe Übereinstimmung der Schwierigkeitsrangfolgen in den nach Geschlecht, Klasse
und Schultyp gebildeten Substichproben kann auch als Hinweis für die Homogenität
der Target-Items im Sinne des hier nicht angewendeten Raschmodells angesehen
werden, da bekanntlich (siehe Stelzl, 1979; Müller, 1979) raschmodellkonforme Tests
in der Regel auch hohe Interkorrelationen der klassischen Schwierigkeitsindizes in
den Substichproben zeigen und umgekehrt.
Betrachten wir zusätzlich noch die mittleren Schwierigkeitsindizes der Target-Items
(Tabelle 4.6) für die einzelnen Komplexitätsbereiche, so werden unsere bisherigen
Feststellungen bestätigt, daß die empirischen Schwierigkeitsindizes – unter Beachtung der Lerneffekte – die theoretischen Schwierigkeiten widerspiegeln.

Tabelle 4.4

Rangkorrelationskoeffizienten der Schwierigkeitsindizes für die Klassenstufen der Lerntests

Subtest	Klasse	5	6	7	8
ADAFI	6	.94			
	7	.85	.86		
	8	.88	.93	.97	
	9	.88	.94	.97	1.00
AZAFO	6	.95			
	7	.93	.95		
	8	.89	.90	.99	
	9	.93	.95	1.00	.99
ADANA	6	.96			
	7	.96	.98		
	8	.91	.95	.97	
	9	.87	.95	.96	.96

Tabelle 4.5

Rangkorrelationskoeffizienten der Schwierigkeitsindizes der Lerntests mit Geschlecht und Schulart

Subtest	Geschlecht	Schulart
ADAFI	1.00	.99
AZAFO	.96	.93
ADANA	.99	.96

Tabelle 4.6

Mittlere Schwierigkeitsindizes für die Target-Items der Komplexitätsbereiche der Lerntests

Lerntest	Komplexitätsbereich			
	I	II	III	IV
ADAFI	.82	.60	.40	
AZAFO	.76	.65	.43	.30
ADANA	.79	.41		

Zusammenfassend können wir zur Aufgabenanalyse feststellen: Die Schwierigkeitsindizes zeigen übereinstimmend, daß – wie beabsichtigt – die Anwärmitems sehr leicht sind, während die Target-Items vor allem in den höheren Komplexitätsbereichen am schwierigsten sind. Zumindest tendenziell läßt sich eine Steigerung der Trennschärfewerte in der zweiten Hälfte der Tests (siehe auch weiter unten) registrieren.

An dieser Stelle soll noch auf die Differenzierungsfähigkeit (Trennschärfe) der jeweiligen Komplexitätsbereiche kurz eingegangen werden. Die Untersuchung erfolgte dabei getrennt für Schritte und Zeit.

Tabelle 4.7

Rangkorrelationen zwischen den Gesamtwerten für Schritte und Bearbeitungszeit mit den Variablen je Komplexitätsbereich (KB) bei den Subtests der ACIL

Subtest	Parameter	KB I	KB II	KB III	KB IV
ADAFI	Schritte	.67	.82	.88	
	Bearbeitungszeit	.43	.71	.84	
AZAFO	Schritte	.63	.72	.90	.84
	Bearbeitungszeit	.71	.76	.83	.72
ADANA	Schritte gesamt	.71	.95		
	Bearbeitungszeit	.78	.95		

Die statistisch signifikanten Korrelationskoeffizienten zeigen im allgemeinen eine deutliche Zunahme von Komplex zu Komplex und lagen am Schluß erwartungsgemäß relativ hoch, während die – hier nicht ausgewiesenen – Korrelationskoeffizienten der Komplexe untereinander deutlich geringer waren. Übereinstimmend zeigte sich in unseren Untersuchungen, daß der Komplexitätsbereich I, welcher die für alle Testanden sehr leichten Items 1 und 2 enthält, am wenigsten differenziert (insgesamt sehr leicht), während die Bereiche höherer Komplexität – z.B. der Komplexitätsbereich III beim AZAFO, der sehr hohe Anforderungen an die Testanden stellt – weitaus besser differenzieren. Die in diesen Bereichen vorhandenen Anforderungen stellen offensichtlich eine deutliche Steigerung der Komplexität dar. Die Betrachtung der „Trennschärfen" der Komplexitätsbereiche erweist sich als notwendige Ergänzung der üblichen Trennschärfenbestimmung bei den Target-Items (siehe oben). Insgesamt wird unsere Annahme bestätigt, daß gegen Ende der Lerntests die theoretisch erwartete Steigerung der Trennschärfe zu beobachten ist. Diese Steigerung ist aber nicht nur auf den Lerntestcharakter unserer Verfahren zurückzuführen, sondern ist auch Ergebnis der unterschiedlichen Komplexität der Bereiche.

Wir haben nun noch für die Target-Items – zum einen für die Richtig-Falsch-Antworten und zum anderen für die Schritte – jeweils eine Faktoranalyse gerechnet. Exemplarisch sind die Ergebnisse beim AZAFO in der Tabelle 4.8 dargestellt (Ladungen, deren Absolutbetrag < .30 war, wurden weggelassen).

Beim AZAFO erhielten wir vier Faktoren bei den Richtig-Falsch-Antworten, wobei wir hier die beiden Anwärmitems weggelassen haben (sie laden bei den Richtig-Falsch-Antworten in einem weiteren Faktor). Wir interpretieren die Faktoren als Komplexitäts- oder Schwierigkeitsfaktoren. Inhaltsfaktoren hatten wir bei dieser Homogenität des Aufgabenmaterials auch nicht erwartet.

Tabelle 4.8

Faktorladungen für die Faktoranalysen betreffs *Richtig-Falsch-Antworten* beim AZAFO

| Komplexitäts- | Target-Item | | Richtig-Falsch-Lösung | | |
bereich	Nr.	Faktor 1	Faktor 2	Faktor 3	Faktor 4
I	5	.89			
	6	.90			
II	10		.87		
	12		.85		
III	17			.86	
	18			.82	
IV	22				.96
	24				.79

Die Ergebnisse bei den Richtig-Falsch-Antworten bestätigen nach unserer Meinung recht eindeutig die Einteilung in die Komplexitätsbereiche, die offenbar tatsächlich eine unterschiedliche Schwierigkeit bzw. Komplexität aufweisen.

Tabelle 4.9

Faktorenstruktur für die *Schrittzahl* je Aufgabenbereich beim ADANA nach VARIMAX-Rotation, $N = 141$

	Faktor 1	Faktor 2	h^2
ADANA-STEP IBR I	.87		.79
ADANA-STEP IBR II	.88		.80
ADANA-STEP ZBR I		.85	.77
ADANA-STEP ZBR II		.89	.80
Eigenwert	2.09	1.06	
aufgeklärte Varianz	52.2	26.5	
kumul. aufgeklärte Varianz	52.2	78.7	

Bemerkung: Ladungen < .25 werden nicht ausgewiesen. ADANA-STEP IBR I und II kennzeichnen die Schrittzahlen in den Komplexitäts- bzw. Aufgabenbereichen I bzw. II in bezug auf IBR, ADANA-STEP ZBR I und II kennzeichnen die Schrittzahlen in den Aufgabenbereichen I und II hinsichtlich der ZBR.

Beim ADANA gibt es neben dem Gesichtspunkt der Schwierigkeit auch eine inhaltliche Trennung der Aufgabenbereiche. Bei der Konstruktion griff Stein (1993) auf allgemeinpsychologische Erkenntnisse zum Analogienlösen (vgl. 3.2.3) zurück. Es werden zwei Arten von Gedächtnisbesitz unterschieden: der *situationsbezogene* bzw. *ereignisbezogene* Gedächtnisbesitz, der stationär gespeichert ist und das *merkmalsbezogene* Wissen, das durch kognitive Prozesse bereitgestellt wird. Beide Arten von Wis-

sen sind durch spezielle semantische Relationen gekennzeichnet, die bei der Bear-
beitung einer Analogie zu aktivieren sind. Im ADANA werden die zwei Relations-
klassen Innerbegriffliche Relationen (IBR) und Zwischenbegriffliche Relationen
(ZBR) unterschieden. Die IBR sind typisch für merkmalsbezogenes Wissen, die ZBR
für ereignisbezogenes Wissen. Eine Schwierigkeitsstaffelung der Aufgaben (IBR und
ZBR) erfolgt über eine Einteilung der Aufgaben in zwei Komplexitätsbereiche.
Tabelle 4.9 zeigt eine Faktorenlösung, bei der die Schrittzahlen je Aufgabenbereich
(IBR I, II; ZBR I, II) als Beobachtungsvariablen in die Analysen eingingen.
Die Zwei-Faktorenlösung für den ADANA läßt ein sehr klares Ladungsbild bezüglich
der Relationsklassen erkennen. Die *Schrittzahlen je Komplexitätsbereich* der IBR und
ZBR korrelieren jeweils mit einem Faktor. Dieses Ergebnis spricht für die inhaltliche
Einteilung der Aufgabenbereiche des ADANA in die innerbegriffliche und zwischen-
begriffliche Relationsklassen. Die zunächst theoretisch begründete Aufgliederung der
Aufgaben nach gedächtnispsychologischen Gesichtspunkten wird durch diesen empi-
rischen Befund bestätigt.

5 Gütekriterien

5.1 Konkordanz

Zur Beurteilung der Konkordanz von Lerntests sind im allgemeinen die gleichen Kriterien anzulegen wie für traditionelle Statustests. Im Falle einer computergestützten Testdarbietung scheint eine sehr hohe *Durchführungskonkordanz* a priori gegeben zu sein. Die Testadministration erfolgt programmgesteuert über ein Computerterminal. Dadurch wird der Versuchsleiter entscheidend von der doch recht komplizierten Testprozedur (Adaptivität, standardisierte Hilfengabe) entlastet. Zeitverzögerungen und Administrationsfehler treten bei fehlerfreier Programmierung nicht auf. Die somit erreichte Versuchsleiterunabhängigkeit schließt außerdem eine u.U. ergebnisverfälschende Versuchsleiter-Testanden-Interaktion aus, die bei paper-pencil-Tests durch die in den Testmanualen enthaltenen Durchführungsfestschreibungen kontrolliert werden soll.

Gleiches ist im Sinne der *Auswertungskonkordanz* anzumerken. Auch hier gilt der Vorteil computergestützter Testung. Das Scoring der gezeigten Leistung wird für den Diagnostiker aufwandsarm durch Programmroutinen übernommen.

Zur Gewährleistung einer *Interpretationskonkordanz* ist eine Normierung des jeweiligen Tests grundlegend. Die Hauptargumente für eine hinreichende Objektivität beziehen sich neben einer elaborierten Durchführungsfestschreibung auf das Testmedium selbst, welches natürlich keinesfalls lerntestspezifisch ist. So gibt es zahllose (Status-) Verfahren, die ebenfalls computergestützt dargeboten und ausgewertet werden. Daß damit dennoch erhebliche Bedenken bezüglich der Gültigkeit und der Angemessenheit der Normwerte (vor allem bei unkritischer Übertragung von paper-pencil-Verfahren auf den Computer) angebracht sind, soll an dieser Stelle nicht weiter vertieft werden (vgl. dazu u.a. Kubinger & Farkas, 1991).

Zusammenfassend läßt sich sagen, daß es zu Fragen der Objektivität bzw. Konkordanz von Lerntests die gleichen Aspekte zu beachten gilt wie bei traditionellen (Intelligenz-) Statustests. Es handelt sich im Vergleich dazu bei Lerntests zwar um eine u.U. aufwendigere Testdurchführungs- (speziell bei sogenannten adaptiven Verfahren) bzw. Auswertungsprozedur, die jedoch spätestens durch die bei Lerntests meist verwirklichte computergestützte Testdarbietung und -auswertung nicht zu Lasten der Durchführungs- bzw. Auswertungskonkordanz geht. Lerntestspezifische Probleme liegen jedoch im Anspruch einer Individualisierung der Testprozedur (durch fehlersensitive Hilfen bzw. leistungsadaptive Testverzweigung). Diesem Aspekt muß bereits während der Testkonstruktion besondere Aufmerksamkeit zuteil werden.

5.2   Reliabilität

Bewegen wir uns mit der Konstruktion und Evaluation von Lerntests im Rahmen der klassischen Testtheorie, so sind einige sich aus dem Testanspruch ergebende Besonderheiten bezüglich der Reliabilität zu beachten. Ziel eines Lerntests ist es, diagnostische Informationen über einen Teil intraindividueller Variabilität (z.B. Lernfähigkeit auf dem Gebiet des schlußfolgernden Denkens im figural-anschaulichen Bereich) zu gewinnen. Es wird versucht, diese Fähigkeitsfacette durch mehr oder weniger gezielte Beeinflussung (z.B. durch eine nachfolgende Trainingsphase und erneute Testung bzw. durch die Gabe von Hilfen i.S. von Lernanregungen innerhalb der Testprozedur) näher aufzuklären. Mit anderen Worten: Es geht um die Erfassung der Variabilität des Merkmals, wogegen das Konzept der klassischen Testtheorie von der Stabilität des jeweiligen Merkmals ausgeht. Durch die adaptive Struktur des Testaufbaus wird gezielt gegen die Maßgabe einer lokal stochastischen Unabhängigkeit der Items verstoßen, indem für die Beantwortung des folgenden Items die (wie auch immer herbeigeführte) Richtigantwort des vorhergehenden Bedingung ist. Aus diesen Gründen ist eine unabhängige Meßwiederholung nicht möglich.

Ein Lerntest ist dann effizient (bzw. als solcher anzusehen), wenn einmal im Rahmen der Testprozedur Bedingungen vorliegen, die es ermöglichen, daß ein bestimmter Status (eines doch nicht so stabilen Merkmals oder traits) verändert werden kann (also gelernt wird) und darüber hinaus der Test in der Lage ist, eine unterschiedliche „Veränderungsfähigkeit" als interindividuell abzubilden. Das heißt schließlich, ein Lerntest sollte – um als valide zu gelten – möglichst unreliabel im Sinne der klassischen Testtheorie sein (natürlich jetzt bezogen auf die Retest-Reliabilität), um Veränderungen reliabel zu messen. Eine diesbezügliche Unreliabilität kann jedoch weder als hinreichendes noch als notwendiges Kriterium für die Güte eines Tests als Lerntest angesehen werden.

Es stellt sich nun aber die Frage, ob diese Reliabilitätsperspektive zur Etablierung des Lerntestkonzeptes einen Schwerpunkt darstellen kann und soll. Dem bei Veränderungsmessungen grundsätzlich auftretenden sogenannten Reliabilitäts-Validitäts-Dilemma (siehe bereits Bereiter, 1963) versucht man zu entgehen, indem Reliabilität nicht als Retestreliabilität, sondern als interne Konsistenz geschätzt wird. Eine weitere Konsequenz daraus ist, daß (zumindest bei Langzeit-Lerntests) statt der Post–Prätest–Differenz (Lerngewinn) der Posttestwert selbst als die geeignete Form der Lernfähigkeitsoperationalisierung genutzt wird. Daß dieser Schritt sich nicht nur aus pragmatischen Gründen anbietet, soll in der weiter unten folgenden Validitätsdiskussion (also auch auf inhaltlicher Ebene) verdeutlicht werden. Doch zuvor wollen wir die Verwendung weiterer Methoden der Reliabilitätsschätzung und deren Implikationen für das Lerntestkonzept diskutieren.

Nach dem Ausschluß der Retestmethode widmen wir uns nun der Paralleltestmethode. Doch auch dieses Konzept ist in seiner Anwendung auf Lerntests problematisch. Selbst die Applikation zweier theoretisch wirklich paralleler Lerntests lassen hohe Erwartungen an den Korrelationskoeffizient nur bedingt sinnvoll erscheinen. Wollen wir dennoch Reliabilitätsüberlegungen dieser Art anstellen, dann müssen wir von einer „generellen" Lernfähigkeit als trait ausgehen. Es sollten sich dann die Ergebnisse eines Testanden im Sinne der Paralleltestmethode an einem anderen (parallelen, lediglich eine andere Modalität ansprechenden, z.B. ADAFI vs. ADANA) Lerntest replizieren lassen. Ein derartiges Ergebnis läßt sich – eine hinreichend hohe Korrelation vorausgesetzt – aber bestenfalls nur als Hinweis für die Existenz einer „generellen", modalitätsunspezifischen Lernfähigkeit deuten. So beträgt die Subtestinterkorrelation zwischen LTS 2 (verbale Analogien) und LTS 3 (Figurenfolgen) $r = .38$ ($N = 90$).[8] Von Paralleltests im eigentlichem Sinne kann hier jedoch nicht gesprochen werden. Dies sagt demnach nur bedingt etwas über die Güte des Tests an sich aus, da man ausbleibende Paralleltestkorrelationen mit dem Argument der eben nicht vorhandenen „generellen" Lernfähigkeit erklären würde. Mit der zugrundegelegten Annahme einer generellen Lernfähigkeit bewegt man sich eigentlich nicht mehr ausschließlich auf dem Gebiet der Reliabilitätsschätzung. Außerdem spricht die Tatsache geringer Interkorrelationen zwischen sogenannten Lernexperimenten selbst (siehe z.B. schon Woodrow, 1946) gegen das Postulat einer faktorhomogenen, modalitätsübergreifenden Lernfähigkeit. Dies ist insofern nicht erstaunlich, als es *die* Intelligenz genausowenig gibt wie *die* Lernfähigkeit. Eine relativ hohe Korrelation der Lerntestleistungen zwischen ADANA, ADAFI und AZAFO ließe sich genausogut mit der (lerntesttypischen) prozeduralen Ähnlichkeit der Tests erklären (gemeinsame Methodenvarianz).

Hohe Erwartungen bezüglich einer split-half-Reliabilität lassen sich nur dann begründen, wenn man davon ausgeht, daß sich die Fähigkeitsausprägung in der Bearbeitung jedes Items gleich äußert. Mit anderen Worten: Jedem Item wird an jeder Position im Test eine gleich starke Trainingsfunktion zugebilligt und das wiederum unabhängig vom Vorgängeritem. Daß diese Annahmen nicht bei Lerntests – und schon gar nicht bei adaptiven Lerntests – zugrundegelegt werden können, ist bereits weiter oben verdeutlicht worden.

Unabhängig davon: Führt man sich nach Lienert (1989, S. 294) die Abhängigkeit von Validität und Reliabilität von der Verteilung der Itemschwierigkeiten vor Augen, so sind bei Tests mit aufsteigend schwierigen Items ohnehin niedrigere Reliabilitätsschätzer zu erwarten als bei schwierigkeitshomogenen Tests (z.B. speed tests). Es deutet sich also an, daß der Schwerpunkt der Lerntestevaluation auf der Validitätsseite liegen muß. Unter Umständen lassen sich dann bedingt Rückschlüsse auf die Reliabilität ziehen (siehe jedoch auch Tack, 1980; Zimmerman & Williams, 1977).

Trotz all dieser Bedenken haben wir für die Subtests der ACIL die Reliabilitäten berechnet (vgl. Tabelle 5.1).

Der relativ niedrige Wert für Cronbachs Alpha resultiert sowohl aus dem lerntestspezifischen Aufbau der Tests als auch aus der geringen Testlänge (nur 12, 10 bzw. 16 Items – die sog. Target-Items – einbezogen). Wie aus der Tabelle ersichtlich, werden in der Realität aber meist mehr Items bearbeitet (bearbeitete Aufgaben).

Die Testhalbierung – nach Spearman-Brown – fällt im allgemeinen besser aus, und die Schätzung für alle Items, d.h. für gesamte Testlänge von 32, 24 bzw. 32 Items (siehe Lienert, 1989, S. 243), zeigt eine relativ hohe Zuverlässigkeit.

---

[8] Der interessierte Leser sei an dieser Stelle auf die Interkorrelationskoeffizienten der ACIL-Subtests in Abschnitt 5.3.2 verwiesen.

Tabelle 5.1

Reliabilitäten der Subtests die ACIL (bezogen auf Schrittzahl)

Kenngröße	ADAFI	AZAFO	ADANA
N	772	692	886
Target-Items	12	10	16
Items gesamt	32	24	32
Mittlere Aufgabenzahl	24.4	18.7	31.0
Cronbachs Alpha	.61	.77	.70
Testhalbierung	.68	.84	.68
nach Aufwertung	.85	.93	.81

Um die Unterschiede durch den individuellen Hilfenbedarf bei den Lerntests besser zu berücksichtigen, wurden die benötigten Schritte je Target-Item betrachtet. Für sie wurden wiederum Cronbachs Alpha, der Zusammenhang zwischen den beiden o.g. Testhälften und die Aufwertungen berechnet. Die Werte lagen nunmehr bei allen drei Lerntests geringfügig höher.

Langfristig beabsichtigen wir, zur Vervollkommnung der empirischen Grundlagen auf dem Gebiet der Reliabilität von Kurzzeit-Lerntests beizutragen. Ein erster konkreter Schritt in diese Richtung werden Retestuntersuchungen mit größerem zeitlichem Intervall sein.

5.3   Validität

Seit Jägers (1986) Klage über die unzureichende Bestimmung der Validität von Intelligenztests hat sich auf diesem Sektor wenig geändert. Meist sieht man „sein Heil" noch darin, daß man das neue Verfahren an alten Verfahren validiert, die man eigentlich aber als verbesserungsbedürftig und wenig valide einschätzt, ansonsten würde man ja kein neues Verfahren vorstellen. Ähnliche Kritik kann an der sog. Außenvalidierung von Tests geübt werden, wo man Intelligenz- und Lerntests mit fragwürdigen Außenkriterien wie Zensuren und Lehrerurteilen korreliert. Obwohl auch wir in der Vergangenheit so vorgegangen sind (vgl. z.B. die Validierung des LTS, Guthke et al., 1983), um die Vergleichbarkeit mit herkömmlichen Intelligenztestvalidierungen zu gewährleisten, haben wir schon seit langem (vgl. Guthke, 1977; Guthke & Wiedl, 1996) gerade für Lerntests eine solche „empiristische" Validierungsstrategie als sehr problematisch bezeichnet und das Prinzip der sog. Konstruktvalidierung favorisiert. Allerdings ist auch dieses Konzept noch nicht befriedigend ausgearbeitet, und die im folgenden kurz zusammengefaßten Befunde sind lediglich als Bausteine für die Konstruktvalidierung zu betrachten.

Zunächst ist im Sinne der internen Validität zu fragen, ob in der ACIL wirklich neben dem intellektuellen Status auch ein Lernparameter wirkt – also ob das Antwortverhalten im Test besser dadurch erklärt werden kann, indem man neben dem üblichen Statusparameter einen zusätzlichen Lernparameter annimmt.

5.3.1 Modelltheoretische Validierung

Dem Konzept der Lerntests liegen nach Guthke (1982, 1990; siehe aber auch Embretson, 1987; Flammer & Schmid, 1982; Klauer et al., 1994; Klauer & Sydow, 1992) die folgenden Annahmen zugrunde:

- Das Testverhalten beim Lerntest ist durch die zwei Faktoren Fähigkeitsstatus und Lernfähigkeit beschreibbar, d.h., es genügt nicht, nur den Faktor Status anzunehmen.
- Es gibt bedeutende interindividuelle Unterschiede in der Lernfähigkeit.
- Lernfähigkeit und Status sind relativ unabhängig, zumindestens jedoch nicht perfekt korreliert.
- Die Lernfähigkeit liefert für die Prognose zukünftiger Leistungen zumindestens einen zusätzlichen Beitrag.

Auf die Prüfung der vierten Annahme wird noch in den folgenden Abschnitten im Rahmen der weiteren Validitätsuntersuchungen ausführlich eingegangen. Wir wollen uns nun lediglich der Prüfung der ersten Annahme zuwenden. Es lag nahe, zur Auswertung der Lerntests Modelle zu verwenden, die auf der probabilistischen Theorie basieren. Die Spezifika der Kurzzeit-Lerntests erfordern eine wesentliche Modifizierung des probabilistischen Modells. Dazu wurde von Klauer und Sydow (1992) bzw. Klauer et al. (1994) ein entsprechender Vorschlag – mit einer programmtechnischen Lösung – gemacht, der es erlaubt, Fähigkeitsstatus und Lernfähigkeit – bei bestimmten Annahmen – zu trennen. Unsere Annahmen entsprechen denen, die Klauer et al. bei ihrem Modell zur Analyse von Lernprozessen bei Kurzzeit-Lerntests benutzten.

Bei den Lerntests der ACIL handelt es sich um Kurzzeit-Lerntests. Kurzzeit-Lerntests sind dadurch gekennzeichnet, daß bei ihnen Trainings- und Testphasen nicht – wie beim Langzeit-Lerntest (Prätest, Training, Posttest) – getrennt, sondern in einem Test angeboten werden. Analysieren wir unsere Lerntests, so können wir zunächst feststellen, daß alle Testanden Aufgaben – und somit Lerngelegenheiten – aus allen Komplexitätsbereichen erhalten. In einem Kurzzeit-Lerntest wird jede Aufgabe durch entsprechende Hilfen bis zur Lösung geführt. Die Adaptivität unserer Kurzzeit-Lerntests führt jedoch dazu, daß die Lernanregungen, die in Form von Hilfen und/oder zusätzlichen Aufgaben gegeben werden, sehr unterschiedlich sein können. Die vom Testanden gemachten Fehler sind die Basis für die Hilfen und für die zusätzlichen Aufgaben (wiederum mit Hilfen), die als Hilfen angeboten werden. Dadurch gestaltet sich die Messung des Lerngewinns weitaus problematischer als etwa bei Langzeit-Lerntests bzw. nichtadaptiven Kurzzeit-Lerntests (wie die von Klauer et al. untersuchten). Obwohl die Schrittzahl – als Summe der insgesamt benötigten Aufgaben und Hilfen – den Lerneffekt (nicht den Lernprozeß) noch am ehesten widerspiegelt, haben wir uns wegen der Adaptivität unseres Verfahrens und aus Gründen der Vereinfachung zunächst nur für die Richtig-Falsch-Antworten bei den sog. Target-Items entschieden. Später wollen wir auch Modelle auf der Basis von Schrittzahlen untersuchen.

Wir wollen nun den Ablauf bei der Bearbeitung unserer Lerntests analysieren. Ausgangspunkt der Analyse war das spontane Antwortverhalten, d.h. die Erstantworten (Richtig-Falsch-Antworten), bei den Targetitems (genauer: bei den Anwärm- und Targetitems). Die Targetitems werden deshalb verwendet, weil nur sie – wegen der Adaptivität unserer Lerntests – von allen Testanden bearbeitet werden. Die bearbeiteten Targetitems stellen Lerngelegenheiten dar, die bei jedem Targetitem zu einem Lernzuwachs führen. Obwohl die Items spontan gelöst werden können oder zwischen und bei den Targetitems unterschiedlich viele Hilfen – und damit Lerngelegenheiten – möglich sind, wollen wir wie Klauer et al. einen personenspezifischen, aber von Item zu Item gleich großen Lernzuwachs unterstellen. Es ist uns bewußt, daß wir mit diesen Annahmen bzw. Restriktionen die Lernprozesse nur sehr unvollkommen abbilden, die in den Subtests der ACIL stattfinden. Wir prüfen daher eher konservativ, wenn wir trotz dieser Restriktionen die Frage stellen, ob sich in der ACIL neben dem Statusfaktor ein Lernfaktor nachweisen läßt.

Im folgenden wollen wir also lediglich die Hypothese prüfen, daß das Verhalten bei Kurzzeit-Lerntests durch die beiden latenten Faktoren Status Θ und Lernfähigkeit δ beschrieben wird und es nicht genügt, nur einen latenten Faktor Status anzunehmen. Weitere, darüber hinausgehende Untersuchungen sind geplant. Als probabilistisches Modell wählten wir – analog zu Klauer und Sydow 1992 – die Wahrscheinlichkeit für eine spontane Antwort

$$P(X_i = 1|\Theta,\delta) = \frac{\exp(v_i\Theta + w_i\delta - \sigma_i)}{1 + \exp(v_i\Theta + w_i\delta - \sigma_i)},$$

wobei σ_i der Schwierigkeitsparameter des Items i, v_i und w_i entsprechende Gewichte für den Status Θ und die Lernfähigkeit δ sind. Für die beiden Faktoren Status und Lernfähigkeit wird ferner eine bivariate Normalverteilung vorausgesetzt, wobei die Mittelwerte null, die Varianzen σ_Θ und σ_δ sowie die Korrelation $\rho_{\Theta,\delta}$ unbekannt sind. Beachtet man diese Voraussetzungen, dann ergibt sich die Wahrscheinlichkeit für den Antwortvektor $\mathbf{x} = (x_1, x_2, ..., x_n)$ der n Items als

$$P(\mathbf{X} = \mathbf{x}) = \int \prod_{j=1}^{n} f_j^{x_j}(\Theta + w_j\delta)(1 - f_j(\Theta + w_j\delta))^{1-x_j}\, dN(\Theta,\delta),$$

wobei $N(\Theta,\delta)$ die bivariate Normalverteilung bezeichnet. Daraus läßt sich die Likelihoodfunktion der Daten berechnen

$$L = \prod_{x\in\Omega} P(\mathbf{X} = \mathbf{x})^{n_x}.$$

Um unsere eingangs getroffene Hypothese zu überprüfen, werden die Maxima für die logarithmierten Likelihoodfunktionen L_1 des Basismodells mit Status- (Fähigkeit) und Lernparameter und L_2 eines vereinfachten Modells, welches nur den Statusparameter (also ohne Lernparameter) enthält, berechnet und verglichen. Beim Vergleich der beiden Likelihoodwerte bilden wir den Ausdruck

$$G^2 = -2\log\frac{L_2}{L_1},$$

der nach Rao (1973) χ^2-verteilt ist. Die Anzahl der Freiheitsgrade erhält man als Differenz der Anzahl der Parameter zwischen Basismodell und vereinfachtem Modell, in diesem Falle zwei. Muß die Vereinfachung, d.h. das Modell, bei welchem nur der Fähigkeitsstatus zugrundegelegt wird, zurückgewiesen werden, dann können wir begründet annehmen, daß die Lerntests zwei Faktoren erfassen, nämlich den Status und die Lernfähigkeit.

Die folgende Tabelle zeigt die Ergebnisse für die drei Subtests der ACIL[9].

Tabelle 5.2

Auswertung des Vergleichs zwischen Basismodell und vereinfachtem Modell bei den Subtests der ACIL

Subtest	χ^2-Wert	N	p
ADAFI	46.46	772	< .01
AZAFO	98.29	692	< .01
ADANA	29.49	886	< .01

Die bei allen drei Subtests festgestellten statistisch signifikanten Unterschiede zum vereinfachten Modell – ohne Lernparameter – verdeutlichen die Berechtigung der Annahme eines Lernparameters neben dem Fähigkeitsparameter.

5.3.2 Faktoranalytische Validierung[10]

Die faktorielle Validierung gehört als wesentlicher Bestandteil zur Konstruktvalidierung eines Tests (Cronbach & Meehl, 1955). Ausgangspunkt beim explorativen Vorgehen der faktoranalytischen Methode ist eine Vielzahl von Variablen, von denen zunächst nicht bekannt ist, ob und in welcher Weise sie miteinander zusammenhängen. Es soll ermittelt werden, ob unter den untersuchten Variablen Gruppen von Variablen existieren, hinter denen eine komplexe Hintergrundvariable steht. Solche Hintergrundvariablen werden Faktoren genannt. Im allgemeinen sind weder Anzahl noch

---

[9] Wir benutzten zur Berechnung ein von uns bezüglich der Ein- und Ausgabe (von Daten und Programmablaufparametern) leicht modifiziertes Programm, welches auf Klauer zurückgeht und uns von ihm zur Verfügung gestellt wurde. Auf diesem Wege möchten wir nochmals für die Überlassung des Programms danken.

[10] Wir sprechen hierbei von Faktoranalyse statt wie sonst oft üblich von Faktorenanalyse, da ja nicht Faktoren, sondern Korrelationsmatrizen analysiert werden. Faktoren sind also das Resultat, nicht der Ausgangspunkt der Analysen.

die Art der Faktoren bekannt (vgl. Überla, 1977). Die Methode der Faktoranalyse ist
erneut in heftige Kritik geraten (z.B. Holz-Ebeling, 1995). Die Kritikpunkte beziehen
sich einerseits auf die häufige Invarianz beobachteter Faktorenstrukturen gegenüber
Stichprobenbesonderheiten, Untersucher und Analysetechniken und andererseits auf
die „Willkür" der Interpretation der gewonnenen Faktoren. Auch das oft verwendete
Auswahlkriterium der „Interpretierbarkeit einer Faktorenstruktur", von denen die Ergebnisse letztendlich abhängig gemacht werden, gehört in die Reihe der Angriffs-
punkte. In diesem Kapitel soll es um Erörterungen innerhalb der Konstruktvalidierung der Kurzzeit-Lerntestbatterie ACIL gehen und weniger um theoriebildende
Beiträge über Intelligenzstrukturen.

Lienert (1989) beschreibt das Vorgehen der faktoriellen Validierung eines neu entwickelten Tests folgendermaßen: „Tests, Kriterien, konstruktferne und konstruktnahe
Tests sind gemeinsam einer Faktoranalyse zu unterziehen. Einer der erhaltenen Faktoren müßte im Sinne des Konstrukts gedeutet werden" (S. 262f.). Zu erwarten ist,
daß der zu validierende Test, validitätsverwandte Tests und für das Konstrukt verwandte Kriterien in diesem Faktor hohe Ladungen aufweisen, während konstruktferne
dagegen niedrige Ladungen haben sollten. Da normalerweise ein Test nicht nur in einem Faktor lädt, sollten die Ladungen in den anderen Faktoren möglichst niedrig ausfallen.

Intelligenz-Lerntests zielen auf das Konstrukt *Intellektuelle Lernfähigkeit* ab. Die
kognitive bzw. intellektuelle Lernfähigkeit stellt dabei keine völlig „neue" Eigenschaft dar, sondern bezieht sich auf das Konstrukt *Intelligenz* in der Weise, daß sie als
ein Maß für die „Steigerbarkeit" dieser Eigenschaft angesehen werden kann. Diese
Fähigkeitssteigerung wird als eine über den Intelligenzstatus hinausgehende zusätzliche Information verstanden und auch mit Intelligenzpotenz bezeichnet (Guthke &
Wiedl, 1996). Das Konstrukt bezieht sich auf die Frage, welcher Zuwachs bei dem
Merkmal Intelligenz möglich ist, wenn der Testand geeignete Lernbedingungen vor-
findet.

Ziel nachfolgender Darstellungen ist es zunächst, die Faktorenstrukturen von ACIL-
Variablen gemeinsam mit Parametern von Statusintelligenztests und anderen zusätzlich eingesetzten Verfahren zu analysieren. Wir wollen prüfen, in welchem Umfang
konstruktferne und konstruktnahe Kriterien in Faktoren der Lerntestbatterie ACIL
eingehen und umgekehrt, in welchem Maße ACIL-Merkmale in die eingesetzten Va-
liditätskriterien eingehen.

Wir nehmen an, daß das Testverhalten bei Lerntests durch zwei Faktoren, den Fähigkeitstatus und die Lernfähigkeit, beschrieben wird (siehe auch 5.3.1). Wir betrachten
die Statusintelligenz daher als konstruktähnlich, jedoch nicht als konstruktidentisch
zur intellektuellen Lernfähigkeit. Der Intelligenzstatus ist sozusagen auch Ergebnis
der Lernfähigkeit, wobei letztere auch noch mehr enthält, nämlich die Fähigkeit, den
Intelligenzstatus zu steigern durch Verarbeitung neuer Informationen, Feedbacks, Hilfen usw.

Weiterhin interessiert uns der Zusammenhang der ACIL-Variablen zu Kriterien des
mittelfristigen Behaltens. Lernfähigkeit und mittelfristige Gedächtnisfähigkeit sind
nicht identisch, das Gedächtnis kann aber auch als eine Komponente von Lernfähigkeit angesehen werden (Klix & Sydow, 1977). Verfahren zur mittelfristigen Gedächt-

nisfähigkeit stellen daher konstruktverwandte Kriterien zur ACIL dar, wobei der „Verwandtschaftsgrad" schwächer ausgeprägt ist als zwischen Fähigkeitsstatus und Lernfähigkeit.

Die Konstrukte „mittelfristiges Gedächtnis" und „Fähigkeitsstatus in bezug auf das schlußfolgernde Denken" sollten dagegen theoretisch wenig miteinander korrelieren (ganz im Gegensatz zum Arbeits- bzw. Kurzzeitgedächntis (Kyllonen & Christal, 1990; Wittmann et al., 1995).

Die Daten werden daraufhin geprüft, in welcher Weise sich die zusätzliche diagnostische Information der ACIL über die kognitive Lernfähigkeit in der Faktorenstruktur niederschlägt. Die hier referierten Studien verpflichten sich dabei folgenden Fragestellungen:

> *1. Kann ähnlich wie mit probabilistischen Lernmodellen (vgl. 5.3.1) nun auch auf dem Boden der klassischen Testtheorie und speziell der Faktoranalyse ein Lernfähigkeitsfaktor identifiziert werden?*

> *2. Gibt es die von uns postulierten Zusammenhänge von Lerntestparametern zu Testscores zum mittelfristigen Behalten?*

> *3. Liefert die ACIL diagnostische Informationen wie ein bereits auf seine Gültigkeit hin überprüftes Verfahren zur Diagnostik der Lernfähigkeit im Schlußfolgernden Denken (LTS, siehe unten)? Besteht also eine Äquivalenz in der faktoriellen Validität beider Testverfahren?*

Wir formulieren folgende Hypothesen:

> *Bei einer Analyse der ACIL zusammen mit einem traditionellen Intelligenztest erwarten wir zwei Faktoren, die im Sinne des Fähigkeitsstatus und der Lernfähigkeit interpretierbar sind, wobei vorauszusehen ist, daß Nebenladungen der Statustests in den Lerntests bzw. umgekehrt existieren.*

> *Die Gedächtnistestwerte sollten substantielle Ladungen auch in dem Faktor bzw. den Faktoren besitzen, die durch die ACIL-Scores konstituiert werden.*

> *Wir erwarten, daß eine Faktoranalyse über die Parameter einer Langzeit-Lerntestbatterie und der ACIL-Testwerte eine Ein-Faktoren-Lösung ergibt, während die Kombination Statustestverfahren – Lerntestbatterie (Kurz- oder Langzeit-Lerntests) zu zwei Faktoren führt.*

Es werden Ergebnisse zweier unabhängiger Untersuchungen dargestellt. Aus Untersuchung I stehen 78 vollständige Datensätze Schüler neunter Klassen (Mittelschule und Gymnasium) aus Leipziger Schulen zur Verfügung. Untersuchung II beinhaltet 45 vollständige Datensätze von Gymnasialschülern ebenfalls neunter Klassen.

Faktoranalyse mit einem Statusintelligenztest und weiteren Kriterien

In dieser Untersuchung kamen neben der ACIL folgende Tests zur Anwendung:

- Die Kurzform des Kognitiven Fähigkeitstests (KFT, Heller et al., 1985) mit je zwei Untertests zum *sprachgebundenen* (V1, V4), *zahlengebundenen* (Q2, Q3) und *anschauungsgebundenen Denken* (N1, N2). Sie wurden als Bezugstests gewählt, weil sie als gut faktoranalytisch aufgeklärt gelten und ebenfalls die Untertests *Folgenergänzen* und *Wortanalogien* analog zur ACIL beinhalten.

- Der Lern- und Gedächtnistests (LGT-3) vom Bäumler (1974) zum mittelfristigen Gedächtnis. Appliziert wurden die Subtests *Telefonnummern, Firmenzeichen* und *Deutsch-Türkisch,* die jeweils die drei Materialfacetten sensu Jäger (1984) abdekken. Die Testanden hatten die Aufgabe, zunächst unter Zeitbegrenzung die drei Aufgabenreihen nacheinander durchzuarbeiten bzw. das entsprechende Material so zu erlernen, daß sie sich zu einem späteren Zeitpunkt auch an Einzelheiten erinnern können. Nachdem die Lernphase aller drei Subtests beendet war, erfolgte die Testphase, d.h., das zu erinnernde Material wurde in derselben Reihenfolge wie beim Erlernen abgefragt. Der LGT-3 beinhaltet also eine Art „Interferenzbedingung", so daß ein internes Wiederholen des zu erlernenden Materials ausgeschaltet wird. Das Kurzzeitgedächtnis wird damit nicht erfaßt. Da das Zeitintervall zwischen Lern- und Abrufphase weniger als 15 Minuten beträgt, wird auch nicht das Langzeitgedächtis beansprucht. Bäumler spricht in diesem Sinne von mittelfristigem Gedächtnis.

- Der Untertest *Worteinfall* aus dem Leistungsprüfsystem von Horn (1962) als ein validitätsdiskriminantes Merkmal, da er in verschiedenen faktoranalytischen Untersuchungen (vgl. Horn, 1962) nicht mit Faktoren, die die Fähigkeit zum schlußfolgernden Denken repräsentieren, zusammenhängt.

- Der Zahlenverbindungstest (ZVT) von Oswald und Roth (1978) als Maß für die kognitive Informationsverarbeitungsgeschwindigkeit.

Die Versuchsanordnung entsprach der aufgeführten Abfolge.

Tabelle 5.3

Faktorlösung für die ACIL-Untertests und die Kurzform des KFT, *N* = 86

Variable	Faktor 1	h^2	Variable	Faktor 1	h^2
ADAFI	.74	.56	KFT-N1	.80	.64
			KFT-N2	.83	.69
AZAFO	.88	.78	KFT-Q2	.82	.67
			KFT-Q3	.83	.70
ADANA	.68	.47	KFT-V1	.74	.54
			KFT-V4	.77	.59
Varianz (%)	60.1			63.8	

Bemerkung: N1: Figurenklassifikation, N2: Figurenanalogien, Q2: Mengenvergleiche, Q3: Zahlenfolgen, V1: Wortschatz, V4: Wortanalogien. Bei den ACIL-Untertests wurde die Schrittzahl als Testparameter genutzt.

Um Unterschiede in den Testformen der in Paralleltests eingesetzten Testverfahren auszugleichen, wurde für die Untertest-Rohwerte jeweils gesondert eine T-Wert-Skala erstellt.

Zunächst wurden über die ACIL-Parameter „Schrittzahl" für alle Untertests der Batterie und die KFT-Untertest-Werte getrennt Faktoranalysen nach der Hauptkomponentenmethode berechnet. In beiden Fällen erhielten wir eine Ein-Faktorlösung, die jeweils über 60% der Gesamtvarianz aufklärt. Tabelle 5.3 zeigt die Faktorlösungen.

Eine weitere Analyse wurde gemeinsam über die ACIL-Kriterien und die KFT-Parameter durchgeführt. Unsere Erwartung war eine Zwei-Faktorlösung, bei der wir Ladungen der traditionellen Intelligenztestaufgaben in beiden Faktoren vermuteten, die allerdings auf einem Faktor deutlich höher ausfallen sollten. Bei der Interpretation der Faktorlösung in Tabelle 5.4 betrachten wir Ladungen $\geq .30$ als substantiell. Zunächst ist festzustellen, daß sich unsere Erwartungen bestätigen. Der erste Faktor wird nur aus den Ergebnissen der KFT-Untertests gespeist, während der zweite Faktor hohe Ladungen in den Lerntests besitzt und außerdem etwas niedrigere in den beiden KFT-Untertests zum *anschauungsgebundenen Denken* (N1, N2) sowie zum Untertest *Zahlenfolgen* (Q3). Die Nulladungen in den sprachgebundenen Tests und im Untertest *Mengenvergleiche* (Q2) widersprechen nicht unseren theoretischen Annahmen. Wir gehen davon aus, daß Leistungen gerade in diesen Bereichen sehr (schul-) bildungsabhängig sind und damit mehr in Aufgaben von Statusintelligenztests als in Lerntests zum Tragen kommen. Aufgaben zum anschauungsgebundenen Denken sowie auch zumindest partiell zum Paradigma *Zahlenfolgenfortsetzen* gelten als weniger bildungsabhängig und sollen deshalb mit dem Konstrukt „Lernfähigkeit" in engerem Zusammenhang stehen.

Tabelle 5.4

Faktorenstruktur der ACIL-Untertests zusammen mit der Kurzform des KFT nach VARIMAX-Rotation, $N = 78$

Variable	Faktor 1	Faktor 2	h^2
ADAFI		-.83	.69
AZAFO		-.82	.75
ADANA	-.30	-.46	.30
KFT-N1	.70	.37	.63
KFT-N2	.64	.51	.66
KFT-Q2	.79		.69
KFT-Q3	.65	.48	.66
KFT-V1	.80		.64
KFT-V4	.73		.60
aufgeklärte Varianz (%)	51.2	11.4	

Bemerkung: N1: Figurenklassifikation, N2: Figurenanalogien, Q2: Mengenvergleiche, Q3: Zahlenfolgen, V1: Wortschatz, V4: Wortanalogien. Bei den ACIL-Untertests wurde die Schrittzahl als Testparameter genutzt Negativen Vorzeichen sind positiv zu werten, da eine geringe Schrittzahl im Lerntest mit einem hohen Punktwert im Statustest einhergeht.

Tabelle 5.5 gibt die Ergebnisse einer Faktoranalyse zusammen mit allen Validitäts-
kriterien wieder. Wir erhalten eine Vier-Faktorenlösung. Faktor 1 wird vorwiegend
durch die Untertests des KFT geladen, während eine Zunahme der Varianzaufklärung
des AZAFO und des ADAFI durch den Faktor 1 zu beobachten sind. Es scheinen
Anteile dieser beiden Lerntests zugunsten des Faktors 1 von Faktor 2 entzogen zu
sein.

Tabelle 5.5

Faktorenstruktur der ACIL-Untertests zusammen mit der Kurzform des KFT, den Untertests
zum LGT-3, der Aufgabenreihe Worteinfall und dem ZVT nach VARIMAX-Rotation, $N = 78$

Variable	Faktor 1	Faktor 2	Faktor 3	Faktor 4	h^2
ADAFI	-.44	-.64			.64
AZAFO	-.57	-.60			.73
ADANA	-.30		-.62		.50
KFT-N1	.73				.62
KFT-N2	.77				.67
KFT-Q2	.74		.25		.66
KFT-Q3	.86				.77
KFT-V1	.51		.51		.57
KFT-V4	.60		.56		.72
Firmenzeichen		.46		.37	.37
Telefonnummern		.84			.78
Deutsch-Türkisch			.75	.30	.68
Worteinfall				.86	.78
ZVT	.57			.40	.59
aufgeklärte Varianz (%)	38.1	9.6	9.3	7.08	

Bemerkung: N1: Figurenklassifikation, N2: Figurenanalogien, Q2: Mengenvergleiche, Q3:
Zahlenfolgen, V1: Wortschatz, V4: Wortanalogien. Bei den ACIL-Untertests wurde die
Schrittzahl als Testparameter genutzt. Ladungen ≥.30 werden angegeben Negativen
Vorzeichen sind positiv zu werten, da eine geringe Schrittzahl im Lerntest mit einem
hohen Punktwert im Statustest einhergeht.

Die höchsten Ladungen des Faktors 1 befinden sich bei den Untertests des KFT.
Deutliche Nebenladungen zeigen der ADAFI und der AZAFO auf dem ersten Faktor,
während der ADANA gerade die Schwelle zu einer interpretierbaren Ladung erreicht.
Betrachtet man die materialgleichen Subtests des KFT, so ist zu erkennen, daß jeweils
von den materialgleichen Subtests derjenige enger mit dem ersten Faktor zusammenhängt, der die Fähigkeit zum schlußfolgernden Denken stärker erfaßt (Q3, N2 und
V4). Faktor 1 erweist sich als eine durch den Fähigkeitsstatus und die Lernfähigkeit
bedingte Hintergrundvariable. Dabei dominieren die Statustests derselben Materialart,
die Anforderungen an die Fähigkeit, Regeln abzuleiten und anzuwenden, beinhalten.
Wir bezeichnen diesen Faktor mit „Status – schlußfolgerndes Denken".

Faktor 2 wird am stärksten durch die Varianzanteile der Lerntests mit numerischem und figuralem Material bestimmt. Zugleich laden die Tests zum mittelfristigen Behalten gleicher Materialarten auf diesem Faktor. Der dritte Faktor wird durch den ADANA und den Test zum verbalen mittelfristigen Gedächtnis sowie die sprachlich gebundenen KFT-Subtests determiniert. Die Lernfähigkeit teilt sich also in eine nonverbale und eine verbale Lernfähigkeit auf. Gerade in Tests mit verbalem Aufgabenmaterial schlagen sich Bildungseinflüsse am deutlichsten nieder, so daß uns diese Trennung sinnvoll erscheint. Auch Stein (1993) machte auf den Einfluß des Begriffswissens im ADANA aufmerksam (siehe hierzu auch 3.2.3). Der ZVT als Maß für die kognitive Verarbeitungsgeschwindigkeit im Sinne einer Basiskomponente intelligenter Leistungen (vgl. A. Neubauer, 1995) zeigt den stärksten Zusammenhang zum Faktor 1 sowie eine Nebenladung zum Faktor 4. Faktor 4 korreliert am stärksten mit dem LPS-Untertest *Worteinfall* und dem ZVT. Da beide Testanforderungen durch eine hohe Schnelligkeitskomponente gekennzeichnet sind, nennen wir diesen Faktor „Speed" im Sinne von Verarbeitungsgeschwindigkeit (vgl. Jäger, 1982).

Die Aufklärung der Faktorenlösung an der Gesamtvarianz der Variablen beträgt 64.8 % und erfolgt in ähnlicher Güte wie die Varianzaufklärung der Ergebnisse aus Tabelle 5.4 (62.5 %). Die Hinzunahme zusätzlicher Testvariablen bewirkt kaum eine Erhöhung der Varianzaufklärung des Variablenbereiches.

Faktoranalyse mit der Langzeit-Lerntestbatterie

An dieser Stelle seien die Ergebnisse der zweiten Studie, bei der neben den ACIL-Parametern die Testergebnisse der *Langzeit-Lerntestbatterie für Schlußfolgerndes Denken* (LTS, Guthke et al., 1983) für die Analysen genutzt wurden, dargestellt. (Im LTS 2 - Wortanalogien, existieren einige Testaufgaben, die nicht mehr zeitgemäß erscheinen. Deshalb haben wir diesen Untertest durch den Test V4 des KFT ersetzt.) Die Versuchspersonen bearbeiteten als erstes die Prätests des LTS, die vergleichbar sind mit herkömmlichen Intelligenzstatustests. Das Trainingsprogramm des LTS wurde in dem Versuchsplan ersetzt durch die ACIL. Fiebig (1989) und Arndt (1988) stellten eine ähnliche Trainingswirkung des AZAFO im Vergleich zum Trainingsprogamm des LTS 1 fest, so daß auch wir von ähnlichen Lerneffekten ausgehen. Außerdem kamen in dieser Studie alle Untertests des LGT - 3 zum Einsatz. Dieser Test wurde faktoranalytisch untersucht, wobei nur ein verbaler und ein anschauungsgebundener Gedächtnisfaktor nachgewiesen werden konnten. Für die Analysen wurden die nach der Materialfacette aggregierten Maße (verbal und figural) genutzt. Weiter unten wird die Faktorenstruktur mit den Gedächtnismaßen dargestellt.

Tabelle 5.6 enthält die Faktorenstruktur der ACIL-Parameter mit den Testscores der Prätests, während Tabelle 5.7 die Ergebnisse der Faktoranalyse der ACIL-Parameter mit den Posttestergebnissen zeigt.

Wir erwarten bei der Analyse der Prätests zusammen mit der ACIL wie in Untersuchung I zwei Faktoren, einer interpretierbar als Intelligenzstatus und ein weiterer im Sinne der Lernfähigkeit. Die Posttestergebnisse des LTS sollten zusammen mit den ACIL-Werten nur auf einem Faktor laden, da im LTS die Posttestwerte als das zuverlässigste Maß für die Lernfähigkeit angesehen werden.

Tabelle 5.6

Faktorenstruktur über die ACIL-Leistungswerte und die Werte in den LTS-Prätests nach VARIMAX-Rotation, $N = 45$

Variable	Faktor 1	Faktor 2	h^2
AZAFO		-.84	.72
ADAFI		-.79	.68
ADANA	-.57	-.55	.62
LTS 1-Prä	.59		.42
LTS 3-Prä	.69	.43	.66
KFT-V4-Prä	.87		.77
aufgeklärte Varianz (%)	47.3	17.2	

Bemerkung: KFT-V4-Prä: Untertest Wortanalogien des KFT als Ersatz für den LTS 2, LTS 1-Prä: Prätest Zahlenfolgen, LTS 3-Prä: Prätest Figurenfolgen. Bei den ACIL-Untertests wurde die Schrittzahl als Testparameter genutzt. Negative Vorzeichen sind positiv zu werten, da eine geringe Schrittzahl im Lerntest mit einem hohen Punktwert im Statustest einhergeht.

Die dargestellten Ergebnisse bestätigen im wesentlichen unsere Erwartungen und entsprechen in etwa der weiter oben präsentierten Faktorenstruktur (siehe aber der ADANA, der wiederum aufgrund der höheren Ladung auf Faktor 1 die Bedeutung des Verbalen für die Konstituierung des Statusfaktors unterstreicht).

Tabelle 5.7

Faktorenstruktur über die ACIL-Kennwerte und die Testscores in den LTS-Posttests nach VARIMAX-Rotation, $N = 45$

Variable	Faktor 1	h^2
AZAFO	.71	.51
ADAFI	.73	.54
ADANA	.71	.51
LTS 1-Post	-.71	.50
LTS 3-Post	-.69	.48
KFT-V4-Post	-.67	.45
aufgeklärte Varianz (%)	49.7	

Bemerkung: KFT-V4-Post: Untertest Wortanalogien des KFT als Ersatz für den LTS 2, LTS 1-Post: Posttest Zahlenfolgen, LTS 3-Post: Posttest Figurenfolgen. Bei den ACIL-Untertests wurde die Schrittzahl als Testparameter genutzt. Negative Vorzeichen sind positiv zu werten, da eine geringe Schrittzahl im Lerntest mit einem hohen Punktwert im Statustest einhergeht.

Die Faktorenlösung aus Tabelle 5.7 bestätigt ebenfalls unsere Hypothese, daß die ACIL einen vergleichbaren Gültigkeitsbereich abdeckt wie die Langzeit-Lerntestbatterie für Schlußfolgerndes Denken.

Tabelle 5.8 zeigt nun die Faktorenstruktur über alle Testparameter des LTS (Prä- und Posttests) sowie die ACIL-Parameter. Wir erwarten eine Zwei-Faktorenlösung.

Tabelle 5.8

Faktorenstruktur über die ACIL-Leistungswerte und die Werte in den LTS-Prä- und Posttests nach VARIMAX-Rotation, $N = 45$

Variable	Faktor 1	Faktor 2	h^2
AZAFO		-.82	.68
ADAFI		-.78	.63
ADANA	-.44	-.57	.52
LTS 1-Post	.67	.38	.60
LTS 3-Post	.32	.60	.46
KFT-V4-Post	.57	.40	.48
LTS 1- Prä	.71		.56
LTS 3 - Prä	.66	.44	.63
KFT-V4 - Prä	.77		.59
aufgeklärte Varianz (%)	45.3	11.8	

Bemerkung: siehe Tabelle 5.6 und 5.7.

Mit dem ersten Faktor korrelieren Prä- und Posttests des LTS. Betrachtet man die Ladungsstärken der Prä- im Vergleich zu den Posttests, so ist zu erkennen, daß die LTS-Prätests zum Faktor 1 die engeren Beziehungen aufweisen. Die ACIL und die LTS-Posttests (wiederum im Vergleich zu deren Prätests) besitzen meist deutliche Ladungen auf dem zweiten Faktor. Dieses Ergebnis bekräftigt den Befund aus Tabelle 5.6.
In nachfolgender Tabelle 5.9 wird die Faktorenstruktur der LTS-Prätest-Parameter, der ACIL-Testwerte und der nach der Materialfacette aggregierten Scores (verbal und figural) zum mittelfristigen Gedächtnis vorgestellt. Wir vermuten, daß ein zur in Tabelle 5.5 vergleichbares Faktorenmuster existiert.
Faktor 1 wird am stärksten durch die verbalen Testmaße (Wortanalogien-Statustest- und Kurzzeit-Lerntest sowie das verbale mittelfristige Gedächtnis) konstituiert, wobei außerdem der Figurenfolgen- und der Zahlenfolgen-Prätest sowie mit einer Nebenladung der ADAFI an der Begründung des Faktors beteiligt sind. Faktor 2 erhält seine Bestimmung vorwiegend aus den nonverbalen Kurzzeit-Lerntestwerten sowie dem Maß für das figurale mittelfristige Gedächtnis. Nebenladungen besitzen der ADANA, der LTS 1 und der LTS 3 auf Faktor 2. Es wird in dieser Faktorenmatrix eine Trennung der Ladungen hinsichtlich der Materialfacette deutlich, wobei eine Aufspaltung in einen verbalen und nonverbalen Bereich bewirkt wird. Auf dem ersten, „verbalen" Faktor überwiegen die statustestspezifischen Anteile, während auf dem zweiten, „nonverbalen" Faktor die lerntestspezifischen Anteile vorherrschen. Da eine solche Vermischung von Lern- und Statustestergebnissen aus theoretischer Sicht her zu erwarten ist, bezeichnen wir die erste latente Dimension mit „Intelligenzstatus einschließlich verbaler Lern- und Merkfähigkeit" und die zweite Hintergrundsvariable mit „nonverbaler Lern- und Merkfähigkeit".

Tabelle 5.9

Faktorenstruktur der ACIL-Untertests zusammen mit den LTS-Prätests und den nach der Materialfacette aggregierten Maßen zum LGT-3, $N = 45$

Variablen	Faktor 1	Faktor 2	h^2
AZAFO		-.80	.64
ADAFI	-.35	-.70	.62
ADANA	-.70	-.37	.63
LTS 1-Prä	.51	.32	.37
LTS 3-Prä	.69	.38	.62
KFT-V4-Prä	.81		.67
LGT-3-figural		.67	.45
LGT-3-verbal	.58		.34
aufgeklärte Varianz (%)	39.8	14.5	

Im wesentlichen gleicht die ermittelte Faktorenstruktur der aus Untersuchung I, obwohl in der zweiten Studie der Intelligenzstatus mit der verbalen Lern- und Merkfähigkeit gekoppelt ist.

Wir beantworten unsere eingangs genannten Fragestellungen

1. Beide Untersuchungen führen zu dem Schluß, daß ein Lernfähigkeitsfaktor nachweisbar ist, der sich von einem Statusfaktor unterscheidet. Damit wird der gleiche Befund erhoben, der bereits bei der Verwendung probablilistischer Lernmodelle (vgl. 5.3.1) gefunden wurde. Dieses Ergebnis ist keinesfalls trivial, da man sich durchaus auch vorstellen könnte, daß die Faktorenstruktur mehr durch die inhaltlichen als durch die prozessualen Komponenten der Tests bestimmt wird, so daß zum Beispiel figurale Status- und Lerntests auf einem gemeinsamen Faktor „Figurales Denken" laden. Unter Hinzunahme von Gedächtnistests in das zu analysierende Datenmaterial differenziert sich dieser einheitliche Lernfaktor in zwei Faktoren (in mehr verbale bzw. nonverbale Fähigkeiten).

2. Es existieren signifikante Zusammenhänge zwischen Lernfähigkeitsparametern und Maßen für die mittelfristige Gedächtnisfähigkeit. Mittelfristige Gedächtnisleistungen stehen im Gegensatz dazu in keinem Zusammenhang zu einer ausschließlichen Intelligenzstatus-Dimension.

3. Die ACIL erweist sich als ein Verfahren mit vergleichbarem Gültigkeitsanpruch wie der Langzeit-Lerntest für Schlußfolgerndes Denken.

Interessante Befunde ergaben sich auch bei der Betrachtung des Zusammenhangs zwischen Maßen, die die Kapazität des Arbeitsgedächtnisses repräsentieren und den Intelligenzdaten, wobei wir die Auffassung vertreten, daß Lerntestergebnisse und Statustestleistungen mit dem Arbeitsgedächtnis in engem Zusammenhang stehen (siehe Kyllonen & Christal, 1990). Die Ergebnisse bestätigen einen engen Zusammenhang zwischen Arbeitsgedächtnisleistungen und Parametern zum schlußfolgernden Denken.

Als Maße des Arbeitsgedächtnisses verwendeten wir die Parameter einer computer-gestützten Modifikation des *Vierfeldertests* von Süllwold (1964) und die Ergebnisse der Papier- und Bleistift-Versionen von Aufgabenreihen zur Erfassung der *Koordinationskapazität* in den Materialbereichen figural und verbal (vgl. Wittmann, Süß, Oberauer, Schulze & Wilhelm, 1995; Oberauer & Süß, 1995).[11] Die Anforderung in den drei Aufgabenserien besteht darin, mehrere Objekte oder Ergeignisse im (Arbeits-) Gedächtnis zu einer Struktur zu integrieren und im Überblick verfügbar zu halten. Dabei ist jedes Element der Struktur direkt verfügbar, was bedeutet, daß nicht erst die gesamt „Lernkette" durchlaufen werden muß, um das gesuchte Element zu er-reichen. Die Elemente müssen dabei im Gedächtnis neu koordiniert werden, bevor eine Antwort gegeben werden kann (nach Wittmann et al., 1995).

Tabelle 5.10

Korrelative Zusammenhänge zwischen den Faktorwerten der jeweiligen Ein-Faktor-Lösungen von Arbeitsgedächtnisaufgaben und verschiedenen Intelligenztestmaßen, klassifiziert nach Kurzzeit-Lerntests, Langzeit-Lerntests (Posttests) und Status- (Prä-) Tests, $N = 40$

Variable	Korrelation mit AG_g	Varianzaufklärung der Einfaktorlösung in %
AG_g	1.00	52.0
$IQ_{g\,(ACIL)}$	-.50	63.7
$IQ_{g\,(LTS\text{-}Prätests)}$	.60	57.7
$IQ_{g\,(Posttests)}$	.68	62.8

Bemerkung: AG_g: „general intelligence" in Arbeitsgedächtnistests, $Iq_{g\,(ACIL)}$: „general intelligence" in Intelligenz-Kurzzeit-Lerntests, $IQ_{g(LTS\text{-}Prätests)}$: „general intelligence" in Intelligenz-Prätests, $IQ_{g(Posttests)}$:„general intelligence" in Intelligenz-Posttests.

Vernon (1989) hatte den Versuch unternommen, den Zusammenhang zwischen Ma-ßen der Verarbeitungsgeschwindigkeit und der Allgemeinen Intelligenz auf faktor-analytischem Wege zu erforschen. Er reanalysierte Untersuchungen, indem er nicht nur die eingesetzten Intelligenztests, sondern auch die Informationsverarbeitungsge-schwindigkeitsmaße getrennten Faktoranalysen unterzog und die Faktorwerte für jede Versuchsperson in den jeweils ersten Faktoren berechnete. Er nannte sie „general in-telligence" in Reaktionszeit-Tests (RZ_g) und „general intelligence" in Intelligenztests (IQ_g). Die jeweiligen Faktorwerte korrelierten in den reanalysierten Stichproben er-wartungsgemäß negativ. Das heißt, hohe Intelligenz geht einher mit kurzen Reakti-onszeiten. Diese Analysemethode legten wir unseren Betrachtungen zum Zusammen-hang zwischen Maßen des Arbeitsgedächtnisses und Maßen der Intelligenz zugrunde. Die Intelligenzmaße (siehe Untersuchung II) wurden entsprechend ihrer Zuordnung zu Statusintelligenztestverfahren (Prätests des LTS), zu Langzeit-Lerntests (Posttests des LTS) und zu Kurzzeit-Lerntests (ACIL) faktoranalysiert. Die berechneten Fak-

---

[11]Wir danken den Autoren Oberauer und Süß für die Überlassung des Programms „Working Memory Starship" (1995) sowie der Programmbeschreibung.

torwerte der jeweiligen Ein-Faktor-Lösungen wurden in Beziehung zu den Faktorwerten der Arbeitsgedächtnisscores (AG_g) gesetzt (vgl. Tabelle 5.10).
Der Zusammenhang zwischen den Maßen des Arbeitsgedächtnisses und den Intelligenztestmaßen spricht für eine Bestätigung der u.a. von Kyllonen und Christal (1990)
aufgestellten Behauptung, daß „Reasoning" und „working memory" in engem Zusammenhang stehen (vgl. 1.2). Die Hypothese, daß Lerntests stärker als Statustests
mit dem Arbeitsgedächtnis zusammenhängen (vgl. Guthke & Caruso, 1987), konnten
wir in dieser Untersuchung nur für den Langzeit-Lerntest und dort auch nur tendenziell verifizieren (siehe auch Hegel, 1996). Eine Erklärung, warum dieser Befund
nicht für die ACIL vorliegt, könnte das Hilfenangebot während der Testung sein. Bei
dem AZAFO und dem ADAFI wird das Arbeitsgedächtnis bei Hilfennutzung entlastet, da sich diese nur auf einen Teilaspekt der jeweiligen Anforderung bezieht und
somit weniger Elemente im Arbeitsgedächtnis bereitgehalten werden müssen, um
eine richtige Lösung zu produzieren. Der Parameter, der in diese Auswertung einging,
war die Schrittzahl, ein aus Aufgaben und Hilfen kombiniertes Maß.

Zur Binnenstruktur der ACIL

Zur faktoriellen Validierung gehört neben der Inbeziehungsetzung des neu konstruierten Verfahrens mit konstruktfernen bzw. -nahen Testreihen auch die Aufklärung
der Binnenstruktur der Testbatterie. Zunächst seien die Interkorrelationskoeffizienten
der ACIL-Untertests untereinander vorgestellt:

ADAFI — AZAFO $r = .40$
ADAFI — ADANA $r = .33$
AZAFO — ADANA $r = .49$.

Den Berechnungen liegt eine Stichprobe von insgesamt 296 Testanden zugrunde.

Zur Aufklärung der Binnenstruktur gehört, daß die einzelnen Items der Testbatterie
einer Faktoranalyse unterzogen werden. Die Besonderheit von adaptiven Lerntests
gestattet es nicht wie bei traditionellen Intelligenzstatustests, alle Items in die Analyse
einzubeziehen, da nicht von jedem Testanden alle Aufgaben bearbeitet werden müssen. Unsere Betrachtungen beziehen sich daher auf den Parameter *„Schrittzahl pro
Komplexitätsbereich"* der jeweiligen ACIL-Untertests. Tabelle 5.11 zeigt das La-
dungsmuster für die ACIL-Gesamttestbatterie. Die untersuchte Stichprobe entspricht
der der oben dargestellten Untersuchungen.
Der erste Faktor der Zwei-Faktoren-Lösung enthält substantielle Ladungen bezüglich
der *Schrittzahlen* aller Komplexitätsbereiche des ADAFI und außerdem zu den
Schrittzahlen des AZAFO der beiden schwierigsten Komplexitätsbereiche. Mit dem
zweiten Faktor hängen die Schrittzahlen des AZAFO der ersten beiden Komplexitätsbereiche sowie des ADANA beider Schwierigkeitsstufen zusammen.

Tabelle 5.11

Faktorenstruktur für die *Schrittzahlen* je Aufgaben- bzw. Komplexitätsbereich bei der ACIL nach VARIMAX-Rotation, $N = 131$

Variablen	Faktor 1	Faktor 2	h^2
ADAFI-STEP I	.70		50
ADAFI-STEP II	.70		56
ADAFI-STEP III	.69		51
AZAFO-STEP I		.72	54
AZAFO-STEP II		.73	61
AZAFO-STEP III	.64	.30	49
AZAFO-STEP IV	.64	.37	55
ADANA-STEP I		.70	51
ADANA-STEP II		.71	54
aufgekl. Varianz %	40.3	13.0	

Bemerkung: Ladungen $\geq$ .30 werden angegeben. ADANA-STEP I & II: Schrittzahl in den jeweiligen Komplexitätsbereichen (I & II). ADAFI-STEP bzw. AZAFO-STEP: Schrittzahlen den verschiedenen Komplexitätsbereichen.

Da die ersten Komplexitätsbereiche des AZAFO relativ einfach sind, ist davon auszugehen, daß die Schrittzahl bei weniger komplexen Anforderungen und einer vergleichsweise „leistungsfähigen" Stichprobe (9. Klassenstufe) eher den Fähigkeitsstatus abbildet. Aus den weiter oben dargestellten Befunden ist außerdem ersichtlich geworden, daß der ADANA von den Lerntests derjenige ist, der am meisten mit dem Fähigkeitstatus covariiert. Den zweiten Faktor interpretieren wir also als eine Hintergrundsvariable, die mit Vorwissenskomponenten bzw. dem erreichten Intelligenzstatus im Zusammenhang steht. Im ersten Faktor sehen wir stärker lernfähigkeitsspezifische Anteile repräsentiert. Eine Materialspezifik kommt in der Faktorenstruktur nicht zum Ausdruck.

5.3.3 Experimentelle Validierung an komplexen Problemlöse-Szenarien

Der erklärte Gültigkeitsanspruch der ACIL bezieht sich auf die Erfassung individuelllernfähigkeitsbezogener Leistungsunterschiede. Dabei versteht sich das der Testentwicklung zugrunde gelegte Lerntestkonzept nicht vordergründig als Alternative, sondern eher als Ergänzung zum „traditionellen Intelligenzstatustesten". Diesem Anspruch mußte auch die Validierungsstrategie gerecht werden. Somit hätte ein eventuell erbrachter Nachweis einer höheren Korrelation entweder zu anderen Intelligenztests oder aber zu konkurrenten Außenkriterien wenig lerntestspezifischen und gültigkeitsbezogenen Informationsgehalt. In Ergänzung unserer Ausführungen zur Validitätsproblematik (siehe 4.1) soll nur noch auf weniger Aspekte etwas näher eingegangen werden.

Bemerkungen zur kriteriumsorientierten Validität

Die Entwicklung der Lerntests erfolgte hauptsächlich mit dem Ziel, die diagnostische Aussagekraft von intelligenzdiagnostischen Testergebnissen zu erhöhen. Dies soll dadurch gewährleistet werden, daß der Diagnostiker durch die Lerntestapplikation zusätzlich zum Intelligenzstatus Informationen über das Lernpotential des Diagnostikanden erhält.

Für die Evaluation der Lerntests auf empirischem Wege ist nun die Wahl der geeigneten Validierungsstrategie entscheidend. Für die Akzeptanz einer Lernfähigkeitsdiagnostik durch Pädagogen wird wohl ausschlaggebend sein, inwieweit der Lerntest das mögliche Ergebnis pädagogischer Arbeit in relativ kurzer Zeit, materiell wenig aufwendig vorherzusagen in der Lage ist. Mit anderen Worten: „Kann man mit dem Lerntest z.B. die Schulnoten (als Indikator für schulischen Lernerfolg) hinreichend genau vorhersagen?" Übernimmt man diese Sichtweise und überträgt sie auf die formal-statistische Ebene, so sollten die Lerntestergebnisse und Schulnoten hoch korrelieren. Aus der Sicht des Psychometrikers ist diese Perspektive generell wenig überzeugend und speziell für die Validierung von Lerntests nicht geeignet. Denn bezüglich der zum Validitätskriterium erhobenen Schulnoten sind erhebliche meßtheoretische Vorbehalte (hinsichtlich Objektivität, Reliabilität und lernfähigkeitsbezogener Validität) anzubringen. Das Außenkriterium selbst weist keine hinreichende psychometrische Qualität auf. So ließen sich Korrelationen zwischen Lerntestleistungen und Schulnoten auch als Validierung der Notengebung interpretieren. Folgende Argumentation soll dies verdeutlichen: Klassenunterricht kann sowohl als Stifter als auch als Nivellierer von individuellen Differenzen im Lernen fungieren. Im ersten Fall würde der Unterricht von den weniger leistungsfähigen Schülern zu viel und/oder zu früh Leistungen abfordern, die diese aktuell noch nicht erbringen können. Somit wird ein Matthäus-Effekt (vgl. Klauer et al., 1994; Walberg & Tsai, 1983) induziert, der Unterricht wäre nur für die Leistungsfähigeren effizient. Im zweiten – und sicherlich wahrscheinlicheren – Fall orientiert sich der Unterricht an den leistungsschwächeren Schülern. Der Unterricht ist nun aber nicht für Leistungsstärkere lernwirksam. Für die zu entwickelnde Zusammenhangserwartung ist es jedoch unerheblich, welcher Kategorie der jeweilige Unterricht zuzuordnen ist, entscheidend ist die Tatsache, daß – meßmethodisch betrachtet – in beiden Fällen die Varianz der Schulleistung beeinflußt wird und „wahre" individuelle Differenzen im Lernen systematisch verschleiert werden. Und diese sollte ja gerade ein valider Lerntest aufdecken. Ein ausbleibender korrelativer Zusammenhang zwischen Lerntestleistung und Schulleistung sagt daher relativ wenig aus und schon gar nichts über die kriteriumsbezogene Validität der Lerntests selbst.

Der Validitätsanspruch von Lerntests sollte vielmehr dann als gesichert angesehen werden, wenn es nachzuweisen gelingt, daß Lerntests zum einen tatsächlich Lernfähigkeit erfassen. Und zum anderen dadurch, daß das Konstrukt Lernfähigkeit abgrenzbar ist von verwandten Konstrukten (vor allem vom Intelligenzstatus, wie er in traditionellen Intelligenztests erfaßt wird). Die Validierung – nicht nur von Lerntests – sollte sich also der Strategie einer Konstruktvalidierung verpflichten. Hier werden aufbauend auf einer theoretisch fundierten Anforderungsanalyse Zusammenhangserwartungen zwischen Lerntests (welche das Konstrukt der Lernfähigkeit erfassen sol-

len) und einer ein vergleichbares Konstrukt (z.B. Wissenserwerbsfähigkeit) erfassen-
den Anforderung entwickelt. Die empirische Überprüfung muß dabei unter experimentell kontrollier- und variierbaren Bedingungen erfolgen.

Entwicklung der Validierungstrategie

Der Ansatzpunkt einer Konstruktvalidierung von Lerntests besteht also darin, den
Nachweis zu führen, daß Lerntests tatsächlich mehr erfassen als entsprechende Statustests, und darin, daß dieses Mehr als Abbildung einer individuell variierenden
Lernfähigkeit zu interpretieren ist.
In einem ersten Schritt soll eine konzeptionelle Abgrenzung der Konstrukte Lernfähigkeit und Statusintelligenz auf theoretischer Ebene versucht werden. Gehen wir
gemäß der im Lerntestkonzept vertretenen Meinung davon aus, daß eine Lerntestung
potentiell eine umfassendere Abbildung intellektueller Leistungsfähigkeit darstellt,
nämlich ergänzt um deren dynamischeren Anteile, so sollte im Lerntestscore (im Unterschied zum Testwert eines entsprechenden Statusintelligenztests) sowohl die Statusintelligenz als auch die *Lernfähigkeit* enthalten sein.
Betrachtet man den korrelativen Zusammenhang zwischen einem Lerntest und einem
entsprechenden Statusintelligenztest, so findet man erwartungsgemäß hohe Korrelationen, die aber nicht so hoch sind, daß man von einer Identität beider Testergebnisse
– und damit der erfaßten Konstrukte – ausgehen kann.

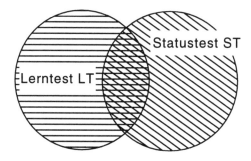

Abbildung 5.1: Graphische Veranschaulichung des korrelativen Zusammenhangs von
                Lerntestwert und Statusintelligenztestwert.

Die unter 5.3.1 bzw. 5.3.2 referierten Befunde mit Modellen der probabilistischen und
der klassischen Testtheorie haben zunächst belegt, daß unsere Annahme, Lerntestergebnisse basieren nicht nur allein auf einem Intelligenzstatusfaktor, gut begründet ist. Für eine Konstruktvalidierung des Lerntests ist es erforderlich, den Nachweis
zu erbringen, daß der Varianzanteil in der Lerntestleistung, der nicht durch den Statusintelligenztest aufklärbar ist, als lernfähigkeitsspezifischer Varianzanteil der Testleistung interpretierbar ist. Im Rahmen einer experimentellen Validierung (Konstruktvalidierung) muß nun eine Anforderung gefunden werden, bei deren Bewältigung
man – anforderungsanalytisch begründbar – von einer Beteiligung von Lernen bzw.

Wissenserwerbsprozessen ausgehen kann. Die Leistung bei dieser Anforderung sollte eine substantielle Aufklärung dieser uns interessierenden Varianzkomponente leisten können.

Bei der Suche nach einer geeigneten (= konstruktverwandt zur Lernfähigkeit stehenden) Anforderung haben wir uns an folgenden Kriterien orientiert.

Sie muß gemäß der Zielstellung einer Konstruktvalidierung:

- Konstruktnähe zur Lerntestanforderung aufweisen,
- in Methodendiskrepanz zum zu validierenden Test stehen,

  Dabei soll sich bei der Leistungserfassung nicht derselben Methode bedient werden, da ein sich eventuell äußernder Zusammenhang mit einer gemeinsamen Methodenvarianz erklärt werden könnte.

- psychometrischen Mindestanforderungen (hinsichtlich Reliabilität, Objektivität, Validität) genügen,

  Das entsprechende Instrument muß vor allem eine hinreichend reliable Leistungserfassung ermöglichen.

- Eignung für den Geltungsbereich aufweisen,

  Das entsprechende Instrument muß für den Geltungsbereich des zu validierenden Tests (in diesem Falle: Schüler 6.-9. Klassen) geeignet sein.

- eine hinreichende Komplexität und Dynamik verkörpern,

  Die Erfahrungen mit den der Strategie einer Konstruktvalidierung zuzurechnenden Korrelationsstudien mit sog. Basiskomponenten der Intelligenz legen zur Validierung von Lerntests die Forderung nach einer komplexeren und dynamischeren Anforderung nahe (i.S. der Brunswik-Symmetrie, siehe z.B. Wittmann & Matt, 1986).

- experimentell beherrschbar sein.

  Dieser letztgenannte – und bei weitem nicht als letzter zu beachtende – Aspekt ist insofern wichtig, da im Rahmen einer Konstruktvalidierung die Validitätsprüfung sowohl im konvergenten als auch im diskriminanten Sinne zu vollziehen ist.

Damit richtet sich der Fokus auf komplexe, dynamische Anforderungen, die zum einen psychometrischen Mindestanforderungen genügen und sich zum anderen mit der Bearbeitung von Lerntestitems unter experimentell variierbaren Versuchsanordnungen vergleichen lassen und bei deren Bearbeitung von einer Beteiligung von Lernprozessen ausgegangen werden kann.

Unsere Wahl fiel auf das Paradigma des komplexen Problemlösens (vgl. hierzu 2.2). Beim komplexen Problemlösen geht es ganz allgemein darum, daß Testanden vor eine Anforderung gestellt werden, zu deren erfolgreicher Bewältigung der derzeit verfügbare Kenntnis- oder Fähigkeitsstand nicht ausreicht. Sie sind somit gezwungen, z.B. durch Informationssuche (eigenaktiv und/oder feedback-induziert) ihr Kenntnisniveau so zu erhöhen, daß dadurch das Problem gelöst werden kann. Die dabei zu bewältigende Anforderung einer Hypothesengenerierung und -prüfung ließe sich als Reasoning unter dynamischen Aspekt charakterisieren. Somit besteht eine Anforderungsparallelität (und dadurch vermittelt eine Konstruktverwandschaft) des komplexen Problemlösens zur Lerntestbearbeitung. Wenn durch die Anforderung des komplexen Problemlösens Lernfähigkeit bzw. Wissenserwerb gefordert wird, läßt sich das eingangs erwähnte Bild folgendermaßen erweitern (siehe Abbildung 5.2).

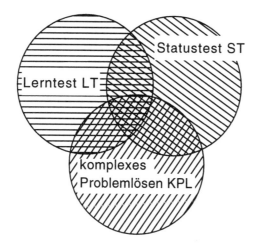

Abbildung 5.2:   Theoretisches Zusammenhangsmuster von Lerntest-, Statusintelligenz-
test- und komplexer Problemlöseanforderung.

Vor diesem nun entwickelten Hintergrund kristallisiert sich das Ziel der Konstruktvalidierung für Lerntests heraus (siehe Abbildung 5.3), und die Validitätshypothese läßt sich formulieren.

Wenn bei einem Instrument zum komplexen Problemlösen Bedingungen vorliegen, in denen Wissenserwerb:

- gefordert wird (Situationsmerkmal),
- die Systemmerkmale dafür gegeben sind (Identifizierbarkeit),
- Wissenserwerb auch stattfindet (Personmerkmal) und
- als solcher erfaßt wird (Operationalisierung),

dann sollten sich konstruktbezogen die funktionalen Gemeinsamkeiten in einem statistischen Zusammenhang zwischen Problemlöseleistung und Lerntestleistung wiederfinden. Es wird angenommen, daß dieser Zusammenhang nicht nur durch eine gemeinsame Erfassung des intellektuellen Fähigkeitsstatus bedingt ist. Die *Validitätshypothese* lautet daher:

Erfassen die fehlerorientiert-adaptiven Kurzzeit-Lerntests Lernfähigkeit im schlußfolgernden Denken, so sollte die Lerntestleistung durch die Leistung beim Bearbeiten komplexer, dynamischer Systeme (Problemlösen) vorhersagbar sein, wenn auch hier Wissenserwerbsprozesse stattfinden. Die Prädizierbarkeit sollte sich nicht vordergründig durch einen gemeinsamen Bezug zum „Statusintelligenzkonstrukt" ergeben.

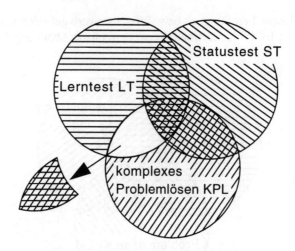

Abbildung 5.3: Operationales Ziel der konstruktbezogenen Validitätshypothese für Lerntests.

Gemäß Abbildung 5.3 läßt sich folgender regressionsanalytischer Ansatz entwickeln:

$$Y_{(LT)} = B_{Y1 \cdot 2} * X_{1(ST)} + B_{Y2 \cdot 1} * X_{2(KPL)} + A_{Y \cdot 12}$$

An dieser Stelle kann nicht näher auf die Entwicklung eines geeigneten Validierungsinstruments im Rahmen des Paradigmas des komplexen Probelmlösens eingegangen werden (siehe dazu Beckmann, 1994, S. 61ff.). Es sei lediglich darauf hingewiesen, daß dabei versucht wurde, den in 2.2 (siehe auch Beckmann, 1994, S. 43ff.) dargestellten Problemkatalog zu berücksichtigen.

Die komplexe Problemstellung bestand darin, durch exploratives, zielfreies Vorgehen die Zusammenhangs- bzw. Kausalstruktur eines kleinen dynamischen Systems zu erurieren (Explorationsphase) und danach einen bestimmten Zielzustand (festgelegte Ausprägung in den endogenen Variablen) durch gezielte Veränderungen an den exogenen Variablen zu erreichen (Steuerphase).

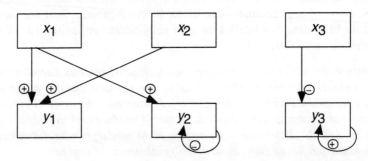

Abbildung 5.4: Kausalstruktur der komplexen Problemstellung (x: exogene Variablen, können „von außen" verändert werden; y: endogene Variablen, verändern sich in Abhängigkeit von den exogenen Variablen und durch Eigendynamik).

Diese Kausalstruktur kann in verschiedene semantische Kontexte eingebettet werden. Wichtig für das Verständnis der hier geschilderten Vorgehensweise ist, daß das komplexe Problem so konstruiert wurde, daß zwei separate Anforderungen gestellt und auch als solche erfaßt werden.

- Wissenserwerb (Aufgabe, das System hinsichtlich seiner Zusammenhangsstruktur zu explorieren), *Wissensdiagnostik*
- Wissensnutzung (Aufgabe, einen definierten Zielzustand unter Zuhilfenahme des erworbenen Wissens herbeizuführen), *Könnensdiagnostik*

Mit der untersuchungstechnischen Trennung von Wissenserwerb und Wissensnutzung soll eine Anforderung gestellt werden, in der der Umgang mit dem dynamischen System als Lernprozeß beschreibbar ist. Gleichzeitig soll damit der oft ungeprüften Annahme aus dem Weg gegangen werden, daß eine erfolgreiche Systemsteuerung nicht zwingend auf einen erfolgreichen, zuvor stattgefundenen Wissenserwerb schließen läßt (Vorwissensproblematik, Effekte einer „ad hoc"-Steuerung, siehe dazu z.B. Kluwe et al., 1991; Putz-Osterloh, Bott & Houben, 1988, S. 250). In der zum Wissenserwerb dienenden Explorationsphase besteht die Aufgabe, die Zusammenhangsstruktur der systemimmanenten Variablen zu identifizieren. In der Wissensnutzungsphase soll das System unter Zuhilfenahme des in der Explorationsphase erworbenen Wissens im Sinne einer Festwertregelung (Hübner, 1989a, S. 228) in einen bestimmten Zustand gesteuert werden. Die individuelle Bewältigungsleistung wird für beide Teilanforderungen getrennt erfaßt, so daß wir sowohl für die Wissenserwerbsleistung als auch für die Wissensnutzungleistung eine separate Operationalisierung zur Verfügung haben (Näheres siehe Beckmann, 1994, S. 67ff.).

Auf operationaler Ebene bezieht sich die oben formulierte Validitätshypothese jeweils auf die Regressionsgewichte $B_{Y2\cdot1}$ in folgenden Gleichungen:

$$Y_{(LT)} = B_{Y1\cdot2} * X_{1(ST)} + B_{Y2\cdot1} * X_{2(WE)} + A_{Y\cdot12}$$
$$Y_{(LT)} = B_{Y1\cdot2} * X_{1(ST)} + B_{Y2\cdot1} * X_{2(WN)} + A_{Y\cdot12}$$

wobei: LT = Leistung im Lerntest
ST = Leistung im Statustest
WE = Wissenserwerbsleistung beim komplexen Problemlösen
WN = Wissensnutzungs- (Steuer-) Leistung beim komplexen Problemlösen
bedeutet.

Für die Prüfung der Validitätshypothese im Rahmen des hier geschilderten Ansatzes ist es erforderlich, die Konstruktvalidität sowohl im konvergenten als auch im diskriminanten Sinne zu untersuchen. Somit werden unter der Konvergenz-Bedingung substantielle Regressionsgewichte für die Wissenserwerbs- und Wissensnutzungsleistung erwartet. Dies soll uns als Indikator dafür dienen, daß sich in der Lerntestleistung Wissenserwerbsleistungen widerspiegeln, die in einer lerntestunabhängigen Anforderung bewältigt worden sind. Um nun diese gemeinsame Varianz auch inhaltlich zu Recht mit Lern- bzw. Wissenserwerbsfähigkeit identifizieren zu können, muß im experimentellen Design eine Diskriminanz-Bedingung realisiert werden. Darin muß eine kontrollierte Bedingungsvariation bei der komplexen Problemstellung vorgenommen werden, die im konkreten Falle darauf hinausläuft, daß hier nun *kein* Wissenserwerb bzw. *keine* wissenserwerbsbasierte Steuerung des komplexen, dynami-

schen Systems stattfindet. Die Leistungsparameter unter dieser Bedingung sollten nun nicht in der Lage sein, lernfähigkeitsspezifische Varianz in der Lerntestleistung aufzuklären („irrelevante" Regressionskoeffizienten)[12].
In der hier geschilderten Validierungsuntersuchung kam sowohl der Adaptive Figurenfolgenlerntest (ADAFI) als auch der Adaptive Analogienlerntest (ADANA) zum Einsatz. Als entsprechende Statustestpendants fungierten zum einen der Prätest aus dem LTS 3 („Regeln erkennen" im LTS, Guthke et al., 1983) und zum anderen der Subtest Analogien (AN) aus dem Intelligenzstrukturtest (IST-70, Amthauer, 1973). Die Prüfung der Validitätshypothese erfolgte anhand von Daten, die an insgesamt 92 Schülerinnen und Schülern Leipziger Mittelschulen der 8. Klasse (mittleres Alter 14;3 Jahre) gewonnen wurden. Die Stichprobe wurde auf die zwei Experimentalbedingungen (Konvergenz, Wissenserwerb: N_{E+} = 40; Diskriminanz, Nicht-Wissenserwerb: N_{E-} = 52) aufgeteilt.
Im folgenden werden die regressionsanalytischen Ergebnisse (siehe obige Regressionsgleichungen) sowohl für die Konvergenz- als auch für die Diskriminanz-Bedingung dargestellt. Während in der Konvergenz-Bedingung substantielle Regressionskoeffizienten für die Wissenserwerbsleistung (siehe Tabelle 5.12) und Wissensnutzungsleistung (siehe Tabelle 5.13) erwartet werden, sollten unter der Diskriminanz-Bedingung (kein Wissenserwerb) die entsprechenden β-Gewichte bedeutungslos hinsichtlich der Aufklärung statusintelligenzunabhängiger Varianz im Lerntestwert sein.

Tabelle 5.12

Ergebnisse der drei Regressionsanalysen für die Leistungen in den Lerntests (Schrittzahl ADAFI, ADANA und LT) mit den jeweiligen Prädiktoren für den Status (LTS 3prä, IST-AN, ST) und der Wissenserwerbsleistung (WE) beim komplexen Problemlösen unter Wissenserwerbsbedingung (E+)

Prädiktoren	abhängige Variablen		
	ADAFI	ADANA	LT
LTS 3prä	-.37 (-2.73) *	–	–
IST-AN	–	-.57 (-4.45) *	–
ST	–	–	-.57 (-5.14) *
WE	-.40 (-2.92) *	-.29 (-2.27) *	-.46 (-4.14) *
df	37	37	37
F	8.57	13.98	24.32
adj. R^2	.28	.41	.56

Bemerkung   * $p < .05$ (einseitig, da von Zusammenhängen sowohl der Statusleistung und der Lerntestleistung als auch der Problemlöseleistung ausgegangen werden kann), t_{krit} (.05, 38) = 1.69; N = 40; LT = gewichtetes Mittel beider Lerntestergebnisse; ST = gewichtetes Mittel beider Statusintelligenztestergebnisse; In den Klammern hinter den standardisierten Regressionskoeffizienten (β-Gewichte) sind die entsprechenden t-Werte (mit df = 38 zu prüfen) aufgeführt.

---

[12] Zur experimentellen Realisierung der Wissenserwerbs- bzw. Nicht-Wissenserwerbsbedingung beim komplexen Problemlösen siehe ausführlich Beckmann, 1994.

Nachdem sich die Wissenserwerbsleistung beim komplexen Problemlösen als sub-
stantieller Prädiktor für einen Teil der statusintelligenzunabhängigen Varianz in der
Lerntestleistung erwiesen hat, sollte die auf der Wissenserwerbsleistung basierende
Steuerleistung beim komplexen Problemlösen ebenfalls einen substantiellen Prädiktor
für die lernfähigkeitsspezifischen Varianzanteile in der Lerntestleistung darstellen
(siehe Tabelle 5.13).

Tabelle 5.13

Ergebnisse der drei Regressionsanalysen für die Leistungen in den Lerntests (Schrittzahl
ADAFI, ADANA und LT) mit den jeweiligen Prädiktoren für den Status (LTS 3prä, IST-AN,
ST) und der Wissensnutzungs- bzw. Steuerleistung (WN) beim komplexen Problemlösen
unter Wissenserwerbsbedingung (E+)

	abhängige Variablen		
Prädiktoren	ADAFI	ADANA	LT
LTS 3prä	-.31 (-2.01) *	–	–
IST-AN	–	-.50 (-3.96) *	–
ST	–	–	-.48 (-3.82) *
WN	.30 (1.90) *	.34 (2.65) *	.38 (3.01) *
df	37	37	37
F	5.66	15.94	18.38
adj. R^2	.19	.43	.47

Bemerkung: siehe Tabelle 5.12.

Die Tabellen 5.12 und 5.13 weisen für alle geschätzten β-Koeffizienten der Wissenserwerbsleistung bzw. der Wissensnutzungsleistung als Prädiktor für die Lernleistung
substantielle Werte aus. Dieses Ergebnis kann zunächst als konvergenter Validi-
tätsbeweis für die adaptiven Kurzzeit-Lerntests gelten.

Das Ergebnis für den ADAFI könnte eventuell Erwartungen enttäuschen, die sich an die hier vorgenommene Prädiktorzusammenstellung im Sinne der multiplen Varianzaufklärung richteten. Das unad-
justierte R^2 weist auf eine multiple Varianzaufklärung von 23 Prozent hin. Dies ist dem Zusammentref-
fen zweier Umstände anzulasten: Einerseits einer – im Vergleich zum ADANA – *relativ* geringen Ko-
varianz von ADAFI-Leistung und Statusleistung (r[AFI-Step, LTS3$_{prä}$] = -.40) und andererseits einer
relativ hohen Interkorrelation der Prädiktoren (r[LTS3$_{prä}$, WN] = -.32).

Es sei hier nochmals explizit darauf hingewiesen, daß sich das Ziel der Hypothesen-
testung weniger auf die Eignung der Prädiktorkombination als solche bezieht, sondern darauf, ob die Problemlöseleistung (hier Steuerung) *unabhängig* von der Intelli-
genzstatustestleistung darüber hinaus wesentliche Lerntestvarianz aufklärt. In diesem
Sinne kann die konstruktbezogene Konvergenzannahme durchaus als erfolgreich bestätigt angesehen werden.

Um von einer nachgewiesenen Konstruktvalidität sprechen zu können, muß der
Nachweis auch im diskriminanten Sinne erfolgen. Das heißt in unserem Falle, daß
nun geprüft werden muß, ob sich die entsprechenden Leistungsparameter beim komplexen Problemlösen unter einer „Nicht-Wissenserwerbs-Bedingung" (= experimentell hergestellte Konstruktdiskriminanz) *nicht* als Prädiktoren für die Lerntestleistung
erweisen. Im umgekehrten Fall (dennoch substantielle Zusammenhänge) würde die

gemeinsame Varianz von Problemlöseleistung und Lerntest nicht auf der Bewältigung von Wissenserwerbs- bzw. Lernanforderungen basieren, sondern auf u.U. kon-
strukt-irrelevanten Gemeinsamkeiten. Wichtig bei der experimentellen Bedingungsvariation auf der Seite des komplexen Problemlösens (mit dem Ziel des Verhinderns
von Wissenserwerb) ist das gleichzeitige Konstanthalten aller übrigen Rahmenbedin-
gungen (z.B. Komplexität, Vernetztheit usw., Näheres siehe Beckmann, 1994). Im
folgenden sind die Ergebnisse der Regressionsanalysen für die Nicht-Wissenserwerbsbedingung aufgeführt.

Die Ergebnisse der Regressionsanalysen (Tabelle 5.14) fallen erwartungsgemäß aus.
Nur die entsprechenden Regressionskoeffizienten der Status-Prädiktoren sind auf
dem festgelegten α-Fehlerniveau statistisch von Null verschieden. Im Sinne der diskriminanten Prüfung der Validitätshypothese identifizieren wir uns im Falle der Problemlöseleistung bei der Signifikanztestung mit der Nullhypothese (erwartet wird
keine substantielle Varianzaufklärung durch die Problemlöseparameter). Um statistische Ergebnisse unter dieser Perspektive angemessen interpretieren zu können, ist die
Beachtung des Fehlers 2. Art besonders notwendig. Die Teststärkeberechnung für die
Signifikanzprüfung partieller Korrelationen ergäbe unter diesen Bedingungen
($N = 52$, $\alpha \leq .05$) selbst bei erwarteten „medium effects" ($f^2 = 0.15$, siehe Cohen,
1983) eine Schätzung des β-Fehlers $\leq .21$. Das heißt, die Beibehaltung der Nullhypothese ist mit einer Fehlerwahrscheinlichkeit von maximal .21 verbunden.

Tabelle 5.14

Ergebnisse der drei Regressionsanalysen für die Leistungen in den Lerntests (Schrittzahl
ADAFI, ADANA und LT) mit den jeweiligen Prädiktoren für den Status (LTS 3prä, IST-AN,
ST) und der Wissenserwerbsleistung (WE) beim komplexen Problemlösen unter Nicht-
Wissenserwerbsbedingung (E–).

Prädiktoren	abhängige Variablen		
	ADAFI	ADANA	LT
LTS 3prä	-.27 (-2.00) *	–	–
IST-AN	–	-.46 (-3.61) *	–
ST	–	–	-.44 (-3.33) *
WE	-.22 (-1.65)	.21 (1.62)	-.01 (-0.04)
df	49	49	49
F	3.45	7.54	5.57
adj. R^2	.09	.22	.16

Bemerkung   * $p < .05$ (einseitig). Da von Zusammenhängen der Statusleistung und Lerntestleistung
ausgegangen werden kann, erfolgt die Signifikanztestung der β-Gewichte der
Prädiktoren für die Statusleistung unter einseitiger Fragestellung. Die Signifikanzprüfung der β-Gewichte für die Wissenserwerbsleistung sollte – da nun im diskriminanten Sinne zu prüfen – zweiseitig erfolgen. $N = 52$; LT = gewichtetes Mittel beider
Lerntestergebnisse; ST = gewichtetes Mittel beider Statusintelligenztestergebnisse. In
den Klammern hinter den standardisierten Regressionskoeffizienten (β-Gewichte)
sind die entsprechenden t-Werte (mit $df = 50$ zu prüfen) aufgeführt.

Betrachten wir nun abschließend – ebenfalls unter Diskriminanzperspektive – die Ergebnisse der Korrelationsberechnung mit der Steuerleistung. Wir erwarten vor dem Hintergrund nicht stattfindenden Wissenserwerbs, daß die Steuerleistung beim komplexen Problemlösen ebenfalls keinen substantiellen Prädiktor der „statusbereinigten" Lerntestleistung darstellt.

Tabelle 5.15

Ergebnisse der drei Regressionsanalysen für die Leistungen in den Lerntests (Schrittzahl ADAFI, ADANA und LT) mit den jeweiligen Prädiktoren für den Status (LTS 3prä, IST-AN, ST) und der Wissensnutzungs- bzw. Steuerleistung (WN) beim komplexen Problemlösen unter Nicht-Wissenserwerbsbedingung (E–)

| Prädiktoren | abhängige Variablen | | |
	ADAFI	ADANA	LT
LTS $3_{prä}$	-.28 (-2.04) *	–	–
IST-AN	–	-.44 (-3.44) *	–
ST	–	–	-.44 (-3.40) *
WN	.09 (-0.67)	-.06 (-0.46)	.00 (-0.12)
df	49	49	49
F	2.23	6.20	5.81
adj. R^2	.04	.17	.16

Bemerkung: siehe Tabelle 5.14.

Auch durch diese Ergebnisse (Tabelle 5.15) sehen wir unsere konstruktbezogenen Diskriminanzerwartungen bestätigt. Die Steuerleistung nach erfolgloser Wissenserwerbsphase stellt ebenfalls keinen substantiellen Prädiktor für die Lerntestleistung dar. Dies ist insofern nicht überraschend, als durch den ausbleibenden Wissenserwerb auch der Steueranforderung beim komplexen Problemlösen eine fehlende Konstruktaffinität zur Lerntestanforderung zugeschrieben werden muß.

Zusammenfassung der Ergebnisse der Konstruktvalidierung

Unter der Bedingung des Wissenserwerbs beim komplexen Problemlösen konnten wir den konvergenten Aspekt der Konstruktvalidierung prüfen. Die durch den stattfindenden Wissenserwerb hervorgerufene Konstruktaffinität zur Lerntestbearbeitung führte zu den erwarteten Zusammenhängen zwischen den Leistungsparametern beider Anforderungen. Unter der experimentellen Bedingung eines ausbleibenden Wissenserwerbs beim komplexen Problemlösen erwies sich die Problemlöseleistung aufgrund der hier vorliegenden fehlenden Konstruktnähe als irrelevanter Prädiktor für die Lerntestleistung (diskriminanter Aspekt der Konstruktvalidierung).
Bezugnehmend auf die zugrundeliegende Validitätsfragestellung lassen sich diese Zusammenhangsbefunde zwischen den Konstrukten Lernfähigkeit und Wissenserwerbsfähigkeit beim komplexen Problemlösen (unter Berücksichtigung des gemein-

samen Statusintelligenzvarianzanteils) wie folgt zusammenfassen: In Abbildung 5.5 stellen die Kreise jeweils Varianz der konstruktbezogenen Leistungsparameter dar. Deren Überlappung entspricht der jeweiligen Größe des aus den Regressionsgleichungen geschätzten, standardisierten Pfadkoeffizienten zur Prädiktion der Lerntestleistung. Für diese Abbildung wurden die Regressionsgleichungen zur Prädiktion des Lerntestkombinationsmaßes „LT" durch das Statuskombinationsmaß „ST" und durch die Wissenserwerbsleistung „WE" beim komplexen Problemlösen unter den jeweiligen experimentellen Bedingungen herangezogen.

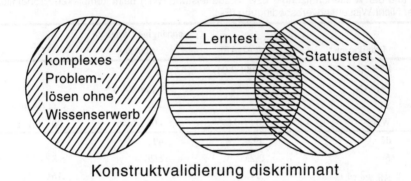

Konstruktvalidierung diskriminant

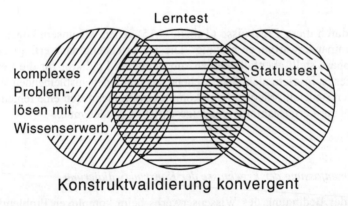

Konstruktvalidierung konvergent

Abbildung 5.5: Venn-Diagramme zur Zusammenhangsstruktur der Konstrukte Wissenserwerbsfähigkeit beim komplexen Problemlösen, Lernfähigkeit und Statusintelligenz als Ergebnis einer Konstruktvalidierung der Lerntests (Erläuterungen im Text).

Mit den Ergebnissen dieser Untersuchung konnte gezeigt werden, daß die Leistungen in den Kurzzeit-Lerntests erwartungsgemäß auch durch die Statusintelligenz determiniert werden. Somit ist im Lerntestwert auch intelligenzstatusbezogene Information enthalten, die mit traditionellen Intelligenztests erfaßt wird. In den Lerntestleistungen werden jedoch darüber hinaus zusätzliche (diagnostische) Informationen gewonnen, denen wir eine Lernfähigkeitsspezifik zuschreiben. Grundlage der Untersuchungen zur Konstruktvalidierung war die Annahme, daß die Lerntestanforderung und die Bewältigung des komplexen Problemlösens vergleichbare Konstrukte erfassen. In Abhängigkeit vom tatsächlich beim komplexen Problemlösen stattfindenden Wissenserwerb (durch den sich die Konstruktverwandtschaft konstituiert) zeigte sich, daß die Wissenserwerbsleistung durchaus die Lerntestleistung (statusunabhängig) prädiziert. Diese Konstellation läßt sich auch in der Betrachtung der Steuerleistung beim komplexen Problemlösen wiederfinden. Die relativ konsistente Befundlage bezüglich der Zusammenhangsstruktur beim ADAFI und ADANA kann im Sinne einer Kreuzvalidierung interpretiert werden. Damit lassen sich die Ergebnisse dieser Untersuchungen als konstruktbezogenen Validitätshinweis für die adaptiven Kurzzeit-Lerntests (vom Typus der ACIL) werten.

Als Ergänzung der konstruktbezogenen Validierungsstrategie soll nun eine Ergebnisdarstellung unter der Perspektive einer kriteriumsorientierten Validierung erfolgen.

In die Terminologie einer konkurrenten kriteriumsorientierten Validierungsstrategie übersetzt, würden die Befunde folgendermaßen zu interpretieren sein: Die Interkorrelationsmatrix in Tabelle 5.16 zeigt, daß Lerntests besser in der Lage sind, die Leistungen beim komplexen Problemlösen (als Kriterium) vorherzusagen als die Statusintelligenztests. Es ließe sich somit den Lerntests eine inkrementelle Validität gegenüber der Statustestung zuschreiben und dies mit der validitätsuntermauernden Einschränkung, daß sich diese Vorhersagequalität der Lerntests nur auf Problemlöseleistungen bezieht, die auf Wissenserwerbsprozessen basieren.

Tabelle 5.16

Zusammenfassung der Ergebnisse unter der Perspektive einer konkurrenten Kriteriumsvalidität

		komplexes Problemlösen			
		mit Wissenserwerbsoption ($N_{E+} = 40$)		ohne Wissenserwerbsoption ($N_{E-} = 52$)	
		Exploration	Steuerung	Exploration	Steuerung
Status-	LTS 3$_{prä}$	.07	-.32*	.03	-.06
intelligenz-	IST-AN	.13	-.30*	.05	-.08
leistung	ST	.11	-.36*	.05	-.09
Lern-	ADAFI	☞ -.42*	.39*	-.23	-.08
test-	ADANA	-.36*	.50*	.18	.10
leistung	LT	☞ -.52*	.57*	-.03	.03

Bemerkung: * = $p < .05$ (einseitig).

Die Problematik einer ausschließlich kriteriumsorientierten Ausrichtung der Validierung ist bereits eingangs diskutiert worden. So setzt sie u.a. eine Akzeptanz des Paradigmas des komplexen Problemlösens als ein alltagsnahe Wissenserwerbs- bzw. Lernprozesse abbildendes Kriterium voraus. Der Erfolg des „... besser als ..." hängt darüber hinaus u.v.a. davon ab, welche Statusintelligenztestleistung zum Konkurrenzkriterium erhoben wurde bzw. wie stark Statustest- und Lerntestleistung kovariieren. Im vorliegendem Falle läßt sich das „… besser als …" nur für die Prädiktion der (erfolgreichen) Wissen*erwerbs*leistung auf dem α-Niveau von .05 statistisch absichern (siehe „☞" in Tabelle 5.16). Für die Wissen*snutzung*sleistung (Steuerung) ist die Chance dazu durch die bereits relativ hohe Korrelation der Steuer- mit der Statusintelligenztestleistung äußerst gering.

Wählt man dennoch eine kriteriumsorientierte Perspektive für die Betrachtung der unter der Maßgabe einer konstruktbezogenen Validierungsstrategie gewonnenen Befunde, so mag das einerseits traditionellen Lesegewohnheiten von Validitätsbefunden mehr entsprechen, andererseits sind aber Zweifel an der Tragweite der referierten Validitätsbefunde aufgrund des u.U. „schulalltagsfernen" Charakters des verwendeten komplexen Problems anzubringen. So ist dem Argument, daß es doch ursprünglich nicht das Ziel eines Lerntests sein soll, die Ergebnisse in einem anderen Verfahren (z.B. komplexes Problemlösen) vorherzusagen, aus dieser Perspektive wenig entgegenzusetzen.

Für die Gewinnung interpretierbarer kriteriumsorientierter Validitätsbefunde sind andere Untersuchungen notwendig. Die hier mit der Maßgabe einer konstruktbezogenen Validierung gewonnenen Ergebnisse sollten aber optimistisch stimmen, daß sich Lerntests auch bei der Vorhersage „schulalltagsrelevanter" Außenkriterien bewähren werden. Daß eine kriteriumsorientierte Validierung nicht zwangsläufig unter einem „psychometrisch schlechten Stern" (Kritik bezüglich Objektivität, Reliabilität und Validität) stehen muß, soll folgender Abschnitt unter Beweis stellen.

5.3.4 Validierung an curricularbezogenen Lehr- und Lernprogrammen

Mit Blick auf die schon oben (vgl. 4.1 bzw. 5.3.3) diskutierten psychometrischen Schwächen von Schulnoten und Lehrerurteilen als Außenkriterien konzentrierten wir uns in der nun folgenden Validierungsstrategie darauf, Lernanforderungen zu nutzen, deren Leistungsparameter meßtheoretischen Anforderungen gerecht werden. Durchgeführt wurden Validierungen an standardisierten, stark schulbezogenen Lernversuchen. Damit stand die Zielsetzung einer psychometrischen Qualifizierung der Kriterien bei gleichzeitiger Alltagsnähe (was bei den Schülern „Schulnähe" bedeutet) im Mittelpunkt. Wir untersuchen, inwieweit sich die erhobenen Lernfähigkeitsparameter im Vergleich zu intellektuellen Leistungsstatus- und Vorwissensparametern als Prädiktoren für den Lernerfolg in curricularnahen Lernsituationen bewähren.

Unter Berücksichtigung der Forderung nach Symmetrie zwischen Prädiktoren und Kriterien bezogen auf die Aufgabeninhalte, den Ablauf der Wissensvermittlung (Prozedur) und der computergestützten Darbietung (Medium) wurden die nachfolgenden Lehr-Lernprogramme zur Erhebung der Außenkriterien ausgewählt:

Eingesetzt wurde das in unserer Forschungsgruppe entwickelte computergestützte Lehr-Lernprogramm „Kombinatorik" (Vahle & Riehl, 1994). Das kombinatorische Zählen ist ein lehrplanrelevantes Stoffgebiet des Mathematikunterrichts in verschiedenen Bildungsgängen und Klassenstufen. Mit diesem Programm sollen in einer standardisierten Lernsituation die lehrplanrelevanten Inhalte vermittelt werden. Den

Schülern werden u.a. durch den Einsatz von graphischen Repräsentationen Strategien zur Lösung kombinatorischer Aufgaben vermittelt. Die Anforderung des Programms besteht demnach in der Bearbeitung numerischer Aufgaben mit Hilfe figural-anschaulicher Modelle („Baumdiagramme"). Implementiert wurde eine adaptive Verzweigungsregel, die einen individuellen Lösungsweg ermöglicht. Durch die Auswertung der jeweiligen Aufgabenlösung und dem daraus abgeleiteten weiteren Lernweg soll erreicht werden, daß ursprünglich nicht gelöste Aufgaben nach Programmbearbeitung gelöst werden können. Bei richtiger Beantwortung einer Aufgabe erhält der Schüler eine Rückinformation darüber. Wurde eine Aufgabe falsch beantwortet, werden nach einer entsprechenden Rückkopplung Erläuterungen gegeben, Zwischenfragen gestellt bzw. adäquate Baumdiagramme schrittweise erstellt, die dann systematisch zur Lösung der Aufgabe hinführen (Übungsaufgaben). Das Kombinatorik-Programm besteht aus drei Teilen, die bezüglich ihrer lehrplanrelevanten Inhalte aufeinander aufbauen. Der Programmteil 1 ist ab der 6. Klassenstufe, die Teile 2 und 3 sind ab der 8. Klassenstufe einsetzbar. Zur Erhebung des aktuellen bereichsspezifischen Vorwissens werden ein computergestützter Prätest mit jeweils fünf Aufgaben zu jedem Lernprogrammteil eingesetzt. Der aktuelle Leistungsstatus nach Bearbeitung der Programmteile (Lernleistung) wird durch die Applikation des Posttests (nochmalige Auseinandersetzung mit den Prätestanforderungen) erhoben. Die Lernleistung während der Programmbearbeitung kann durch die Anzahl der sofortigen Richtig-Antworten, die Anzahl der benötigten Hilfen sowie die Anzahl der bearbeiteten Aufgaben abgebildet werden.

Als weiteres Lernprogramm wurde das Computerszenario „Hunger in Nordafrika" (Leutner & Schrettenbrunner, 1989)[13] ausgewählt. Das Programm stellt eine Simulation dar, deren Inhalte in den Curricula für den Geographieunterricht des 7./8. Schuljahres vorgeschrieben sind. Ziel ist es, im Rahmen induktiver, entdeckenlassender Lernanforderungen bereichsspezifisches Wissen und Handlungskompetenz zu vermitteln. Das Problem besteht darin, in der Rolle eines Bauern in einer fiktiven Trockenregion Afrikas einen landwirtschaftlichen Familienbetrieb zu führen und das Überleben der Familie zu sichern. Die Überlebensmöglichkeiten sind abhängig von Entscheidungen zur Familienplanung, Schulbildung, Viehwirtschaft, Bewirtschaftung von Feldern usw.. Weiterhin spielen endogen determinierte Klimaereignisse (d.h. systeminterne, von den Schülern nicht zu beeinflussende Faktoren) und ökologische Bedingungen eine Rolle. Das Erkennen der Systemeigenschaften und Wechselwirkungen sowie die Aneignung relevanter Begriffe, Regeln und Strategien des Überlebens sind Lehrziel der Computersimulation. Im ersten Schritt wird das Vorwissen mit Hilfe eines schriftlichen Prätests erhoben. Der aus 27 Fragen bestehende multiple-choice-Test erfaßt Vorkenntnisse zu diversen Begriffen, Regeln, Prinzipien und Überlebensstrategien. Der aktuelle Leistungsstatus wird durch die Anzahl der Richtig-Antworten abgebildet. Nach Absolvierung des Prätests folgt die Phase der Exploration des Computerszenarios (Wissenserwerb). Durch Manipulation des Systems soll sich der Schüler einen Einblick in die Wirkungszusammenhänge der Systemgrößen

---

[13] Wir danken an dieser Stelle Herrn Prof. Dr. D. Leutner für die Bereitstellung und die Beratung beim Einsatz des Programms.

verschaffen und durch schrittweises Erkennen das angestrebte Lernziel so gut wie möglich erreichen. Da unser Ziel darin bestand, die Leistung der Schüler nach Initiierung von Lernprozessen abzubilden, setzten wir eine mit adaptiven Lernhilfen ausgestattete Programmversion ein. Die Hilfen umfassen Warnungen, Hinweise und Kommentare, welche dem Schüler abgestimmt auf das bisherige Lösungsverhalten und die aktuelle Systemsituation dargeboten werden. Der Explorationsphase folgt eine Steuerungsphase (Wissensnutzung), die der Überprüfung erworbener Handlungskompetenz dient. Das Maß der erworbenen Kompetenz soll sich dabei in der Anzahl der Überlebensjahre der fiktiven Familie ausdrücken. Nach der Steuerungsphase wird ein Posttest appliziert. Die wiederholte Beantwortung der 27 Fragen des Prätests dient der Überprüfung des aktuellen Wissensstatus nach Auseinandersetzung mit dem Szenario und den integrierten Lernhilfen. Der Parameter der Posttestleistung ist wiederum die Anzahl der Richtig-Antworten. Durch den Erwerb geographiebezogenen deklarativen Wissens sollte sich in den Posttestergebnissen eine Erhöhung des Leistungsstatus im Vergleich zum Prätest nachweisen lassen.

Um den Nachweis der Validität der Lerntestbatterie ACIL zu erbringen, wird die folgende Hypothese geprüft:

> *Wenn wir davon ausgehen, daß die ACIL tatsächlich „Lernfähigkeit", die auch für schulisches Lernen relevant ist, erfaßt, dann sollten die Leistungen in den Lehr-Lernprogrammen, die den Erwerb von Verfahrenswissen bzw. deklarativem Wissen verlangen, durch die Lerntests vorhersagbar sein. Die Prädiktion sollte dabei nicht allein auf dem Leistungsstatus, sondern darüber hinaus auf „lernfähigkeitsspezifischen" Informationen beruhen.*

Zur Prüfung dieser Hypothese werden im folgenden verschiedene Validierungsstudien referiert, die im Rahmen einer Längsschnittuntersuchung durchgeführt wurden. Im Schuljahr 1994/95 wurden Validierungsuntersuchungen bei Schülern der 7. bzw. 6. Klassenstufe durchgeführt. Dabei wurden sowohl die Prädiktoren als auch die Kriterien zeitnah (innerhalb von 4 Wochen) i.S. einer konkurrenten Validierung erhoben. In den Schuljahren 1995/96 und 1996/97 wurden Validierungsuntersuchungen durchgeführt, deren Ergebnisse im Sinne der prognostischen Validierung zu interpretieren sind. Die Kriterien wurden hierbei ein Jahr nach der Erhebung der Prädiktoren ermittelt.

Als Prädiktoren wurden die mit den Subtests der ACIL (ADANA, AZAFO, ADAFI) erhobenen Parameter zur intellektuellen Lernfähigkeit herangezogen. Weiterhin wurden die Parameter zum intellektuellen Leistungsstatus mit den speziell entwickelten Statustests Analogienstatustest (ANAS), Zahlenfolgenstatustest (ZAFOS) und Figurenfolgenstatustest (FIFOS) ermittelt. Die Lerntests der ACIL wurden dabei zu Statustests „rückentwickelt". Auf die Rückmeldung zur Antwortqualität, die adaptive Verzweigungsregel und das fehlerorientierte Hilfensystem wurde dabei verzichtet, so daß die Items wie in einem klassischen Statustest vorgegeben wurden. Als Parameter des bereichsspezifischen Vorwissens wurden die Leistungen im Wissensprätest der Computersimulation „Hunger in Nordafrika" und die Mathematiknote herangezogen (da für das „Kombinatorik-Programm" im Schuljahr 1994/1995 noch kein expliziter Prätest zur Verfügung stand). Seit dem Schuljahr 1995/1996 standen für das Kombinatorik-Programm ein Prä- und ein Posttest zur Verfügung, deren Parameter als Indikatoren für das bereichsspezifische Vorwissen und als Indikatoren der Lernleistung herangezogen werden konnten.

Konkurrente Validierung

Im Rahmen der nachfolgend referierten Validierungsstudien wurden 134 Mittelschüler und Gymnasiasten der 7. Klassenstufe und 29 Mittelschüler der 6. Klassenstufe untersucht. Die Gesamtstichprobe der 7. Klassenstufe wurde nach der Leistung im Raven-Matrizen-Test (Kratzmeier & Horn, 1987) in drei Teilstichproben parallelisiert. Jede Teilstichprobe führte jeweils einen Subtest der Lerntestbatterie ACIL durch, bearbeitete den entsprechenden Statustest, das Kombinatorik-Programm Teil 1 sowie die Computersimulation „Hunger in Nordafrika". Entsprechend der inhaltlichen Anforderung des Kombinatorik-Programms (Lösung numerischer Aufgaben mit Hilfe figural-anschaulicher Modelle) erwarten wir einen bedeutsamen Zusammenhang zum ADAFI. Auch sollte wegen der Anforderung des Regelerkennens und -übertragens mit numerischem Material ein Zusammenhang zwischen AZAFO und dem Kombinatorik-Programm nachzuweisen sein. Die Leistungen in der Computersimulation „Hunger in Nordafrika" sollten aufgrund des Erwerbs deklarativen Wissens durch den ADANA prädiziert werden, da das Begriffswissen eine Voraussetzung für die erfolgreiche Bearbeitung des ADANA ist. Die erwarteten Zusammenhänge wurden im ersten Schritt durch die Berechnung der bivariaten Rangkorrelationen überprüft (siehe Tabelle 5.17).

Tabelle 5.17

Bivariate Rangkorrelationen (r_s) zwischen den Lerntestparametern (*ADANA, AZAFO, ADAFI*) und den Kriterien für den Lernerfolg in curricularbezogenen Lernprogrammen (*Posttest in der Computersimulation „Hunger in Nordafrika" bzw. im Kombinatorik-Lernprogramm*)

Prädiktoren	N	Kriterien	
		Computersimulation „Hunger in Nordafrika" Posttest	Kombinatorik-Lernprogramm
ADAFI	46	.31*	.54*
ADANA	44	.72*	.58*
AZAFO	44	.39*	.32*

Bemerkung: * $p \leq .05$, einseitig. Sämtliche Parameter wurden so gepolt, daß sie mit besserer Leistung des Schülers steigen.

Entsprechend unseren Erwartungen stehen Prädiktoren und Kriterien in einem mittleren bis hohen Zusammenhang. Der hohe Zusammenhang zwischen ADANA und der Lernleistung im Kombinatorik-Programm beruht vermutlich darauf, daß die kombinatorischen Aufgaben in Form von Textaufgaben vorgegeben werden und damit das verbale Verständnis eine Voraussetzung für die Bearbeitung der Aufgaben ist. Außerdem wurde bereits früher festgestellt (vgl. dazu 1.4.3), daß sich verbale Analogientests auch als gute Prädiktoren der mathematischen Befähigung erwiesen haben.

Der überraschend geringe Zusammenhang zwischen der AZAFO-Leistung und dem Lernergebnis im Kombinatorik-Programm ist vermutlich darauf zurückzuführen, daß die Rechenfähigkeit, die im AZAFO eine bedeutende Rolle spielt, im Kombinatorik-Programm nicht in dem Maße gefordert ist (Schüler durften den Taschenrechner benutzen). Der Zusammenhang scheint also vor allem durch die Anforderung des Erkennens und Übertragens mathematischer Regeln bedingt zu sein. Das bereichsspezifische Vorwissen, gemessen durch den Prätest der Computersimulation „Hunger in Nordafrika", steht mit dem Posttestergebnis in einem hohen signifikanten Zusammenhang von $r_s = .58$ ($p \le .05$, $N = 134$). Die Mathematiknote als genereller Parameter des mathematischen Vorwissens steht mit der Lernleistung im Kombinatorik-Programm (Anzahl der Richtig-Antworten bei den Kontrollaufgaben) in einem geringen Zusammenhang ($r_s = .15$; $p \le .05$, $N = 134$).

Zur Überprüfung der Frage, ob Lerntests über die statusspezifischen Informationen hinaus weitere Informationen erfassen, die als lernfähigkeitsspezifisch zu interpretieren sind, beziehen wir in den folgenden Schritten die Statustests als Prädiktoren ein. Als multivariates statistisches Analyseverfahren wird die logistische Regression, die keine Verteilungsvoraussetzungen an die Daten stellt, eingesetzt. Zur hier geforderten Dichotomisierung der abhängigen Variablen (Wissensposttest der Computersimulation bzw. Kontrollaufgaben des Kombinatorik-Programms) wurde das Lernziel auf 75% festgelegt (d.h. 75% der Maximalpunktzahl mußten erreicht werden; Lernziel erreicht = ☺, Lernziel nicht erreicht = ☹). Als unabhängige Variablen wurden die Lerntestleistung (Schrittzahl) sowie die Statustest- und Vorwissensleistung (Anzahl der Richtig-Antworten, Abschlußnote in Mathematik) aufgenommen. Um Aussagen über die Qualität der Prädiktion und über die Anteile der Prädiktoren an der status- bzw. lernfähigkeitsspezifischen Varianzaufklärung zu ermöglichen, wurden verschiedene Prädiktorkombinationen i.S. der Modellprüfung aufgenommen (siehe Tabelle 5.18).

Tabelle 5.18

Ergebnisse logistischer Regressionsanalysen. Abhängige Variable: Erreichung des Lernziels im Kombinatorik-Programm. Unabhängige Variablen: Lerntestparameter (ADAFI), Parameter des Leistungsstatus (FIFOS bzw. Mathematiknote). $N = 46$, 7. Klassenstufe

Prädiktoren	abhängige Variable Lernziel im „Kombinatorik-Programm"				
ADAFI	.25*			.18*	.27*
FIFOS		.10		.04	
Mathematiknote			.02		.02
df	1	1	1	2	2
Sensibilität (%)	70.8	—	—	70.8	70.8
Spezifität (%)	68.2	—	—	68.2	72.7
Trefferquote (%)	69.6	—	—	69.6	71.7
χ^2	7.6*	2.9	0	7.6*	8.2*

Bemerkung: * $p \le .05$, einseitig. Die Signifikanzangaben hinter den Partialkorrelationen beziehen sich auf die Regressionskoeffizienten (B). $n_☺ = 22$, $n_☹ = 24$. Sensibilität: Identifizierung der $n_☹$ durch Regressionsanalyse; Spezifität: Identifizierung der $n_☺$ durch Regressionsanalyse. Sämtliche Parameter wurden so gepolt, daß bessere Leistung durch höhere Werte angezeigt werden.

In der ersten Analysestufe werden die Prädiktoren jeweils als Einzelprädiktoren herangezogen. In der zweiten Analysestufe wurden Prädiktorkombinationen geprüft. Der Vergleich von Einzelprädiktoren und Prädiktorkombinationen gibt Aufschluß über die Aufklärung spezifischer Varianzanteile und die Prädiktionsgenauigkeit der jeweiligen Prädiktoren. Wir überprüfen im folgenden die Prädiktionskraft des ADAFI, des FIFOS (Statustest) und der Mathematiknote gegenüber der Lernleistung im Kombinatorik-Programm. Der ADAFI leistet als Einzelprädiktor einen signifikanten Beitrag zur Prädiktion des Lernerfolges. FIFOS und Mathematiknote (jeweils als Einzelprädiktoren) leisten dagegen keinen Beitrag zur Prädiktion der Lernleistungen im Kombinatorik-Programm. Bei simultaner Berücksichtigung von Lern- und Statustest bzw. von Lerntest und Vorwissensparameter kann die Prädiktionsgenauigkeit gegenüber den Ergebnissen des ADAFI als Einzelprädiktor nicht erhöht werden. Durch Aufnahme der Mathematiknote als weiterer Prädiktor kann nur eine geringfügige Verbesserung der Trefferquote erzielt werden.

Die Erwartung des Zusammmenhangs zwischen AZAFO und dem Kombinatorik-Programm aufgrund der Symmetrie von prozeduralen und kognitiven Anforderungen wird ebenfalls regressionsanalytisch überprüft (siehe Tabelle 5.19).

Tabelle 5.19

Ergebnisse logistischer Regressionsanalysen. Abhängige Variable: Erreichung des Lernziels im Kombinatorik-Programm. Unabhängige Variablen: Lerntestparameter (AZAFO), Parameter des Leistungsstatus (ZAFOS bzw. Mathematiknote). $N = 29$, 6. Klassenstufe

Prädiktoren	abhängige Variable				
	Lernziel im „Kombinatorik-Programm"				
AZAFO	.21*			.04	.19*
ZAFOS		.18*		.07	
Mathematiknote			.06		.02
df	1	1	1	2	2
Sensibilität (%)	64.7	52.9	—	64.7	—
Spezifität (%)	75.0	58.3	—	75.0	—
Trefferquote (%)	69.0	55.2	—	69.0	—
χ^2	5.8*	4.3*	0.8	6.0*	5.8

Bemerkung: siehe Tabelle 5.18; $n_\oplus = 12$, $n_\otimes = 17$.

Sowohl der AZAFO als auch der ZAFOS leisten als Einzelprädiktoren bezogen auf den Lernerfolg im Kombinatorik-Programm einen signifikanten Beitrag zur Prädiktion. Zu beachten ist hier jedoch, daß der ZAFOS trotz seines signifikanten Beitrags zur Varianzaufklärung eine geringe Trefferquote aufweist, die nur geringfügig von einer „Zufallszuordnung" abweicht. Die Mathematiknote erweist sich als irrelevanter Prädiktor für die Leistung im Kombinatorik-Programm. Bei simultaner Aufnahme von Status- und Lerntest wird gegenüber der Vorhersagekraft des AZAFO als Einzelprädiktor keine Verbesserung erzielt.

Zur Prädiktion des Lernerfolges in der Computersimulation „Hunger in Nordafrika" (siehe Tabelle 5.20) leisten sämtliche Einzelprädiktoren einen signifikanten Beitrag.

Im Gegensatz zur simultanen Berücksichtigung von Status- und Lerntest erweist sich die Kombination Lerntest und Vorwissen als gewinnbringend für die Prädiktion der erfolgreichen und der wenig erfolgreichen Leistungsgruppe.

Ziehen wir an dieser Stelle (wie schon beim Kombinatorik-Lernprogramm) die bereichsspezifisch nächstliegende Schulnote als Einzelprädiktor heran (hier die Geographienote als Parameter des Vorwissens für die Computersimulation „Hunger in Nordafrika"), dann leistet die Geographienote keinen Beitrag zur Prädiktion der Lernleistung in der Computersimulation ($\chi^2 = 1.32$ [$df = 1$], $R = .00$). Bei simultaner Betrachtung von Geographienote und ADANA leistet der ADANA einen signifikanten Beitrag zur Varianzaufklärung ($\chi^2 = 25.4*$ [$df = 2$], $R = .38*$,) die Sensibilität beträgt 83% und die Spezifität 78%. Dieser Befund zeigt, daß die Geographienote keine Bedeutung für die Prädiktion des im Computerszenario ermittelten Lernerfolges hat.

Tabelle 5.20

Ergebnisse logistischer Regressionsanalysen. Abhängige Variable: Erreichung des Lernziels in der Computersimulation „Hunger in Nordafrika". Unabhängige Variablen: Lerntestparameter (ADANA), Parameter des Leistungsstatus (ANAS bzw. Wissensprätest in der Computersimulation „Hunger in Nordafrika"). $N = 44$, 7. Klassenstufe

Prädiktoren	abhängige Variable				
	Lernziel in der Computersimulation „Hunger in Nordafrika"				
ADANA	.37*			.28*	.26*
ANAS		.29*		.00	
Wissensprätest			.36*		.13*
df	1	1	1	2	2
Sensibilität (%)	81.5	81.5	85.2	81.5	81.5
Spezifität (%)	70.6	41.2	64.7	76.5	88.2
Trefferquote (%)	77.3	65.9	77.3	79.6	84.1
χ^2	21.1*	11.1*	15.5*	21.7*	24.7*

Bemerkung: siehe Tabelle 5.18; $n_{\oplus} = 17$, $n_{\otimes} = 27$.

Bei der simultanen Berücksichtigung der Lern- und Statustestparameter im Prädiktionsmodell erweist sich der Lerntest überwiegend als derjenige Prädiktor, der einen zusätzlichen signifikanten Beitrag zur Prädiktion des Lernerfolges in den Lernprogrammen leistet. Die Statustests liefern in diesen Fällen keinen wesentlichen Beitrag zur Varianzaufklärung des Kriteriums. Die „statusspezifischen" Fähigkeitsanteile des Statustests werden anscheinend schon im Lerntest „miterfaßt". Der Lerntest ist in der Lage, über die „statusspezifischen" Anteile (= Statustestwert) hinaus, „lernfähigkeitsspezifisch" zu interpretierende Informationen zu liefern. Die Prädiktion des Lernerfolges bezüglich schulisch relevanter Inhalte kann durch die eingesetzten Lerntests mit größerer Genauigkeit vorgenommen werden als durch die Statustests. Die Lerntests weisen gegenüber den Statustests eine höhere Sensibilität, Spezifität und Trefferquote (gesamt) auf. Dabei spielt die höhere „Spezifität" eine besondere Rolle, denn die durch Lerntests erhobenen Zusatzinformationen sollten vor allem eine Identifikation derjenigen Personen zulassen, die aufgrund ihrer „Lernfähigkeit" in der Lage sind, angestrebte Lernziele zu erreichen, die aber bei alleiniger Berücksichtigung von Leistungsstatusparametern (Statustests, Schulnoten) fälschlicherweise als „nicht erfolgreich" prädiziert würden.

Die generellen und gewiß problematischen Vorwissensparameter – Mathematiknote bzw. Geographienote – haben für die Prädiktion des Lernerfolgs in den umschriebenen Gegenstandsbereichen (Kombinatorik-Programm bzw. Computersimulation „Hunger in Nordafrika") keine Relevanz. Der sehr spezielle Vorwissensparameter – Wissensprätest der Computersimulation „Hunger in Nordafrika" – leistete neben dem Lerntest und dem Statustest einen wesentlichen Beitrag zur Vorhersage des Lernerfolges. Der Lerntest erwies sich auch hier als Prädiktor mit höherer „Spezifität". Eine Berücksichtigung der Informationen aus dem Lerntest und der Informationen aus bereichsspezifischen Vorwissenstests erscheint für eine weitere Verbesserung der Prädiktion sinnvoll.

Prognostische Validierung

Die Besonderheit der folgenden Validierungsstudie besteht darin, daß sämtliche Lerntests (ADANA, AZAFO, ADAFI) und sämtliche Statustests (ANAS, ZAFOS, FIFOS) von allen Schülern ($N = 130$, 8. Klassenstufe) bearbeitet wurden. Damit besteht die Möglichkeit, aus den Parametern der Subtests der ACIL einen Lerntestgesamtparameter zu aggregieren (Lerntest-Gesamt). Gleichermaßen gilt dies für die eingesetzten Statustests, aus denen der Parameter Statustest-Gesamt gebildet wurde. Die Aggregation erfolgte durch Summenbildung nach z-Wert-Standardisierung der Einzeltestergebnisse.

Als curricularbezogene experimentelle Lernsituation wurde das Kombinatorik-Programm ausgewählt. Alle Schüler, die in der 8. Klassenstufe die Lern- und Statustests absolvierten, bearbeiteten nach einem Jahr (9. Klassenstufe) das Kombinatorik-Programm. Vor dem Kombinatorik-Programm wurde zur Erhebung des bereichsspezifischen Vorwissens der Prätest-Kombinatorik durchgeführt. Nach Bearbeitung des Kombinatorik-Programms (Lernsituation) bearbeiteten die Schüler die Aufgaben des Posttests. Damit steht als Kriterium für den Lernerfolg im Kombinatorik-Programm das Maß – Posttest-Kombinatorik – zur Verfügung. Als weiterer Prädiktor für den Lernerfolg im Kombinatorik-Programm wird neben den Lern- und Statustests der Parameter – Prätest-Kombinatorik – herangezogen. Dies untermauert nochmals die von uns beabsichtigte strenge Prüfung des Informationsgehaltes der erhobenen Lerntestparameter. Wir wollen die Frage beantworten, ob Lerntests auch unter prognostischem Blickwinkel in der Lage sind, über das aktuelle bereichsspezifische Vorwissen und den Statustest hinaus Informationen zu liefern, die eine fundiertere Vorhersage späterer Lernleistungen ermöglichen.

Gehen wir zuerst der grundsätzlichen Frage nach, ob sich die Lerntests als Prädiktoren zur Vorhersage des späteren Lernerfolges im Kombinatorik-Programm bewähren. Wir erwarten zwischen den Lerntestparametern und dem Kriterium Posttest-Kombinatorik mittlere bis hohe, signifikante Zusammenhänge. Um einen ersten Überblick über die Validitätskoeffizienten der Lerntests zu erhalten, berechneten wir die bivariaten Rangkorrelationen (siehe Tabelle 5.21).

Tabelle 5.21

Bivariate Rangkorrelationen (r_s) zwischen den Lerntestparametern (ADANA, AZAFO, ADAFI, Lerntest-Gesamt) und dem Parameter des Lernerfolges im Kombinatorik-Programm (Posttest-Kombinatorik). $N = 130$

Prädiktoren	Kriterium
	Posttest Kombinatorik-Programm
ADAFI	.59*
ADANA	.61*
AZAFO	.67*
Lerntest-Gesamt	.73*

Bemerkung: * $p \leq .05$, einseitig. Die Erhebung der Prädiktoren erfolgte in der 8. Klassenstufe, die Erhebung der Kriterien in der 9. Klassenstufe. Sämtliche Parameter wurden so gepolt, daß diese mit besserer Leistung steigen.

Entsprechend unseren Erwartungen lassen sich mittlere bis hohe, signifikante Zusammenhänge nachweisen. Die Koeffizienten zeigen, daß es den Lerntests gelingt, spätere Lernleistungen in curricularbezogenen experimentellen Lernsituationen vorherzusagen. Das Befundmuster der konkurrenten Validierung bestätigt sich.

Tabelle 5.22

Ergebnisse logistischer Regressionsanalysen. Abhängige Variable: Lernziel im Posttest-Kombinatorik. Unabhängige Variablen: Lerntestparameter (*Lerntest-Gesamt*), Parameter des Leistungsstatus (*Statustest-Gesamt*) und Parameter des aktuellen Vorwissens (*Prätest-Kombinatorik*). $N = 127$

Prädiktoren	abhängige Variable Lernziel im Posttest-Kombinatorik				
Lerntest-Gesamt	.38*			.27*	.21*
Statustest-Gesamt		.36*		.00	
Prätest-Kombinatorik			.38*		.24*
df	1	1	1	2	2
Sensibilität (%)	72.1	72.1	89.7	73.5	83.8
Spezifität (%)	78.0	72.9	69.5	78.0	76.3
Trefferquote (%)	74.8	72.4	80.3	75.6	80.3
χ^2	55.5*	37.1*	60.5*	56.7*	72.7*

Bemerkung: * $p \leq .05$, einseitig. Die Signifikanzangaben hinter den Partialkorrelationen beziehen sich auf die Regressionskoeffizienten (*B*). $n_\oplus = 59$, $n_\ominus = 68$. Sensibilität: Identifizierung der $n_\oplus$ durch Regressionsanalyse; Spezifität: Identifizierung der $n_\ominus$ durch Regressionsanalyse.

Um wiederum Aufschluß über den Informationsgehalt leistungsstatus- und lernfähigkeitsorientierter Prädiktoren zu erhalten, beziehen wir in die nachfolgende Analyse neben dem Parameter Lerntest-Gesamt den Parameter Statustest-Gesamt und die Vorwissensleistung (Prätest-Kombinatorik) ein. Zur Durchführung der logistischen Regressionsanalyse wurde das Kriterium Posttest-Kombinatorik dichotomisiert. Das Lernziel wurde wie schon bei der konkurrenten Validierung auf 75% festgelegt (Lernziel erreicht = ☺; Lernziel nicht erreicht = ☹). Im folgenden referieren wir die regressionsanalytischen Ergebnisse (siehe Tabelle 5.22).

Wie erwartet, leisten sämtliche Einzelprädiktoren einen signifikanten Beitrag zur Varianzaufklärung des Lernerfolges im Kombinatorik-Programm. Dabei weist der Prätest-Kombinatorik die höchste Sensibilität, der Lerntestparameter die höchste Spezifität auf. Berücksichtigt man die Prädiktoren Lerntest-Gesamt und Statustest-Gesamt simultan bei der Analyse, dann trägt der Parameter Lerntest-Gesamt weiterhin signifikant zur Varianzaufklärung bei, der Parameter Statustest-Gesamt leistet dagegen keinen weiteren Beitrag[14]. Die simultane Berücksichtigung der Parameter Lerntest-Gesamt und Prätest-Kombinatorik zeigt, daß beide jeweils einen signifikanten Beitrag zur Varianzaufklärung leisten. Dies führt dazu, daß Informationen des Prätests bezogen auf das Kriterium Sensibilität und die der Lerntests bezogen auf die Spezifität genutzt werden können. Die Lerntests erfassen Informationen, die weder durch die eingesetzten Statustests noch durch den Wissensprätest erhoben werden können. Diese Informationen dürften lernfähigkeitsspezifisch sein. Die über den Parameter Lerntest-Gesamt hinausgehenden Informationen des Prätests-Kombinatorik sind vermutlich auf die hoch ausgeprägte Bereichsspezifik zurückzuführen. Die Prädiktionsgenauigkeit des Lerntests (erhoben ein Jahr zuvor) im Vergleich zum Prätest (direkt vor der Bearbeitung der Aufgaben des Lernprogramms erhoben) unterstreicht die Relevanz der diagnostischen Zusatzinformationen aus den Lerntests.

Legt man das Lernziel auf 50% fest ($n_{☺} = 81$, $n_{☹} = 48$), verändert sich mit dem cut-off die Sensibilität und Spezifität der Verfahren (die Sensibilität sinkt im Vergleich zum Lernziel 75% geringfügig, die Spezifität steigt erwartungsgemäß bei sämtlichen Prädiktoren). Die bisher referierten Befunde zur Prädiktionsgüte und zur Bedeutung der jeweiligen Prädiktoren bei der Varianzaufklärung des Kriteriums können jedoch repliziert werden. Der Parameter Lerntest-Gesamt weist eine im Vergleich zum Parameter Statustest-Gesamt 10-15% höhere Sensibilität und Spezifität auf. Eine simultane Berücksichtigung von Lern- und Statustest führt zu keiner relevanten Erhöhung der Trefferquote im Vergleich zum Einzelprädiktor Lerntest-Gesamt. Die Lerntests erweisen sich im Vergleich zu den Statustests auch hier als diejenigen Prädiktoren, die einen bedeutenden Beitrag zur Varianzaufklärung leisten. In allen Fällen erweist sich jedoch eine Kombination der Parameter Lerntest-Gesamt und Vorwissenstest als sinnvoll, denn beide Prädiktoren tragen signifikant zur Varianzaufklärung bei und bringen damit Informationen in die Prognose zukünftiger Lernerfolge ein. Die Rolle des Vorwissensparameters als Prädiktor in der Prognosegleichung wird dabei sicherlich überschätzt, da er sich direkt auf die Aufgaben des Programms bezieht und un-

---

[14] Dieses Ergebnis ist nicht davon abhängig, in welcher Reihenfolge die Prädiktoren in die Analyse aufgenommen werden.

mittelbar vor der Absolvierung des Lernprogramms erhoben wurde. Die Status- und Lerntests wurden dagegen ein Jahr zuvor erhoben und prüfen allgemeine geistige Fähigkeiten.

Daß diese Befunde nicht nur auf die Aggregation der Subtestparameter zurückzuführen sind, ließ sich durch eine Überprüfung der Prädiktionsgenauigkeit auf Einzeltestebene nachweisen. Bei Einbezug der jeweiligen Subtestparameter AZAFO/ZAFOS, ADAFI/FIFOS, ADANA/ANAS als Prädiktoren lassen sich die zuvor referierten Ergebnisse vollständig replizieren. In allen Fällen leistet der Lerntest über den weiterhin einbezogenen Prädiktor (Statustest bzw. Prätest-Kombinatorik) hinaus einen bedeutenden Beitrag zur Varianzaufklärung, der auf Zusatzinformationen beruht, die im Statustest bzw. Vorwissenstest nicht vorhanden und lernfähigkeitsspezifischer Natur sind.

Bedenkt man das Argument, daß bei ausschließlicher Orientierung auf die Posttestergebnisse das Ausgangswertniveau nicht berücksichtigt wurde, dann bietet sich für den nächsten Analyseschritt die Berechnung des Residualgewinns (siehe Guthke, 1977; Guthke & Wiedl, 1996) an. Hierbei wird durch Regression für jeden beobachteten Prätestwert ein erwarteter Posttestwert vorhergesagt. Der Residualgewinn berechnet sich dann aus der Differenz zwischen tatsächlich erreichtem und geschätztem Posttestwert. Vor Durchführung der Regression wird die Standardisierung der Prä- und Posttestwerte empfohlen (hier z-Werte). Die Anforderungen, die berücksichtigt werden sollten, um die Prätest-Posttest-Differenz für eine „vernünftige" Schätzung der Veränderung heranzuziehen (siehe Guthke & Wiedl, 1996, S. 347), konnten erfüllt werden (z.B. Vermeidung von Decken- und Bodeneffekten usw.).

Tabelle 5.23

Ergebnisse logistischer Regressionsanalysen. Abhängige Variable: Residualgewinn (Res-Ges). Unabhängige Variablen: Lerntestparameter (Lerntest-Gesamt), Parameter des Leistungsstatus (Statustest-Gesamt), $N = 39$

	abhängige Variable		
Prädiktoren	Residualgewinn Kombinatorik-Programm		
Lerntest-Gesamt	.36*		.26*
Statustest-Gesamt		.25*	.00
df	1	1	2
Sensibilität (%)	77.3	60.0	73.7
Spezifität (%)	80.0	70.0	85.0
Trefferquote (%)	78.6	65.0	79.5
χ^2	14.2*	6.4*	12.4*

Bemerkung: * $p \leq .05$, einseitig, $n_{\ominus} = 20$, $n_{\oplus} = 19$. Die Signifikanzangaben hinter den Partialkorrelationen beziehen sich auf die Regressionskoeffizienten (B). Sensibilität: Identifizierung der $n_{\oplus}$ durch Regressionsanalyse; Spezifität: Identifizierung der $n_{\ominus}$ durch Regressionsanalyse.

Eine sinnvolle Gruppierung der Leistungen im Kombinatorik-Programm bei Betrachtung des Residualgewinns (Res-Ges) kann vollzogen werden, wenn jeweils die Schülergruppen herangezogen werden, die eine über der Erwartung liegende Posttestleistung (Gruppe ☺: Res-Ges > $MW + SD$) bzw. eine unter der Erwartung liegende Posttestleistung erzielten (Gruppe ☹: Res-Ges < $MW - SD$). Die Ergebnisse (siehe Tabelle 5.23) replizieren im wesentlichen die schon zuvor referierten Befunde unter Einbezug der Posttestergebnisse. Die Überlegenheit der Lerntests gegenüber den Statustests wird sogar noch deutlicher. Ausgangswertrelativierte Lerngewinnwerte sind auf der Kriteriumsseite möglicherweise doch „lernfähigkeitsangemessener" als reine Posttestwerte.

Die separate Berücksichtigung der Einzelprädiktoren erbringt wiederum den Nachweis, daß Lerntests und Statustests einen signifikanten Beitrag zur Varianzaufklärung leisten. Die Lerntests erweisen sich gegenüber den Statustests als Prädiktoren mit höherer Sensibilität und Spezifität. Die gleichberechtigte Berücksichtigung beider Prädiktoren in der Analyse zeigt den „lernfähigkeitsspezifischen" Anteil der Lerntests an der Varianzaufklärung des Kriteriums auf.

Zieht man die Mathematiknote als Einzelprädiktor zur Prognose des Lernerfolges heran (Lernziel bei 75% bzw. 50%), dann leistet sie einen signifikanten Beitrag zur Varianzaufklärung des Kriteriums (im Gegensatz zur konkurrenten Validierung). Dabei fallen jedoch die geringe Spezifität (Lernziel 75%: $\chi^2 = 8.14$ [$df = 1$], $R = .18*$, Sensibilität: 75.0% und Spezifität: 44.1%) und die besonders geringe Sensibilität (Lernziel 50%: $\chi^2 = 12.9$ [$df = 1$], $R = .24*$, Sensibilität: 43.5% und Spezifität: 82.7%) auf. Werden die Lerntests und die Mathematiknote simultan einbezogen, dann leistet die Note keinen über die Lerntests hinausgehenden Beitrag zur Varianzaufklärung. Die Lerntests sind auch hier die relevanten Prädiktoren des Lernerfolges im Kombinatorik-Programm. Wird der Residualgewinn als Kriterium herangezogen, dann erweist sich der Einzelprädiktor – Mathematiknote – als irrelevant für die Prognose. Damit bestätigen sich die regressionsanalytischen Befunde zur Übereinstimmungsvalidität. Alle referierten Ergebnisse, die auf der Basis der logistischen Regressionsanalyse berechnet wurden, konnten auch durch den Einsatz linearer Regressionsanalysen repliziert werden.

Die Vorhersage zukünftiger Lernerfolge bezüglich schulisch relevanter Inhalte kann durch die Lerntests mit größerer Genauigkeit vorgenommen werden als durch die Statustests. Die Befunde der konkurrenten Validierung ließen sich replizieren. Es zeigt sich die über die Zeit stabile „Fähigkeit" der Lerntests, diagnostisch relevante Zusatzinformationen zu liefern. Auch unter prognostischem Blickwinkel stellen die Lerntests über die Statustests hinausgehende, als „lernfähigkeitsspezifisch" zu interpretierende Informationen zur Verfügung, die die Güte der Vorhersage verbessern. Dieser Befund ließ sich weiter durch die Berücksichtigung des Vorwissensparameters, der durch eine ausgeprägte Bereichsspezifik gekennzeichnet ist, untermauern. Auch hier liefern die Lerntests jeweils bedeutsame Zusatzinformationen, die durch die Erfassung des aktuellen Vorwissens allein nicht aufgedeckt werden konnten. Die besondere Stärke der Lerntests liegt wiederum in der gültigeren Prognose der zukünftig „erfolgreichen Leistungsgruppe" (Spezifität). Dieser Aspekt entspricht dem Grundgedanken des Lerntestkonzepts, nämlich durch die Anregung individueller

Lernprozesse die vorhandenen Leistungspotentiale genauer abzubilden und damit eine fairere diagnostische Aussage zu ermöglichen als es durch leistungsstatusorientierte Verfahren gewährleistet werden kann.

Der Vorwissensparameter Prätest-Kombinatorik zeigt als Einzelprädiktor die größte Genauigkeit bezüglich des Kriteriums der Sensibilität (Identifizierung der „nicht erfolgreichen Leistungsgruppe"). Um ein ausgewogenes Verhältnis zwischen Sensibilität und Spezifität zu erzielen und die Potentiale verschiedener diagnostischer Instrumente für die Vorhersage zu nutzen, empfiehlt sich (wie schon bei der konkurrenten Validität bezogen auf die Computersimulation „Hunger in Nordafrika") der Einsatz von Lerntests in Verbindung mit Tests zur Erfassung des eng bereichsspezifischen Vorwissens. Die Mathematiknote (als genereller Vorwissensparameter) kann sich im Vergleich zu den Lerntests bei der Vorhersage zukünftiger Lernerfolge im Lernprogramm nicht bewähren (besonders unter Berücksichtigung der Höhe spezifischer Trefferquoten).

Mit Blick auf die differentielle Validität von Lerntests wollen wir nun der Frage nachgehen, inwieweit es Lerntests und vergleichbaren Intelligenzstatustests gelingt, für spezielle Leistungsgruppen (z.B. für Schüler mit schlechten bzw. guten Leistungen im Prätest des Kombinatorik-Programms) die zukünftige Bewältigung schulisch relevanter Anforderungen (Posttestleistung im Kombinatorik-Programm) vorherzusagen. Wir erwarten, daß die Lerntests besonders für die Gruppe der Leistungsschwachen eine differenziertere Vorhersage zukünftiger Leistungen ermöglichen, als es durch Statustests gewährleistet werden kann. Die den Lerntests immanenten lernfähigkeitsspezifischen Zusatzinformationen sollten gerade für die Aufklärung der Leistungsvarianz in der Gruppe der Leistungsschwachen von Relevanz sein. In den anderen Leistungsgruppen erwarten wir dagegen keine so aufgeprägten Differenzen bezogen auf die Validitätskoeffizienten von Lern- und Statustests.

Tabelle 5.24

Bivariate Rangkorrelationen (r_s) zwischen dem Lerntestparameter (*Lerntest-Gesamt*) bzw. den Statustestparametern (*Statustest-Gesamt, Raven-Leistung*) und der Leistung im Kombinatorik-Posttest für spezifische Teilstichproben (Leistungsschwache, Leistungsdurchschnittliche, Leistungsstarke im Prätest-Kombinatorik)

Prädiktoren	Kriterium: Posttest-Kombinatorik		
	Leistungsschwache $n = 40$	Leistungsdurchschnittliche $n = 50$	Leistungsstarke $n = 40$
Lerntest-Gesamt	.67*	.39*	.40*
Statustest-Gesamt	.43*	.44*	.20*
Raven	.53*	.28*	.37*

Bemerkung: * $p \leq .05$, einseitig. Die Erhebung der Prädiktoren erfolgte in der 8. Klassenstufe, die Erhebung der Kriterien in der 9. Klassenstufe.

Zur Bildung von Leistungsgruppen wurde die Vorwissensleistung im Kombinatorik-Programm herangezogen. In der Gruppe der „Leistungsschwachen" befinden sich 30% der Schüler, in der Gruppe der „Leistungsstarken" ebenfalls 30% und in der Gruppe der „Leistungsdurchschnittlichen" 40% der Schüler. Als Prädiktoren wurden die Subtests der ACIL (aggregierter Parameter Lerntest-Gesamt) und die entsprechenden Statustestpendants (aggregierter Parameter Statustest-Gesamt) sowie die Raven-Leistung eingesetzt. Als Kriterium wurde die Lernleistung im Kombinatorik-Programm (Posttest-Kombinatorik) herangezogen. Die prognostischen Validitätskoeffizienten für die drei Leistungsgruppen wurden durch bivariate Rangkorrelation berechnet (siehe Tabelle 5.24). Ein Vergleich der Korrelationskoeffizienten für die verschiedenen Leistungsgruppen zeigt bezogen auf die Lerntests eine prognostische Überlegenheit in der Gruppe der Leistungsschwachen. Dies gilt allerdings gleichermaßen für den Parameter der Raven-Leistung. Der Parameter „Statustest-Gesamt" steht in den beiden Extremgruppen mit dem Kriterium in einem geringeren Zusammenhang als der Parameter Lerntest-Gesamt. In der Gruppe der Leistungsdurchschnittlichen unterscheiden sich die Validitätskoeffizienten dagegen kaum. Aufgrund dieser Informationen kann entsprechend unserer Annahme bestätigt werden, daß Lerntests gerade für Leistungsschwache validere Aussagen über zukünftige Lernleistungen zulassen. Dies ließe sich aber in diesem Falle auch für den Raven bestätigen. Dabei ist zu beachten, daß die Raven-Leistungen nicht unmittelbar mit den anderen Tests vergleichbar sind, da im Unterschied zum Lerntest/Statustestvergleich nicht nur die Prozedur, sondern auch der Testinhalt variiert wurde, so daß Differenzen in den Validitätskoeffizienten sowohl durch Prozedur als auch durch Inhaltsunterschiede bedingt sein könnten.

Tabelle 5.25

Ergebnisse linearer Regressionsanalysen für die Gruppe der Leistungsschwachen mit dem Lerntestparameter (Lerntest-Gesamt) und den Statustestparametern (Statustest-Gesamt, Raven). In den Klammern hinter den standardisierten Regressionskoeffizienten (β-Gewichte) sind die entsprechenden t-Werte aufgeführt

Prädiktoren	abhängige Variable: Posttest-Kombinatorik				
Lerntest-Gesamt	.69 (6.00)*			.90 (4.63)*	
Statustest-Gesamt		.49 (3.46)*		-.25 (-1.27)	.31 (2.00)*
Raven			.51 (3.76)*		.34 (2.20)*
df	40	40	40	39	39
F	36.0	12.0	14.1	18.8	9.0
$adj.\ R^2$	.46	.22	.24	.48	.29

Bemerkung: * $= p < .05$, einseitig.

Um die durch Korrelationsanalyse erhaltenen Ergebnisse weiter zu spezifizieren, führen wir getrennt für die jeweiligen Leistungsgruppen lineare Regressionsanalysen durch. Wir erwarten, daß die Lerntests besonders in der Gruppe der Leistungsschwachen einen bedeutenden Beitrag zur Varianzaufklärung leisten. Durch simultanen Einbezug entsprechender Statustestparameter kann geprüft werden, ob gerade die Informationen aus den Lerntests zur Erhöhung der aufgeklärten Varianzanteile (*adj. R^2*) im Kriterium beitragen. In der Gruppe der Leistungsstarken dürften die lernfähigkeitsspezifischen Lerntestinformationen keine so wesentliche Rolle bei der Varianzaufklärung spielen, da die Leistungsvarianz hier eher durch statusspezifische Informationen zu erklären sein wird (Leistungsstarke bearbeiten die Lerntests eher im Sinne eines Statustests). In der Tabelle 5.25 sind die Ergebnisse der linearen Regressionsanalysen für die Gruppe der Leistungsschwachen dargestellt.

Die Betrachtung der Einzelprädiktoren (Ergebnisspalten 1-3) zeigt, daß jeweils ein bedeutender Beitrag zur Varianzaufklärung des Kriteriums geleistet wird. Die in den Lerntest-Parametern abgebildeten Informationen führen dazu, daß ca. 20% mehr Leistungsvarianz aufgeklärt wird als es durch Statustests möglich ist. Bei einer simultanen Berücksichtigung von Lern- und Statustestparametern verlieren die Statustests ihre Bedeutung. Auch der Einsatz mehrerer Statustests (Möglichkeit zur Erweiterung der Informationsbasis) führt zu keiner Erhöhung der aufgeklärten Kriteriumsvarianz. Diese Ergebnisse verdeutlichen, daß ein gewisser Anteil an Informationen, die für die Prognose zukünftiger Leistungen der Leistungsschwachen relevant sind, erst durch den Einsatz von Lerntests aufgedeckt wird.

Die hier referierten Ergebnisse lassen sich in dieser Ausprägung für die Gruppe der Leistungsstarken nicht replizieren (siehe Tabelle 5.26).

Tabelle 5.26

Ergebnisse linearer Regressionsanalysen für die Gruppe der Leistungsstarken mit dem Lerntestparameter (Lerntest-Gesamt) und den Statustestparametern (Statustest-Gesamt, Raven). In den Klammern hinter den standardisierten Regressionskoeffizienten (β-Gewichte) sind die entsprechenden t-Werte aufgeführt

Prädiktoren	abhängige Variable: Posttest-Kombinatorik				
Lerntest-Gesamt	.37 (2.30)*			.40 (2.03)*	
Statustest-Gesamt		.17 (1.00)		.06 (.03)	.04 (0.19)
Raven			.31 (1.89)*		.33 (1.57)
df	34	34	34	33	33
F	5.3	1.0	3.6	2.6	1.8
adj. R²	.11	.00	.07	.09	.04

Bemerkung: * = $p < .05$, einseitig.

In der Gruppe der Leistungsstarken leisten der Parameter Lerntest-Gesamt und der Raven als Einzelprädiktoren einen signifikanten Beitrag zur Varianzaufklärung. Dabei werden max. 11% der Kriteriumsvarianz aufgeklärt. Bei simultaner Berücksichtigung der Parameter Lerntest-Gesamt und Statustest-Gesamt bringen die Lerntests bedeutsame Zusatzinformationen in die Prognose ein. Eine simultane Betrachtung von Statustest-Gesamt und Raven-Leistung zeigt, daß keiner der Prädiktoren einen signifikanten Beitrag zur Varianzaufklärung des Kriteriums leistet.

Die linearen Regressionsanalysen für die Gruppe der Leistungsdurchschnittlichen zeigten, daß die Parameter Lerntest-Gesamt und Status-Gesamt jeweils als Einzelprädiktoren einen signifikanten Beitrag zur Varianzaufklärung (*adj.* $R^2 = .22$) leisten. Dies kann ebenfalls für den Raven bestätigt werden, wobei hier nur 5% der Varianz des Kriteriums aufgeklärt wurde. Ein simultaner Einbezug von Lerntest-Gesamt und

Statustest-Gesamt führt zur Erhöhung der Varianzaufklärung auf 28% (beide Prädiktoren leisten einen signifikanten Beitrag).

Aufgrund der hier vorgestellten Befunde kann ausgesagt werden, daß durch die in den Lerntests erfaßten Zusatzinformationen mehr Leistungsvarianz aufgeklärt werden kann, als es durch Statustests der Fall ist. Diese Zusatzinformationen haben besonders in der Gruppe der Leistungsschwachen große Bedeutung, verlieren dann aber mit zunehmender Leistungsstärke der Testenden an Relevanz. Trotzdem erwiesen sich wider Erwarten auch bei den Leistungsstarken die Lerntests als die allgemein besseren Prädiktoren des zukünftigen Lernerfolges. Die in diesem Abschnitt referierten Befunde zur konkurrenten und prognostischen Validierung sind als ein Beitrag zur Konstruktvalidität der Lerntests anzusehen und untermauern unseren Vorschlag, durch den Einsatz standardisierter Lernversuche eine experimentell fundierte Validierung zu ermöglichen.

5.3.5 Externe Validierung an Schulnoten

Trotz unserer Bedenken gegenüber den Schulnoten als Außenkriterien für den Nachweis der Validität der Lerntests nahmen wir das traditionelle Vorgehen der Validierung von Intelligenztests an dieser Stelle wieder auf. Wie schon unter 4.1 und 5.3.3 diskutiert, müssen beim Einsatz von Schulnoten die meßtheoretischen Probleme (hinsichtlich Objektivität, Reliabilität und lernfähigkeitsbezogener Validität) berücksichtigt werden. Greift man gerade die Problematik der lernfähigkeitsbezogenen Validität dieser Außenkriterien auf, dann stellt sich die Frage, welcher Informationsgehalt in den Schulnoten abgebildet wird. Da der Lerntest den Anspruch erhebt, über den Leistungsstatus hinausgehende lernfähigkeitsspezifische Informationen abzubilden (Informationen über die Fähigkeit, zukünftig Lernerfolge zu erzielen), wird es für den Lerntest dann problematisch, entsprechende Zusatzinformationen aufzudecken, wenn in den Außenkriterien keine (bzw. nur ein geringer Anteil) lernfähigkeitsbezogenen Informationen enthalten sind.

Da davon auszugehen ist, daß in den Lerntestparametern auch statusspezifische Informationen enthalten sind, sollten die Lerntests „zumindest" aber eine vergleichbare Prädiktionskraft aufweisen wie die Statustests. Es kann nicht generell erwartet werden, daß die Lerntests bezogen auf diese Außenkriterien eine signifikant bessere Prädiktionskraft aufweisen, obwohl in bisherigen Untersuchungen vor allem Langzeit-Lerntests leicht höhere Validitätskoeffizienten erzielten (vgl. Guthke & Wiedl, 1996).

Konkurrente Validierung

In der nachfolgend referierten Studie wurden 143 Gymnasiasten und Mittelschüler der 8. Klassenstufe untersucht. Als Prädiktoren wurden die Lerntestparameter der ACIL (ADANA, AZAFO, ADAFI) und die Parameter des Leistungsstatus (ANAS, ZAFOS, FIFOS sowie der Raven-Test als ein in der Praxis vielfach angewandtes

Diagnostikum) eingesetzt. Die Durchschnittsnote des Abschlußzeugnisses der 8. Klasse und die Abschlußnote für das Fach Mathematik wurden als Außenkriterien herangezogen. Wir berechneten die bivariaten Rangkorrelationen, um Aufschluß über die Höhe des Zusammenhanges zu erhalten (vgl. Tabelle 5.27).

In der Stichprobe der 8. Klasse zeigen sich entsprechend den Erwartungen mittlere Zusammenhänge zwischen Prädiktoren und Kriterien, die in ähnlicher Ausprägung generell bei Intelligenztests gefunden werden (vgl. Kühn, 1987). Der im Vergleich zu ADANA und AZAFO niedrigere Zusammenhang des ADAFI zu den Schulnoten ist auf die geringere Schulnähe der Anforderungen des ADAFI zurückzuführen, ein Ergebnis, das immer wieder für Tests mit figuralen Anforderungen im Vergleich zu Tests mit verbalem oder numerischem Material berichtet wird. Der Zusammenhang zwischen Raven und der Mathematiknote fällt in diesem Fall überraschend gering aus. In der Literatur werden überwiegend höhere Korrelationskoeffizienten gerade zur Mathematiknote berichtet.

Tabelle 5.27

Bivariate Rangkorrelationen (r_s) zwischen den Lerntestparametern (ADANA, AZAFO, ADAFI, Lerntest-Gesamt), dem Parameter des Leistungsstatus (Raven-Leistung) und den Parametern der Schulleistung (Mathematikabschlußnote, Durchschnittsnote). N = 143, 8. Klassenstufe

Prädiktoren	Kriterien	
	Mathematiknote	Durchschnittsnote
ADAFI	.23*	.21*
ADANA	.40*	.40*
AZAFO	.36*	.38*
Lerntest-Gesamt	.49*	.45*
Raven-Leistung	.19*	.26*

Bemerkung: * $p \leq .05$, einseitig. Die Parameter wurden so gepolt, daß diese mit besserer Leistung steigen. Sämtliche Parameter wurden durch z-Wert Berechnung standardisiert, bei den Schulnoten wurde eine schulartspezifische Standardisierung vorgenommen.

Die Prädiktionsgenauigkeit der Lerntests im Vergleich zu den Statustests wollen wir wiederum durch die logistische Regression überprüfen. Auch die Leistung im Raven-Test soll als Prädiktor der Schulnoten betrachtet werden.

Im ersten Schritt ziehen wir die Durchschnittsnote als Kriterium für die Schulleistung heran (siehe Tabelle 5.28). Als Prädiktoren werden der Lerntest- und der Statustest-Gesamt sowie die Raven-Leistung einbezogen. Die notwendige Dichotomisierung des Kriteriums wurde durch Extremgruppenbildung vorgenommen (Gruppe ☺: Durchschnittsnote > $MW + SD$, Gruppe ☹: Durchschnittsnote < $MW - SD$). Eine mäßige Prädiktion der Durchschnittsnote ist durch sämtliche Einzelprädiktoren möglich. Vergleicht man die Prädiktionsgenauigkeit von Lerntest- und Statustest-Gesamt (als separate Prädiktoren), dann zeigt sich entsprechend unseren Erwartungen, daß beiden die Prädiktion erfolgreicher und wenig erfolgreicher Schulleistungen (gemessen an Schulnoten) in vergleichbarer Ausprägung gelingt.

Tabelle 5.28

Ergebnisse logistischer Regressionsanalysen. Abhängige Variable: Durchschnittsnote; Unabhängige Variablen: Lerntestparameter (Lerntest-Gesamt), Parameter des Leistungsstatus (Statustest-Gesamt, Raven-Leistung). $N = 56$, 8. Klassenstufe

Prädiktoren	abhängige Variable Durchschnittsnote				
Lerntest-Gesamt	.40*			.16*	.36*
Statustest-Gesamt		.41*		.23*	
Raven-Leistung			.26*		.00
df	1	1	1	2	2
Sensibilität (%)	85.2	81.5	51.9	88.9	85.2
Spezifität (%)	82.8	86.2	75.9	89.7	82.8
Trefferquote (%)	83.9	83.9	64.3	89.3	83.9
χ^2	31.9*	34.7*	8.2*	39.9*	32.2*

Bemerkung: * $p \leq .05$, einseitig, $n_\odot = 29$, $n_\otimes = 27$. Die Signifikanzangaben hinter den Partialkorrelationen beziehen sich auf die Regressionskoeffizienten (B). Sensibilität: Identifizierung der $n_\otimes$ durch Regressionsanalyse; Spezifität: Identifizierung der $n_\odot$ durch Regressionsanalyse. Die Parameter wurden so gepolt, daß diese mit besserer Leistung steigen. Sämtliche Parameter wurden durch z-Wert Berechnung standardisiert, vor Bildung der Durchschnittsnote wurde die schulartspezifische Standardisierung der eingehenden Fachnoten vorgenommen.

Die Trefferquote (gesamt) liegt bei jeweils 84%, wobei der Lerntest-Gesamt eine geringfügig höhere Sensibilität, der Statustest-Gesamt eine etwas höhere Spezifität aufweist. Der simultane Einbezug beider Parameter in das Prädiktionsmodell zeigt, daß beide einen signifikanten Beitrag zur Varianzaufklärung leisten. Die Durchschnittsnote als Parameter der Schulleistung beinhaltet natürlich auch lernfähigkeitsspezifische Varianzanteile, die von den Lerntests aufgeklärt werden können.

Tabelle 5.29

Ergebnisse logistischer Regressionsanalysen. Abhängige Variable: Mathematiknote. Unabhängige Variablen: Lerntestparameter (Lerntest-Gesamt), Parameter des Leistungsstatus (Statustest-Gesamt, Raven-Leistung). $N = 85$, 8. Klassenstufe

Prädiktoren	abhängige Variable Mathematiknote				
Lerntest-Gesamt	.39*			.20*	.35*
Statustest-Gesamt		.38*		.17*	
Raven-Leistung			.30*		.19*
df	1	1	1	2	2
Sensibilität (%)	79.0	68.4	55.3	78.9	76.3
Spezifität (%)	85.1	83.0	74.5	87.2	85.1
Trefferquote (%)	82.3	76.5	65.9	83.5	81.2
χ^2	32.4*	30.1*	14.7*	38.4*	39.1*

Bemerkung: * $p \leq .05$, einseitig, $n_\odot = 47$, $n_\otimes = 38$. siehe auch Tabelle 5.28.

Im nächsten Schritt wird die Mathematiknote als Kriterium der Schulleistung herangezogen (siehe Tabelle 5.29). Zur Dichotomisierung des Kriteriums wurden ebenfalls Extremgruppen gebildet (Gruppe ☹: Schüler mit den Noten 4, 5; Gruppe ☺: Schüler mit den Noten 1, 2).

Bei der Prädiktion der „erfolgreichen Leistungsgruppe" und der „nicht erfolgreichen Leistungsgruppe" zeigen sich die geringfügig höhere Sensibilität, Spezifität und Trefferquote (gesamt) der Lerntests gegenüber den Statustests. Eine simultane Berücksichtigung der Parameter Lerntest- und Statustest-Gesamt erweist sich bezogen auf diese Kriterien als wenig gewinnbringend. Ähnliche Ergebnisse können durch den separaten Einbezug des Parameters Lerntest-Gesamt erzielt werden.

Unsere Ergebnisse erlauben den Schluß, daß die von uns untersuchten Lerntests eine vergleichbar hohe bzw. geringfügig höhere Prädiktionsgenauigkeit (bezogen auf Schulnoten) als Statustests aufweisen. Durch den Einsatz von Lerntests als auch von Statustests ist die Prädiktion des Schulerfolges – gemessen an den Fachnoten für Mathematik sowie der Durchschnittsnote – mit hinreichend hoher Treffergenauigkeit möglich. Wird zusätzlich zum Parameter Lerntest-Gesamt der Parameter des Leistungsstatus (Status-Gesamt) als gleichberechtigter Prädiktor in das Modell aufgenommen, dann leisten beide einen signifikanten Beitrag zur Varianzaufklärung der Kriterien. Jeder Parameter liefert über den „Konkurrenzprädiktor" hinausgehende Informationen.

Prognostische Validierung

Für die Praxis ist die prognostische Validierung wichtiger als die konkurrente, denn schließlich ist es relativ uninteressant zu erfahren, wie gut Schulleistungen und Testleistungen im aktuellen Zeitraum übereinstimmen, wenn man Tests vor allem zur Vorhersage zukünftiger schulischer und beruflicher Leistungen einsetzt. Unsere Bedenken gegenüber der Güte von Außenkriterien wie Zensuren bleiben natürlich auch bei der prognostischen Validierung bestehen, wobei hier noch die u.U. in Rechnung zu stellende Instabilität des zu messenden Merkmals hinzukommt. Gleichzeitig erhoffen wir uns aber eine gewisse Überlegenheit der Lerntests gegenüber den Statustests im Hinblick auf die prognostische Validierung. Bereits Wygotski (1934, 1964) hatte angenommen, daß die Diagnostik der Zone der nächsten Entwicklung die „Dynamik der geistigen Entwicklung" in der Zukunft des Kindes besser prognostizieren wird als die reine Statuserfassung durch herkömmliche Tests. Eigentlich benötigen wir also „dynamische Außenkriterien". Bereits Jäger (1972) hatte festgestellt, daß Lerntests im Vergleich zu Statustests die Veränderungen in der Mathematiknote über ein Schuljahr hinweg besser prognostizieren konnten. Guthke und Gitter (1991) stellten in einer sieben Jahre andauernden Längsschnittstudie fest, daß Lerntests nicht generell besser die Schulleistungen prädizierten, sondern dies lediglich für die Untergruppe der Leistungsschwachen zutraf. Nach dem Befund von Wiedl und Herrig (1978) ist auch die Art des nachfolgenden Unterrichts von Relevanz. Nur bei einem adaptiv-individualisierendem Unterricht waren Lerntests die besseren Prädiktoren, nicht dagegen beim üblichen Frontalunterricht. Jüngst hat Hessels (1995) festgestellt, daß ganz im Sinne Wygotskis offenbar nicht so sehr die Schulerfolge an sich besser durch Lerntests prädiziert werden, sondern die „Dynamik in den Schulerfolgsmessungen". In Holland werden halbjährlich standardisierte Schulleistungstests durchgeführt, die als dynamische Außenkriterien herangezogen werden können (Berücksichtigung verschiedener Erhebungszeitpunkte). Bei holländischen Kindern wurden zum Schulbeginn Lern- und Statustests durchgeführt, diese wurden dann mit der Veränderung der Ergebnisse in den standardisierten Schulleistungstests (Bereiche: Muttersprache, Mathematik) korreliert. Hierbei war der Lerntest dem Statustest überlegen. Leider werden in unseren Schulen nicht wie in Holland regelmäßig solche standardisierten Lernerfolgskontrollen durchgeführt. Uns stehen keine vergleichbaren Schulleistungsindikatoren zur Verfügung, so daß wir auf die traditionellen Schulnoten als Maß für den Schulerfolg zurückgreifen müssen.

Im Vergleich zu den Übereinstimmungskoeffizienten (siehe vorhergehender Abschnitt zur konkurrenten Validierung) ist zu erwarten, daß die prognostischen Validitätskoeffizienten generell etwas geringer ausfallen. Trotzdem sollten die Lerntests mit den Schulnoten in einem mittleren Zusammenhang stehen. Berechnet wurden im ersten Schritt die bivariaten Rangkorrelationen (vgl. Tabelle 5.30).

Tabelle 5.30

Bivariate Rangkorrelationen (r_s) zwischen den Lerntestparametern (ADANA, AZAFO, ADAFI, Lerntest-Gesamt), dem Parameter des Leistungsstatus (Raven-Leistung) und den Parametern für die Schulleistung (Mathematiknote und Durchschnittsnote). $N = 140$

Prädiktoren	Kriterien	
	Mathematiknote	Durchschnittsnote
ADAFI	.19*	.18*
ADANA	.34*	.38*
AZAFO	.29*	.28*
Lerntest-Gesamt	.36*	.36*
Raven-Leistung	.26*	.17*

Bemerkung: * $p \leq .05$, einseitig. Die Erhebung der Prädiktoren erfolgte in der 8. Klassenstufe, die Erhebung der Kriterien in der 9. Klassenstufe. Die Parameter wurden so gepolt, daß diese mit besserer Leistung steigen. Sämtliche Parameter wurden durch z-Wert Berechnung standardisiert, bei den Schulnoten wurde eine schulartspezifische Standardisierung vorgenommen.

Die referierten Ergebnisse zeigen, daß sich fast alle Prädiktoren (Ausnahme: ADAFI) als mäßig valide für die Vorhersage späterer Schulleistungen erweisen. Bei Betrachtung der Übereinstimmungskoeffizienten und der prognostischen Koeffizienten zeigt sich eine relative Stabilität der Befundmuster. Um die Prognosegüte von Status- und Lerntests vergleichend zu überprüfen, wenden wir uns wieder der logistischen Regressionsanalyse zu. Erwartet werden auch hier vergleichbare Prognoseergebnisse von Lern- und Statustests, wobei die Lerntests zumindest tendenziell bessere Werte aufweisen sollten. Wir ziehen wiederum die Durchschnittsnote als Kriterium für die Schulleistung heran (siehe Tabelle 5.31).

Tabelle 5.31

Ergebnisse logistischer Regressionsanalysen. Abhängige Variable: Durchschnittsnote. Unabhängige Variablen: Parameter des Leistungsstatus (Statustest-Gesamt, Raven-Leistung), Lerntestparameter (Lerntest-Gesamt). $N = 50$

Prädiktoren	abhängige Variable Durchschnittsnote				
Lerntest-Gesamt	.34*			.00	.30*
Statustest-Gesamt		.38*		.30*	
Raven-Leistung			.15		.00
df	1	1	1	2	2
Sensibilität (%)	66.7	83.3	—	87.5	66.7
Spezifität (%)	76.9	80.8	—	84.6	76.9
Trefferquote (%)	72.0	82.0	—	86.0	72.0
χ^2	14.5*	27.2*	3.7	27.9*	15.0*

Bemerkung: * $p \le .05$, einseitig $n_{\odot} = 26$, $n_{\otimes} = 24$, sonst vgl. Tabelle 5.28

Die Vorhersage zukünftiger Schulleistungen (gemessen an der Durchschnittsnote) gelingt den Lerntests und den Statustests mit hinreichend hoher Trefferquote. Der Parameter Statustest-Gesamt zeigt als Einzelprädiktor eine höhere Sensibilität und Spezifität als der Parameter Lerntest-Gesamt. Eine simultane Berücksichtigung von Lern- und Statustests führt zu einer weiteren Erhöhung der spezifischen Trefferquoten. Der Parameter Lerntest-Gesamt leistet dabei keinen signifikanten Beitrag. Der Prädiktor Raven-Leistung erweist sich ebenfalls als unbedeutend für die Vorhersage der Durchschnittsnote. Anscheinend wird die Durchschnittsnote wenig durch die intellektuelle Potenz determiniert. Ziehen wir allerdings als Außenkriterium die intelligenzintensivere Mathematiknote heran (siehe Tabelle 5.32), so lassen sich die Befunde der konkurrenten Validierung replizieren.

Tabelle 5.32

Ergebnisse logistischer Regressionsanalysen. Abhängige Variable: Mathematiknote. Unabhängige Variablen: Lerntestparameter (Lerntest-Gesamt), Parameter des Leistungsstatus (Statustest-Gesamt, Raven-Leistung). $N = 79$

Prädiktoren	abhängige Variable Mathematiknote				
Lerntest-Gesamt	.33*			.16*	.30*
Statustest-Gesamt		.31*		.06	
Raven-Leistung			.14*		.00
df	1	1	1	2	2
Sensibilität (%)	65.1	62.8	48.8	74.4	69.8
Spezifität (%)	71.7	73.9	63.0	73.9	73.9
Trefferquote (%)	68.5	68.5	56.2	74.2	71.9
χ^2	21.2*	17.9*	4.6*	23.6*	21.4*

Bemerkung: * $p \le .05$, einseitig, $n_{\odot} = 46$, $n_{\otimes} = 33$, vgl. Tabelle 5.31.

Bei gleichzeitiger Betrachtung von Lern- und Statustest-Gesamt erweist sich hier der Parameter Lerntest-Gesamt (wie auch schon bei der konkurrenten Validierung) als derjenige Prädiktor, der im Vergleich zum Parameter Statustest-Gesamt einen bedeutsamen Beitrag zur Aufklärung der Varianz des Kriteriums leistet. Die Lerntests liefern damit Informationen, die über die statusspezifischen Anteile hinausgehen und als lernfähigkeitsspezifisch interpretierbar sind. Die Mathematiknote besitzt also eher lernfähigkeitsbezogene Varianzanteile (im Vergleich zur Durchschnittsnote), die durch die Lerntests aufgedeckt werden können.

Insgesamt kann ausgesagt werden, daß sich Lerntests auch bei der Prognose zukünftiger Schulleistungen (hier gemessen an der Durchschnitts- und Mathematiknote) bewähren. Hypothesengemäß läßt sich jedoch kein genereller „Vorteil" der Lerntests gegenüber den Statustests nachweisen. Zu prüfen ist allerdings noch, ob entsprechend unserer Hypothese in der Untergruppe der Leistungsschwachen die Validität der Lerntests gegenüber den Statustests höher ausfällt.

5.3.6 Zusammenfassende Untersuchung zur Validierung der ACIL an konventionellen Urteilsmaßen und experimentellen Kriterien

Unsere Validierungsstrategie ermöglicht es, die Prädiktoren (Lerntests und Statustests) bezogen auf verschiedene Außenkriterien hinsichtlich ihrer Vorhersagegenauigkeit und damit bezüglich ihres Informationsgehaltes zu überprüfen. Wir versuchen nun in einem zusammenfassenden Schritt, den herangezogenen Prädiktoren „Kriterienkombinationen" gegenüberzustellen. Zunächst werden die Außenkriterien (Schulnoten und Leistungen in den Lernprogrammen) einer Faktoranalyse unterzogen. Wir erwarten, daß sich ein mehr statusspezifischer und ein mehr lernfähigkeitsbezogener Kriteriumsfaktor finden läßt (siehe Tabelle 5.33).

Tabelle 5.33

Ergebnisse der Faktoranalyse mit den Variablen Mathematik- und Deutschnote sowie der Richtig-Antwort im Kombinatorik-Programm, den Leistungen im Wissensprätest und -posttest der Computersimulation „Hunger in Nordafrika". $N = 134$, 7. Klassenstufe

Variablen	Faktor 1	Faktor 2	h^2
Mathematiknote	.80	—	.69
Deutschnote	.84	—	.75
Richtig-Antwort „Kombinatorik"	—	.84	.71
Prätest „Hunger in Nordafrika"	.55	—	.32
Posttest „Hunger in Nordafrika"	—	.70	.55
Anteil an der Gesamtvarianz	35.8%	24.7%	

Bemerkung: Ladungen $\geq$ .30 wurden als substantielle Ladungen in die Tabelle aufgenommen. Ein Prätest im Kombinatorik-Programm stand für diese Untersuchung (7. Klassenstufe) nicht zur Verfügung.

Entsprechend der Hypothese wurde eine zweifaktorielle Lösung identifiziert, wobei die aufgeklärte Gesamtvarianz 60.5% beträgt. Der Faktor 1 könnte als aktueller Wissensstatus bezüglich schulischer Anforderungen (Wissensprätest, Schulnoten) und der Faktor 2 als Wissenserwerb hinsichtlich schulisch relevanter Inhalte (Parameter des Lernerfolges im „Kombinatorik-Programm" und Wissensposttest in der Computersimulation) interpretiert werden. Demzufolge erwarten wir also, daß Lerntests im Vergleich zu Statustests höher mit dem Faktor 2 in Beziehung stehen, dagegen dürften die Zusammenhänge der Lerntests bzw. der Statustests bezogen auf den Faktor 1 kaum differieren (da in Lerntests auch ein „Statusanteil" vorhanden ist). Die erwarteten Beziehungen werden mit Hilfe linearer Regressionsanalysen überprüft. Danach sollten die Lerntests einen substantiellen Beitrag zur Varianzaufklärung des Faktors 2 leisten. Die Statustests sollten dagegen im Vergleich zu den Lerntests keinen bedeutsamen Beitrag zur Varianzaufklärung leisten. Der Informationsgehalt der Statustests (Leistungsstatus und geringfügiges Lernen während der Bearbeitung der Statustests) sollte auch in den Lerntests enthalten sein. Die Varianz des Faktors 1 sollte sowohl durch die Statustests als auch durch die Lerntests aufzuklären sein. Es ist davon auszugehen, daß in Schulnoten und Vorwissenstests Informationen über vergangene Lernleistungen einfließen, die ja zu dem aktuellen Leistungsstatus führten. Zur Überprüfung unserer Annahmen wurde jeweils der Faktor 1 bzw. der Faktor 2 als abhängige Variablen einbezogen (vgl. Tabelle 5.34). Als unabhängige Variablen gingen die über die Subtests der ACIL bzw. die Statustests aggregierten Maße (Lerntest-Gesamt, Statustest-Gesamt) ein.

Tabelle 5.34

Ergebnisse der linearen Regressionsanalysen für den Faktor 1 und den Faktor 2 mit dem Lerntestparameter (Lerntest-Gesamt) und dem Statustestparameter (Statustest-Gesamt). In den Klammern hinter den standardisierten Regressionskoeffizienten (β-Gewichte) sind die entsprechenden t-Werte aufgeführt.

Prädiktoren	abhängige Variablen	
	Faktor 1	Faktor 2
Statustest-Gesamt	.26 (2.0) *	.07 (0.6)
Lerntest-Gesamt	.28 (2.1) *	.44 (3.4) *
df	125	125
F	21.4	20.7
adj. R^2	.24	.24

Bemerkung: * = $p \leq .05$, einseitig. Für die Regressionsanalysen wurden die individuellen Faktorwerte bezogen auf den Faktor 1 und 2 als abhängige Variablen herangezogen.

Unsere Annahmen bezogen auf die Beiträge zur Varianzaufklärung der Faktoren durch die Lerntest- und Statustestparameter wurden bestätigt. Zur Aufklärung der Varianzanteile des Faktors 1 leisten beide Prädiktoren einen vergleichbaren Beitrag. Die durch die Lerntests aufgeklärten Varianzanteile könnten sich darauf beziehen, daß natürlich auch in den Schulnoten und den Vorwissensparametern lernfähigkeitsbezogene Informationsanteile vorhanden sind, die auf dem vorausgehenden Wissenserwerb beruhen. Bei der Varianzaufklärung des Faktors 2 erweisen sich dagegen nur die Lerntests als diejenigen Prädiktoren, die einen bedeutsamen Beitrag leisten. Sie sind wiederum in der Lage, über die Statustests hinausgehende Informationen zu liefern. Die allein durch die Lerntests aufklärbaren Varianzanteile dürften vor allem durch lernfähigkeitsspezifische Zusatzinformationen bedingt sein. Neben diesen lernfähigkeitsspezifischen Informationen werden von den Lerntests aber auch statusspezifische Varianzanteile des Faktors „mitaufgeklärt", so daß die Statustests zur Aufklärung dieser Varianzanteile keinen zusätzlichen Beitrag mehr leisten.

Diese Befunde untermauern nochmals, hier auf einer höheren Analyseebene, die schon referierten Ergebnisse zur konkurrenten und prognostischen Validität der Lerntests.

5.3.7 Förderniveau und Testleistung

Die Kritik an herkömmlichen Intelligenztests bezieht sich oft darauf, daß die Leistungspotenzen von Unterprivilegierten, d.h. von Personen aus ungünstigem häuslichen Milieu (Testanden mit sogenannten „irregulären Lernbedingungen", vgl. Flammer & Schmid, 1982), nicht genügend berücksichtigt werden. Die Forschungsgruppe um Kubinger (Kubinger & Wurst, 1985) berichtet in Untersuchungen zum Adaptiven Intelligenz-Diagnosticum (AID) eine eindeutig schlechtere Leistung von sogenannten „Unterschichtkindern". Diese erreichen im AID signifikant geringere Rohwerte, die in der Regel einen Unterschied von 10 T-Wertpunkten im Vergleich zu „Oberschichtkindern" ausmachen. Horn (1982) weist bei der Interpretation der Testergebnisse des Leistungsprüfsystems (LPS) auf den Sachverhalt hin, daß ein starker Leistungsanstieg von den Aufgabenreihen zur Allgemeinbildung zu denen der Denkfähigkeit auf eine mangelhafte Schulbildung infolge fehlender Gelegenheit oder auf geistige Uninteressiertheit deute. In den Untersuchungen zum Lerntestkonzept aus den USA (Budoff und Mitarbeiter, vgl. z.B. Budoff, 1970) und Israel (vgl. Feuerstein, 1972) wurde der Nachweis der größeren Milieuunabhängigkeit der Lerntests im Vergleich zu Intelligenzstatustests meist durch den Vergleich von Kindern und Jugendlichen aus extrem unterschiedlichen Milieus (z.B. weiße Mittelschichtkinder vs. Slumkinder, Emigranten aus Äthiopien vs. bereits länger in Israel lebende Familien) erbracht. Auch bei den Studien aus Holland mit Lerntests und Reaktionszeitversuchen (vgl. Hamers et al., 1993) zeigte sich, daß sich in Holland lebende kulturelle Minoritäten mit z.T. ganz erheblichen kulturellen Differenzen und auch Angehörige afrikanischer Völker in den Intelligenztests bedeutend stärker von den Niederländern unterschieden als in den Lern- und Reaktionszeittests.

In der Untersuchung von Nagler (1995) an Heimkindern wurde festgestellt, daß, obwohl von den untersuchten 20 Heimkindern zehn Klassenwiederholer waren, fünf die Förderschule besuchten und fünf die Hauptschule, die meisten Testanden (65%) durchschnittliche bis überdurchschnittliche Werte im ADAFI (und auch im ADANA, dort allerdings etwas schwächer) erreichten (verglichen an der ACIL und jeweils auf das Alter und nicht die erreichte Klassenstufe bezogen). Von den 5 Förderschülern, die aufgrund ihrer schlechten Schulleistungen und der üblichen Aufnahmetests in die

Förderschule kamen, erreichten vier durchschnittliche Lerntestergebnisse im ADANA bzw. ADAFI.

Wir haben bisher keine systematischen Untersuchungen zur Frage der Milieuabhängigkeit von Lerntestleistungen im Vergleich zu Statustestleistungen durchgeführt, da wir in Deutschland zum einen nicht so massive „Milieudifferenzen" in größerer Anzahl registrieren und zum anderen speziell in Ostdeutschland das Problem der faireren Begutachtung von „Ausländerkindern" erst jetzt akut wird. Hinzu kommt, daß sich Lehrerinnen und Lehrer – was auch wieder verständlich ist – scheuen, genauere Auskünfte über die geistige Anregung im Elternhaus zu geben. Nach den jetzt im Schulwesen geltenden Bestimmungen ist es schon außerordentlich schwierig, nach dem Beruf der Eltern zu fragen. Aus all diesen Gründen gestaltete sich unser ursprüngliches Vorhaben problematisch, die unterschiedlichen Auswirkungen des „Milieus" und der geistigen Anregung auf Intelligenz- vs. Lerntestergebnisse zu studieren. Wir haben uns daher einer mehr indirekten Methode bedient, um das Förderniveau der Testanden zu erschließen.

Wir vergleichen die Reasoning-Leistung einer Versuchsperson mit ihren Leistungen in verbalen und numerischen Tests, die von der Lernvorgeschichte als stärker beeinflußt gelten. Je größer die Differenz ist, das heißt, je geringer der von Vorwissenseinflüssen mitbestimmte Testwert (verbal und numerisch) im Vergleich zu den Reasoning-Fähigkeiten ausgeprägt ist, desto eher gehen wir von weniger günstigen Förderbedingungen des Testanden aus. Dieses Ergebnis wird in der Fachliteratur des öfteren repliziert. Budoff (1967) als Vertreter des Lerntestkonzeptes stellte fest, daß sogenannte gainer, die oft aus ungünstigen sozioökonomischen Verhältnissen stammen, in Verbalttests deutlich schlechter abschneiden als in Handlungstests (siehe auch Guthke, 1980).

In unserer Untersuchung wurden Schüler neunter Klassen (Mittelschule und Gymnasium) mit dem KFT-Kurztest (Heller et al., 1985) sowie mit dem ADANA und dem AZAFO getestet. Wir nutzten den Untertest N2 (Figurenanalogien) des KFT als Maß für die Reasoning-Fähigkeiten (vgl. Heller et al., 1985, S. 6), für die von der Lernvorgeschichte stärker beeinflußten verbalen Fähigkeiten den Untertest Wortbedeutung (V1) und für den numerischen Bereich den stark schulbildungsabhängigen Subtest Mengenvergleiche (Q2).

Zunächst sei das methodische Vorgehen näher erläutert. Um Unterschiede in den beiden Testformen des KFT auszugleichen, wurde für die Untertest-Rohwerte gesondert eine T-Wert-Skala erstellt. Aufgrund des erreichten Rohpunktwertes erhält jeder Testand einen seinem Leistungstand entsprechenden T-Wert. Ausgangspunkt war die Leistung im Untertest N2 (Figurenanalogien). Von diesem wurde durch lineare Regression ein Schätzwert für die Tests V1 bzw. Q2 (Lienert, 1989, Formel 171a, S. 472) bestimmt. Danach wurde die Differenz des tatsächlich erreichten Wertes in V1 bzw. Q2 vom jeweiligen Schätzwert errechnet. Wenn die Abweichungsdifferenz den Standardschätzfehler (a.a.O., Formel 173, S. 476) überschreitet, gilt die Abweichung als bedeutsam. Nun gibt es Abweichungen in zwei verschiedenen Richtungen. Einerseits können die Ergebnisse in den von der Lerngeschichte stärker beeinflußten Subtests wesentlich schlechter oder andererseits wesentlich besser ausfallen, als dies aufgrund der Reasoning-Fähigkeiten zu erwarten wäre. Wir teilen die Testanden daher in folgende Leistungsgruppen ein.

* Wir bezeichnen Testanden hinsichtlich ihrer Testleistungen als *„verbal bzw. numerisch positiv diskrepant"*, wenn sie im Untertest V1 bzw. im Subtest Q2 des KFT einen wesentlich besseren Wert erreicht haben als hinsichtlich des N2-Wertes.
* Zur *„erwartungsgemäßen Leistungsgruppe"* gehören Testanden, deren erreichte Testwerte in den Untertests V1 bzw. Q2 den geschätzten Testwerten entsprechen.
* *„Verbal bzw. numerisch negativ diskrepant"* werden Testanden bezeichnet, deren Leistungen in den Subtests V1 bzw. Q2 niedriger ausfallen, als dies ihr Ergebnis im Untertest N2 erwarten läßt.

Wir wollen prüfen, ob Lerntestergebnisse in geringerem Grade von Förderbedingungen beeinflußt werden als traditionelle Intelligenztestergebnisse. Konkretisiert heißt das, daß wir Mittelwertsunterschiede in den KFT-Statusuntertests Wortanalogien (V4) und Zahlenfolgen (Q3) in den oben definierten Leistungsgruppen vermuten, während solche Unterschiede in den Lerntestpendants (ADANA, AZAFO) nicht auftreten sollten.

Tabelle 5.35 zeigt die Mittelwerte und Standardabweichungen für die Leistungsklassen in den Wortanalogien-Tests (V4 – Statustest, ADANA – Lerntest), während Tabelle 5.36 die entsprechenden statistischen Maßzahlen für die Zahlenfolgen enthält. Zu Vergleichszwecken werden die Testergebnisse von N2 mit ausgewiesen. Da zum Teil ungleiche Varianzen in den Variablen vorliegen, wurden die Mittelwertunterschiede mit dem paarweise doppelten *t*-Test für unabhängige Stichproben auf Signifikanz geprüft. Bedeutsame Mittelwertunterschiede konnten für alle Leistungsgruppen nur im Wortanalogien-Statustest nachgewiesen werden.

Tabelle 5.35

Statistische Maßzahlen in den verschiedenen Leistungsgruppen für Wortanalogien im Statustest (KFT-V4) und im Lerntest (ADANA)

Leistungsruppe	N	KFT-V4-Score MW (SD)	ADANA MW (SD)	KFT-N2-Score MW (SD)
verbal positiv diskrepant	15	55.99 (9.18)	52.32 (9.54)	51.31 (8.76)
erwartungsgemäß	62	50.15 (10.00)	50.03 (10.09)	49.70 (10.32)
verbal negativ diskrepant	14	43.84 (9.13)	47.26 (10.46)	52.13 (11.23)

Bemerkung: KFT-V4-Score: T-Wert im Untertest Wortanalogien. ADANA: T-Wert der Schrittzahl. KFT-N2-Score: T-Wert im Untertest Figurenanalogien.

Von insgesamt 91 Testanden gehören 15 Versuchspersonen zur Leistungsgruppe „verbal positiv diskrepant" und 14 Testanden zur Leistungsgruppe „verbal negativ diskrepant". Statistisch bedeutsame Mittelwertunterschiede konnten zwischen allen Leistungsgruppen bezüglich des KFT-V4-Wertes ermittelt werden. Die Differenzen betragen dabei etwa sechs T-Wert-Punkte. Hinsichtlich des ADANA und des KFT-

N2-Wertes haben alle drei Leistungsgruppen Ergebnisse auf vergleichbarem Niveau erreicht, wobei allerdings die sich in dem KFT-V4-Statustest zeigende Differenz annäherungsweise auch im ADANA erkennbar wird.

Tabelle 5.36 präsentiert die statistischen Maßzahlen für die Zahlenfolgen-Tests (KFT-Q3 – Statustest, AZAFO – Lerntest) sowie für den Untertest KFT-N2.

Tabelle 5.36

Statistische Maßzahlen in den verschiedenen Leistungsgruppen für Zahlenfolgen im Statustest (KFT-Q3) und im Lerntest (AZAFO)

Leistungsruppe	N	KFT-Q3-Score MW (SD)	AZAFO MW (SD)	KFT-N2-Score MW (SD)
numerisch positiv diskrepant	13	58.48 (6.68)	54.43 (9.49)	50.16 (7.84)
diskrepanzfrei	61	49.29 (10.26)	49.22 (10.23)	50.39 (10.38)
numerisch negativ diskrepant	13	49.37 (7.33)	49.46 (9.27)	52.59 (9.70)

Bemerkung: KFT-Q3-Score: T-Wert im Untertest Zahlenfolgen. AZAFO: T-Wert der Schrittzahl. KFT-N2-Score: T-Wert im Untertest Figurenanalogien.

Von 87 Testanden werden jeweils 13 Versuchspersonen den beiden diskrepanten Leistungsgruppen zugeordnet. Bedeutsame Mittelwertunterschiede liegen in den Testscores nur im Zahlenfolgen-Statustest vor, wobei sich die numerisch positiv diskrepante Gruppe von beiden anderen signifikant unterscheidet. Die numerisch diskrepanzfreie Leistungsgruppe besitzt ähnliche Werte im Zahlenfolgen-Statustest wie die Gruppe der numerisch negativen Diskrepanzfälle.

Es bestätigt sich unsere Annahme, daß sich Unterschiede in den Leistungsvoraussetzungen bzw. in den Förderbedingungen des Testanden nicht in dem Ausmaß in den ACIL-Testwerten niederschlagen wie in den dazugehörigen Statustests, wenn auch in den Lerntests eine ähnliche Tendenz wie in den Statustests erkennbar ist. Der Test N2 (Figurenanalogien) des KFT besitzt ebenfalls in allen Leistungsgruppen vergleichbare Ergebnisse. Es kann davon ausgegangen werden, daß sich die Gruppen hinsichtlich ihrer Reasoning-Fähigkeiten nicht unterscheiden. Zu erwarten wäre, daß sich die Gruppen unter der Voraussetzung gleicher Fördermaßnahmen und ähnlicher Lernbedingungen auch in den Statustests nicht unterscheiden. Da bedeutsame Differenzen in den Statustests nachgewiesen wurden, nehmen wir an, daß diese auf eine unterschiedliche Lerngeschichte zurückführbar sind. Die gefundenen Differenzen in den Statustests konnten in diesem Maße nicht mehr in den Lerntest-Pendants identifiziert werden. Wir schlußfolgern daher, daß Lerntests Testanden mit einer wahrscheinlich eher ungünstigen Lernvorgeschichte weniger benachteiligen und dieser Gruppe gegenüber also „fairer" sind, ohne an Differenzierungsfähigkeit einzubüßen.

Einen ähnlichen Befund konnte jüngst Räker (1997) in einer noch nicht abgeschlossenen Studie erheben. Sie führte den ADAFI bei 20 älteren Apoplexie-Patienten durch und setzte als Intelligenztestpendant den LPS-3 (Horn, 1982) ein. Der LPS-3 korreliert hoch mit dem sehr bildungsabhängigen Mehrfach-Wortschatztest nach Lehrl (1995), der ADAFI dagegen nicht.

6 Normierung und Einsatz als Batterie

6.1 Normierung

Der Normierung lagen Stichproben von $N = 772$ Schülern beim ADAFI, $N = 692$ Schülern beim AZAFO und $N = 954$ Schülern beim ADANA – jeweils für die Klassenstufen 5 bis 9 – zugrunde. Obwohl sich die Schülerzahlen gegenüber früheren Stichproben z.T. wesentlich erhöht hatten (beim AZAFO waren es z.B. vorher nur $N = 219$ Schüler, vgl. Guthke et al., 1995), waren die Änderungen – analog zur Itemanalyse – bei den Ergebnissen unerheblich, d.h., die Ergebnisse blieben stabil. Die Gesamtschritte und die Gesamtbearbeitungszeiten für die Lerntests der ACIL sind in Tabelle 6.1 wiedergegeben. Zudem ersieht man aus dieser Tabelle die Verteilung der Schüler bezüglich Schulart und Klassenstufe.

Tabelle 6.1

Mittelwerte (*MW*) und Standardabweichungen (*SD*) der Gesamtschritte und Gesamtbearbeitungszeiten bei den Subtests der ACIL nach Schularten und Klassenstufen

	Klasse	N	Mittelschule Schritte MW	SD	Bearbeitungszeit MW	SD	N	Gymnasium Schritte MW	SD	Bearbeitungszeit MW	SD
A	5	45	54.71	11.82	734	359					
D	6	98	50.89	9.67	790	342					
A	7						97	32.87	9.85	326	208
F	8	162	38.59	10.80	919	355	140	30.47	9.02	279	296
I	9	71	39.06	10.15	851	351	71	33.61	9.58	262	134
A	5	60	90.43	28.28	2357	814	49	43.24	21.98	2031	932
Z	6	61	68.43	30.97	2480	979	61	38.41	20.44	1707	803
A	7	77	66.23	29.57	2235	796	79	30.92	15.47	1455	707
F	8	91	61.00	25.16	1548	689	63	27.48	15.26	901	424
O	9	84	42.30	22.77	1421	651	67	26.12	12.23	858	370
A	5	75	68.65	16.28	661	233	70	49.96	12.97	646	248
D	6	120	54.87	12.75	638	222	68	44.82	9.89	555	224
A	7						57	40.32	8.52	488	214
N	8	189	46.79	13.16	500	187	112	34.75	9.00	394	155
A	9	72	40.17	10.83	428	190	71	33.99	7.64	354	200

Die Stichproben wurden zwischen 1993 und 1996 vorwiegend in Sachsen (Raum Leipzig), z.T. auch in Brandenburg, Thüringen und Sachsen-Anhalt erhoben. Bei den Schularten haben wir zwischen Gymnasium und Mittelschule unterschieden. Unter Mittelschülern verstehen wir dabei Haupt- und Realschüler. Diese Zusammenfassung ist vor allem der Spezifik des Schulwesens in Sachsen zu Beginn der 90er Jahre geschuldet. Die Datenerhebung selbst erfolgte klassenweise. Das war auch ein Grund dafür, daß wir unser Datenmaterial nach Klassenstufen gruppiert haben. Die Altersverteilung pro Klassenstufe ist für die Subtests aus der folgenden Tabelle zu ersehen.

Tabelle 6.2

Altersverteilung (Mittelwerte auf Jahre und Monate bezogen) pro Klassenstufe und Subtest

Klassenstufe	ADAFI	AZAFO	ADANA
5	11;6	11;4	11;5
6	12;2	12;2	12;4
7	13;3	13;1	13;3
8	14;6	14;6	14;7
9	15;6	15;4	15;5

Die Geschlechterverteilung (siehe Tabelle 6.3) entspricht sowohl insgesamt als auch bezüglich Schulart im wesentlichen den Verhältnissen in Sachsen bzw. in Gesamtdeutschland.

Tabelle 6.3

Geschlechterverteilung in der Normierungsstichprobe bezüglich Schulart für die Subtests der ACIL

Geschlecht	ADAFI		AZAFO		ADANA	
	absolut	in %	absolut	in %	absolut	in %
Mittelschule						
männlich	225	57.5	213	57.1	272	55.9
weiblich	166	42.5	160	42.9	215	44.1
Gymnasium						
männlich	155	50.7	143	44.3	189	50.0
weiblich	151	49.3	176	55.2	189	50.0
Gesamt						
männlich	406	54.0	356	51.4	505	53.1
weiblich	346	46.0	336	48.6	446	46.9

Bemerkung: Diskrepanzen bezüglich der Anzahlen resultieren aus fehlenden Angaben.

Eliminiert man bei den Gesamtschrittzahlen und den Gesamtbearbeitungszeiten einige extreme Werte, dann sind beide Größen annähernd normalverteilt. Bei der Untersuchung der Zusammenhänge der Gesamtschrittzahlen und der Gesamtbearbeitungszeiten unseres Datenmaterials zur *Klassenstufe* (statt des Alters), zur *Schulart* und zum *Geschlecht* stellten wir mittels einfacher mehrfaktorieller Varianzanalysen fest, daß für unseren Hauptparameter Gesamtschritte kein signifikanter Zusammenhang für die drei Subtests bezüglich des Haupteffektes Geschlecht vorlag, wohl aber für die Gesamtbearbeitungszeiten beim AZAFO und ADANA (Tabelle 6.4), wobei die Mädchen langsamer als die Jungen waren. Wegen des großen Stichprobenumfangs haben wir hier und im folgenden gegen die Irrtumswahrscheinlichkeit $\alpha \le .01$ geprüft.

Tabelle 6.4

Teilergebnisse der mehrfaktoriellen Varianzanalysen für eventuelle Geschlechtseffekte auf die Schrittzahl bzw. Bearbeitungszeit bei den Subtests der ACIL

Subtest	Schrittzahl		Bearbeitungszeit	
	F	p	F	p
ADAFI	0.07	$> .01$	2.48	$> .01$
AZAFO	4.50	$> .01$	29.04	$< .01$
ADANA	0.04	$> .01$	11.08	$< .01$

Im Interesse einer einheitlichen Normierung für die drei Subtests der ACIL haben wir uns entschlossen, nur die für alle Lerntests relativ starken Zusammenhänge unseres Datenmaterials mit der Schulart und den Klassenstufen zu berücksichtigen. Eine geschlechtsdifferente Normierung der Zeiten erschien uns auch deshalb unangemessen, da im Schulalltag Mädchen und Jungen vor die gleichen zeitlichen Anforderungen (z.B. bei Prüfungsarbeiten) gestellt werden. Die Ergebnisse sind aber möglicherweise in der Richtung zu interpretieren, daß die Mädchen in den beiden Subtests gleich gute Leistungen wie Jungen durch erhöhten Zeitaufwand (höhere Anstrengungsbereitschaft?) erreichen. Die Ergebnisse der entsprechenden Varianzanalysen für die Gesamtschrittzahl bzw. für die Gesamtbearbeitungszeit bezüglich der Lerntests haben wir in Tabelle 6.5 zusammengestellt.

Tabelle 6.5

Ergebnisse der Varianzanalysen zur Prüfung von „Schulart"- bzw. „Klasse"- Effekten auf die Schrittzahl und Bearbeitungszeit bei den drei Subtests der ACIL

Subtest	Effekt	Schritte			Bearbeitungszeiten		
		F	df	p	F	df	p
ADAFI	Schulart	97.13	1	$< .01$	12.43	1	$< .01$
	Klasse	37.75	4	$< .01$	3.99	4	$< .01$
AZAFO	Schulart	331.89	1	$< .01$	120.50	1	$< .01$
	Klasse	34.04	4	$< .01$	60.10	4	$< .01$
ADANA	Schulart	180.45	1	$< .01$	21.54	1	$< .01$
	Klasse	80.26	4	$< .01$	42.40	4	$< .01$

Die Zusammenhänge bei den Gesamtschritten und den Gesamtbearbeitungszeiten waren für alle Lerntests (außer Gesamtbearbeitungszeit beim ADAFI) sehr eng. Erwartungsgemäß lagen für alle Lerntests die Gesamtschritte bzw. Gesamtbearbeitungszeiten bei den Mittelschülern wesentlich höher als bei den Gymnasiasten. Zwischen den Klassenstufen 5 und 9 nahmen Gesamtschritte bzw. Gesamtbearbeitungszeiten deutlich ab. Da zwischen einzelnen Klassenstufen sowohl bezüglich der Gesamtschritte als auch bezüglich der Gesamtbearbeitungszeiten keine signifikanten Unterschiede nachweisbar waren, haben wir bei den Lerntests einige benachbarte Klassenstufen bei der Normierung zusammengefaßt.

Auf Grund dieser Ergebnisse haben wir für die drei Lerntests der ACIL jeweils Normierungen bezüglich der Gesamtschrittzahl und der Gesamtbearbeitungszeit – getrennt nach Schularten und Klassen – vorgenommen. Eine voll repräsentative Normierung war uns aus untersuchungsorganistorischen Gründen noch nicht möglich. Wir meinen allerdings, daß sich in der Testleistung bei der ACIL kaum regionale Differenzen finden lassen. Unsere bisherigen empirischen Befunde geben jedenfalls dafür keinen Hinweis. Die soziale Repräsentativität war ebenfalls weitgehend gewährleistet. Bei den Schularten haben wir zwischen Gymnasium und Mittelschule unterschieden. Die Normierung erfolgte für die Klassenstufen 5 bis 9. Zur Normierung verwendeten wir *Prozentrangwerte* und *T-Werte*.

In unseren Programmen der einzelnen Subtests der ACIL werden für jeden Testanden die entsprechenden individuellen Werte berechnet. Abschließend möchten wir noch die Standardmeßfehler (berechnet auf der Grundlage von Cronbachs Alpha – nach Aufwertung; Formel gemäß Guthke, Böttcher & Sprung, 1990, S. 131) für die Rohwerte und T-Werte angeben.

Tabelle 6.6

Standardmeßfehler für Rohwerte und *T*-Werte für die Subtests der ACIL

Bezugsgröße	ADAFI	AZAFO	ADANA
Rohwerte	5.1	8.0	6.8
T-Werte	3.9	2.6	4.4

Mit Hilfe des Standardmeßfehlers kann die Meßgenauigkeit der Subtests der ACIL eingeschätzt werden.

6.2   Gemeinsamer Einsatz der drei Subtests

Praktisch tätige Psychologen werden im Sinne einer effizienten Testung bestrebt sein, möglichst umfangreiche diagnostische Informationen innerhalb einer zeitlich zumutbaren diagnostischen Sitzung zu erhalten. Alle drei Untertests beanspruchen, die Fähigkeit zum schlußfolgernden Denken zu erfassen. Sie unterscheiden sich jedoch hinsichtlich ihrer Inhaltsbereiche (verbal, numerisch, figural), um die relevanten „Materialbereiche" des schlußfolgernden Denkens gleichberechtigt zu erfassen. Aus diesem Grund untersuchen wir nun, inwieweit ein gemeinsamer Einsatz aller drei Untertests in einer Untersuchungssitzung zu vertreten ist und ob die bei einer Einzelapplikation gewonnenen Werte mit denen bei einer Gesamtapplikation vergleichbar sind. Es könnten sowohl „Positivverschiebungen" (Lern- und Übungseffekte während des Testdurchlaufes) als auch „Negativverschiebungen" (Übermüdung bzw. Motivationsverlust durch die Belastung) möglich sein. Zunächst wurde die erste Fragestellung mit allen Untertests der ACIL an einer Stichprobe der achten und neunten Klasse untersucht.

Die Gesamtstichprobe setzt sich aus Schülern achter und neunter Klassen zusammen. Da es drei Untertests zur ACIL gibt, könnten diese theoretisch in sechs Darbietungsfolgen eingesetzt werden (siehe Tabelle 6.7).

Tabelle 6.7

Anordnungsmöglichkeiten der ACIL-Untertests bei gemeinsamer Applikation

1	2	3	4	5	6
ADANA	ADANA	ADAFI	ADAFI	AZAFO	AZAFO
ADAFI	AZAFO	ADANA	AZAFO	ADANA	ADAFI
AZAFO	ADAFI	AZAFO	ADANA	ADAFI	ADANA

Die Reihenfolge der Testapplikationen läßt sich auf zwei verschiedene Arten dokumentieren. Entweder betrachtet man die sechs verschiedenen Anordnungsmöglichkeiten, oder man registriert die Stellung des Untertests in der ACIL-Darbietungsfolge. So kann bspw. der ADANA an erster, zweiter oder dritter Stelle in der Abfolge stehen. Die erste Variante würde sehr differenzierte Aussagen über Reihenfolgeeffekte ermöglichen. Für die zweite Form spricht jedoch, daß die Anzahl der Testanden pro Untergruppe wesentlich größer ist und damit verläßlichere Aussagen getroffen werden können. Aus diesem Grund führen wir die statistischen Betrachtungen auf Grundlage der zweiten Einteilungsmöglichkeit durch.

Anhand des Summenwertes aus den KFT-Untertests, die vornehmlich die Fähigkeit zum schlußfolgernden Denken erfassen und zugleich als Statustestpendants zu den ACIL-Subtests angesehen werden können, wurde zunächst eine Homogenitätsüberprüfung der untersuchten Teilstichproben hinsichtlich der verschiedenen Positionsvarianten der ACIL-Untertests vorgenommen.

Die Homogenitätsüberprüfung mit Hilfe der einfaktoriellen Varianzanalyse führte zu der Feststellung, daß sich für alle Subgruppen keine signifikanten Mittelwertdifferenzen bzgl. des KFT-Summenwertes ergeben, so daß davon ausgegangen werden kann, daß sich die Gruppen hinsichtlich ihres Leistungsniveaus im schlußfolgernden Denken nicht unterscheiden.

Die Fragestellung, inwieweit Verzerrungen auftreten, wenn alle Untertests der ACIL in einer Untersuchungssitzung appliziert werden, führt zu folgender operationalen Fragestellung:

Inwieweit unterscheiden sich die Mittelwerte und Standardabweichungen der ACIL-Untertestparameter voneinander in Abhängigkeit von ihrer Position in der Darbietungsreihenfolge?

Wir formulieren die Nullhypothese:

> *Die Mittelwerte (MW) und Standardabweichungen (SD) der einzelnen ACIL-Untertestparameter unterscheiden sich nicht signifikant voneinander in Abhängigkeit von ihrer Position in der Abarbeitungsfolge.*

In unseren Analysen werden die Testscores *Schrittzahl* und *Gesamtbearbeitungszeit* betrachtet.

Die folgenden Tabellen zeigen die Mittelwerte und Standardabweichungen der drei Testgruppen je nach Position in der Applikationsfolge bzgl. der relevanten Testscores (*Schrittzahl* und *Bearbeitungszeit*) in den einzelnen ACIL-Untertests.

Tabelle 6.8

Mittelwerte und Standardabweichungen für den ACIL-Parameter Schrittzahl in den verschiedenen „Testgruppen"

Testgruppe	ADAFI		AZAFO		ADANA	
	N	*MW (SD)*	*N*	*MW (SD)*	*N*	*MW (SD)*
1	64	41.02 (10.91)	32	45.19 (25.12)	37	43.30 (11.70)
2	29	38.14 (10.55)	38	39.38 (21.05)	65	40.18 (11.39)
3	37	37.27 (8.91)	55	43.96 (21.50)	31	40.03 (12.78)

Bemerkung: Testgruppe: Position des Untertests in der Applikationsfolge

Zwischen den Mittelwerten hinsichtlich des Parameters *Schrittzahl* konnten keine signifikanten Positionseffekte ermittelt werden. Es folgt die Präsentation der Ergebnisse zur *Gesamtbearbeitungszeit*.

Tabelle 6.9

Mittelwerte und Standardabweichungen für den ACIL-Parameter Bearbeitungszeit in den verschiedenen „Testgruppen"

Testgruppe	ADAFI		AZAFO		ADANA	
	N	*MW (SD)*	*N*	*MW (SD)*	*N*	*MW (SD)*
1	64	894.03 (253.09) *	32	1322.44 (612.01)	37	490.27 (203.34) *
2	29	858.52 (370.94) **	38	1193.11 (468.46)	65	396.41 (118.59) *
3	37	698.22 (211.82) */**	55	1229.96 (483.86)	31	419.00 (234.11)

Bemerkung: siehe Tabelle 6.8; */**: Auf dem .05 -Irrtumswahrscheinlichkeitsniveau wurden zwischen den mit gleicher Anzahl von Sternchen gekennzeichneten Testgruppen signifikante Mittelwertdifferenzen ermittelt.

Die Prüfung der Fragestellung erfolgte mit der einfaktoriellen varianzanalytischen Methode. Falls die Nullhypothese nicht beibehalten werden konnte, wurde ein multipler Mittelwertvergleich mit den Student-Newman-Keuls-Test durchgeführt, um festzustellen, zwischen welchen Untergruppen signifikante Mittelwertdifferenzen bestehen.

Tabelle 6.10

Varianzanalytische Ergebnisse zur Prüfung von Positionseffekten auf die Leistungsparameter Schritte und Bearbeitungszeit bei den einzelnen Subtests der ACIL

Subtest	Parameter	*df*	*F*	*p*
ADAFI	Schritte	127	1.79	> .05
	Zeit	127	6.20	< .05
AZAFO	Schritte	122	0.66	> .05
	Zeit	122	0.50	> .05
ADANA	Schritte	130	0.91	> .05
	Zeit	130	3.45	< .05

Hinsichtlich der *Bearbeitungszeit* muß im ADANA und im ADAFI die Nullhypothese
zurückgewiesen werden. Bei diesen Untertests hat demzufolge die Position in der
Abarbeitungsfolge Einfluß auf diesen Testparameter. Beim ADAFI bestehen bedeutsame Unterschiede im Gesamtzeitverbrauch zwischen erster und dritter sowie zwischen zweiter und dritter Testgruppe. Es verkürzt sich die Bearbeitungszeit im
ADAFI wesentlich, wenn der Subtest an dritter Stelle in der Abarbeitungsfolge steht.
Der gleiche Effekt tritt beim ADANA zwischen der ersten und zweiten Testgruppe
auf. Hingegen ist bei keinem der Subtests eine positionsbedingte Veränderung der
Schrittzahl zu verzeichnen.

Empfehlungen für den gemeinsamen Einsatz aller Untertests

Geht man von der Annahme aus, daß bei einem gemeinsamen Einsatz aller ACIL-
Untertests der jeweils erste Subtest mit einer Einzeltestdarbietung vergleichbar ist,
ergibt sich die Empfehlung, folgende Applikationsfolgen bei einem gemeinsamen
Einsatz aller ACIL-Untertests zu verwenden, ohne daß starke Verzerrungen in den
Zeitparametern erwartet werden müssen:

> 1. ADANA, 2. ADAFI und 3. AZAFO
> 1. ADAFI, 2. AZAFO und 3. ADANA
> 1. AZAFO, 2. ADAFI und 3. ADANA

Generell empfehlen wir, mit dem Untertest zu beginnen, bei dem man die größte Leistungsfähigkeit des Testenden vermutet. Aus Motivationsgründen sollte der ADANA
damit als subjektiv leichtester Test am Beginn oder aber auch am Ende der Bearbei-
tungsfolge stehen. Hinsichtlich der wichtigsten Variable *Schrittzahl* konnten weder
negative noch positive Verschiebungen beobachtet werden.
Zusammenfassend kann ausgesagt werden, daß ein gemeinsamer Einsatz aller Untertests der ACIL in den Klassenstufen 8 und 9 vertretbar ist, ohne daß hierdurch mit einer statistisch bedeutsamen Verzerrung der Ergebnisse gerechnet werden muß. Das
Ergebnis ist begrüßenswert im Sinne der Möglichkeit, die bei der getrennten Normierung der Einzeltests gewonnenen Normwerte auch für die gemeinsame Applikation
aller drei Tests nutzen zu können. Einen Normwert für die *gesamte* Testbatterie erhält

der Anwender über die Mittelwertbildung der T-Werte für die drei Subtests. Das Ergebnis zeigt auch, daß offensichtlich die einzelnen Tests keinen bedeutsamen Lerntransfer für die Bearbeitung der jeweils nachfolgenden Tests ergeben, also Lerngewinne bereichsspezifisch bleiben.

7 Verlaufsanalysen

7.1 Das „Zeitverhalten" im Test

Im Rahmen einer computergestützten Psychodiagnostik lassen sich – im Vergleich zur traditionellen Papier-und-Bleistift-Testung – neben der Auszählung richtig bearbeiteter Items eine Vielzahl zusätzlicher Daten erfassen. So ist die Messung und Speicherung der *Latenzzeiten* (Zeitspanne von der Itemdarbietung bis zur Eingabe des Lösungsangebotes durch den Testanden) bei jedem Item relativ problemlos möglich. Die Nutzung dieser technologischen Option im Sinne einer Erhöhung der diagnostischen Aussagekraft der Testergebnisse erfordert „eine psychologische Theorie, die es erlaubt, solche Daten begründet abzuleiten und zu analysieren." (Jäger & Krieger, 1994, S. 220). Damit ist die Frage nach der diagnostischen Relevanz von Latenzzeiten (hier in erster Linie bei Intelligenzitems) aufgeworfen. Zur Bedeutung des zeitlichen Aspekts bei der Bearbeitung von Intelligenztestitems aus kognitionspsychologischer Sicht (siehe z.B. Schwarz, 1985; Sternberg, 1985) und des viel diskutierten speed-accuracy-trade-off (vgl. u.a. Carroll, 1993b; Iseler, 1970; Nährer, 1986), aber auch zur Bedeutung der Latenzzeit bei der Beantwortung von Persönlichkeitsfragebogenitems (siehe hierzu u.a. Amelang, 1994; Kohler & Schneider, 1995; Maschke, 1989) gibt es bereits einige Untersuchungen. Von einer psychologischen Theorie, die eine Orientierung für das diagnostische Vorgehen auf diesem Gebiet darstellen kann, ist man jedoch derzeit noch weit entfernt.

Die Analyse von Latenzzeiten bei den hier vorliegenden Kurzzeit-Lerntests sehen wir als einen wichtigen ersten Schritt zu einer schon lange angestrebten und geforderten, aber außerordentlich schwer realisierbaren „Prozeßdiagnostik" bei Intelligenz- bzw. Lerntests. Wir erhoffen uns durch Latenzzeitanalysen weniger Aufschlüsse über die Schwierigkeit bzw. Komplexität von Items, – eine Frage, die bekanntlich im Vordergrund allgemeinpsychologischer Untersuchungen steht – sondern mehr differentialpsychologische Erkenntnisse über das Arbeitsverhalten und die Informationsverarbeitungsstrategie der Testanden – auch im Sinne eines mehr impulsiven oder mehr reflexiven Arbeitsstils (siehe Ausburn & Ausburn, 1978; Clauß, 1978; Kagan, 1965; Messer, 1976). Bekanntlich wird heute in Anbetracht der neueren Trends in der kognitiven Stilforschung (vgl. Facaoaru, 1985, siehe aber bereits Grimm & Meyer, 1976) im Rahmen eines transaktionalen Ansatzes davon ausgegangen, daß die kognitiven Stile keine habituellen situationsübergreifenden „Wesenszüge" darstellen, sondern im hohen Maße situations- und aufgabenbezogen determiniert sind. Das bedeutet aber auch, daß reflexives bzw. impulsives Handeln wahrscheinlich nicht mehr sinnvoll durch spezielle Reflexivitätstests (wie z.B. den bekannten MFF-Test nach Kagan, 1965) zu erfassen ist, sondern vielmehr jeweils bereichsspezifisch durch Analyse des Zeitverhaltens bei Aufgaben im jeweiligen Anforderungsbereich, z.B. bei Items, deren Lösung wie in der ACIL schlußfolgerndes Denken in verschiedenen Materialbereichen erfordert.

Eine Voraussetzung für eine potentielle diagnostische Relevanz von Latenzzeiten ist z.B., daß die durch sie vornehmbare interindividuelle Differenzierung nicht bereits durch die Testleistung im vergleichbarem Maße erfolgt. Stellen wir uns zunächst die Frage, welche diagnostisch relevanten Informationen eine Betrachtung der Latenzzeiten theoretisch verspricht. Bei der Beurteilung der Leistungen in einem Intelligenztest wird im allgemeinen aufgrund der Anzahl der richtig gelösten Items auf das individuelle Leistungsniveau geschlossen. Die Zeit, die für die jeweilige Lösung des Items benötigt wurde, wird dabei vernachlässigt. Dies geschieht mit einer mehr oder weniger nachvollziehbaren Berechtigung. Streng genommen, sprich physikalisch gedacht, definiert sich Leistung als Quotient aus geleisteter Arbeit und der dazu benötigten Zeit. Nun läßt sich sicher das eine oder das andere Gegenargument bezüglich einer Übernahme dieser physikalischen Sichtweise bei der Erfassung des (intellektuellen) Leistungsniveaus anführen; sie soll uns dennoch zur Strukturierung folgender Überlegungen dienen.

Wenn wir bei einer Testung versuchen, die „Arbeitszeit" interindividuell konstant zu halten, dann ist es möglich, das Leistungsniveau aufgrund der geleisteten Arbeit (Anzahl der gelösten Aufgaben) zu schätzen bzw. interindividuelle Vergleiche der intellektuellen Leistung vorzunehmen. Diese Vorgehensweise wird bekanntermaßen in sog. speed-tests realisiert; der Itempool ist hier auf einem relativ niedrigen Niveau schwierigkeitshomogen. Ein wichtiger Aspekt hierbei ist, daß die zu bewältigenden Anforderungen interindividuell vergleichbar sind, d.h., alle Testanden haben vergleichbare Items mit vergleichbaren Itemschwierigkeiten zu bewältigen. Bei dieser Art von Testung lassen sich aufgrund der bearbeiteten Itemmenge auch Rückschlüsse ziehen, wieviel Zeit pro Item (im Mittel) benötigt wurde. Diese Information selbst ist hoch redundant, da sie bereits in der Anzahl gelöster Aufgaben enthalten ist (beachte jedoch die Möglichkeit systematischer Verzerrungen; siehe Iseler, 1970).

Interessant wird die Betrachtung der Latenzzeiten jedoch bei sog. power-tests. Hier findet die Testung ohne Zeitlimit statt; die Differenzierung wird aufgrund des bewältigten Schwierigkeitsniveaus vorgenommen. Der Itempool besteht meist aus schwierigkeitsgestaffelten Items. Die Leistungsschätzung erfolgt hier dennoch in der Regel nur über die Anzahl der Richtiglösungen. Die Zeit, die für die Bewältigung des individuell bewältigten Anforderungsniveaus benötigt wurde, wird vernachlässigt. Zwei Testanden mit demselben Testscore, aber unterschiedlicher Testzeit werden aufgrund des Testergebnisses als gleich leistungsfähig eingestuft.

Betrachten wir nun der Vollständigkeit halber noch die sog. Mischtests. Es handelt sich dabei um eine Mischung beider o.g. Testkonzepte. Es geht um die Frage: Welches Schwierigkeitsniveau bewältigt der Einzelne in einer bestimmten Zeit. Die Vorgabe eines Zeitlimits, welches zur Anforderungsbewältigung zur Verfügung steht, „entschärft" das Problem einer u.U. inadäquaten Leistungsschätzung. Formal ausgedrückt: Die interindividuelle Varianz beruht nur auf dem Dividenden in obiger Leistungsformel, also der Arbeit.

Kehren wir zur power-Testung zurück. Die fehlerorientiert-adaptiven Kurzzeit-Lerntests – soweit sie bisher existieren und hier analysiert werden – lassen sich im eben aufgezeigten Raster am ehesten den sog. power-tests zuordnen. Die Testanden bekommen schwierigkeitsgestaffelte Items vorgelegt, zu deren Bearbeitung keine Zeitvorgaben existieren. Stellen wir uns vorrangig unter dieser Perspektive die Frage, welche Gründe für die interindividuelle Variabilität von Latenzzeiten vorliegen können, so lassen sich folgende Überlegungen anstellen: Man kann davon ausgehen, daß derjenige, der mehr Zeit für die gleiche kognitive Arbeit benötigt, ein niedrigeres Leistungsniveau hat als ein Testand, der die gleiche Arbeit in kürzerer Zeit leistet. Unter der Perspektive des Informationsverarbeitungsansatzes bedeutet dies, daß jener uneffektivere Informationsverarbeitungsstrategien benutzt als dieser. Die zusätzliche Betrachtung der Zeit bei testwertgleichen Testanden (bezogen auf die Anzahl der Richtiglösungen) ermöglicht potentiell auch eine zusätzliche Differenzierung. Diese Differenzierung kann aber nur zwischen Testwertgleichen erfolgen, denn die Leistung läßt sich nun nicht mehr auf einem eindimensionalen Kontinuum abbilden.

Im Sinne des Eysenckschen Konzepts der mentalen Geschwindigkeit (siehe Eysenck, 1979) braucht ein Hochleistungsfähiger im allgemeinen weniger Zeit für die erforderlichen kognitiven Operationen und hat daher eine kurze Latenzzeit. Ein weniger leistungsfähiger (oder zumindest nicht mit einer hohen mentalen Geschwindigkeit ausgestatteter) Testand benötigt dagegen für eine Richtig-Antwort – wenn die Komponente des „error checking" (accuracy) und der Anstrengungsbereitschaft bzw. der „persistence" (im Sinne des Dreikomponentenmodells des IQ nach Eysenck, 1979 und White, 1973) gut ausgeprägt sind – besonders viel Zeit. „Speed" wird in der Eysenckschen Konzeption primär als die Geschwindigkeit bei der Bearbeitung von sog. elementary cognitive tasks (ECT, siehe A. Neubauer, 1995) und weniger als Lösungsgeschwindigkeit bei diesbezüglich komplexeren Intelligenztestitems definiert (siehe allerdings Eysenck, 1979, S. 210). Von einem Leistungsschwachen sind bei oberflächlicher Bearbeitung viele Falschlösungen mit kurzen Latenzzeiten zu erwarten, wobei durchaus auch zufällige „Treffer" vorkommen können. Bei einem sehr anstrengungsbereiten Leistungsschwachen werden dagegen lange Latenzzeiten sowohl für leichte als auch für schwierige Items zu erwarten sein.

Diese Überlegungen zeigen bereits, daß sich unabhängig von Schwierigkeitsparametern der Items und Personeigenschaften der Testanden kaum Hypothesen im Sinne *genereller* Aussagen über die Latenzzeiten bei falsch und richtig gelösten Items ableiten lassen. Ziehen wir also die Itemkomplexität in unsere Betrachtung ein, so resultiert dadurch unmittelbar eine verlaufsbezogene Perspektive der Latenzzeitanalyse, da – wie bereits in 7.1 beschrieben – die Itempools der Kurzzeit-Lerntests „objektiv komplexitätshierarchisch" sind.

Im folgenden soll die Latenzzeit bei der Lösung der Lerntestitems als eine Funktion der Leistungsfähigkeit des Testanden und der Komplexität der zu bewältigenden Anforderung zu beschreiben versucht werden. Dies geschieht mit der Annahme, daß durch das Einbeziehen einer weiteren Beschreibungsdimension (hier das Zeitverhalten) eine bessere Ausgangsbasis geschaffen werden kann für eine mehr verlaufsbezogene Erklärung des Zustandekommens eines individuellen Test- (end-) ergebnisses. Dazu wurden die zum entsprechenden Zeitpunkt (1995) vorliegenden Daten aus den Normierungsstichproben reanalysiert[15]. Sie wurden erhoben an Gymnasial- und Mittelschülern der Klassen 5 bis 9 und teilen sich auf die Subtests der ACIL wie folgt

---

[15] Für eine ausführliche Darstellung der Untersuchung siehe Beckmann, Guthke & Vahle, 1997.

auf: N_{ADAFI} = 569, N_{AZAFO} = 200, N_{ADANA} = 665. Die Korrelationen von Latenzzeit und Testleistung fallen mehr oder weniger moderat aus (ADAFI: r = -.52,
AZAFO: r = -.36, ADANA: r = -.11), so daß mit dieser Perspektive noch keine Entscheidung bezüglich einer inkrementellen Validität der Latenzzeit gegenüber dem
Testscore getroffen werden kann. Eines deutet sich jedoch an: Das Verhältnis von
Latenzzeitverhalten und Testleistung gestaltet sich eher kontraintuitiv, die Leistungs-
stärkeren produzieren längere Latenzzeiten und/oder: Die Testleistungsschlechten ge-
ben sehr schnell ihre Antwort. Um diese Zusammenhangsstruktur näher aufzuklären,
teilten wir pro Subtest der ACIL jede Klassenstufe gemäß der im Lerntest erreichten
Testleistung in vier Gruppen auf, so daß Quartil 4 die jeweils 25% Leistungsstärksten
(= Q4) und Quartil 1 die 25% testleistungsschwächsten Testanden (= Q1) repräsen-
tierte. Im Rahmen des varianzanalytischen Designs stellt dies der between-subjects-
Faktor „L" dar. Für die Operationalisierung der Anforderungskomplexität nutzten wir
die entsprechenden Komplexitätsbereiche im Itempool der Kurzzeit-Lerntests
(ADAFI = 3, AZAFO = 4, ADANA = 2). Somit liegt ein within-subjects-Faktor „K"
vor. Die abhängige Variable ist die im jeweiligen Komplexitätsbereich gemittelte
Latenzzeit bei den Target-Items. Die Analysen wurden für jeden Subtest der ACIL
durchgeführt. Die Ergebnisse sind in den folgenden Tabellen und Abbildungen dargestellt.

Tabelle 7.1

Ergebnisse der MANOVA für die Latenzzeit bei der Bearbeitung der ADAFI-Items

Effect	df Effect	MS Effect	df Error	MS Error	F	p-level
L	3	15161.37	565	427.86	35.44	.00
K	2	11297.28	1130	151.60	74.52	.00
LxK	6	3638.66	1130	151.60	24.00	.00

Bemerkung: Effektgrößen im Sinne Cohens f (siehe z.B. Cohen, 1977): f_L = .43, f_K = .36, f_{LxK} = .36

Die Varianzanalyse für den ADAFI (Tabelle 7.1) weist einen komplexitätsbedingten
Anstieg der Latenzzeiten aus. Ebenfalls unterscheiden sich die Leistungsgruppen
bezüglich ihrer Latenzzeit. Der signifikante Interaktionseffekt macht letztlich
deutlich, daß der komplexitätsbereichabhängige Latenzzeitanstieg leistungsgruppenabhängig ist (siehe auch Abbildung 7.1).

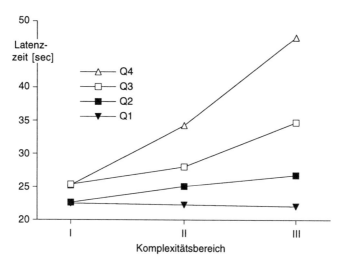

Abbildung 7.1: Veränderung der Latenzzeiten in Abhängigkeit von der Itemkomplexität (Komplexitätsbereich) bei den verschiedenen Leistungsgruppen (Quartil) beim ADAFI.

Für den AZAFO fällt das varianzanalytische Ergebnis vergleichbar aus.

Tabelle 7.2

Ergebnisse der MANOVA für die Latenzzeit bei der Bearbeitung der AZAFO-Items

Effect	df Effect	MS Effect	df Error	MS Error	F	p-level
L	3	72045.48	196	5339.28	13.49	.00
K	3	87288.95	588	1645.57	53.05	.00
LxK	9	13631.76	588	1645.57	8.28	.00

Bemerkung: Effektgrößen im Sinne Cohens f (siehe z.B. Cohen, 1977): $f_L = .46$, $f_K = .52$, $f_{LxK} = .36$

Auch die Varianzanalyse beim AZAFO weist neben den Haupteffekten auch deren Interaktion als statistisch bedeutsam aus. In Abhängigkeit von der Leistungsfähigkeit der Testanden im Test ist eine komplexitätsbereichsabhängige Anpassung der Latenzzeiten zu beobachten (siehe Abbildung 7.2).

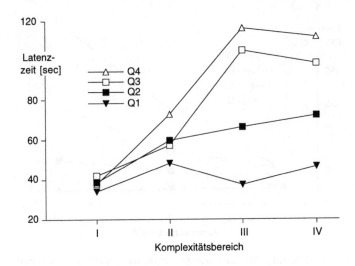

Abbildung 7.2: Veränderung der Latenzzeiten in Abhängigkeit von der Itemkomplexität (Komplexitätsbereich) bei den verschiedenen Leistungsgruppen (Quartil) beim AZAFO.

Für die Analyse der Latenzzeiten beim ADANA werden an dieser Stelle nur die
Komplexitätsbereiche im engeren Sinne betrachtet und auf die Unterscheidung nach
inner- bzw. zwischenbegrifflichen Relationen verzichtet. Es resultieren somit folgende Ergebnisse (Tabelle 7.3).

Tabelle 7.3

Ergebnisse der MANOVA für die Latenzzeit bei der Bearbeitung der ADANA-Items

Effect	df Effect	MS Effect	df Error	MS Error	F	p-level
L	3	378.32	661	48.52	7.80	.00
K	1	8494.80	661	20.16	421.34	.00
LxK	3	500.02	661	20.16	24.80	.00

Bemerkung: Effektgrößen im Sinne Cohens f (siehe z.B. Cohen, 1977): $f_L = .19, f_K = .80, f_{LxK} = .34$

Auch hier treten signifikante Haupteffekte auf. Der Anstieg der Latenzzeiten zum
Komplexitätsbereich 2 ist auch im ADANA leistungsgruppenabhängig, was der statistisch bedeutsame Interaktionseffekt anzeigt. Eine gute Testleistung geht somit mit
einem (komplexitätsangemessenen) Anstieg der Latenzzeiten einher (siehe Abbildung
7.3).

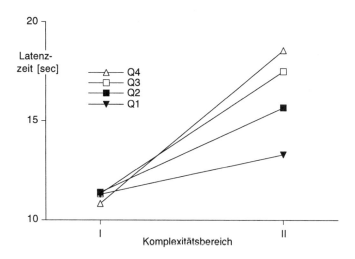

Abbildung 7.3: Veränderung der Latenzzeiten in Abhängigkeit von der Itemkomplexität (Komplexitätsbereich) bei den verschiedenen Leistungsgruppen (Quartil) beim ADANA.

Ähnlich wie in den anderen beiden Subtests der ACIL fällt auch beim ADANA bei
Quartil 1 die insgesamt kurze Latenzzeit auf, die komplexitätsunabhängig bei allen
Items „durchgehalten" wird.
Die Ergebnisse der Analysen zeigen bei allen Subtests der ACIL recht eindeutig und
konsistent, daß sich die Leistungsstarken dadurch auszeichnen, daß sie ihren Bearbeitungsaufwand der jeweiligen Itemkomplexität anpassen, was sich in der Latenzzeit
ausdrückt. Die Leistungsschwächeren (prototypisch: Quartil 1) zeigen ein durchgängig recht schnelles Arbeitstempo, was aber besonders am Ende der Testung durch die
steigende Komplexität der Anforderung als unangemessen charakterisiert werden
muß. Da die Untersuchungen an den einzelnen Subtests mit jeweils unterschiedlichen
Stichproben durchgeführt wurden, kann man die Tatsache, daß wir in allen Subtests
die gleichen Effekte registrierten, als eine Art Kreuzvalidierung interpretieren.
An dieser Stelle muß aber darauf hingewiesen werden, daß eine Betrachtung der Gesamtbearbeitungszeit des Tests (also aller bearbeiteten Items) bei den Lerntests natürlich die eigentlich erwartete Differenzierung zwischen Leistungsstarken und Leistungsschwachen auch im Zeitverbrauch offenbart. Leistungsstarke haben weniger
Items zu bearbeiten, da sie aufgrund der häufigeren Richtiglösung bei den Target-
Items einen geringeren Bedarf an Hilfen und an zusätzlichen „Übungs-"Aufgaben haben. Daraus resultiert dann auch eine kürzere Gesamttestzeit als bei denen, die aufgrund ihrer gezeigten Testleistung bei den Target-Items sowohl Hilfen als auch zusätzliche Items bearbeiten müssen.
Die hier berichteten Ergebnisse lassen sich unter Bezugnahme auf Befunde zur
kognitiven Stilforschung interpretieren (vgl. Grimm & Meyer, 1976). Eine überlegene
Lösungsstrategie für Testaufgaben zeigt sich vor allem darin, daß man seine Lösungsgeschwindigkeit den wechselnden Aufgabenschwierigkeiten anpaßt.

„To be intelligent, an individual needs the capacity for speed, but the individual also has to know when to be fast and when not to be. Someone who has speed but does not know when to use it will perform many tasks in a hasty, impulsive way. Someone who knows when to function fast but cannot will not always be able to perform tasks at the speed they require. The individual needs both attributes." (Sternberg, 1984, S. 311)

Genau dies zeigen unsere Analysen: Besonders bei den schwierigen Aufgaben sind die Leistungsfähigen langsamer und bedächtiger, bevor sie das erste Mal reagieren. Viele der über den gesamten Testablauf schwachen Testanden flüchten dagegen offenbar in Raten bzw. „Drauflosprobieren", wenn ihnen eine Aufgabe als zu schwer erscheint und verkürzen damit die durchschnittlichen Latenzzeiten für die gesamte Gruppe. Daß dies u.U. auch ein Nebeneffekt der Computertestprozedur sein könnte, dem besonders Leistungsschwache erliegen, legen auch Befunde von Kubinger und Farkas (1991) nahe. Sie hatten festgestellt, daß die computerisierte Raven-Testvorgabe offenbar im Vergleich zur Papier-und-Bleistift-Fassung zu einem flüchtigeren Arbeitsstil verführt.

Somit erscheint die Eysencksche Hypothese fragwürdig, nach der die Intelligenz erklärt wird aus dem Zusammenwirken der drei Komponenten „error checking", „persistence" und „speed of item solving", wobei die letztere „… perhaps the most basic characteristic…" (Eysenck, 1979, S. 210) sei. Möglicherweise gilt diese Hypothese nur für die Berechnung des IQ aus zeitbegrenzten konventionellen Intelligenztests, nicht aber für Intelligenz- und Lernfähigkeitsabschätzungen aufgrund von power-tests, adaptiven Tests und speziell adaptiven Lerntests.

Insbesondere auch im Hinblick auf die kreative Komponente der Intelligenz dürfte die Überschätzung der „speed of item solving" als entscheidendes Intelligenzkriterium fehl am Platze sein (siehe in diesem Zusammenhang auch Facaoaru, 1985).

Ordnen wir unsere hier dargestellten Ergebnisse in die bisherige Befundlage zum Zeitverhalten bei Lerntests ein, so ergibt sich kurz folgendes Bild. Bei Langzeit-Lerntests mit dem Design: Prätest – längere Trainingsphase – Posttest hatten wir festgestellt (vgl. Guthke & Lehwald, 1984), daß das Training den Faktor „error checking" positiv beeinflußte, dagegen keine Veränderung der „speed of item solving" erfolgte, also offenbar die Testanden durch das Training zu einem reflexiveren Stil gebracht wurden. Gleichzeitig schienen von vornherein die Reflexiven vom Training mehr zu profitieren. Neuere Untersuchungen mit dem Learning Potential Assessment Device (LPAD nach Feuerstein et al., 1979, siehe Tzuriel, 1994) kommen zu dem gleichen Ergebnis, wobei die Reflexiven im Posttest überraschenderweise sogar noch besser abschneiden als die im MFFT (Kagan, 1965) gleichzeitig richtig und schnell Reagierenden (also die Testbesten im MFFT).

Für Kurzzeit-Lerntests, in denen also in nur einer Testsitzung die Lernanregungen direkt gegeben werden, berichten Wiedl und Bethge (1981) dagegen von einer Angleichung des Testverhaltens (sichtbar auch am Blickverhalten) impulsiver und reflexiver Testanden infolge der elaborierten Rückmeldung und Aufforderung zur Problemverbalisation. Da unsere oben dargestellten Befunde und Beobachtungen aber eher dafür sprechen, daß bei computerisierten Kurzzeit-Lerntests zumindest gegen Ende eines schwierigkeitsmäßig gestaffelten Verfahrens die Schere zwischen mehr reflexiv und

mehr impulsiv vorgehenden Testanden größer wird, scheinen Lerntests in der vorgestellten Form als computergestützte Diagnostische Programme wohl doch wie die
Langzeit-Lerntests eher den vielleicht zunächst etwas langsamer reagierenden, dann
aber doch recht leistungsfähigen Testanden mehr entgegenzukommen als der herkömmliche Intelligenzstatustest. Diese Hypothese müßte aber noch genauer geprüft
werden.

Auf jeden Fall dürfte deutlich geworden sein, daß die systematische Auswertung der
Latenzzeiten und deren Veränderung im Testablauf schon bei herkömmlichen Intelli-
genztests, wohl aber noch mehr bei adaptiven Tests und Lerntests neue diagnostische
Informationen vor allem über den „Arbeitsstil" erhoffen läßt, die sowohl für die
Hochbegabtenforschung als auch für die „Ursachenanalyse" bei Leistungsversagen
und Lernschwierigkeiten von Bedeutung sein könnten.

7.2   Klassifikation von Verlaufstypen

Erweitert man die Testauswertung von der Betrachtung der erreichten Gesamtpunkt-
zahl – hier Schrittzahl – auf eine mehr verlaufsorientierte Analyse der Testleistung, so
ist es erforderlich, auch für diese Perspektive einen Bezugs- und somit Interpreta-
tionsrahmen zu schaffen. Rein deskriptiv lassen sich in folge der adaptiven Verzweigungsstruktur bei den Subtests der ACIL nahezu unüberschaubar viele verschiedene
„Wege durch den Itemraum" ausmachen. Aber bedeutet jeder individuelle Verlauf
tatsächlich etwas individuell Verschiedenes, dem psychologisch-inhaltlich Rechnung
getragen werden muß? Oder lassen sich nicht bestimmte Verläufe hinsichtlich ihrer
diagnostischen Information zusammenfassen?
Für eine verlaufsbezogene Analyse jeder individuellen Testleistung stehen uns bei
den einzelnen Subtests der ACIL u.a. die Schrittzahlen pro Komplexitätsbereich zur
Verfügung. Hier gilt zunächst – analog zur Beurteilung der Gesamtschrittzahl – je
mehr Schritte pro Komplexitätsbereich benötigt wurden, desto schlechter ist die
Fähigkeit zum schlußfolgernden Denken unter dem Aspekt der intellektuellen Lernfähigkeit ausgeprägt. Interessant wird es aber unter der Perspektive des Verlaufs,
wenn auf eine relativ hohe Schrittzahl in einem Komplexitätsbereich im darauf folgenden (und schwierigeren!) Bereich eine geringere folgt. Hier ließe sich ein Lernprozeß unterstellen, der bei einer Betrachtung der Gesamtschrittzahl u.U. nicht deutlich geworden wäre. In diesem Sinne sehen wir eine Möglichkeit, dem Testanwender
potentiell wertvolle Zusatzinformationen zur Verfügung zu stellen.
Wird die Schrittzahl pro Komplexitätsbereich standardisiert (z-Wert-Transformation),
dann läßt sich der individuelle Verlauf in bezug zur Referenzpopulation einschätzen.
Ist es bspw. „normal", daß die Schrittzahl pro Komplexitätsbereich von Bereich zu
Bereich (komplexitätsbedingt) ansteigt, so würde ein Testand mit dieser Schrittzahl-
entwicklung (mehr Schritte je Komplexitätsbereich) einen horizontalen Verlauf nahe
dem Nullwert zugeordnet bekommen. Liegen jedoch die individuellen z-Werte in den
letzten Komplexitätsbereichen im negativen Bereich, so bedeutet dies, daß hier mehr
oder weniger deutlich weniger Schritte – relativ zur Referenzpopulation – benötigt

wurden. Eine ausschließliche Betrachtung der absoluten Schrittzahlen würde diesen Sachverhalt nicht offenlegen.

Sicherlich mag sich im Laufe der Arbeit des Praktikers mit den Subtests der ACIL und der Nutzung der Verlaufsauswertung ein hinreichender Erfahrungsschatz entwikkeln, der es potentiell gestattet, anhand der Betrachtung des individuellen Verlaufs und dessen inhaltlicher Interpretation bereits zu den interessierenden diagnostischen (Zusatz-) Informationen zu gelangen. Für den „Neu-Nutzer" hingegen soll ein Klassifikationsraster zunächst als grobe Orientierung dienen.

Zur Bereitstellung eines solchen Klassifikationsrasters wählten wir ein clusteranalytisches Vorgehen. Wir erachten es als wichtig, die Analyseprozedur so transparent wie möglich für den Testanwender darzulegen. Neben vielen möglichen Mißverständnissen würde bspw. eine unkritische Übernahme der Clusterlabel zur Beschreibung des individuellen Verlaufs naturgemäß nur eine sehr grobe Beschreibung des tatsächlich vorliegenden individuellen Geschehens darstellen und würde so gesehen der ursprünglich mit dieser Auswertungsoption angestrebten *individuellen* Testverlaufsinterpretation zuwider laufen.

Eine Klassifikation von Verlaufstypen dient dem Ziel, die Vielzahl verschiedener Verläufe um deren Redundanz zu reduzieren, und das als Ausdruck eines elementaren Ordnungsbedürfnisses (nicht nur) im Sinne des Testanwenders bzw. -wertinterpreten. Ausgangspunkt für clusteranalytisches Vorgehen ist die Hypothese, daß sich die Testanden bezüglich (vorher zu bestimmender) inhaltlicher Merkmale unterscheiden. Weiterhin ist die Annahme entscheidend, daß dieser Unterschiedlichkeit eine latente Struktur innewohnt, so daß es inhaltlich sinnvoll erscheint, bestimmte Gruppen von Testanden zusammenzufassen, um so die interindividuelle Vielfalt – inhaltlich begründbar – überschaubarer zu machen. Diese scheinbar trivialen Vorbemerkungen sind insofern bedeutsam, da clusteranalytische Verfahren auch dann Clusterlösungen produzieren, wenn die Daten keine inhaltlich-sinnvolle latente Struktur aufweisen (weil bspw. die untersuchte Population homogen ist). Aus diesem atheoretischen (mitunter euphemistisch verbrämt als: „exploratorisch" bezeichneten) Vorgehen im Zusammenhang mit einer zufälligen – und eben nicht inhaltlich vorgenommenen – Auswahl der Variablen bzw. Merkmale resultiert dann naiver Empirismus.

Die letztlich angestrebte Zuordnung des individuellen Verlaufs zu einem der gefundenen Cluster sollte sich um so unproblematischer erweisen, je homogener die Cluster sind (d.h.: die Typenmitglieder sind zueinander maximal ähnlich). Wird gleichzeitig erreicht, daß die Typen (Cluster) untereinander maximal unähnlich sind, dann ist eine Zuordnung des neuen individuellen Verlaufs zu einem dieser Typen gut möglich und der Informationsverlust bei der Übernahme des Typenlabels zur Beschreibung des individuellen Verlaufs ist recht gering, da die Beschreibung des Clusters auch sehr genau auf den neuen Einzelfall zutreffen wird.

Eine gute Zuordnung des Einzelverlaufs zu einem der gefundenen Cluster setzt voraus, daß die der Clusteranalyse zugrundeliegende Testandenstichprobe repräsentativ für die Population ist, so daß jedes weitere Populationsmitglied bereits hinreichend in der Clusterstruktur repäsentiert ist und eine Zuordnung mit wenig Konflikten stattfinden kann. Weiterhin ist dafür bedeutsam, daß die Merkmalserfassung mit einem möglichst geringen Meßfehler behaftet ist, da sonst die Typeneinteilung vorwiegend auf der Basis der (annahmebedingt zufälligen) Meßfehlervarianz erfolgen würde und eine Zuordnung eines neuen Datensatzes zu einem der bestehenden Cluster dann ebenfalls zufällig wäre.

Aus dem Bestreben, eine Klassifikationsgrundlage für jeden neuen Datensatz zu liefern, resultiert der Anspruch, daß alle bereits vorhandenen Datensätze in die Clusterung einbezogen und in der zu erhaltenden Struktur repäsentiert sein müssen. Weiterhin ist vom zu wählenden cluster-analytischem Verfahren zu fordern, daß eine Überlappung der Cluster ausgeschlossen wird. Zusammenfassend wird eine exhaustiv disjunkte Klassifikation angestrebt. Da nicht zwangsläufig eine maximale Homogenität innerhalb der Cluster mit einer maximalen Separierbarkeit der Cluster untereinander einhergeht, beides aber in unserem Fall angestrebt wird, gilt es, diesbezüglich einen Kompromiß zu finden. Dazu empfiehlt sich das average-linkage Verfahren, mit dem wir zunächst die optimale Clusteranzahl bestimmt haben. Dieser Berechnung gingen natürlich inhaltliche Überlegungen über die zu erwartende – und sinnvoll zu interpretierende – Clusteranzahl voraus. Zunächst ist trivialerweise davon auszugehen, daß sich drei Hauptgruppen voneinander unterscheiden lassen: Testanden mit

- unterdurchschnittlicher (hohe Schrittzahl)
- durchschnittlicher (mittlere Schrittzahl)
- überdurchschnittlicher Testleistung (geringe Schrittzahl).

Für diese drei (sich auch aufgrund des Gesamttestwertes unterscheidbaren) Gruppen sollten theoretisch – nun bezogen auf den Verlauf – jeweils Teilgruppen identifizierbar sein, die über die Komplexitätsbereiche:

- sich verbessern (relativ abnehmende Schrittzahl),
- gleichbleiben (relativ stabile Schrittzahl) bzw.
- sich verschlechtern (stark zunehmende Schrittzahl).

Es resultieren somit aus dieser theoretischen (Maximal-) Überlegung 9 Cluster. Zusammenfassend ist eine Clusteranzahl im Bereich von 3 bis 9 auch inhaltlich tragbar bzw. pragmatisch sinnvoll. Die Akzeptanz einer höheren Clusterzahl hätte zwar potentiell den Vorteil, die Zuordnung neuer Datensätze zu vereinfachen, würde aber gleichzeitig dem Bestreben, dem Testanwender ein handhabbares – und das heißt auch überschaubares – Klassifikationsraster zur Verfügung zu stellen, entgegenwirken.

Der Clusteranalyse liegen in jedem Subtest der ACIL die z-transformierten Schritte pro Komplexitätsbereich zugrunde. Dabei wurde die Standardisierung für jede Normwertgruppe (bezogen auf Klassenstufe und Schultyp) separat vorgenommen. Eine Standardisierung der Schrittzahl pro Bereich ist erforderlich, da bei Verwendung der Rohwerte infolge der unterschiedlichen Schwierigkeit der Komplexitätsbereiche eine Verlaufsauswertung nicht angemessen erfolgen kann. Da es sich bei den Testrohwerten um die Schrittzahl handelt (siehe 3.3.1), repräsentieren *negative* z-Werte eine über dem Durchschnitt liegende Testleistung.

Vor dem Hintergrund o.g. inhaltlicher (und natürlich auch pragmatischer) Gründe legt die Beurteilung des sog. Elbow-Kriteriums für alle drei Subtests je eine 5-Clusterlösung nahe.

Die Klassifikation als solche basiert letztlich auf dem k-means-Reallokationsverfahren. Es handelt sich dabei um ein iterativ-partitionierendes Verfahren bei dem – vereinfacht gesagt – versucht wird, durch ein iteratives „Verschieben" der Testanden (wechselseitige Zuordnung von Personen zu der vorher bestimmten Anzahl von Clustern), die quadrierten euklidischen Distanzen der Person zum jeweiligen Clusterschwerpunkt zu minimieren und somit das Klassifikationsresultat zu optimieren. Die diesbezüglichen und folgenden subtestspezifischen Ergebnisse und Besonderheiten sind in den nächsten Abschnitten dargestellt. Nach erfolgter Clusterung wurde im Sinne einer Stabilitätsabschätzung bzw. Kreuzvalidierung geprüft, ob sich sowohl in Substichproben als auch bei neuen populationsbezogenen Stichproben diese Clusterstruktur wiederfindet. Dazu wurden die Fisherschen Diskrimimanzfunktionen (eigentlich: Fishersche Klassifizierungsfunktionen) berechnet, mit deren Hilfe dann eine „Neu"-Zuordnung aller einzelnen Testanden vorgenommen und mit der ursprünglichen Clusterzuweisung verglichen wurde. Eine hohe Reklassifizierungsrate (letztlich derselben Stichprobe) ist zum einen nicht selbstverständlich, und zum anderen wirkt der große Stichprobenumfang (im mindesten: 692) einer Überschätzung der Reklassifizierungsrate entgegen. Ein weiterer Stabilitätsindikator ist die Reklassifizierung im Sinne einer Kreuzvalidierung. Hier wird die Reklassifizierung verschiedener Substichproben einander gegenübergestellt. Erfolgreiche Reklassifizierungen (Ergebnisse siehe subtestspezifische Abschnitte) sind somit gleichzeitig Voraussetzung für eine praktikable Klassifikation neuer Datensätze. Die Zuordnung neuer Datensätze erfolgt demnach durch das Einsetzen der individuellen z-Werte (für die Schritte pro Komplexitätsbereich) in die jeweilige Cluster-Diskriminanz-Funktion. Der maximale Wert unter den resultierenden fünf Funktionswerten zeigt die wahrscheinlichste Clusterzugehörigkeit an.

7.2.1 Verlaufstypen beim ADAFI

Der oben beschriebenen Analyse liegen beim ADAFI insgesamt 717 Datensätze zu Grunde. Die Clusteranalyse legt – wie auch bei den anderen Subtests der ACIL – eine 5-Clusterlösung nahe. Die Stabilität der Clusterstruktur wurde durch eine Reklassifizierung geprüft.

Tabelle 7.4

Reklassifizierungsquote nach Diskriminanzanalyse beim ADAFI

Cluster	N	Reklassifizierung (in %)
1	143	97.2
2	187	92.5
3	116	97.4
4	165	99.4
5	106	97.2
gesamt	717	96.5

Eine weitere Stabilitätsprüfung wurde durch eine Art Kreuzvalidierung vorgenommen. Dazu wurden unabhängig voneinander alle N_{-96} = 522 bis 1996 vorliegenden Datensätze, alle N_{96+} = 195 Datensätze ab 1996 bis dato und außerdem eine zufällige 33%-Substichprobe (N_{S33} = 234) aus der Gesamtstichprobe reklassifiziert.

Tabelle 7.5

Vergleich der Clustercentroide der verschiedenen Verlaufstypen (VT) bei verschiedenen Substichproben beim ADAFI

| | Komplexitätsbereich | | | | | | | | | | | |
| | I | | | | II | | | | III | | | |
VT	bis 96	ab 96	gesamt	S33	bis 96	ab 96	gesamt	S33	bis 96	ab 96	gesamt	S33
1	-0.89	-0.67	-0.74	-0.77	-1.41	-1.15	-1.36	-0.87	-0.84	-0.93	-0.76	-0.91
2	-0.85	-0.73	-0.63	-0.72	0.50	-0.02	0.12	0.48	0.44	0.45	0.57	0.44
3	0.49	-0.66	-0.63	0.62	-0.53	0.77	0.25	-0.46	0.25	-0.63	-0.89	0.49
4	-0.14	1.18	1.03	1.00	0.23	0.02	0.32	0.63	-1.02	-0.09	-0.26	-0.65
5	1.21	1.21	1.18	1.08	0.87	1.17	0.85	1.09	0.79	1.51	1.40	1.49

Die recht hohe Reklassifizierung der vorliegenden Stichprobe (siehe Tabelle 7.4) und die zum großen Teil starke Entsprechung der substichproben- und verlaufstypspezifischen Centroid-Werte (siehe Tabelle 7.5) stellen eine hinreichend stabile Grundlage für die zu leistende Einordnung neuer Datensätze dar.

Bezogen auf die Gesamtstichprobe zeigen die 5 identifizierten Verlaufstypen folgendes „Leistungsverhalten" in den drei Komplexitätsbereichen des ADAFI (siehe Abbildung 7.4). Der Bezugsrahmen zur Charakterisierung der Verläufe wird durch die z-Wert-Transformation der komplexitätsbereichsspezifischen Anzahl der Schritte pro Bereich gegeben.

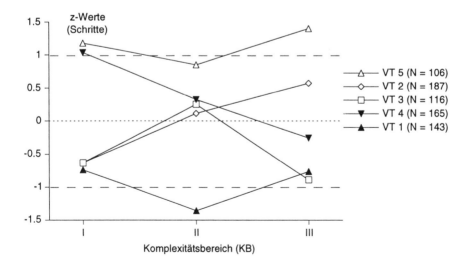

Abbildung 7.4:   Verlaufstypen beim ADAFI.

Verlaufstyp 1 zeigt eine durchgängig gute, teilweise überdurchschnittliche Testleistung. Demgegenüber repräsentiert *Verlaufstyp 5* eine gleichbleibend schlechte, meist unterdurchschnittliche Testleistung. Diese beiden Verlaufstypen zeigen jeweils ein recht stabiles Leistungsbild (also relativ unabhängig von der Komplexität der Anforderung). *Verlaufstyp 3* unterscheidet sich gegenüber Verlaufstyp 1 dadurch, daß der Komplexitätsanstieg von Bereich I zu Bereich II schlechter bewältigt wird. Im Bereich III wird jedoch wieder eine sehr gute Testleistung gezeigt. Testanden des *Verlaufstyps 2* reagieren hingegen durchgängig mit einer Leistungsverschlechterung auf den Komplexitätsanstieg der Testanforderung. Demgegenüber steht *Verlaufstyp 4*, der mit unterdurchschnittlichen Leistungen beginnt, aber trotz sich erhöhender Anforderung stets das Leistungsniveau verbessert, so daß im schwierigsten Bereich mindestens durchschnittliche Leistungen gezeigt werden. Dieser Verlaufstyp profitiert erfolgreich von den anfänglich notwendigen Denkhilfen und Übungsaufgaben.

Hinsichtlich der Betrachtung der Gesamtschrittzahl unterscheiden sich Verlaufstyp 2 und 4 nicht voneinander. So liegt bspw. für Mittelschüler 8. Klasse die mittlere Gesamtschrittzahl für Verlaufstyp 2 bei 40.68, für Verlaufstyp 4 derselben Stichprobe ergibt sich eine mittlere Gesamtschrittzahl von 41.08. Erst die verlaufsorientierte Testauswertung zeigt, daß es sich jeweils um verschiedene Leistungsgruppen handelt. Betrachtet man – im Gegensatz zu z-Werten – den Testverlauf auf der Basis von Rohwerten, so wird deutlich, daß der Komplexitätsanstieg einen sich erhöhenden Schrittverbrauch pro Komplexitätsbereich hervorruft. Verschiedene Leistungsgruppen unterscheiden sich zum einen hinsichtlich des Niveaus, auf dem sich der Schrittzahl-Anstieg vollzieht (allgemeines Niveau) und zum anderen, inwieweit diesem Trend gefolgt wird (Anstieg). Je flacher der Anstieg in bezug zur Populationsreferenz, umso positiver hebt sich diese Gruppe (dieser Testand) hinsichtlich seiner Fähigkeit, von Übungsaufgaben und Denkhilfen profitieren zu können, ab.

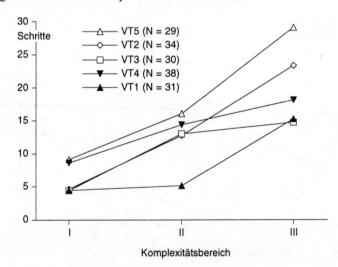

Abbildung 7.5:   Verlauf der Schrittzahl pro Bereich beim ADAFI gemäß der Verlaufstypenaufteilung am Beispiel der Mittelschule, 8. Klasse (*N* = 162).

Die zur Clusteranalyse und zur Neuklassifizierung vorgenommene z-Wert-Transformation „bereinigt" u.a. die Anstiege der einzelenen Verlaufstypen um den generellen (bei allen vorzufindenen) Trend, so daß die verlaufstypspezifischen (und letztlich natürlich auch die individuellen) Trends besser akzentuiert werden.
Eine „Rückrechnung" der verlaufstypspezifischen Centroid-Werte (z-Werte) in Rohwerte (Schritte pro Bereich) bspw. für die Stichprobe Mittelschule, 8. Klasse (siehe Abbildung 7.5), soll dies in Bezug zu Abbildung 7.4 nochmals verdeutlichen.

7.2.2 Verlaufstypen beim AZAFO

Beim AZAFO gibt es vier Komplexitätsbereiche. Die durchschnittlichen Schritte pro Komplexitätsbereich vermitteln einen guten Eindruck der Schwierigkeiten in den Komplexitätsbereichen. Tabelle 7.6 zeigt die Verteilung der Schritte auf die einzelnen Komplexitätsbereiche.

Tabelle 7.6
Schritte pro Komplexitätsbereich beim AZAFO ($N = 692$)

Komplexitätsbereich	I	II	III	IV	gesamt
Schritte	8.6	7.6	16.0	17.2	49.4

Der erhebliche Komplexitätsanstieg zwischen dem zweiten und dritten Komplexitätsbereich – bedingt durch die unterschiedlichen Lösungsfolgen – ist bei den entsprechenden Schritten pro Komplexitätsbereich klar erkennbar. Der Komplexitätszuwachs des zweiten gegenüber dem ersten Komplexitätsbereich bzw. teilweise des vierten gegenüber dem dritten Komplexitätsbereich wird dabei offensichtlich durch Lerneffekte kompensiert, da ansonsten größere Mittelwertsdifferenzen zu erwarten wären.
Um die Verlaufstypen zu ermitteln, wurden die Daten des Lerntests mittels Clusteranalyse gruppiert (siehe oben). Auch beim AZAFO berechneten wir die Lösungen mit Hilfe der entsprechenden z-transformierten Schritte – bei Beachtung von Schultyp und Klassenstufe – pro Bereich. Das Elbow-Kriterium und inhaltliche Überlegungen (ähnlich wie beim ADAFI, siehe oben) legen eine 5-Clusterlösung nahe. Die Cluster entsprechen wieder bestimmten Verlaufstypen. Die Anzahl der jeweils den Verlaufstypen zugeordneten Testanden ist Abbildung 7.6 zu entnehmen. Die fünf Verlaufstypen lassen sich wie folgt charakterisieren:

Typ 1: Testanden mit gleichbleibend guten Leistungen,

Typ 2: „Normale" Starter mit Schwierigkeiten bei komplexeren Anforderungen, d.h. Testanden mit komplexitätsbedingtem Anstieg der Schrittzahl,

Typ 3: Testanden mit labilem Leistungsverlauf, d.h. Testanden mit anfangs relativ guten, dann schlechteren und schließlich durchschnittlichen Leistungen,

Typ 4: Schwache Starter mit deutlicher Verbesserungstendenz, d.h. Testanden mit anfangs schlechten und dann besser werdenden Leistungen,

Typ 5: Testanden mit schwachen Leistungen, d.h. Testanden mit gleichbleibend unterdurchschnittlichen Leistungen.

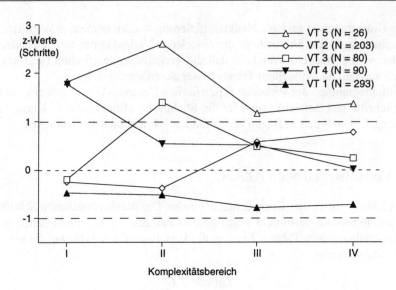

Abbildung 7.6:   5-Clusterlösung der z-transformierten Werte beim AZAFO (N = 692).

Mittels univariater Varianzanalysen konnten statistisch signifikante Unterschiede bei allen zur Clusterung verwendeten Kenngrößen hinsichtlich der Clusterzugehörigkeit festgestellt werden.
Um die Vorstellung über die Verlaufstypen weiter zu konkretisieren, haben wir eine Rückrechnung auf die Rohwerte vorgenommen. Die folgende Tabelle gibt die mittleren Schrittzahlen, die Gesamtschrittzahlen sowie die Anzahlen pro Verlaufstyp der 8. Klasse der Mittelschule wieder.

Tabelle 7.7

Mittlere Schrittzahlen (Rohwerte über Rückrechnung) der einzelnen Verlaufstypen (VT) beim AZAFO für die 8. Klasse, Mittelschule

Bereich	VT 1	VT 2	VT 3	VT 4	VT 5	gesamt
I	6.2	8.7	8.9	18.1	21.0	9.4
II	4.4	6.4	16.4	9.8	30.5	8.4
III	12.7	27.0	26.3	28.2	31.2	21.1
IV	14.2	30.1	24.2	24.6	34.5	22.0
gesamt	37.5	72.3	76.2	80.8	117.2	61.0
N	39	24	12	12	4	91

Für den ersten Komplexitätsbereich fällt auf, daß wir nicht drei – wie von uns zunächst angenommen – sondern zwei Ausgangsniveaus haben. Im ersten, relativ leichten Komplexitätsbereich gibt es Verlaufstypen mit geringen bzw. hohen Schrittzahlen. Im zweiten Komplexitätsbereich unterscheiden sich die Schrittzahlen in starkem Maße, wobei jetzt geringe, mittlere und hohe Schrittzahlen vorhanden

sind. Der Übergang zum erheblich schwierigeren dritten Komplexitätsbereich polari-
siert die Schrittzahlen wieder – allerdings auf einem höheren Niveau. Im vierten und
letzten Komplexitätsbereich haben wir dann wiederum geringe, mittlere und hohe
Schrittzahlen.

Betrachten wir nun die Verlaufstypen, so können wir zunächst feststellen, daß *Typ 1*
und *Typ 5*, deren Schrittzahlen relativ stabil bleiben, den Erwartungen bei solchen
Verlaufstypen entsprechen. Die anderen gefundenen Lösungen zeigen interessante
Verläufe. Ein etwa gleiches Leistungsniveau zu Beginn kann zu völlig abweichenden
Verläufen führen (*Typ 1, 2* und *3* bzw. *Typ 4* und *5*).

Typ 2 repräsentiert einen „normalen Testanden" mit einem komplexitätsbereichs-
bedingten Anstieg der Schrittzahl. Er ist zwar in der Lage, den geringen Komplexitätszuwachs vom ersten zum zweiten bzw. vom dritten zum vierten Komplexitätsbereich durch Lernen zu kompensieren, aber nicht im gleichen Maße den starken
Komplexitätszuwachs vom zweiten zum dritten Komplexitätsbereich. Die Annahme,
daß es sich um „normale Testanden" handelt, wird auch durch die hohe Testanden-
zahl ($N = 203$) gestützt.

Instabile Schrittzahlen kennzeichnen *Typ 3* ($N = 80$). Nach gutem Beginn erfolgt eine
dem Schwierigkeitszuwachs nicht entsprechende, relativ starke Schrittzahlerhöhung.
Der Lerngewinn, der aus der Nutzung der Hilfen des Lerntests gewonnen wird, führt
aber zu einer relativ guten Bewältigung des schwierigen Übergangs vom zweiten zum
dritten Komplexitätsbereich sowie zu durchschnittlichen Ergebnissen im vierten
Komplexitätsbereich.

Einen besonders interessanten Verlauf zeigt *Typ 4*. Die zu Beginn schwachen Testanden verbessern sich kontinuierlich und schneiden sogar im letzten Bereich recht gut
ab. Es handelt sich dabei um 90 Testanden aus verschiedenen Klassenstufen. Insbesondere solche Verläufe (vgl. auch ähnliche Cluster beim ADAFI, siehe oben) zeigen
die Relevanz der Lerntestkonzeption und vor allem auch von verlaufsanalytischen
Betrachtungen innerhalb derselben.

Bei der Interpretation der Ergebnisse beim AZAFO muß sicher beachtet werden, daß
es sich beim Fortsetzen einer Zahlenfolge um eine schulnahe Aufgabenstellung handelt und Vorwissen und/oder Rechenfertigkeiten zu beachten sind.

Ähnliche Ergebnisse wurden auch in früheren Untersuchungen festgestellt. So findet
Fiebig (1989) eine 6-Clusterlösung für die *z*-transformierten Werte (für $n_1 = 87$ und
$n_2 = 88$, also insgesamt $N = 175$, von Schülern der Klassen 5 bis 8) mit ähnlicher
Verlaufsstruktur, obwohl er den Hilfenverbrauch und nicht die – zwar eng mit dem
Hilfenverbrauch korrelierte – Schrittzahl verwendete. Arndt (1989) erhielt bei 27
Schülern eine 4-Clusterlösung für den Hilfenverbrauch mit ähnlicher Struktur. Bren-
del (1992) benutzte für ihre Untersuchung von 100 Schülern der 6. Klasse die
Schrittzahl und erhielt eine analog strukturierte 5-Clusterlösung.

Einen Hinweis dafür, daß eine weitere Differenzierung des Lernverlaufs und Lernverhaltens bei Leistungsstarken möglich ist, kann man der Diplomarbeit von Leib und
Buttler (1989) entnehmen. Sie untersuchten 51 besonders begabte Schüler der 8.
Klasse in der mathematisch-naturwissenschaftlich-technischen Gesamtschule und
konnten vier unterschiedliche Verlaufstypen feststellen.

Diese früheren und unabhängigen Untersuchungen zeigen, daß die erhaltenen Verlaufstypen eine bemerkenswerte Stabilität besitzen. Auf diese Weise konnten unsere Überlegungen über die Zuordnung zu den Verlaufstypen kritisch überprüft werden. Zudem haben wir im Sinne einer Kreuzklassifikation die Ergebnisse für die gesamte Stichprobe erstens mit den Ergebnissen der beiden unabhängigen Teilstichproben und zweitens miteiner 30%-Zufallsstichprobe verglichen. Es zeigte sich eine gute Übereinstimmung.

Die Zuordnung zu Verlaufstypen erscheint uns auch deshalb wichtig, weil sie vor allem die Beantwortung der Frage erlaubt, wie der im Test festgestellte „Verlaufstyp" mit bestimmten Persönlichkeitseigenschaften der Lernenden (z.B. Ausdauer, Leistungs- oder Zielorientierung), Lernstrategien und dem realen Lernverhalten außerhalb des Tests in Zusammenhang stehen (feststellbar durch laufende Lern- und Trainingsmessungen, differenzierte Lehrerbeurteilungen des Lernverhaltens). Solche Untersuchungen sind für die Zukunft geplant.

Im Anschluß an die Clusteranalyse wurde von uns noch eine Diskriminanzanalyse durchgeführt. Wir wollten zum einen sehen, ob sich die erhaltene Gruppierung durch eine Reklassifizierung bestätigen läßt, und zum anderen – bei guter Reklassifizierung – eine Möglichkeit haben, zukünftige Testanden in Verlaufstypen eingruppieren zu können. Tabelle 7.8 zeigt die Ergebnisse der Reklassifizierung.

Tabelle 7.8

Reklassifizierung gemäß Diskriminanzanalyse beim AZAFO

Cluster	N	Reklassifizierung (in %)
1	293	98.0
2	203	95.6
3	80	96.2
4	90	96.6
5	26	97.5
gesamt	692	97.1

Die Reklassifizierung fiel mit 97.1 % relativ gut aus und gibt uns die Berechtigung, die Ergebnisse von Testanden nach Verlaufstypen einzugruppieren.

7.2.3 Verlaufs- und Bearbeitungstypen beim ADANA

Analysen zur Bestimmung von „Typen" bei der Bearbeitung des ADANA wurden bisher in zwei Richtungen durchgeführt:

1. wurde, vergleichbar mit den anderen Verfahren (siehe oben), nach bestimmten „typischen" Verläufen bei der Bearbeitung des Verfahrens gesucht (im folgenden bezeichnen wir dieses Vorgehen als eine quantitative Verlaufsanalyse) und

2. betrachteten wir das Antwortverhalten bei den von uns variierten Relationstypen (diese Betrachtung bezeichnen wir als qualitative Bearbeitungsanalyse).

Zu beiden Analysen liegen Ergebnisse vor, die in diesem Abschnitt vorgestellt werden sollen. Dabei beschränken wir uns in der Darstellung auf verfahrensspezifische Herangehensweisen und Befunde und verweisen an manchen Punkten auf die vorangehenden Kapitel, wo z.B. das Prozedere der statistischen Auswertung ausführlicher beschrieben wurde.

Zur quantitativen Verlaufsanalyse

Der individuelle Verlauf während der Bearbeitung der Testitems kann mit anderen empirischen („typischen") Verläufen verglichen oder zu einer erwarteten (theoretischen) Programmbearbeitung in Beziehung gesetzt werden. Wir beziehen uns beim derzeitigen Kenntnisstand auf die empirisch ermittelten Verläufe.
Wichtig für die Clusteranalyse der ADANA-Ergebnisse war eine Entscheidung über die zu berücksichtigenden Meßzeitpunkte. Die in den anderen Verfahren anhand der Bereichsgrenzen vorgenommene Unterteilung wurde nicht in Bctracht gezogen. In diesem Fall würden lediglich zwei Meßzeitpunkte vorliegen, was einen Verlauf nur unzureichend abbilden könnte. Ein Verlauf auf der Grundlage der Target-Items hätte demgegenüber die hohe Zahl von sechzehn Meßzeitpunkten. Damit würde das Identifizieren von ähnlichen Verlaufsmustern sehr erschwert. Mit den Target-Items als Meßzeitpunkten wäre implizit auch die zweite der oben genannten Herangehensweisen, nämlich die (qualitative) Analyse nach Relationstypen, realisiert. Dem Aufbau des Verfahrens entsprechend folgen ja die eingesetzten Relationstypen in den beiden Bereichen aufeinander. Insofern bildet auch die gewählte Lösung von vier Meßzeitpunkten, die jetzt dargestellt werden soll, eine „Vermischung" der beiden Ziele (Abbildung des Verlaufes und Besonderheiten bei der Bearbeitung einzelner semantischer Relationen).
Es wurden folgende vier Meßbereiche gewählt:
- Komplexitätsbereich I, Aufgaben mit innerbegrifflichen Relationen
- Komplexitätsbereich I, Aufgaben mit zwischenbegrifflichen Relationen
- Komplexitätsbereich II, Aufgaben mit innerbegrifflichen Relationen
- Komplexitätsbereich II, Aufgaben mit zwischenbegrifflichen Relationen.

Die Bereiche werden durch die Aufgaben 8, 16, 24 und 32 (also dem Testende) abgegrenzt. (Aufgrund der Verzweigungsregeln, die ein Überspringen von Aufgaben gestatten, ist es präziser, vom erstmaligen Erreichen der jeweils folgenden Aufgabe auszugehen.) Dabei wird jeweils die erstmalige Bearbeitung berücksichtigt. Diese Festlegung ist insofern wichtig, da durch eine Verzweigung aus dem zweiten Komplexitätsbereich zu einer leichteren Aufgabe des ersten Bereiches durchaus noch einmal der eingegrenzte Bereich berührt werden kann. In diesem Falle zählt die entsprechende Aufgabe des ersten Bereiches aber zu dem zweiten Bereich, da sie in dessen Verlauf bzw. Kontext bearbeitet wurde.
In allen der gebildeten Meßbereiche wird die beobachtete Schrittzahl erfaßt. Prinzipiell reichen immer jeweils vier Schritte zur Bearbeitung, außer im ersten der vier Bereiche. Durch die beiden Anwärmitems sind hier mindestens fünf Schritte notwendig.

Tabelle 7.8

Mittlere Schrittzahlen und Standardabweichung je Meßbereich der quantitativen Verlaufsanalyse bei Schülern der 8. Klasse, Mittelschule (*N* = 189; Erläuterungen zu den Meßbereichen im Text)

	Bereich			
	I	II	III	IV
M	6.4	7.3	14.3	18.8
SD	2.6	3.5	5.6	7.0

Um das beschriebene Vorgehen zu illustrieren, stellen wir zunächst für die Gruppe
der Mittelschüler, Klassenstufe 8, die empirisch beobachteten Mittelwerte für die
Meßbereiche dar (vgl. Tabelle 7.9). Der Schwierigkeitsanstieg von Bereich I zu II
wird anhand der höheren Schrittzahl deutlich.

Die absolute Schrittzahl je Meßbereich wird, wie unter 7.2 beschrieben, durch
Berechnung von *z*-Werten (entsprechend der Gruppenbildung bei der Normierung),
vergleichbar gemacht. Den Mittelwerten aus Tabelle 7.9 entspricht dann bspw.
jeweils der numerische Wert Null. (Vorher war zu prüfen, ob die Annahme einer
Normalverteilung der Rohwerte der Schritte abgelehnt werden mußte, was nicht der
Fall war.)

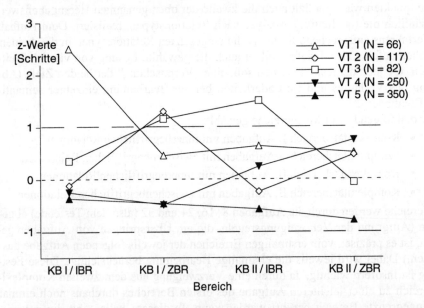

Abbildung 7.7: Gruppencentroide je Meßbereich der 5-Clusterlösung für die quantitative
Verlaufsanalyse (Anmerkung: Aufgrund der Bewertung im Verfahren sind
negative Werte positiv zu interpretieren: Wenige Schritte sprechen für hohe
Leistungsfähigkeit).

In die Analyse wurden alle Datensätze (*N* = 865) der Normierungsstichprobe einbezogen. Die hierarchische Clusteranalyse (average linkage, within groups) legte eine 5-

Clusterlösung nahe. Die Clusterzugehörigkeit der Testanden wurde nun mit dem k-Means-Verfahren für eine 5-Clusterlösung bestimmt. Die mittleren z-normierten Schrittzahlen der fünf Cluster für die vier Meßzeitpunkte (d.h. die Gruppencentroide) werden durch Abbildung 7.7 illustriert. Dort ist auch die Anzahl der Personen je Cluster abzulesen.

Tabelle 7.10

Mittlere Schrittzahlen in den 4 Meßbereichen des ADANA für die 5 Cluster der Mittelschüler, Klasse 8

| | Verlaufstyp | | | | | |
	1	2	3	4	5	Gesamt
Meßbereich 1	13.2	6.1	6.9	5.8	5.4	6.4
Meßbereich 2	9.8	11.7	12.4	5.8	5.6	7.3
Meßbereich 3	18.2	13.1	23.2	16.8	10.9	14.3
Meßbereich 4	24.4	23.1	19.8	23.4	13.4	18.8
Gesamt	65.6	54.0	62.3	51.8	35.3	46.8
N	18	24	13	50	84	189

Tabelle 7.10 enthält für die fünf Cluster und die vier Meßbereiche die zurückgerechneten Rohwerte für die Gruppe der Mittelschüler, Klasse 8. (Zum Vergleich sind in der letzten Spalte noch einmal die weiter oben schon vorgestellten Mittelwerte aufgenommen. Diese ergeben sich unter Berücksichtigung der Verteilung der Personen, die ebenfalls abgelesen werden kann.)

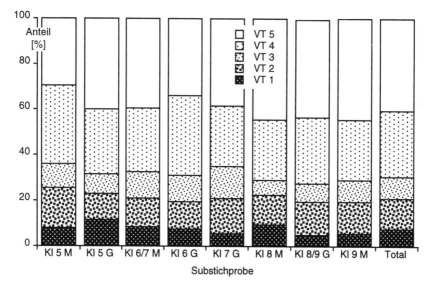

Abbildung 7.8: Personen je Cluster in den einzelnen Analysegruppen und gesamt.

Der Anteil der Personen je Cluster stimmt für die Gesamtstichprobe und die Mittelschüler der achten Klasse recht gut überein. Wir prüften auch die Aufteilung der Personen auf die Cluster in den anderen Analysegruppen (die den Gruppen der Normierung entsprechen, vgl. 6.1). Das war für uns eine erste Kontrolle, ob sich durch die Analyse tatsächlich Gruppen mit vergleichbarem Verlauf herauskristallisierten. Die Belegung der Cluster sollte in den Altersstufen nicht wesentlich differieren, da sich die individuellen Verläufe nach der z-Normierung im Niveau nicht mehr unterscheiden und es keine hinreichende Begründung für unterschiedliche „Verlaufstypen" in Abhängigkeit vom Alter gibt. Wie Abbildung 7.8 dokumentiert, kann man dieses Kriterium als erfüllt betrachten.

Daher kann im folgenden versucht werden, die Verlaufstypen zu interpretieren.

Bei dieser Interpretation ist neben dem Verlauf über die Komplexitätsbereiche hinweg auch die Art der im jeweiligen Meßbereich gestellten Analogieaufgaben zu beachten. Insofern gibt es hier die eingangs erwähnte Kombination der Betrachtungsweisen. Um eine von den Analogietypen „bereinigte" Verlaufanalyse zu erhalten, muß man über die Unterscheidung IBR/ZBR abstrahieren und nur die Unterscheidung der Komplexitätsbereiche berücksichtigen. Man arbeitet also nur mit zwei Meßbereichen, die durch Zusammenfassung der ersten beiden und der letzten beiden Meßpunkte entstehen. Den Verlauf kann man sich als die Ausgleichskurve über die Mittelwerte der zusammengefaßten Meßbereiche vorstellen. Man muß aber beachten, daß die vorliegende Gruppenbildung auf der Grundlage von vier Meßbereichen entstand. Im Falle der Zusammenfassung kann es passieren, daß sich die Gruppen nicht mehr unterscheiden! Aber auch eine Betrachtung zur Trennung der Klassen von semantischen Relationen ist möglich, indem die Meßbereiche 1 und 3 (alle Analogien mit IBR) und die Meßbereiche 2 und 4 (alle Items auf der Grundlage von ZBR) zusammengefaßt werden. Entsprechend könnte man feststellen, ob (relativ zur Referenzstichprobe) eine bestimmte Klasse semantischer Relationen über- oder unter- oder durchschnittlich gut bearbeitet wird (ausführlicher dazu weiter unten).

Durch *Verlaufstyp 1* werden diejenigen Testanden zusammengefaßt, die mit auffallend schwachen Leistungen im ersten Bereich, also am Testanfang, starten. Die deutliche Distanz zu den anderen Clustern zum ersten Meßzeitpunkt hängt auch damit zusammen, daß hier nur eine geringe Streuung und eine linksschiefe Verteilung der Schrittzahl vorliegt. In den anderen Meßbereichen liegen die durchschnittlichen Leistungen der Testanden dieses Verlaufstyps relativ konstant innerhalb der einfachen Standardabweichung der Gesamtstichprobe, wenn auch immer im positiven (d.h. im unterdurchschnittlichen) Bereich. Diese recht gering besetzte Gruppe weist in den Gesamtwerten des ADANA meist deutlich unterdurchschnittliche Werte auf.

Verlaufstyp 2 erfaßt Testanden mit recht schwankenden Leistungen: Bei den Analogien mit Innerbegrifflichen Relationen (Meßzeitpunkte 1 und 3) liegen sie im Durchschnittsbereich der Stichprobe. Bei den Analogien auf der Grundlage der Zwischenbegrifflichen Relationen (Meßzeitpunkte 2 und 4) liegen sie dagegen im unterdurchschnittlichen Bereich. Ob es sich um eine Labilität vom Verlauf her handelt oder um eine deutliche Schwäche bei diesen semantischen Relationen kann noch nicht entschieden werden.

Verlaufstyp 3 beschreibt die Testanden, die – bei ebenfalls recht labilen Leistungen – während der Bearbeitung des Verfahrens vor allem bei den Meßzeitpunkten 2 und 3 Schwierigkeiten haben und hier deutlich im unterdurchschnittlichen Bereich liegen. Die Leistungen zu Beginn und am Ende der Testbearbeitung sind dagegen eher unauffällig. Damit liegt der Mittelwert dieser insgesamt recht kleinen Gruppe von Testanden in den meisten Gesamtwerten deutlich im unterdurchschnittlichen Bereich.

Verlaufstyp 4 bildet die Zusammenfassung der großen Gruppe von Testanden, die bei recht guten Leistungen am Beginn des Verfahrens (Meßzeitpunkte 1 und 2) zum Ende hin (Meßzeitpunkte 3 und 4) relativ gesehen abfallen. So ist ihr mittleres Ergebnis zum Meßzeitpunkt 4 das insgesamt schlechteste aller Verlaufstypen. Während die Gesamtleistungen damit meist im mittleren Bereich liegen, unterscheiden sie sich im Verlauf deutlich von der Gruppe der Testanden des folgenden Verlaufstyps, deren Leistungen zum Ende des Verfahrens sich relativ gesehen sogar verbessern.

Der zahlenmäßig am stärksten besetzte *Verlaufstyp 5* faßt die von den Leistungen in den vier Meßbereichen immer guten Testanden zusammen. Auch die Gesamtergebnisse dieser Gruppe liegen daher jeweils oberhalb des Gruppendurchschnitts.

Es war zu prüfen, inwieweit sich die vorgenommene Gruppenbildung in Teilstichproben bestätigen läßt (Kreuzklassifikation, vgl. 7.2). Durch Ziehung einer Zufallsstichprobe von 30% aus der Gesamtstichprobe und durch Trennung der Gesamtgruppe in zwei Teile anhand des Untersuchungszeitpunktes (alle Datensätze bis 1994 und ab 1995) näherten wir uns der Beantwortung dieser Frage. In der Abbildung 7.9 werden die Verläufe der drei Teilgruppen und der Geamtstichprobe dargestellt, jeweils getrennt für die fünf Typen. Man kann, abgesehen von kleinen Differenzen in der Höhe der Ausprägung, eine relativ konstante Tendenz in den Verläufen erkennen.

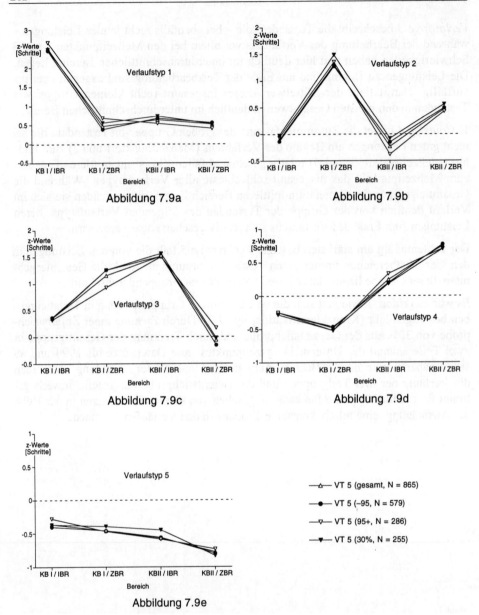

Abbildung 7.9a

Abbildung 7.9b

Abbildung 7.9c

Abbildung 7.9d

Abbildung 7.9e

Abbildung 7.9, a bis e: Gruppencentroide der Cluster 1 bis 5 für die Gesamtstichprobe und
verschiedene Gruppen bei der quantitativen Verlaufsanalyse (Erläuterungen zur Gruppenbildung im Text).

Als letztes prüften wir über eine Diskriminanzanalyse, inwieweit die Zuordnung in
die Gruppen über einen linearen Ansatz bestimmt werden kann. Auf der Grundlage
der vorliegenden Klassifikation wird aus den eingehenden Variablen eine (statistisch)

optimale Linearkombination erstellt, die ihrerseits die Klassifikation mehr oder weniger gut reproduziert. Als Maß für die Güte der Anpassung der Diskrimanzfunktion kann man die Anzahl korrekt zugeordneter Fälle nutzen. Tabelle 7.11 gibt die Höhe der anschließend vorgenommenen Reklassifizierung wieder.

Tabelle 7.11

Reklassifizierung der *N* = 865 Datensätze nach Diskriminanzanalyse beim ADANA

Cluster	*N*	Reklassifizierung in %
1	66	100.0
2	117	97.4
3	82	96.3
4	250	94.4
5	350	95.4
gesamt	865	95.8

Die Höhe der Reklassifizierung von über 95% erscheint uns eine gute Grundlage, um in Zukunft weitere Testanden zuordnen zu können. Gleichwohl sollte die Datenbasis regelmäßig überprüft werden, da durch eine Erweiterung Veränderungen möglich sind und zukünftig Aussagen mit höherer Sicherheit erfolgen könnten.

Zur qualitativen Fehleranalyse

Weiterhin ist eine Analyse im Hinblick auf die eingesetzten Analogietypen möglich. Bei der Beschreibung des theoretischen Hintergrundes des Verfahrens waren bestimmte Annahmen über die Schwierigkeit der genutzten Relationstypen vorgestellt worden. So werden jeweils spezifische kognitive Leistungen beim Abruf einer zwischenbegrifflichen Relation bzw. bei der Erkennung und Übertragung einer innerbegrifflichen Relation angenommen. Interessant ist nun die Frage, ob die Bearbeitung von Analogieaufgaben mit bestimmten Relationstypen besondere Schwierigkeiten bereitet. Beim Vergleich der Leistungen im Relationserkennen bei Gesunden und psychopathologischen Probandengruppen findet Kukla (1984) bspw. spezifische Schwierigkeiten einiger klinischer Gruppen.

Die Analysen zur qualitativen Auswertung der Testergebnisse beruhen auf derselben Stichprobe wie oben vorgestellt (*N* = 865). Um eine Gruppierung der individuellen Schrittzahlen bei der Bearbeitung der eingesetzten Relationstypen zu erreichen, wurde ebenfalls mit einer Clusteranalyse gearbeitet. Die Zusammenfassung zu Meßbereichen bezieht sich diesmal auf die maximal vier bearbeiteten Items *eines* Analogietyps. Dadurch ergibt sich je Relationstyp ein Meßzeitpunkt, insgesamt betrachten wir also acht Meßbereiche. Analog zum Vorgehen bei der ersten Analyse wurde eine alters- und schulartspezifische *z*-Normierung vorgenommen. Anschließend berechneten wir wiederum mit Hilfe eines hierarchischen Clusterverfahrens (siehe oben) Lösungen, um Aussagen zur Clusteranzahl treffen zu können. Entsprechend der Entwicklung der Fehlerquadratsummen erfolgte die Festlegung auf eine 4-Clusterlösung.

Das Balkendiagramm in Abbildung 7.10 illustriert das Ergebnis der Clusteranalyse anhand der Gruppencentroide.

Auch in dieser Analyse prüften wir die Verteilung der Testanden auf die vier Cluster und durch Teilung der Gesamtstichprobe (entsprechend den in der Verlaufsanalyse vorgestellten Kriterien) die Übereinstimmung bzw. Stabilität der Ergebnisse. Da diese Prüfung zufriedenstellend ausfiel, können wir im folgenden eine vorläufige Interpretation der gefundenen Bearbeitungstypen wagen.

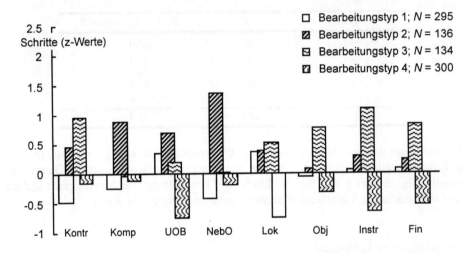

Abbildung 7.10: Mittelwerte der z-transformierten Schrittzahlen der Cluster 1 bis 4 bei den einzelnen Analogietypen (Anmerkung: Die Cluster wurden anhand der Meßzeitpunkte der acht Relationstypen gebildet: Kontr: Kontrast-, Komp: Komparativ-, UOB: Unter-Oberbegriffs-, NebO: Nebenordnungs-, Lok: Lokations-, Obj: Objekt-, Instr: Instrument-, Fin: Finalitätsrelation; N: Anzahl der Personen im Bearbeitungstyp).

Deutlich erkennbar sind die beiden Gruppen mit guten bis durchschnittlichen Leistungen, deren Werte meist im negativen Bereich bzw. um den Nullpunkt herum liegen (*Bearbeitungstypen 1 und 4*). Dabei verhalten sich die Mittelwerte der z-transformierten Schrittzahlen des Bearbeitungstyps 1 interessanterweise an einigen Stellen gegenläufig zu den von der „Theorie" her (vgl. 3.2.3) für das Verhältnis der Relationstypen vorhergesagten Schwierigkeiten. Beispielsweise bereitet die Unter-Oberbegriffsrelation relativ gesehen mehr Schwierigkeiten als die Nebenordnungsrelation, obwohl erstere eigentlich die einfachere sein sollte.

Die *Bearbeitungstypen 2 und 3* erfassen die Testanden mit unterdurchschnittlichen Leistungen; die z-Werte ihrer durchschnittlichen Schrittzahl je Relationstyp sind bis auf einen immer größer Null. Dabei liegt das Maximum von Typ 2 deutlich im Bereich der Items mit innerbegrifflichen Relationen, während die Testanden von Bearbeitungstyp 3 besonders mit den Analogien auf der Grundlage von zwischenbegrifflichen Relationen Schwierigkeiten haben. Diese Differenz ist auch statistisch bedeutsam, während es zwischen beiden Gruppen hinsichtlich der Gesamtschrittzahl *keine* Unterschiede gibt. Als Bezeichnungen für diese Gruppen könnte man also für *Bearbeitungstyp 2*: Schwächen bei IBR und bei *Bearbeitungstyp 3*: Schwächen bei ZBR wählen.

Mit Hilfe einer Gruppenbildung aufgrund der Leistungen bei den verschiedenen Analogietypen ist also im unterdurchschnittlichen Bereich eine nähere Differenzierung möglich. Es muß allerdings noch weiter untersucht werden, welche differentialdiagnostische Relevanz diese interessanten qualitativen Unterschiede haben. In einer Untersuchung mit gehörlosen Jugendlichen fand Dannebauer (1996), daß bei den Gehörlosen die Analogien auf der Grundlage von ZBR prinzipiell schwerer fallen, unabhängig von der besuchten Schulart. Dagegen fand sie zwischen gehörlosen und vollsinnigen Realschülern bei den Analogien mit IBR keine Differenzen (wohl aber bei den ebenfalls untersuchten Hauptschülern, wobei hier die Gehörlosen deutlich schlechtere Leistungen erbrachten).

Für die Zukunft erscheint es möglich, entsprechend dieser Befunde Empfehlungen für ein spezifisches Training oder eine andere Interventionsmaßnahme auszusprechen.

8 Beispielfälle

Die im folgenden Kapitel vorgestellten Beispielfälle sollen dem Testanwender als Orientierung für die Interpretation von Testergebnissen dienen, wie sie für die Subtests der ACIL im Rahmen des Hogrefe-Testsystems (KIDIS) ausgegeben werden. Wie bereits in den vorangestellten Kapiteln dargelegt, zeichnet sich das den Diagnostischen Programmen zugrundeliegende Testkonzept durch einige Besonderheiten aus, die natürlich auch bei der Testauswertung und -interpretation berücksichtigt werden müssen.

8.1 ADAFI

Auf der ersten Auswertungsseite der Testergebnisse für den ADAFI einer ACIL-Testandin wird zunächst eine Übersicht über globale Testparameter gegeben (siehe Abbildung 8.1). Der Diagnostiker erfährt u.a., wieviel Aufgaben, Hilfen und Schritte die Testandin bei der Bearbeitung des ADAFI benötigte und darüber hinaus wieviel Zeit dafür in Anspruch genommen wurde (Bearbeitungszeit).

Wurde für die Testandin „Klasse" und „Schultyp" bei der Eingabe der Personendaten angegeben, so werden die Rohwerte für Schritte und Zeit in Normwertskalen (Prozentränge und T-Werte) umgerechnet. Somit steht eine Vergleichsbasis zur entsprechenden Referenzpopulation zur Verfügung.

```
Probe, Paula, geb. 11.11.81 (14;9 Jahre);          Klasse 8, Mittelschule

Testbeginn: 22.08.96, 10:07:58 Uhr.               Dauer: 32:10
Aufgaben: 27 (12..38)        Hilfen: 18 (0..100)      Schritte: 45    Zeit (s): 1619
 (in Klammern: mögliches Minimum .. mögliches Maximum)

Parameter                      Roh-   Prozent-  0  10  20  30  40  50  60  70  80  90  100
                               wert   rang

Schritte  Kl. 8 Mittelsch.      45      30      .   .   .   O   .   .   .   .   .   .   .
Zeit      Kl. 8 Mittelsch.    1619      45      .   .   .   .   O   .   .   .   .   .   .

Schritte  Kl. 8 Gymnas.         45      10      .   O   .   .   .   .   .   .   .   .   .
Zeit      Kl. 8 Gymnas.       1619       5      . O .   .   .   .   .   .   .   .   .
```

Abbildung 8.1:   Darstellung der Gesamttestergebnisse einer Testandin beim ADAFI.

Auf der nächsten Bildschirmseite wird eine komplexitätsbereichsspezifische Aufschlüsselung der Parameter Aufgaben, Hilfen, Schritte und Zeit angeboten. Es ist hier also möglich, die Testleistung in den einzelnen Komplexitätsbereichen miteinander in Beziehung zu setzen. Dazu ist jedoch eine Einordnung in den theoretischen Wertebereich der einzelnen Parameter notwendig. Die entsprechenden Minima und Maxima sind für jeden Parameter (außer Zeit) und für jeden Komplexitätsbereich angegeben (siehe Tabelle 8.1 oben).

Tabelle 8.1

Komplexitätsbereichsbezogene Darstellung der Leistungsparameter einer Beispieltestandin beim ADAFI im Rahmen des Hogrefe-Testsystems (KIDIS)

	Bereich I		Bereich II		Bereich III		Gesamt	
	min...max	RW	min...max	RW	min...max	RW	min...max	RW
Aufgaben	4...10	7	4...16	11	4...16	9	12...38	27
Hilfen	0...16	2	0...36	6	0...48	10	0...100	18
Schritte	0...24	9	0...50	17	0...62	19	12...132	45
Zeit		160		457		1001		1619

Fehlerarten	Bereich I	Bereich II	Bereich III	Gesamt
Farbfehler	3	5	0	8
Formfehler	0	1	3	4
Gestaltfehler	0	0	3	3
Komplexfehler	0	1	4	5

Des weiteren wird eine einfache Form einer qualitativen Fehleranalyse durch eine Auflistung der Häufigkeiten bestimmter Fehlerarten pro Komplexitätsbereich ermöglicht (siehe Tabelle 8.1 unten). Zur Erinnerung: Bei Farbfehlern war die Nichtberücksichtigung der Dimension Farbe für die Falschantwort beim jeweiligen Item verantwortlich (analog dazu Form- und Gestaltfehler). Kommt in der Distraktorwahl zum Ausdruck, daß die bspw. Anzahl der Teileelemente einer Figur nicht beachtet wurde, so resultiert ein Gestaltfehler. Komplexfehler sind Fehler, in denen mindestens zwei Dimensionen nicht adäquat bei der Antwort berücksichtigt wurden. Komplexfehler gelten als eigenständige Fehlerkategorie, so daß die darin enthaltenen „Teilfehler" nicht auch auf die anderen Fehlerkategorien angerechnet werden.

Der nächste Auswertungsschritt ermöglicht – die Eingabe von „Klassenstufe" und „Schultyp" für den jeweiligen Testanden vorausgesetzt – eine verlaufsorientierte Auswertung der Testergebnisse (siehe Abbildung 8.2). Dazu werden die Schritte pro Komplexitätsbereich der Testandin mit der Schrittzahl pro Komplexitätsbereich der entsprechenden Referenzpopulation in Beziehung gesetzt. Es resultiert eine Verlaufs-kurve von z-Werten mit drei Meßpunkten (Komplexitätsbereiche).

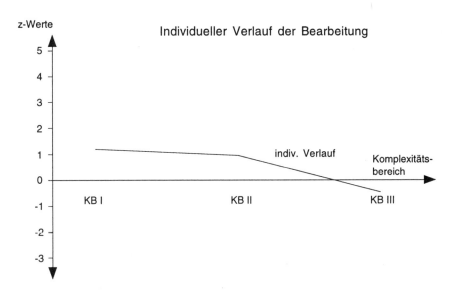

Abbildung 8.2:   Beispiel für eine verlaufsorientierte Testauswertung beim ADAFI.

Gemäß der hier realisierten Operationalisierung der Testleistung mittels Schrittzahl bedeutet ein z-Wert *kleiner* Null (genau genommen kleiner -1, da erst dann die einfache Standardabweichung überschritten ist) eine *überdurchschnittliche* Leistung. Entsprechend repräsentieren *positive z*-Werte (viele Schritte pro Komplexitätsbereich) eine *unterdurchschnittliche* Testleistung. Die im Diagramm angezeigte Kurve läßt sich hinsichtlich zweier Kriterien beurteilen:

1. Das *allgemeine Niveau* gibt darüber Auskunft, inwieweit die Leistung des Testanden hinsichtlich der mittleren Testleistung der Referenzpopulation in den einzelnen Komplexitätsbereichen einzuschätzen ist. Diese Information ist eigentlich bereits im Prozentrang bzw. T-Wert für die Gesamtschrittzahl enthalten. Im vorliegenden Beispiel liegt die Verlaufskurve mehr oder weniger deutlich über der Null-Linie, was für eine eher unterdurchschnittliche (Gesamt-) Testleistung spricht (siehe auch Abbildung 8.1).

2. Davon relativ unabhängig läßt sich der *Trend* der Kurve interpretieren. Er gibt darüber Auskunft, inwieweit sich der Testand von Komplexitätsbereich zu Komplexitätsbereich verbessert, verschlechtert oder stabile Leistungen zeigt und dies stets bezogen auf die „normale, zu erwartende" Veränderung, wie sie in der Referenzpopulation auftritt. Im vorliegenden Fall besteht ein negativer Trend, der zum Ausdruck bringt, daß die Testandin deutlich weniger Schritte – vor allem im letzten und somit komplexesten Bereich – benötigt als es im Mittel, bezogen auf die Referenzpopulation, zu erwarten gewesen wäre.

Auf dem nächsten Bildschirm wird die individuelle Verlaufskurve einem der fünf – mittels Clusteranalyse identifizierten – Verlaufstypen zugeordnet. Die in 7.2.1 vorgenommene Charakterisierung der fünf Verlaufstypen können als grobe Interpretationshilfe dienen. Nach einem unterdurchschnittlichen Start (Komplexitätsbereich I) zeigt die Testandin im weiteren Testverlauf (und somit an schwierigeren Items) bessere Leistungen, so daß am Ende sogar leicht überdurchschnittliche Testleistungen erbracht werden. Das Verlaufsprofil entspricht somit Verlaufstyp 4 (siehe 7.2.1).

Für die Interpretation ist interessant, daß diese – eine hinreichende Lernfähigkeit anzeigende – Leistungsverbesserung in diesem Beispielfall durch ein – vor allem im letzten Komplexitätsbereich – sehr langsames Arbeitstempo „erkauft" wurde (siehe Zeit in Bereich III in Tabelle 8.1, bzw. sehr niedriger Prozentrang für die Bearbeitungszeit in Abbildung 8.1).

Die letzte Auswertungsstufe ermöglicht eine sehr fein auflösende Betrachtung der Testleistung. Auf den folgenden Bildschirmseiten läßt sich das Antwortverhalten (welche Antwort, welcher Fehler, welche Latenzzeit) bei jedem einzelnen vorgegebenen Item rekonstruieren.

Tabelle 8.2

Darstellung der itembezogenen Auswertung des Beispeilfalls für den ADAFI (Ausschnitt)

Item	W1	F1	Z1	W2	F2	Z2	W2	F2	Z2	W2	F2	Z2	ΣF	ΣS	ΣG	ΣK	ΣFl	ΣZ
1	3		10										0	0	0	0	0	10
2	4		7										0	0	0	0	0	7
7	1	F	20										1	0	0	0	1	20
3	2		8										0	0	0	0	0	8
6	3		12										0	0	0	0	0	12
7	1	F	28	2	F	53							2	0	0	0	2	81
8	4		22										0	0	0	0	0	22
Σ Bereich 1:													3	0	0	0	3	160
9	5		14										0	0	0	0	0	14
12	3	F	15	1	F	43	2		6				2	0	0	0	2	64
11	4		63										0	0	0	0	0	63
13	2		28										0	0	0	0	0	28
14	2		17										0	0	0	0	0	17
19	4	F	40										1	0	0	0	1	40
15	4		27										0	0	0	0	0	27
18	4	F	28	1		16							1	0	0	0	1	44
17	3		26										0	0	0	0	0	26
19	4	F	19	5		35							1	0	0	0	1	54
20	1	FS	20	4	S	58	3		3				0	1	0	0	1	80
Σ Bereich 2:													5	1	0	0	6	457
21	3		25										0	0	0	0	0	25
...	...		...										...	...	...	...	...	...
...	...		...										...	...	...	...	...	...

Bemerkung: Item: Itemnummer, Wx: gewählte Antwortalternative, Fx: Fehlerart (F: Farb-, S: Struktur-, G: Gestalt-, K: Komplexfehler), Zx: Latenzzeit bis Antwort, Σ F-K: Summe Fehler (siehe Fehlerarten), Σ Fl: Fehlersumme bei diesem Item, Σ Z: Summe der Latenzzeiten bei diesem Item.

In der ersten Spalte von Tabelle 8.2 ist die Abfolge der Items nachzuvollziehen. Sie wird bekanntermaßen adaptiv nach der Antwortqualität (richtig/falsch) bestimmt und folgt dem Verzweigungsschema des ADAFI (siehe 3.3.1). In der zweiten Spalte ist die von der Testandin gewählte Antwortalternative angegeben. Ist die nächste Spalte unbesetzt, so war dies die richtige Antwort, sonst ist hier die Fehlerart vermerkt. In der darauffolgenden Spalte ist die für die Antwort benötigte Latenzzeit abgetragen. An ihr läßt sich bspw. grob erkennen, inwieweit die Arbeitshaltung noch aufgabenorientiert ist. Sind die nun folgenden Spalten besetzt, so wurde das Item zunächst falsch beantwortet und die Testandin bekam nach einer fehlerorientierten Hilfe die Möglichkeit, erneut zu antworten.

8.2 AZAFO

Bei der Darstellung der Auswertung der Testleistung einer Beispielperson beziehen wir uns auf die Wiedergabe der Auswertungsergebnisse wie sie im Hogrefe-Testsystem ausgegeben werden.

Wie bei den anderen Subtests der ACIL ist es notwendig, bei den Personenangaben Geburtsdatum, Geschlecht, Art der Bildung (Haupschule, Realschule bzw. Abitur), unter Beruf die Angabe *Schüler* sowie bei Tätigkeit die *Klassenstufe* anzugeben. Klassenstufe und Schultyp sind für die Ausgabe der Normwerte und Verlaufstypen dringend erforderlich.

Auf der ersten Bildschirmseite zur Auswertung (siehe Abbildung 8.3) erhält man die Daten zum Gesamttest. Neben Testbeginn und Bearbeitungsdauer wird die bearbeitete Gesamtaufgabenanzahl, die Menge der benötigten Hilfen sowie die Gesamtschrittzahl ausgegeben. Für die Schrittzahl und den Zeitverbrauch (Gesamtbearbeitungszeit) werden Normwerte in Form von Prozenträngen und T-Werten angeführt. Bei einem Gymnasiasten der 9. Klasse erhielten wir beim AZAFO die Ergebnisse gemäß folgender Abbildung.

```
Mustermann, Bernd, geb. 21.02.81 (15;9 Jahre);      Klasse 9, Gymnasium

Testbeginn: 23.05.96, 12:12:58 Uhr.            Dauer: 11:30
Aufgaben: 20 (10..30)      Hilfen: 13 (0..168)     Schritte: 33   Zeit (s): 636
 (in Klammern: mögliches Minimum .. mögliches Maximum)

Parameter                Roh-  Prozent-  0  10  20  30  40  50  60  70  80  90  100
                         wert   rang

Schritte  Kl. 9 Mittelsch.  33    65     .   .   .   .   .   .   . O .   .   .   .
Zeit      Kl. 9 Mittelsch. 636    85     .   .   .   .   .   .   .   .  O .   .   .

Schritte  Kl. 9 Gymnas.     33    30     .   .   .  O   .   .   .   .   .   .   .
Zeit      Kl. 9 Gymnas.    636    70     .   .   .   .   .   .   .  O .   .   .
```

Abbildung 8.3: Darstellung der Gesamttestergebnisse des AZAFO für einen Gymnasiasten, 9. Klasse.

Auf der folgenden Bildschirmseite (vergleiche Tabelle 8.3) erhält man eine bereichs-spezifische Ergebnisdarstellung. Für die vier Komplexitätsbereiche werden die An-zahl der bearbeiteten Aufgaben, der benötigten Hilfen, der Schrittzahlen sowie der Zeitverbrauch dokumentiert. Zur Orientierung werden die möglichen Minimum- und Maximumangaben für die Anzahl der Aufgaben und Hilfen ausgewiesen. Eine Prä-sentation von Normwerten zu diesen Angaben erfolgt an dieser Stelle nicht.

Inhalt des zweiten Bildschirmes ist weiterhin eine fehlerbezogene Auswertung des AZAFO. Für jeden Komplexitätsbereich werden die Fehler unter Zuordnung zu ihren fehlerverursachenden Momenten (soweit wie möglich; vergleiche hierzu 3.3.2) darge-stellt. Tabelle 8.3 zeigt die Ergebnisse für den Beispieltestanden Bernd Mustermann.

Tabelle 8.3

Darstellung der Ergebnisse des AZAFO für eine Beispielperson, bezogen auf die Komplexitätsbereiche (entspricht der ersten Seite der Auswertung im Hogrefe-Testsystem)

	Bereich I		Bereich II		Bereich III		Bereich IV	
	min…max	RW	min…max	RW	min…max	RW	min…max	RW
Aufgaben	4…8	6	2…8	3	2…8	6	2…8	5
Hilfen	0…42	5	0…42	0	0…42	5	0…42	3
Schritte	4…48	11	2…50	3	2…50	11	2…50	8
Zeit		141		74		189		232

Fehlerarten	Bereich I	Bereich II	Bereich III	Bereich IV	Gesamt
Operatorfehler	0	0	1	0	1
Operandenfehler	1	0	1	0	2
Rechenfehler	0	0	0	0	0
Komplexfehler	3	0	2	2	7

Bei Vorliegen des Schultyps und der Klassenstufe kann man zunächst eine Darstellung der z-transformierten Werte für die Schritte der vier Komplexitäts-bereiche erhalten. Auf der Ordinate in Abbildung 8.3 sind für die Schrittzahl die jeweiligen z-Werte – basierend auf dem entsprechenden Schultyp und der Klassen-stufe – abgetragen. Einen Vergleich der bereichsbezogenen Daten mit der Referenz-stichprobe gestattet die grafische Darstellung auf der darauffolgenden Bildschirmseite (siehe Abbildung 8.4). Ein negativer z-Wert steht für ein überdurchschnittliches Ergebnis. Entsprechend der in 7.2.2 erläuterten Vorgehensweise wird eine Zuordnung zu einem Verlaufstyp vorgenommen, der mit einer anderen Farbe im Diagramm abgetragen ist.

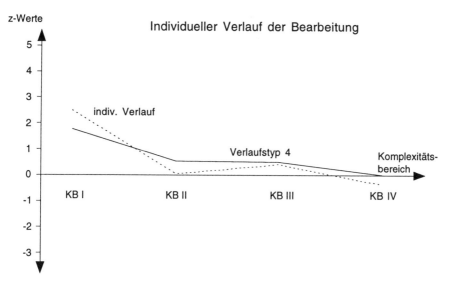

Abbildung 8.4:   Verlauf der Bearbeitung des AZAFO.

Tabelle 8.4 präsentiert für die einzelnen Items die Eingaben und die Eingabezeiten der darauf folgenden beiden Bildschirme (siehe unten). Die Darstellung ermöglicht es, die Testbearbeitung zu verfolgen und die Aufgaben zu identifizieren, die der Testand bearbeitet und bei welchen er Fehler gemacht hat, die der Fehlerauswertung zugrundeliegen.

Zunächst werden die Gesamtergebnisse betrachtet. Die Prozentrangwerte werden bei derselben Klassenstufe für die Mittelschule und das Gymnasium ausgegeben. Wir betrachten unsere Beispielperson. Eine Schrittzahl von 33 entspricht (9. Klasse, Gymnasium) einem Prozentrang von 30. Es handelt sich hierbei um eine unter dem Durchschnitt liegende Leistung. Der Gesamtzeitparameter von 636 Sekunden liegt mit einem Prozentrang von etwa 70 bereits über dem Durchschnitt. Der Testand war also bei der Bearbeitungsgeschwindigkeit etwas besser, bei den Schritten etwas schlechter als der Durchschnitt. Zwischen den Normwerten der Mittelschüler und der Gymnasiasten ist hinsichtlich der Schrittzahl eine Diskrepanz zu erkennen. In 1.4.2 wiesen wir bereits darauf hin, daß die Bearbeitung von Zahlenfolgen vor allem zwischen Personen mit hoher und mittlerer Intelligenz differenziert, so daß wir diese Diskrepanz in den Normwerten damit erklären, daß Gymnasiasten den AZAFO aufgrund ihrer günstigeren kognitiven Voraussetzungen im Durchschnitt deutlich besser bearbeiten als Mittelschüler derselben Klassenstufe.

Die Ergebnisse in den einzelnen Komplexitätsbereichen erlauben eine detailliertere Beurteilung. Wie schon an anderer Stelle ausgeführt, soll dabei vor allem die Schrittzahl als Gütemaß für die Leistungen betrachtet werden.

Tabelle 8.4

Eingaben, Zeitverbrauch und Hilfenzählung für alle Items des Auswertungsbeispiels für den AZAFO

Item	S	Hilf	Zeit	w	wt	mw	mt	ow1	ot1	ow2	ot2	ow4	ot4	ow5	ot5	ow7	ot7
1	0	0	7	36	7	-	-	-	-	-	-	-	-	-	-	-	-
2	0	0	6	2	6	-	-	-	-	-	-	-	-	-	-	-	-
5	1	0	16	10	16	-	-	-	-	-	-	-	-	-	-	-	-
6	-	-	-	-	-	-	-	-	-	-	-	-	-	-	-	-	-
3	0	0	8	9	8	-	-	-	-	-	-	-	-	-	-	-	-
4	-	-	-	-	-	-	-	-	-	-	-	-	-	-	-	-	-
5	0	0	13	9	13	-	-	-	-	-	-	-	-	-	-	-	-
6	1	5	91	2	23	24	20	Z	7	-	-	3	15	4	6	26	20
10	-	-	-	-	-	-	-	-	-	-	-	-	-	-	-	-	-
12	-	-	-	-	-	-	-	-	-	-	-	-	-	-	-	-	-
7	0	0	21	31	21	-	-	-	-	-	-	-	-	-	-	-	-
8	-	-	-	-	-	-	-	-	-	-	-	-	-	-	-	-	-
10	0	0	29	1	29	-	-	-	-	-	-	-	-	-	-	-	-
9	-	-	-	-	-	-	-	-	-	-	-	-	-	-	-	-	-
12	0	0	24	16	24	-	-	-	-	-	-	-	-	-	-	-	-
11	-	-	-	-	-	-	-	-	-	-	-	-	-	-	-	-	-
17	1	0	36	5	36	-	-	-	-	-	-	-	-	-	-	-	-
18	-	-	-	-	-	-	-	-	-	-	-	-	-	-	-	-	-
13	0	0	27	174	27	-	-	-	-	-	-	-	-	-	-	-	-
14	-	-	-	-	-	-	-	-	-	-	-	-	-	-	-	-	-
15	1	5	55	7	29	-	-	A	6	T	3	4	5	2	4	14	8
16	0	0	37	38	37	-	-	-	-	-	-	-	-	-	-	-	-
17	0	0	20	36	20	-	-	-	-	-	-	-	-	-	-	-	-
18	0	0	14	24	14	-	-	-	-	-	-	-	-	-	-	-	-
22	1	0	57	114	57	-	-	-	-	-	-	-	-	-	-	-	-
24	-	-	-	-	-	-	-	-	-	-	-	-	-	-	-	-	-
19	0	0	58	184	58	-	-	-	-	-	-	-	-	-	-	-	-
20	-	-	-	-	-	-	-	-	-	-	-	-	-	-	-	-	-
22	1	3	39	114	11	-	-	A	15	-	-	4	4	-	-	116	9
21	0	0	22	88	22	-	-	-	-	-	-	-	-	-	-	-	-
24	0	0	56	78	56	-	-	-	-	-	-	-	-	-	-	-	-
23	-	-	-	-	-	-	-	-	-	-	-	-	-	-	-	-	-

Bemerkung: Es bedeuten: w: Eingabe; t: Zeit; m: Monotonie; o.1, 2: Operator; o.4, 5: Operand; o.7: Rechnen; S: Erstantwort falsch=1; Hilf: Hilfenanzahl

Abbildung 8.4 enthält eine Verlaufsdarstellung der Ergebnisse für die Komplexitätsbereiche. Der Testand bearbeitete den ersten Komplexitätsbereich mit 6 Aufgaben und 5 Hilfen, was eine schlechte Anfangsleistung darstellt. Im zweiten Schwierigkeitsbereich benötigte er nur 3 Aufgaben und keine Hilfe. Seine Leistung verbesserte sich. Der z-Wert liegt etwa bei Null und entspricht damit einem durchschnittlichen Wert verglichen mit der Referenzpopulation, die die Klassenstufe und den Schultyp berücksichtigt. Im dritten Bereich verbrauchte der Testand schließlich 6 Aufgaben und 5 Hilfen. Aufgrund der wesentlichen Schwierigkeitssteigerung von Komplexitätsbereich III zu Bereich IV, liegt dieses Ergebnis im Durchschnittsbereich, wobei eine geringfügige Verschlechterung hinsichtlich des z-transformierten Wertes vorliegt. Im letzten und schwierigsten Testbereich verbesserte sich der Testand noch einmal und erreicht eine leicht über dem Mittelwert liegende Schrittzahl. Die Verlaufsbetrachtung zeigt, daß der Testand mit schlechten Leistungen beginnt, seine Leistungen jedoch verbessert. Das Sinken der z-Werte für die Schritte im zweiten und vierten Komplexitätsbereich in Relation zu den jeweils vorausgehenden Bereichen zeigt deutlich, daß der Schüler – trotz weiter erhöhter Schwierigkeit der Items – die Aufgaben besser als zuvor löst, was auf eine gute Lernfähigekeit schließen läßt.

Nach diesen Aussagen wird der Schüler dem Verlaufstyp 4 zugeordnet. Eine Klassifizierung mit Hilfe der entsprechenden Diskriminanzfunktionen bestätigt das. Zuglcich wird deutlich, daß die Betrachtung des Verlaufs zusätzliche Informationen gegenüber der Gesamtschrittzahl liefern kann.

Nun kommen wir zur Betrachtung der Testbearbeitung mit dem höchsten Auflösungsgrad unter Zuhilfenahme der Darstellungen aus Tabelle 8.4. Dem Praktiker wird damit die Möglichkeit gegeben, eine Analyse der Eingaben und der Latenzzeiten auf Einzelitemebene durchzuführen. Die Begutachtung der Angaben hat vor allem Bedeutung für die Identifizierung von fehlerverursachenden Momenten bei der Bearbeitung von Zahlenfolgen und der Verfolgbarkeit der Testbearbeitung.

Die ersten beiden Anwärmaufgaben hat der Testand sofort richtig bewältigt, so daß die Bearbeitung der fünften Target-Aufgabe folgt. Dieses Item wurde jedoch falsch gelöst (Eingabe w = 10). Das Programm verzweigte deshalb zur einfacheren Aufgabe drei des ersten Komplexitätsbereiches, wonach nach sofortiger Richtiglösung die Aufgabe fünf noch einmal dargeboten wird (vgl. hierzu 3.2.2). Diesmal wurde die Aufgabe erfolgreich bearbeitet. Target-Aufgabe sechs wird mit Hilfen gelöst. Da die Monotonie in der Folge der Zahlen nicht beachtet wurde, erfolgte eine Hilfestellung, in der zunächst das Monotonieverhalten der Folge erklärt wird. Die anschließende Aufforderung, noch einmal die Fortsetzung der Folge zu bestimmen, führt nicht zum richtigen Ergebnis (mw = 24), so daß weitere Hilfeleistungen erfolgen. Der Testand wurde als nächstes befragt, mit welcher Rechenoperation fortzufahren ist. Hier antwortete er mit „Zuzählen" (ow1 = Z). Da bei ow2 keine Eingabe ersichtlich ist, kann geschlußfolgert werden, daß die Fragestellung richtig beantwortet wurde. „ow4" stellt eine Hilfestellung zum Rechenoperanden dar. Da diese Hilfestellung zweimal gegeben wird (ow4 und ow5), ist davon auszugehen, daß beim ersten Mal die Eingabe nicht richtig war. „ow7" stellt eine Hilfe in der Form dar, daß der Testand gefragt wird, welches Ergebnis man erhält, wenn man mit dem zuvor abgeklärten Operanden und der zuvor abgeklärten Rechenoperation operiert.

Im ersten Komplexitätsbereich wurden drei Komplexfehler und ein Operandenfehler registriert (vgl. Tabelle 8.3). Komplexfehler sind solche Fehler, bei denen die Fehlerursache nicht eindeutig identifiziert werden kann. Ein Komplexfehler wurde deshalb bei der Aufgabe fünf gezählt (w = 10). Außerdem liegen zwei Eingaben bei Aufgabe sechs vor, bei denen ebenfalls nicht festgestellt werden kann, welche Fehlerursache der Eingabe zugrunde liegt (w = 2 und mw = 24). Die Hilfe „ow4", die

die erste zum Rechenoperanden darstellt und in diesem Fall falsch beantwortet wurde, wird als Operandenfehler im ersten Testbereich ausgewiesen. Der zweite Schwierigkeitsbereich beginnt aufgrund der nicht sofort richtig bearbeiteten Target-Aufgabe sechs mit Aufgabe sieben. Die Eingabe zu dieser Aufgabe war richtig, so daß gleich darauf zu Item 10 verzweigt wurde. Da auch dieses richtig gelöst wurde, ging es weiter mit Item 12. Auch hier liegt kein Fehler vor. Für den Komplexitätsbereich II werden keine Fehler ausgewiesen.

Komplexitätsbereich III beginnt mit der Target-Aufgabe 17, die allerdings falsch bearbeitet wurde. Darauf erhielt der Testand die zusätzliche Lernaufgabe 13, welche keine Hilfen ausweist. Die weitere Übungsaufgabe 15 wurde mit Hilfen bearbeitet. Die erste Eingabe (w = 7) wird dem Monotonieverhalten der Zahlenfolge gerecht, so daß als erste Hilfestellung ow1 folgt. Da hier ein Fehler vorliegt, wird ow2 verabreicht. Die Frage nach dem Rechenoperanden wird ebenfalls zunächst falsch beantwortet (ow4), so daß ow5 gegeben wird. Ow7 wurde schließlich auch verabreicht, da diese bei Gebrauch der Hilfen ow1 und ow4 zwingend folgt. Nach Item 15 wird noch eine zusätzliche Lernaufgabe (Nr.16) dargeboten. Sie wird richtig gelöst. Die zweite Bearbeitung der Target-Aufgabe 17 verläuft erfolgreich, ebenso die Bearbeitung von Target-Aufgabe 18. Im dritten Testbereich werden zwei Komplexfehler gezählt (Aufgabe 17: w = 5 und Aufgabe 15: w = 7). Bei Aufgabe 15 registriert das Programm außerdem den Operatorfehler ow1 (Eingabe: A für Abziehen) und den Operandenfehler ow4 (Eingabe = 4).

Der letzte Komplexitätsbereich beginnt mit der Target-Aufgabe 22, die nicht richtig bearbeitet wurde. Deshalb fährt das Programm mit Aufgabe 19 fort. Diese Zusatzaufgabe wurde erfolgreich bewältigt, so daß wiederum Aufgabe 22 folgt. Auch diesmal liegt eine Falschlösung vor, die jedoch dem Monotonieverhalten der Zahlenfolge entspricht. Alle darauf aufbauenden Hilfen werden korrekt verarbeitet (ow1, ow4 und ow 7). Bevor die letzte Testaufgabe verabreicht werden kann, muß noch Aufgabe 21 bearbeitet werden. Beide Aufgaben wurden auf Anhieb richtig gelöst. Im Komplexitätsbereich IV zählt das Programm zwei Komplexfehler bei der Target-Aufgabe 22 (erster und zweiter Anlauf, jeweils w = 114).

8.3 ADANA

Wir stellen an einem Beispieldatensatz die Ergebnisdarstellung, -auswertung und -interpretation vor. Dabei beziehen wir uns auf die Präsentation im Rahmen des Hogrefe-Testsystems (und beschränken uns auf die verfahrensspezifischen Dinge und gehen z.B. nicht auf die Organisation der Angaben zur untersuchten Person und deren Bearbeitung ein).

Für die Angabe von Normwerten ist die Eingabe der Klassenstufe und der gegenwärtig besuchten Schule zwingend erforderlich. Um einen Vergleich zu ermöglichen, werden in der Ergebnisdarstellung Normwerte aus den „angrenzenden" Normgruppen (vgl. 6.1) aufgeführt. Auf dieser Bildschirmseite werden die Gesamtmaße des Verfahrens präsentiert (vgl. 3.3.3), deren Wertebereich (soweit sinnvoll anzugeben) und bei der Schrittzahl und dem Zeitverbrauch die berechneten Normwerte. Die Abbildung 8.5 gibt diese Gesamtergebnisse für einen Beispieldatensatz wieder.

```
Mustermann, Petra, geb. 12.01.82 (14; 4 Jahre);     Klasse 8, Mittelschule

Testbeginn: 14.04.96, 10:56:42 Uhr.              Dauer: 15:56
Aufgaben: 40 (17..40)      Hilfen: 34 (0..96)     Schritte: 74   Zeit (s): 537
 (in Klammern: mögliches Minimum .. mögliches Maximum)

Parameter                 Roh-  Prozent-  0  10  20  30  40  50  60  70  80  90  100
                          wert  rang

Schritte  Kl. 8 Mittelsch.  74     5     . O .   .   .   .   .   .   .   .   .   .
Zeit      Kl. 8 Mittelsch. 537    55     .  .    .   .   .   . O .   .   .   .   .

Schritte  Kl. 8 Gymnas.     74     2     .O  .   .   .   .   .   .   .   .   .   .
Zeit      Kl. 8 Gymnas.    537    45     .  .    .   .   . O .   .   .   .   .   .

Schritte  Kl. 7 Mittelsch.  74    10     .  O    .   .   .   .   .   .   .   .   .
Zeit      Kl. 7 Mittelsch. 537    65     .  .    .   .   .   . O .   .   .   .   .
```

Abbildung 8.5: Darstellung der Gesamtergebnisse des ADANA für eine Beispielperson.

In der Tabelle 8.5 wird die zweite Bildschirmseite, die eine Auswertung in bezug auf die Komplexitätsbereiche bietet, vorgestellt. Hier werden die im Verlauf der Bearbeitung im ersten und zweiten Komplexitätsbereich benötigten Schritte, Hilfen, Aufgaben und Zeiten angegeben. Wird im Zuge der Bearbeitung ein Sprung aus dem zweiten Bereich zu einfacheren Aufgaben des ersten Bereiches notwendig, werden diese dem zweiten zugeordnet, da sie in dessen Kontext auftraten (vgl. 3.3.3). Zu diesen Ergebnissen werden keine Normen angegeben, zur Orientierung dienen wieder (nach Möglichkeit) die Wertebereiche der Maße.

Tabelle 8.5

Darstellung der Ergebnisse des ADANA für eine Beispielperson, bezogen auf die Komplexitätsbereiche

	Bereich 1		Bereich 2		Gesamt	
	min...max	RW	min...max	RW	min...max	RW
Aufgaben	9 ... 16	14	8 ... 31	26	17 ... 40	40
Hilfen	0 ... 48	16	0 ... 69	18	0 ... 96	34
Schritte	9 ... 64	30	8 ... 100	44	17 ...136	74
- für IBR		16		27		43
- für ZBR		14		17		31
Zeit		238		300		537
- für IBR		134		176		310
- für ZBR		103		123		226

Die dritte Ergebnisdarstellung wird noch detaillierter (vgl. Tabelle 8.6): Nun werden die bei den eingesetzten Relationstypen jeweils benötigten Schritte erfaßt und die je Relationstyp gemachten Fehler (beide Maße stehen in engem Zusammenhang: Nach jedem Fehler folgt ein zusätzlicher Schritt). In der tabellarischen Übersicht wird zusätzlich noch nach erstem und zweitem Komplexitätsbereich unterschieden.

Tabelle 8.6

Darstellung der Ergebnisse des ADANA für eine Beispielperson, bezogen auf die Relationstypen und die Komplexitätsbereiche

	Relationstyp	Hilfen	Schritte	Fehler Bereich I	Bereich II	Gesamt
Inner-	Kontrast	2	7	0	3	3
begriff-	Komparativ	1	6	0	2	2
liche	Unter-Ober-Begriff	9	14	3	7	10
Relationen	Nebenordnung	11	16	6	6	12
Zwischen-	Lokation	3	8	3	1	4
begriff-	Objekt	3	8	2	2	4
liche	Instrument	3	8	2	2	4
Relationen	Finalität	2	7	0	3	3

Auf der Grundlage der in dieser Zusammenfassung enthaltenen Rohwerte ist kein interpersoneller Vergleich möglich. Um einen solchen vorzunehmen ist der Wechsel zur vierten Ergebnisdarstellung (Abbildung 8.6) nötig:

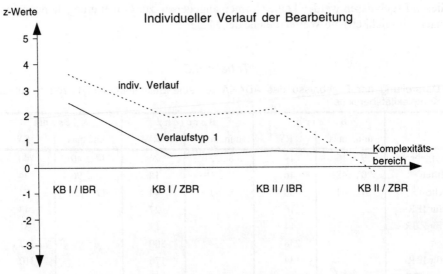

Abbildung 8.6:   Darstellung des Verlaufs der Bearbeitung des ADANA für eine Beispielperson (bezogen auf Komplexitätsbereiche und Klassen semantischer Relationen). In der Abbildung ist zusätzlich der entsprechend 7.2.3 berechnete Verlaufstyp dargestellt.

Hier werden die individuellen, z-normierten Ergebnisse in Diagrammform dargeboten. Da der Mittelwert der Referenzstichprobe durch die Null-Linie repräsentiert
wird, sind alle Abweichungen in positiver wie negativer Richtung gut sichtbar.
Zusätzlich wird entsprechend der in 7.2.3 erläuterten Vorgehensweise die Zuordnung
zu einem Verlaufstyp vorgenommen. In einer weiteren Bildschirmseite wird dieser
„typische Verlauf" – mit anderer Farbe – ebenfalls in das Diagramm eingetragen.

Die fünfte Bildschirmseite bietet die entsprechende Darstellung für die Auswertung
nach Relationstypen (Abbildung 8.7).

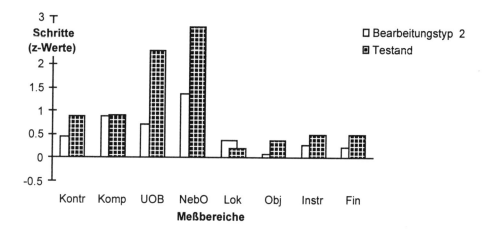

Abbildung 8.7: Darstellung der Bearbeitung der im ADANA eingesetzten Relationstypen für
eine Beispielperson. In der Abbildung ist zusätzlich der entsprechend 7.2.3
berechnete Verlaufstyp dargestellt.

Ein Wechsel zur nächsten Darstellung bringt das vollständige Protokoll aller Eingaben des Testanden während der Bearbeitung und aller Einzellatenzen; im Beispielfall (Tabelle 8.7) umfaßt dieses mehrere Bildschirmseiten.

Tabelle 8.7

Darstellung der Ergebnisse des ADANA für eine Beispielperson, bezogen auf den gesamten Bearbeitungsprozeß

Einzelergebnisse			(Zeiten in msec.)				Summe	Summe
Item	Antwort 1	Zeit 1	Antwort 2	Zeit 2	Antwort 3	Zeit 3	Zeit	Hilfen
1	5	77					77	
2	1	84					84	
3	4	116					116	
5	3	80	5	92	2	295	467	2
6	5	80	4	37			117	1
7	3	97	2	29	5	185	311	3
8	2	82	4	31	5	56	169	3
9	1	50	5	53	4	76	179	3
10	4	90					90	
11	1	87	2	35	3	58	180	2
12	1	133					133	
13	1	79	2	28	5	201	308	2
14	2	46					46	
15	2	98					98	
17	4	73					73	
18	4	84					84	
17	5	105	1	8	3	76	189	2
19	4	105					105	
4	5	99					99	
20	1	74	3	56			130	1
19	1	39					39	
21	1	109					109	
22	1	31	2	121	1	131	283	3
21	2	94	3	29	5	53	176	3
23	5	92					92	
24	1	91	3	46	1	53	190	3
23	4	104	3	29	2	62	195	2
25	1	110					110	
26	3	139					139	
25	4	56					56	
27	1	58					58	
28	4	143					143	
27	5	56	3	59			115	1
29	4	114					114	
30	5	135					135	
29	2	39	5	77			116	1
31	1	50					50	
16	1	49					49	
32	1	25					25	
31	1	25	5	68	2	30	123	2

Bemerkung: Unterstrichen angegebene Eingaben stellen falsche Antworten dar (im Original farbig hervorgehoben).

Die Darstellung der Ergebnisse im Verfahren ist durch einen immer höheren „Auflösungsgrad" gekennzeichnet. Wenn dem Anwender bei einer ersten Beurteilung der zusammenfassenden Übersicht deutlich wird, daß es sich in Hinblick auf die

Fragestellung um einen „unauffälligen" Testanden handelt, kann er auf die weitere Auswertung verzichten.

Im folgenden soll auf den Testanden eingegangen werden, dessen Ergebnisse in den obigen Tabellen und Abbildungen vorgestellt wurden.

Es handelt sich um eine Mittelschülerin der achten Klasse, deren Ergebnis im unterdurchschnittlichen Bereich liegt (Prozentrang 5 der Schrittzahl der Normierungsstichprobe). Die Bearbeitungszeit liegt hingegen im mittleren Bereich. Betrachtet man, wie sich die benötigten Schritte aufteilen, wird deutlich, daß alle Aufgaben bearbeitet werden mußten (40 von 40), während von den maximal möglichen 96 Hilfen 34 in Anspruch genommen wurden. Die Aufteilung dieser Aufgaben und Hilfen auf die Komplexitätsbereiche ist anhand der zweiten Ergebnisdarstellung ersichtlich. Man erkennt, daß fast die Hälfte der Hilfen in den ersten Bereich fällt. Die Aufgabenanzahl ist im zweiten Bereich wesentlich höher, was allerdings mit dem Verzweigungsalgorithmus zusammenhängt (doppelte Darbietung der Target-Items). Auch die Zeit im ersten Bereich ist nicht so viel geringer, wie man aufgrund der doch um einiges leichteren Aufgaben vermuten könnte. Daraus kann man schließen, daß die Testandin bereits bei den Analogien des ersten Bereiches massive Schwierigkeiten hatte. Es dürfte interessant sein zu prüfen, wie die Bewältigung der komplexeren Anforderung des zweiten Bereiches gelingt. Dabei ist die dritte Darstellung hilfreich. Hier kann man auf der Ebene der Analogien eines Relationstypes die beiden Bereiche vergleichen (Fehler im Bereich I und II). Wie zu erwarten, treten im zweiten Bereich mehr Fehler auf. Doch kommt es nur in zwei Fällen (Unter-Ober-Begriffs- und Nebenordnungsrelation) zu einer Situation, in der die Testandin die Lösung nicht selbst findet. In den anderen Fällen gelingt dies nach einigen Hilfestellungen. Das wird besonders bei den Analogien deutlich, in denen schon im ersten Bereich Hilfen nötig waren (Lokations-, Objekt- und Instrumentrelation). Wir wollen daraus den vorsichtigen Schluß ableiten, daß die Testandin nach Anfangsschwierigkeiten und mit bestimmten Abstrichen in der Lage ist, die gestellten Anforderungen zu bewältigen. Diese Abstriche sind insbesondere hinsichtlich zweier Analogietypen zu machen, auf die allein etwa vierzig Prozent der für das gesamte Verfahren benötigten Schritte fallen (Unter-Ober-Begriffs- und Nebenordnungsrelation). Diese Beurteilung erhärtet sich durch die folgenden Darstellungen, in denen die Zuordnungen auf der Grundlage der Ergebnisse der Clusteranalysen vorgestellt werden. Aufgrund der Klassifikationsfunktionen wurde der Verlaufstyp 1 (vgl. 7.2.3) als der wahrscheinlichste für die Testandin bestimmt. Zum einen ist dabei erkennbar, daß es keine „eins-zu-eins"-Entsprechung zwischen dem Verlauf der Clustercentroide des Verlaufstyps 1 und dem individuellen Verlauf der Testandin gibt. Die Testandin weist einen gewissen negativen „Parallelverlauf" zum Verlaufstyp 1 auf, erreicht beim vierten Meßpunkt allerdings noch ein besseres Ergebnis als der Durchschnitt ihrer Bezugsgruppe. Insofern hat die Testandin also etwas „gelernt". Der stark unterdurchschnittliche Einstieg des Mädchens mit einem z-Wert von fast vier wird durch die Abbildung im Diagramm besonders deutlich, wirft allerdings auch Fragen auf (War das Aufgabenverständnis gegeben?). Das folgende Balkendiagramm mit der Auswertung auf der Ebene der Relationstypen zeigt, daß – wie aufgrund der Tabelle 8.6 zu erwarten – für den schlechten Einstieg besonders die Bearbeitung der Analogien mit

Unter-Ober-Begriffs- und Nebenordnungsrelation verantwortlich sind. Darauf beruht auch die Zuordnung zum Bearbeitungstyp 2, der dadurch gekennzeichnet ist, daß die Analogien auf der Grundlage der Innerbegrifflichen Relationen mehr Schwiergkeiten bereiten als die mit Zwischenbegrifflichen Relationen. Das ist bei der hier darge- stellten Testandin der Fall. Da die Probleme die genannten Relationstypen betreffen, werten wir dies als Hinweis darauf, daß das Finden von Oberbegriffen bzw., allge- meiner ausgedrückt, der Prozeß des Abstrahierens beeinträchtigt ist. Es wäre Aufgabe des Diagnostikers, diese Hinweise zu verfolgen und ggf. Unterstützung zu bieten. Die Darstellung aller einzelnen Reaktionen und Latenzen kann hilfreich sein, wenn man die Antworten bei bestimmten Analogien überprüfen will.

9 Zusammenfassung

9.1 Gültigkeitsbereich. Welches Merkmal erfaßt die ACIL?

Die ACIL erfaßt den „Kernfaktor der Intelligenz" – das auch im Bereich der Logik (vgl. 1.1) viel beachtete schlußfolgernde Denken (Reasoning sensu Thurstone, Verarbeitungskapazität sensu Jäger, 1984) in drei wesentlichen Materialbereichen. Daß es sich hierbei tatsächlich um den Kernfaktor der Intelligenz handelt, zeigen sowohl ältere als auch moderne faktoranalytische Untersuchungen zum Intelligenzaufbau (siehe 1.2) sowie kognitionspsychologische Studien zur Intelligenz (siehe hierzu 1.3). Die Ergebnisse in Reasoning-Tests lassen daher auch ziemlich sichere Schlüsse auf das Abschneiden in umfangreicheren Intelligenztestbatterien zu. Hinzu kommt noch, daß die Reasoning-Tests eine hohe Augenschein-Validität besitzen und von den meisten Laien als die besten Indikatoren der Intelligenz betrachtet werden. Die Aufspaltung in drei Materialbereiche mit entsprechenden Subtests – Zahlenfolgen für den numerischen Bereich, Figurenfolgen für den figuralen und verbale Analogien für den verbalen Bereich – basiert auf faktoranalytischen Untersuchungen zur Substruktur des Reasoning-Faktors (siehe 1.2). Die benutzten Tests – Zahlen- und Figurenfolgen, Analogien – sind auch Hauptgegenstand der kognitionspsychologischen Intelligenzforschung und dürfen daher von ihrer Anforderungsstruktur als relativ gut aufgeklärt gelten. Außerdem haben sie sich in der praktischen Intelligenzdiagnostik unter vielen Fragestellungen und in vielen Validitätsstudien im Vergleich mit anderen Intelligenzsubtests noch am meisten bewährt (vgl. 1.4).

Im Unterschied zu den herkömmlichen Intelligenzstatustests wird in der ACIL entsprechend dem Prinzip des Lerntests bzw. dynamischen Testens (siehe Guthke & Wiedl, 1996) nicht nur die momentane Kompetenz erfaßt, sondern auch die Fähigkeit zur Leistungssteigerung – „Lernfähigkeit" bzw. „Intelligenzpotenz" – in dem betreffenden Bereich. Das schlußfolgernde Denken wird also nicht nur als Status in der „Zone der aktuellen Entwicklung" (Wygotski), sondern auch als Potenz in der „Zone der nächsten Entwicklung" (Wygotski) bestimmt. Zu diesem Zweck werden in den Testablauf systematische Feedbacks, Zusatzaufgaben und Hilfen eingebaut. Es kann also registriert werden, wieviel Schritte (Zusatzaufgaben plus Hilfen) ein Testand beim Durchlaufen des sog. Diagnostischen Programms (DP, vgl. 3.1) benötigt, bis er alle Target-Items (müssen von allen Testanden bearbeitet werden) gelöst hat. Im Unterschied zu Langzeit-Lerntests wird vor allem aus zeitökonomischen Gründen also nicht mehr eine getrennte Prätestung zur Feststellung des Status und eine nach einem Training folgende Posttestung zur Messung der Lernpotenz durchgeführt, sondern Status und Lernpotenz auf dem jeweiligen Gebiet werden in nur einer Sitzung „konfundiert" erhoben. Meßmethodisch ist dies zwar problematisch, theoretisch aber u.E. durchaus berechtigt. Die früher auch von uns (vgl. Guthke et al., 1983) durch ein Prätest-Training-Posttest Design praktizierte getrennte Erhebung von Status und Lernpotenz ist nämlich auch problematisch, da sich natürlich auch im Status Lernpotenzen widerspiegeln, wie die erhobene Lernpotenz auch vom Status mit beeinflußt wird, so daß eine strikte Trennung von Status und Lernpotenz artifiziell ist. Bei einer transaktionistischen Sicht der Entwicklung und Psychodiagnostik (vgl. Haywood, Tzuriel & Vaught, 1992) verbieten sich von vornherein solche starren Gegenübersetzungen von Status und Lernfähigkeit. Ein ganz andere Frage ist es allerdings, ob die zusätzliche Berücksichtigung der Lernpotenz im Rahmen der Testprozedur (eben durch die Lerntestversion des Verfahrens) wirklich über den Status hinausgehende und von diesem nicht bereits voll prädizierbare diagnostische Informationen bringt. Dieser Nachweis ist uns gelungen.

9.2   Geltungsbereich. Für welche Zielgruppe ist die ACIL entwickelt worden?

Die ACIL ist eine Weiterentwicklung des Lerntests für Schlußfolgerndes Denken (LTS, Guthke, et al., 1983), der für Schüler der 6. - 11. Klasse konstruiert und als Langzeit-Lerntest angelegt wurde. Die ACIL ist von uns für die Klassenstufen 5 bis 9 normiert worden, wobei für Real- (Mittelschüler) und Gymnasiasten getrennte Normen angegeben werden. Zumindest die Subtests ADAFI (Figurenfolgen) und AZAFO (Zahlenfolgen) sind auch bei Erwachsenen ohne Deckeneffekte nutzbar. Leider liegen für diese Zielgruppen aber noch keine Normen vor.

9.3   Anwendungsfelder. Für welche praktischen diagnostischen Fragestellungen bietet sich das Verfahren an?

Der Test ist bei allen üblichen intelligenzdiagnostischen Fragestellungen der Praxis anwendbar, bei denen man üblicherweise Intelligenztests einsetzt; vor allem sehen wir aber folgende spezielle Adressatenkreise und Fragestellungen:

- Jugendliche mit einer schlechten bzw. unvollständigen Schulbildung, bei denen man den Verdacht hat, daß sie vorwiegend aufgrund von „Milieuschäden" bzw. motivationaler und affektiver Lernbehinderung in ihrer normalen schulischen Entwicklung behindert wurden (z.B. für Untersuchungen im Rahmen der beruflichen Rehabilitation);
- Kinder und Jugendliche mit einer erhöhter Testangst, Anfangshemmungen und Neigung zu neurotischen Reaktionen, die bei der üblichen Testung (ohne Rückinformationen und Hilfen) meist schlechtere Ergebnisse zeigen als bei Lerntestversionen des gleichen Verfahrens (siehe hierzu Guthke & Wiedl, 1996 und neuerdings auch Meijer, 1996);
- Bei Schul- und Lernversagen, wo die Gründe hierfür eventuell auch im Bereich des Intelligenzstatus bzw. der Intelligenzpotenz vermutet werden; Hier bietet die in

der ACIL mögliche Prozeß- und Fehleranalyse zusätzliche diagnostische Möglichkeiten.

- Bei Unsicherheiten im Bereich der Schullaufbahn- und Berufsberatung, vor allem dann, wenn divergierende Urteile (z.B. von Lehrern und Eltern) bzw. divergierende Testbefunde und Schulleistungsbeurteilungen vorliegen.

- Bei speziellen klinischen Fragestellungen im Bereich der Neurologie und Psychiatrie – z.B. nach Hirntraumen und minimaler cerebraler Dysfunktion –, die relativ oft zu einzelnen kognitiven Defiziten bzw. Veränderungen im Leistungsverhalten (z.B. sehr impulsives, wenig überlegtes Handeln) führen. Die in der ACIL mögliche Prozeßdiagnostik unter Einschluß von exakten Latenzzeit-Messungen auf Itemebene eröffnet hier neue Möglichkeiten. Auch die Untersuchung von „Lernneurotikern" und an somatoformen bzw. psychosomatischen Störungen leidenden Jugendlichen mit eventueller Über- bzw. Unterforderung in der Schule dürfte ein Einsatzgebiet der ACIL sein.

- Zur Zeit überprüfen wir im Rahmen von Berufsförderungswerken, ob die ACIL auch bei Erwachsenen, die aufgrund körperlicher Erkrankungen einen neuen Beruf erlernen müssen, prognostische Aussagen im Hinblick auf den Ausbildungserfolg zuläßt und hierbei möglicherweise – vor allem im unterdurchschnittlichen Leistungsbereich – herkömmlichen Tests überlegen ist.

9.4   Testkonstruktion

9.4.1 Itempool

Im Unterschied zu der üblichen Gewinnung von Testitems, die meist wenig theoriebezogen erfolgt, wurde von uns auch im Sinne der Kontentvalidierung stets versucht, die Itempools kognitionspsychologisch abzuleiten und hinsichtlich ihrer Komplexität zu bestimmen (siehe die Anforderungen an Diagnostische Programme, vgl. 3.1). Im Vordergrund stand also nicht wie üblich die rein statistische Schwierigkeits- und Trennschärfenanalyse der Items als Hauptmethode zur Gewinnung eines angemessenen Itempools, sondern die theoriebezogene Bestimmung der Komplexität der einzelnen Items und damit auch die darauf aufbauende Komplexitätsgraduierung des Verfahrens – im Sinne des Fortschreitens vom Einfachen zum Komplexen. Für die Figuren- und Zahlenfolgen benutzten wir zur objektiven Komplexitätsbestimmung die aus der Psychophysik stammende (vgl. Buffart & Leeuwenberg, 1983) und von uns modifizierte Strukturelle Informationstheorie (vgl. Fiebig, 1989; Räder, 1988), für die verbalen Analogien vor allem die kognitonspsychologischen Studien von Klix und van der Meer (1978). Die theoretisch bestimmte Komplexität der Items bzw. Itemgruppen (Komplexitätsbereiche) der Untertests stimmt meist recht gut mit der nachträglich bestimmten subjektiven Schwierigkeit (im Sinne der statistischen Lösungshäufigkeit) überein.

Der Itempool eines Tests soll eine repräsentative Stichprobe aus einem definierten Itemuniversum darstellen. Damit soll sichergestellt werden, daß das Testverhalten als Indikator für die individuelle Ausprägung des zu messenden Fähigkeitskonstrukts ebenfalls eine repräsentative Stichprobe aus dem relevanten Verhaltensuniversum ist. Ausgangspunkt für eine Definition des Itemuniversums ist eine inhaltliche Theorie über die zu messende Personeigenschaft bzw. über das zu messende Konstrukt. Aus dieser Theorie muß hervorgehen, in welchen Situationen sich das dafür indikative Verhalten äußert. Die Definition des Itemuniversums (nähere Beschreibung für die einzelnen Subtests siehe 3.2) basiert auf der Beschreibung der Klasse der indikativen Situationen und der der Klasse des indikativen Verhaltens. Für die Itemuniversa der ACIL bedeutet das:

- Personeigenschaft/Konstrukt:
  Fähigkeit zum schlußfolgernden Denken

- Situationen:
  Figurenfolgenitems
  Zahlenfolgenitems
  verbale Analogien

- Verhalten:
  Sinnvolle, d.h. richige Antwort vs. falsche Antwort bei der Bearbeitung der Items mit der (lern-) testspezifischen Besonderheit, daß die Antwortqualität vor allem nach der Verabreichung fehlerspezifischer Rückmeldungen nach Falschantworten das interessierende Testverhalten darstellt.

Daraus ergibt sich für die Figurenfolgenitems des *ADAFI*
Die Figurenfolgen bestehen aus 12 Einzelfiguren. Es gilt, eine Leerstelle in der zweiten Hälfte der Folge unter multiple-choice-Bedingungen zu vervollständigen. Die Abfolge der Figuren in der Folge basiert auf einer regelhaften Variation relevanter Merkmale in den Einzelfiguren, die sich den Dimensionen „Farbe", „Form" und „Gestaltung" zuordnen lassen. Aus der Anzahl der variierenden Dimensionen bestimmt sich die Komplexität des Items. Die Items in diesem Test lassen sich somit in drei Komplexitätsbereiche einteilen. Dies sind:
Komplexitätsbereich I: Variation einer Merkmalsdimension
Komplexitätsbereich II: Variation zweier Merkmalsdimensionen
Komplexitätsbereich III: Variation dreier Merkmalsdimensionen

Der *AZAFO* besteht aus 24 Zahlenfolgen, bei denen jeweils sieben Glieder der Folge vorgegeben sind. Das achte Glied der Folge ist zu bestimmen (vgl. hierzu 3.2.2). Die Zahlen der Folge und die Relationen zwischen diesen Zahlen bilden die Bestimmungsstücke für die Komplexität. Die Komplexitätssteigerung wurde im AZAFO über vier Komplexitätsbereiche folgendermaßen realisiert:
Komplexitätsbereich I: Arithmetische Zahlenfolgen erster Ordnung
Komplexitätsbereich II: Zahlenfolgen zweiter Ordnung
Komplexitätsbereich III: Zahlenfolgen, deren Quotienten konstant sind

Komplexitätsbereich IV: Geometrische Zahlenfolgen, bei denen die Zahlen
der Quotienten eine arithmetische Zahlenfolge erster
Ordnung bilden.

Die verbalen Analogieitems des *ADANA* werden in der Form „A : B = C : ?" dargeboten mit fünf Antwortalternativen für den einzusetzenden Term D. Die Terme sind
durch Begriffe (Worte der deutschen Sprache) besetzt, die Kindern und Jugendlichen
des Geltungsbereiches geläufig sein sollten. Durch Erkennen der Beziehung zwischen
den ersten beiden Begriffen und Übertragung dieser Beziehung auf den dritten und
einen passenden vierten wird es möglich, die durch das Fragezeichen bezeichnete
Leerstelle der Analogie zu besetzen und die Aufgabe zu lösen. Die Beziehungen zwischen den Begriffen wurden dabei bewußt variiert, um ein weites Spektrum möglicher Beziehungen zu erfassen. Nach einer Klassifikation in Anlehnung an allgemeinpsychologische Arbeiten wurden die folgenden semantischen Relationen aufgenommen: Kontrast-, Komparativ-, Unter-Ober-Begriffs-, Nebenordnungs-, Lokations-,
Objekt-, Instrument- und Finalitätsrelation. Gleichzeitig findet durch entsprechende
Konstruktionsvorschriften (vgl. 3.2.3) eine Steigerung der Komplexität der Beziehungen eines „Typs" statt.

9.4.2 Testablauf und generelle Auswertung

Grundprinzip bei der Gestaltung des Testablaufs waren die Kennzeichen der Diagnostischen Programme (siehe 3.1) und das Prinzip des adaptiven Testens, das von uns
aber nicht in „klassischer Form" angewandt wird. Über die Verzweigung im Testablauf entscheiden nicht die nach der klassischen oder probabilistischen Testtheorie bestimmten stets nur gruppenbezogenen Schwierigkeitsparameter der Items, sondern
der individuelle Lösungsweg des Testanden durch das nach seiner objektiven Komplexität gestaffelte Diagnostische Programm. Nach einer falschen Antwort bei den
Target-Items werden Aufgaben aus demselben Komplexitätsniveau des Tests, aber
mit einfacherer Anforderungsstruktur gegeben. Zum Beispiel wird in den Figurenfolgen (ADAFI) im ersten Komplexitätsbereich nur eine Dimension – entweder die
Farbe oder Form der Figuren – systematisch variiert, und es werden Aufgaben unterschiedlichen Schwierigkeitsgrades in diesem Komplexitätsbereich vorgelegt, die sich
z.B. durch die Anzahl der benutzten Formen oder Farben, die Periodenlänge und
Symmetriebeziehungen beim Aufbau der Folge unterscheiden. Je nach Typ des Fehlers, der aus der Wahl der systematisch aufgebauten Distraktoren (Lösungsangebote)
ersichtlich wird, werden spezielle Hilfen appliziert. Wird z.B. im Komplexitätsbereich II des ADAFI die Farbenfolge richtig erkannt, aber nicht die Formenfolge, dann
wird lediglich die Formenfolge unter Abstraktion von der Farbenfolge noch einmal
zur Lösung dargeboten. Mit mehr oder minder langen „Umwegen" gelangt der
Testand wieder zu den ursprünglich nicht gelösten Items (Target-Items) und hat nunmehr erneut die Möglichkeit, diese zu lösen. Gelingt ihm dies nicht, werden ihm do-
sierte Hilfen bis zur Demonstration der Richtiglösung gegeben. Dieses grundsätzliche

Vorgehen ist in den einzelnen Subtests etwas modifiziert worden (vor allem beim ADANA).

Bei der ACIL werden alle Reaktionen des Testanden sowie Antwort- und Bearbeitungszeiten registriert. Dadurch ist eine lückenlose Rekonstruktion des Testverlaufs (Prozesses) möglich, was für eine angestrebte qualitative bzw. quantitative Auswertung bedeutsam ist. Wichtige, den Verlauf zusammenfassend beschreibende Variablen sind:

- *Aufgabenanzahl.*
  Unter Aufgabenanzahl verstehen wir die Anzahl der bearbeiteten Aufgaben (wobei Aufgaben, die zweimal bearbeitet wurden, auch zweimal gezählt werden).
- *Hilfenanzahl.*
  Unter Hilfenanzahl verstehen wir die Anzahl der insgesamt in Anspruch genommenen Hilfen mit Hinweisen zur Aufgabenlösung.
- *Schrittzahl.*
  Unter der Schrittzahl verstehen wir die Summe aus der Anzahl der bearbeiteten Aufgaben und der Anzahl der Hilfen.
- *Latenzzeit.*
  Unter Latenzzeit verstehen wir die Zeit zwischen Darbietung der Aufgabe und der Reaktion des Testanden (Lösungsversuch).
- *Bearbeitungszeit.*
  Unter Bearbeitungszeit verstehen wir die Zeit für die Bearbeitung des gesamten Tests.

Die Schrittzahl ist die Variable, die die Lerntestleistung bei den Lerntests der ACIL am besten abbildet. Bei den Zeiten werden die Latenzzeiten registriert, bisher aber nur in wissenschaftlichen Untersuchungen (siehe 7.1) näher analysiert, für die Routinepraxis empfiehlt sich zunächst nur die Nutzung der Gesamtbearbeitungszeit, für die auch Normen erstellt wurden. Somit kann erstmals in einem Intelligenztest die Leistung und die dafür benötigte Zeit (ähnlich wie bei Konzentrationstests) in Beziehung gesetzt werden.

Wir haben auch überprüft, ob man die drei Subtests, die zunächst getrennt entwickelt und genormt worden, auch gemeinsam applizieren kann. Hinsichtlich der aussagekräftigsten Variable *Schrittzahl* konnten weder negative noch positive Verschiebungen beobachtet werden.

Reihenfolgeeffekte ergaben sich lediglich zum Teil hinsichtlich des Zeitparameters. Aufgrund der vorgelegten Ergebnisse (siehe 6) empfehlen wir bei einem gemeinsamen Einsatz aller ACIL-Untertests folgende Applikationsfolgen:

1. ADANA, 2. ADAFI, 3. AZAFO

1. ADAFI, 2. AZAFO, 3. ADANA

1. AZAFO, 2. ADAFI, 3. ADANA,

Bei erwarteter geringerer Leistungsfähigkeit des Testanden empfehlen wir, eine Pause in der Testbatteriebearbeitung einzulegen. Generell sollte man mit dem Untertest beginnen, bei dem man die größte Leistungsfähigkeit des Testanden vermutet.

Einen Normwert für die Gesamttestbatterie erhält man, wenn die Normwerte (T-Werte) der drei Subtests gemittelt werden.

9.4.3 Subtestspezifika

Jeder Komplexitätsbereich des *ADAFI* wird durch bestimmte Items repräsentiert (Target-Items). Vom Lösungsverhalten bei diesen Items hängt die weitere Verzweigung im Itempool ab (Items mit vorrangiger Testfunktion). Bei Falschantworten bei den Target-Items werden leichtere Items vorgegeben (Items mit zusätzlicher Übungs- bzw. Trainingsfunktion). Nach Falschantworten bei diesen Items werden fehlerspezifische Denkhilfen gegeben. Durch die dann gegebene Möglichkeit, das Item nochmals zu bearbeiten, bzw. durch die Vorgabe gleich komplexer Items wird der Erfolg der Verarbeitung der Rückmeldungen und Denkhilfen geprüft. Erst dann werden die Items des nächst höheren Komplexitätsbereichs vorgegeben (vgl. 3.3.1).

Im *AZAFO* gibt es jeweils sechs Zahlenfolgen in vier Komplexitätsbereichen. Jeder Bereich besitzt zwei Target-Items, die als Repräsentanten des Bereiches anzusehen sind. Der Testablauf entspricht im wesentlichen dem des ADAFI. Wurden die Target-Items des vorausgehenden Bereiches richtig bearbeitet (unabhängig, ob beim ersten oder zweiten Versuch), beginnt der nächste Komplexitätsbereich immer mit den Target-Items. Tritt ein Fehler bei einer dieser Aufgaben auf, werden zusätzliche Aufgaben und bei Bedarf auch Hilfen appliziert. Erst beim zweiten Lösungsversuch der Target-Items werden im Falle von Fehlern Hilfen angeboten. Wurden Hilfen bei den Target-Items in Anspruch genommen, verzweigt das Programm zu den leichtesten Aufgaben des folgenden Komplexitätsbereiches (vgl. 3.3.2).

Die Items des *ADANA* wurden, entsprechend ihrer Komplexität, in zwei Bereiche eingeteilt. Bei der Bearbeitung folgen diese Bereiche, beginnend mit den weniger komplexen Analogien, aufeinander. Die eingesetzten Typen von Analogiebeziehungen folgen dabei einer bestimmten Systematik, die sich aus allgemeinpsychologischen Erkenntnissen zu semantischen Relationen und deren Bearbeitungsaufwand ergibt. Indem bestimmte Analogietypen anfangs durch leichtere, später durch schwierigere Aufgaben repräsentiert werden, werden zwischenzeitlich stattgefundene Lernprozesse abgebildet. Dieses Lernen soll durch Rückmeldungen über die Güte der Bearbeitung und auf die gewählten Antwortalternativen bezogene Begründungen dazu (Hilfen) angeregt werden. Bei der Bearbeitung richtet sich die Abfolge der Analogieaufgaben und Hilfen nach den gegebenen Antworten, wobei ein fester Verzweigungsalgorithmus realisiert wurde. Bestimmte Aufgaben (Target-Items) sind dabei besonders herausgehoben; sie repräsentieren ihren Analogietyp im jeweiligen Komplexitätsbereich (vgl. 3.3.3).

9.4.4 Itemanalyse

Sowohl die sog. Klassische Testtheorie als auch die sog. moderne probabilistische Testtheorie schreiben bei der Testkonstruktion eine sog. Aufgabenanalyse vor, mit deren Hilfe vor allem die Schwierigkeit und die Trennschärfe (Differenzierungsfähigkeit) von Items bestimmt werden soll. Bei Kurzzeit-Lerntests bzw. DP ist die Bestimmung dieser Kennwerte sehr problematisch (nähere Ausführungen hierzu unter 4.1), da im DP bewußt die stochastische Unabhängigkeit der Items verletzt und damit gerechnet wird, daß während der Testprozesses Lernprozesse stattfinden (und demzufolge die „urspünglichen" Schwierigkeitsindizes besonders am Ende des Tests nicht mehr gelten) und von den Items eigentlich nur die Target-Items von allen Testanden bearbeitet werden. Wir konnten uns bei der Auswertung daher auch nur auf diese Target-Items stützen und auch nur auf das „erste Anlaufen" dieser Items (also nicht auf die Zweitbearbeitung, die ja nach individuell sehr unterschiedlichen „Anlaufstrecken" erfolgte).

Die berechneten Schwierigkeitsindizes (sowohl auf der Item- als auch auf der Komplexebene) bestätigten im wesentlichen den theoretisch abgeleiteten hierarchischen Aufbau der Itempools (siehe hierzu die Werte unter 4.2). Interessant und wichtig war auch die Feststellung, daß in den einzelnen Klassenstufen die Schwierigkeitsrangfolgen der Items sehr hoch miteinander korrelierten – ein Hinweis dafür, daß eine Raschskalierung wahrscheinlich die Homogenität der Anforderungen über die einzelnen Substichproben nachweisen würde. Die mit unterschiedlichsten Methoden berechnete Trennschärfenanalyse (siehe 4.2) erbrachte ebenfalls befriedigende, den Anforderungen entsprechende Werte. Dabei ist allerdings zu beachten, daß wir sehr hohe Trennschärfenwerte vor allem zu Beginn des Verfahrens nicht erwarteten und auch nicht wünschten, da diese ja dann bedeuten würden, daß es im Testverlauf entgegen der Zielsetzung „dynamischer Verfahren" nicht zu „Rangplatzverschiebungen" der Testanden aufgrund unterschiedlicher Lernverläufe kommt.

9.4.5 Gütekriterien

9.4.5.1 Objektivität / Konkordanz

Durch die computergestützte Instruktion, Durchführung und Auswertung (unter Zuhilfenahme von Normwerten) ist die Objektivität in all ihren Facetten in einem hohen Maße gegeben, so daß auf eine gesonderte Bestimmung von „Objektivitätskennwerten" verzichtet wurde.

9.4.5.2 Reliabilität

Trotz aller Bedenken gegenüber der Anwendbarkeit der üblichen Reliabilitätsbestimmungen bei Lerntests (siehe hierzu 4.1) bestimmten wir für alle Subtests (wieder nur bezogen auf die Target-Items) Cronbachs Alpha und die Halbierungszuverlässigkeit. Die Werte liegen erwartungsgemäß eher etwas niedriger als bei herkömmlichen

Statustests (besonders Cronbachs Alpha, siehe 5.2), genügen aber trotzdem noch den Anforderungen der klassischen Testtheorie (bei Cronbachs Alpha ist vor allem auch die geringe Testlänge durch Beschränkung der Berechnungen auf die Target-Items zu beachten, wobei in der Mehrzahl der Fälle ja bedeutend mehr Aufgaben bearbeitet werden).

9.4.5.3 Validität

Seit Jägers (1986) Klage über die unzureichende Bestimmung der Validität von Intelligenztests hat sich auf diesem Sektor wenig geändert. Meist sieht man „sein Heil" noch darin, daß man das neue Verfahren an alten Verfahren validiert, die man eigentlich aber als verbesserungsbedürftig und wenig valide einschätzt, ansonsten würde man ja kein neues Verfahren vorstellen. Ähnliche Kritik kann an der sog. Außenvalidierung von Tests geübt werden, wo man Intelligenz- und Lerntests mit fragwürdigen Außenkriterien wie Zensuren und Lehrerurteilen korreliert. Obwohl auch wir in der Vergangenheit so vorgegangen sind (vgl. z.B. die Validierung des LTS, Guthke et al., 1983), um die Vergleichbarkeit mit herkömmlichen Intelligenztestvalidierungen zu gewährleisten, haben wir schon seit langem gerade für Lerntests eine solche „empiristische" Validierungsstrategie als sehr problematisch bezeichnet und das Prinzip der sog. Konstruktvalidierung favorisiert.

Probabilistische Modellprüfung:
Zunächst ist zu fragen, ob in der ACIL wirklich neben dem intellektuellen Status auch ein Lernparameter wirkt – also ob das Antwortverhalten im Test besser dadurch erklärt werden kann, indem man neben dem üblichen Statusparameter einen zusätzlichen Lernparameter annimmt. Dieses Vorgehen wurde erstmals von Klauer et al. (1994) für einen unter Leitung von Sydow entwickelten Kurzzeit-Lerntest für das Vorschulalter erfolgreich erprobt, wobei zur Modellprüfung ein von Klauer modifiziertes Rasch-Modell zugrundegelegt wurde. Wir versuchten nun dieses Modell auch auf unsere Daten anzuwenden, was mit gewissen Schwierigkeiten verbunden war, da wir im Unterschied zu Klauer und Sydow adaptive Teststrategien nutzten. Demzufolge konnten wir nur die von allen Testanden bearbeiteten Target-Items in der Erstbearbeitung in die Berechnungen einbeziehen. Diese werden als Lerngelegenheiten aufgefaßt, obwohl sich der in unseren Tests mögliche Lerngewinn vor allem auch in der Zweitbearbeitung der Target-Items widerspiegelt. Wir prüften wie Klauer und Sydow ein einfaches Modell, in dem lediglich ein Statusparameter zur Erklärung des Antwortverhaltens angenommen wird, gegenüber einem „Lernmodell", das zusätzlich einen Lernparameter einführt. Die bei allen Subtests feststellbaren statistisch signifikanten Unterschiede des „Lernmodells" zum „Einfachmodell" berechtigen uns zu der Annahme, daß tatsächlich in der ACIL gelernt wird und daß der Status allein noch nicht ausreicht, um diese Lerneffekte erklären bzw. vorhersagen zu können.

Faktoranalytische Validierung:
Eine Faktoranalyse der verschiedenen Statustestergebnisse (Kurzform des KFT) und der ACIL-Testwerte ergab eine Zwei-Faktorenlösung, bei der der erste Faktor durch alle KFT-Untertests konstituiert wird, und der zweite Faktor durch die ACIL-Ergeb-

nisse sowie durch einige Nebenladungen von KFT-Subtests gespeist wird. Es existiert
also eine Art Lernfähigkeitsfaktor, der sich von einem Statusfaktor unterscheidet.
Damit wird das Ergebnis, das bei der Verwendung probabilistischer Modelle gefunden wurde, bestätigt. Unter Hinzunahme von Gedächtnistests in das zu analysierende
Datenmaterial differenzierte sich der Lernfaktor in zwei Faktoren (in mehr verbale
bzw. nonverbale Lern- und Merkfähigkeiten). Es wurden Faktoren gefunden, mit
denen Lernfähigkeitsparameter der ACIL und Testscores von Gedächtnistests korrelieren. Damit wird unsere Hypothese bestätigt, daß Lerntestergebnisse mit Maßen
zum mittelfristigen Behalten im Zusammenhang stehen. Eine Faktoranalyse mit den
Posttest-Werten der Langzeit-Lerntestbatterie für Schlußfolgerndes Denken (LTS)
und den ACIL-Parametern ergab eine Ein-Faktorenlösung. Die ACIL erweist sich
damit als ein Verfahren mit gleichem Gültigkeitsanpruch wie der LTS. Interessante
Befunde ergaben sich auch bei der Betrachtung des Zusammenhangs zwischen
Maßen, die die Kapazität des Arbeitsgedächtnisses repräsentieren und den Intelligenzdaten, wobei wir die Auffassung vertreten, daß Lerntestergebnisse und Statustestleistungen zum schlußfolgernden Denken mit dem Arbeitsgedächtnis in engem
Zusammenhang stehen. Die Ergebnisse bestätigen einen engen Zusammenhang der
Faktorwerte des jeweils ersten unrotierten Faktors von verschiedenen Arbeitsge-
dächtnisleistungen und den Parametern zum schlußfolgernden Denken.

Experimentelle Validierung an komplexen Problemlöseszenarien:
Ausgehend von theorie- bzw. konstruktbezogenen Überlegungen zum Lerntestscore
wurde geprüft, inwieweit vor allem feedback-induzierte Wissenserwerbsleistungen
beim komplexen Problemlösen (es galt eine latente Kausalstruktur des komplexen,
dynamischen Computerszenarios zu eruieren) lerntestspezifische Varianzanteile im
Lerntestscore aufzuklären vermögen (siehe 5.3.3). Die dabei zu bewältigende Anforderung einer Hypothesengenerierung und -prüfung ließe sich als Reasoning unter dynamischen Aspekt charakterisieren und somit darin eine Anforderungsparallelität
(und dadurch vermittelt eine Konstruktverwandschaft) des komplexen Problemlösens
zur Lerntestbearbeitung sehen.
Die Ergebnisse zeigen, daß die Leistungen in den Kurzzeit-Lerntests erwartungsgemäß auch durch die Statusintelligenz determiniert werden. Somit ist im Lerntestwert
auch intelligenzstatusbezogene Information enthalten, die mit traditionellen Intelligenztests auch erfaßt wird. Die Befunde zeigen darüber hinaus, daß im Lerntest zusätzliche, diagnostisch relevante Informationen enthalten sind, denn die Wissenserwerbsleistung beim komplexen Problemlösen prädiziert zusätzlich die Lerntestleistung. Damit lassen sich die Ergebnisse dieser Untersuchungen als konstruktbezogenen Validitätshinweis für die fehlerorientiert-adaptiven Kurzzeit-Lerntests
werten.
Die unter der Perspektive einer konstruktbezogenen Validierung gewonnenen Ergebnisse lassen sich auch im Sinne einer konkurrenten kriteriumsbezogenen Validierung
interpretieren. Somit zeigt sich, daß die Lerntests besser in der Lage sind, Leistungen
beim komplexen Problemlösen vorherzusagen als die Statusintelligenztests. Es ließe
sich somit den Lerntests eine höhere inkrementelle Validität gegenüber der Statustestung zuschreiben.

Experimentelle Validierung an curricularbezogenen Lehr- und Lernprogrammen:
Die herkömmlich als Außenkriterien zur Validierung von Intelligenztests herangezogenen Schulnoten erscheinen wegen ihrer geringen psychometrischen Qualität und lernfähigkeitsbezogenen Validität wenig angemessen, um die Validität der ACIL nachzuweisen. Durch den Einsatz standardisierter curriculumbezogener Lernsituationen (computergestützte Lehr-Lernprogramme) streben wir eine experimentell fundierte Validierung der ACIL an (kontrollierte Lernbedingungen, höhere psychometrische Qualität der Leistungsparameter, schulbezogene Anforderungen). Wir untersuchten, inwieweit sich die erhobenen Lernfähigkeitsparameter (ACIL) im Vergleich zu Leistungsstatus- und Vorwissensparametern als Prädiktoren für den Lernerfolg in schulstoffbezogenen Lernsituationen bewähren (vgl. hierzu 5.3.4).

Die Befunde der konkurrenten und der prognostischen Validierung zeigen, daß durch die Lerntests gegenwärtige und zukünftige Lernerfolge bezüglich schulisch relevanter Inhalte prädiziert werden können. In logistischen Regressionsanalysen erwiesen sich die Lerntests im Vergleich zu den Statustests als Prädiktoren mit einer höheren Sensibilität, Spezifität und Trefferquote (gesamt). Bei simultaner Berücksichtigung der Prädiktoren – Lern- und Statustestparameter – leisten die Lerntests im Gegensatz zu den Statustests jeweils einen bedeutenden Beitrag zur Prädiktion, sie erfassen über die statusspezifischen Informationen hinaus lernfähigkeitsspezifische Zusatzinformationen. Diese bedingen eine Erhöhung der Prognosegenauigkeit. Die generellen Vorwissensindikatoren (hier durch Schulnoten operationalisiert) erwiesen sich für die Vorhersage der Kriterien als wenig bedeutsam, dagegen spielen die bereichsspezifischen (sehr speziellen) Vorwissenstests neben den Lerntests eine entscheidende Rolle.

Insgesamt zeigte sich die über die Zeit stabile „Fähigkeit" der Lerntests, diagnostisch relevante Zusatzinformationen zu liefern, die die Güte der Vorhersage verbessern. Die Lerntests weisen im Vergleich zu allen anderen Prädiktoren eine meist höhere Spezifität auf, was dem Grundgedanken des Lerntestkonzepts entspricht, nämlich zu verhindern, daß Testanden fälschlicherweise als weniger leistungsfähig eingeschätzt werden, als sie es wirklich sind.

Validierung an Schulnoten:
Neben der von uns favorisierten experimentell orientierten Validierungsstrategie (Einsatz standardisierter, curricularbezogener Lernsituationen), führten wir – trotz der oben aufgeführten Bedenken – auch eine Validierung an den herkömmlich als Außenkriterien herangezogenen Schulnoten durch (vgl. hierzu 5.3.5). Hier erwarteten wir, daß die Lerntests zumindest gleiche Werte in den empirischen Gültigkeitskoeffizienten aufweisen.

Die gewonnenen Übereinstimmungskoeffizienten und prognostischen Validitätskoeffizienten zeigen, daß eine hinreichende Prädiktion der Schulnoten durch die ACIL möglich ist. Das Befundmuster der konkurrenten und prognostischen Validitätskoeffizienten erweist sich als relativ stabil. Die Prädiktion der „erfolgreichen Leistungsgruppe" und der „nicht erfolgreichen Leistungsgruppe" gelingt (unter konkurrentem Blickwinkel) den Lern- und Statustests in ähnlicher Ausprägung bzw. den Lerntests mit geringfügig höherer Genauigkeit. Bei der simultanen Berücksichtigung von Lern- und Statustestparametern leisten beide Parameter einen bedeutsamen Beitrag zur Prädiktion. Die Parameter der Schulleistung besitzen hier lernfähigkeitsspezifische Varianzanteile, die durch die Lerntests aufklärbar sind. Auch die Prognose zukünftiger Schulerfolge kann durch Lern- und Statustests mit einer hinreichend hohen Trefferquote gewährleistet werden. Bei der Vorhersage der zukünftigen Durchschnittsnote zeigen die Statustests im Vergleich zu den Lerntests eine geringfügig höhere Sensibilität, Spezifität und Trefferquote. Bei der Vorhersage der zukünftigen Schulleistungen im Fach Mathematik gelingt es den Lerntests wiederum (wie schon bei der konkurrenten Validierung), lernfähigkeitsspezifische Zusatzinformationen zu liefern. In die Mathematiknote gehen anscheinend mehr lernfähigkeitsbezogene Informationsanteile ein, die durch die Lerntests aufgedeckt werden können als in die Durchschnittsnote. Generell zeigen die Befundmuster zur konkurrenten und prognostischen Validität, daß es Status- und Lerntests in ähnlicher Weise gelingt, gegenwärtige und zukünftige Schulleistungen – wie sie sich in den Schulnoten manifestieren – zu prädizieren.

Zusammenfassende Betrachtung der Validierung an verschiedenen Außenkriterien:
Unsere Validierungsstrategie ermöglichte eine zusammenfassende Betrachtung der Validierung an konventionellen Urteilsmaßen (Schulnoten) und standardisierten Kriterien (siehe 5.3.6). Dazu wurden Leistungsparameter der Lernprogramme (Parameter des bereichsspezifischen Vorwissens, Parameter des Lernerfolges in den Lernprogrammen) und Schulleistungsparameter (Deutschnote, Mathematiknote) einer Faktoranalyse unterzogen. Gefunden wurde eine zweifaktorielle Lösung, wobei der Vorwissensparameter und die Schulnoten auf dem Faktor 1 (eher zu interpretieren als Wissensstatus bezüglich schulisch relevanter Inhalte, Statusfaktor) und die Parameter des Lernerfolges in den Lernprogrammen auf dem Faktor 2 (zu interpretieren als Wissenserwerb bezüglich schulisch relevanter Anforderungen, Lernfaktor) laden. Die Überprüfung des Beitrages zur Aufklärung der Varianz dieser Faktoren durch Lerntest- und Statustestparameter mit Hilfe linearer Regressionsanalysen zeigte entsprechend unserer Erwartung, daß es Status- und Lerntestparametern in vergleichbarer Ausprägung gelingt, die Varianz des Faktors 1 aufzuklären. Bezüglich der Varianzaufklärung des Faktors 2 liefern die Lerntests über die Statustests hinausgehende relevante Zusatzinformationen und tragen signifikant zur Varianzaufklärung bei (kein signifikanter Beitrag der Statustests). Diese Befunde untermauern nochmals die schon referierten Einzelergebnisse zur konkurrenten und prognostischen Validität der Lerntests.

Förderbedingungen und Testleistung:
Wir beschäftigten uns auch mit der Frage nach der Abhängigkeit der Testergebnisse (Statustests und Lerntests) vom Förderniveau der Testanden. Wir bedienten uns einer mehr indirekten Methode, das Förderniveau der Testanden zu erschließen (siehe 5.3.7). Dabei stellten wir fest, daß sich erwartungsgemäß das „Förderniveau" der Testanden stärker in den Statustestergbnissen als in den Lerntestergebnissen widerspiegelte.

9.5   Testverlaufscluster

Die Gesamtschrittzahl liefert nur eine Aussage, die sich auf den gesamten Test bezieht. Um eine zusätzliche Aussage zum Verhalten des Testanden im Verlaufe der Bearbeitung des Lerntests zu erhalten, haben wir die Schrittzahl pro Komplexitätsbereich (beim ADAFI und AZAFO bzw. beim ADANA noch zusätzlich pro Relationstyp) betrachtet, weil in diesen Komplexitätsbereichen jeweils Items ähnlicher Schwierigkeit bearbeitet werden. Da es jedoch sehr viele unterschiedliche individuelle Verlaufsformen bzw. Antwortmuster gibt, haben wir versucht, Gruppen von Testanden mit ähnlichen Antwortmustern zu Verlaufstypen zusammenzufassen. Um die Verlaufskurven zu ermitteln, wurden die Daten des Lerntests mittels Clusteranalyse gruppiert (vgl. 7.2).

Bevor wir den Vorschlag zur Eingruppierung eines Testanden in einen solchen Verlaufstyp machen, berechnen wir zunächst die individuellen z-transformierten Werte des Testanden und – über eine Diskriminanzfunktion – die entsprechende Clusterzugehörigkeit. Die individuellen z-Werte in den einzelnen Komplexitätsbereichen zeigen die Verbesserungen oder Verschlechterungen in einzelnen Bereichen. Es gibt Cluster mit eher gleichen Gesamtschrittzahlen, aber ganz unterschiedlichen Verläufen. Insbesondere die sog. Verbesserer (gainer) zeigen die Möglichkeiten einer verlaufsorientierten Auswertung im Sinne des Lerntestkonzepts im Vergleich zur bloßen Feststellung der Gesamtschrittzahl.

9.6   Das „Zeitverhalten" im Test

Wir sehen in der Analyse von Latenzzeiten (Zeitspanne von der Itemdarbietung bis zur Eingabe des Lösungsangebotes durch den Testanden) einen wichtigen ersten Schritt zu einer schon lange angestrebten und geforderten, aber außerordentlich schwer realisierbaren „Prozeßdiagnostik" bei Intelligenz- bzw. Lerntests. Wir erhoffen uns durch Latenzzeitanalysen differentialpsychologische Erkenntnisse über das Arbeitsverhalten und die Informationsverarbeitungsstrategie der Testanden (ev. auch im Sinne eines mehr impulsiven oder mehr reflexiven Arbeitsstils). Somit sollte es zukünftig möglich sein, mehr über die Prozeßspezifik beim Zustandekommen verschiedener Testleistungen zu erfahren und dementsprechende Interverntionsstrategien zu entwickeln.

Die Ergebnisse der Analysen (vgl. 7.1) zeigen bei allen Subtests der ACIL recht eindeutig und konsistent, daß sich die Leistungsstarken (bezogen auf die Testendleistung) dadurch auszeichnen, daß sie ihren Bearbeitungsaufwand (gemessen durch die Latenzzeiten) der jeweiligen Itemkomplexität anpassen. Die Gruppe der Leistungsschwächeren hingegen zeigt ein durchgängig (bezogen auf die Komplexitätsbereiche) recht schnelles Arbeitstempo, was aber besonders am Ende der Testung durch die steigende Komplexität der Anforderung als unangemessen charakterisiert werden muß.

Eine Betonung der „speed of item solving" (vgl. Eysenck, 1973) als entscheidendes Intelligenzkriterium dürfte fehl am Platze sein. Die Ergebnisse legen nahe, daß die systematische Auswertung der Latenzzeiten und deren Veränderung im Testablauf schon bei herkömmlichen Intelligenztests, wohl aber noch mehr bei adaptiven Tests und Lerntests neue diagnostische Informationen vor allem über den „Arbeitsstil" offenbart, die sowohl für die Hochbegabtenforschung als auch für die „Ursachenanalyse" bei Leistungsversagen und Lernschwierigkeiten von Bedeutung sein könnten.

9.7 Normierung

Der Normierung lagen Stichproben von $N = 772$ Schülern beim ADAFI, $N = 692$ Schülern beim AZAFO und $N = 954$ Schülern beim ADANA – jeweils für die Klassenstufen 5 bis 9 – zugrunde. Die Stichproben wurden zwischen 1993 und 1996 in den neuen Bundesländern erhoben. Bei den Schularten haben wir zwischen Gymnasium und Mittelschule unterschieden. Unter Mittelschule verstehen wir dabei Haupt- und Realschüler. Diese Zusammenfassung ist vor allem der Spezifik des Schulwesens in Sachsen zu Beginn der 90er Jahre geschuldet. Die Erfassung der Testwerte selbst erfolgte klassenweise, aber in Kleingruppen (bis 10 Schüler).

Die Geschlechterverteilung innerhalb der Normierungsstichproben entspricht sowohl insgesamt als auch bezüglich Schulart im wesentlichen den Verhältnissen in Deutschland. Aufgrund von klassenstufen- und schulartspezifischen Unterschieden in der Testleistung haben wir getrennte Normierungen für diese Subpopulationen vorgenommen. Dabei faßten wir Klassenstufen zu einer Normierungsgruppe zusammen, bei denen keine bedeutsamen Unterschiede bestanden.

Bei der Normierung berechneten wir zunächst die Prozentrangwerte und leiteten aus diesen die entsprechenden T-Werte ab. Dieses Vorgehen war notwendig, da sich nicht alle Parameter in allen Klassenstufen als normalverteilt erwiesen.

Literatur

Amelang, M. (1994). Über Prozesse bei Selbsteinschätzungen: Eine Reaktionszeit-Analyse von State- und Trait-Urteilen. In D. Bartussek & M. Amelang (Hrsg.), *Fortschritte der Differentiellen Psychologie und Psychologischen Diagnostik*, (S. 241-257). Göttingen: Hogrefe.

Amelang, M. & Bartussek, D. (1990). *Differentielle Psychologie und Persönlichkeitsforschung.* (3., überarbeitete und erweiterte Aufl.). Stuttgart: Kohlhammer.

American Psychological Association. (1985). *Standards of educational and psychological testing.* Washington DC: Author.

Amthauer, R. (1953). *Intelligenzstrukturtest (IST).* Göttingen: Hogrefe.

Amthauer, R. (1961). Empirische Beiträge zum Problem der produktiven Begabung. *Psychologische Rundschau, 12*, 81-92.

Amthauer, R. (1970). *I-S-T 70. Intelligenz-Struktur-Test.* Göttingen: Hogrefe.

Amthauer, R. (1973). *IST-70. Intelligenz-Struktur-Test.* Göttingen: Hogrefe.

Anastasi, A. (1981). Diverse effects of training on tests of academic intelligence. In B. F. Green (Ed.), *New directions for testing and measurement: Issues in testing-coaching, disclosure, and ethnic bias*, (Vol. 11). San Francisco: Jossey-Bass.

Anastasi, A. (1987). Book jacket. In C. S. Lidz (Ed.), *Dynamic Assessment: An international approach to evaluating learning potential.* New York: Guilford Press.

Anderson, J. R. (1990). *The adaptive character of thought.* Hillsdale, NJ: Lawrence Erlbaum.

Arbinger, R. (1991). Wissensdiagnostik. In K. H. Ingenkamp & R. S. Jäger (Hrsg.), *Tests und Trends*, (S. 80-109). Weinheim: Beltz.

Arndt, M. (1989). *Ein Beitrag zur Validierung eines neu entwickelten Lerntests für schlußfolgerndes Denken im numerischen Bereich (AZAFO).* Unveröffentlichte Diplomarbeit, Universität Leipzig, Fachbereich Psychologie, Leipzig.

Asendorpf, J. B. (1996). *Psychologie der Persönlichkeit - Grundlagen.* Berlin: Springer.

Ausburn, L. & Ausburn, F. B. (1978). Cognitive styles: Some information and implications for instructional design. *Educational Communication and Technology, 26*, 337-354.

Baddeley, A. D. (1986). *Working memory.* Oxford, UK: University Press.

Baltes, M., Kühl, K. P. & Sowarka, D. (1992). Testing the limits of cognitive reserve capacity: A promising strategy for early diagnosis of dementia? *Journal of Gerontology: Psychological Sciences, 47*, 165-167.

Baltes, P. B. (1993). The aging mind: Potentials and limits. *Gerontologist, 33*, 580-594.

Bäumler, G. (1974). *Lern- und Gedächtnistest (LGT-3). Handanweisung.* Göttingen: Hogrefe.

Beckmann, J. F. (1994). *Lernen und komplexes Problemlösen.* Bonn: Holos.

Beckmann, J. F., Guthke, J. & Vahle, H. (1997). Analysen zum Zeitverhalten bei computergestützten adaptiven Intelligenz-Lerntests. *Diagnostica, 43,* 40-62.

Begg, I. & Denny, J. (1969). Empirical reconciliation of atmosphere and conversion interpretations of syllogistic reasoning. *Journal of Experimental Psychology, 81,* 351-354.

Belser, H. (1975). *Testentwicklung: Verfahren und Probleme der Entwicklung von Gruppen-Intelligenztests, dargestellt am Beispiel des Frankfurter Analogientests.* Weinheim: Beltz.

Bereiter, C. (1963). Some persisting dilemmas in the measurement of change. In C. W. Harris (Ed.), *Problems in measuring change,* (pp. 3-20). Madison: The University of Wisconsin Press.

Berg, M. (1993). Der Konstituentenansatz - Ein Weg zu höherer Ergiebigkeit leistungsdiagnostischer Methoden. In G. Trost, K. Ingenkamp & R. S. Jäger (Hrsg.), *Tests und Trends,* (Vol. 10, S. 40-82). Weinheim: Beltz.

Berg, M. & Schaarschmidt, U. (1984). Überlegungen zu neuen Wegen in der Intelligenzdiagnostik. *Wissenschaftliche Zeitschrift der Humboldt-Universität zu Berlin. Mathematisch-naturwissenschaftliche Reihe, 6,* 565-573.

Berg, M. & Schaarschmidt, U. (1990). Bilkog - Ein Versuch intelligenzdiagnostischer Methodenentwicklung auf kognitionspsychologischer Grundlage. *Zeitschrift für Differentielle und Diagnostische Psychologie, 11,* 215-232.

Birth, S. (1987). Analyse von Vergleichsoperationen beim Erkennen von Invarianten in Objektmengen - Versuch einer theoretischen Schwierigkeitsbestimmung. In U. Schaarschmidt (Hrsg.), *Neue Trends in der Psychodiagnostik. Tagungsbericht,* (S. 180-184). Berlin: Psychodiagnostisches Zentrum der Humboldt-Universität.

Block, J. H. (Ed.). (1974). *Schools. Society and mastery learning.* New York: Holt.

Bogen, H. (1922). Zur Frage der Rangreihenkonstanz bei Begabungs- und Eignungsprüfungen. *Zeitschrift für angewandte Psychologie, 20,* 153-191.

Brehmer, B. (1987). Development of mental models for decision in technological systems. In J. Rasmussen, K. Duncan & J. Leplat (Eds.), *New technology and human error,* (pp. 111-120). Chicester, England: Wiley.

Brehmer, B. (1990). *Towards a taxonomy for microworlds* (Technical Report ESPRIT Basic Research Actions MOHAWC). Roskilde: Riso National Laboratory.

Brendel, H. (1992). *Beiträge zur Erprobung, Normierung, Validierung und zur Auswertungsproblematik des AZAFO.* Unveröffentlichte Diplomarbeit, Universität Leipzig, Fachbereich Psychologie, Leipzig.

Brentano, F. (1956). *Die Lehre vom richtigen Urteil.* Bern: Francke.

Brown, A. L. & French, L. A. (1978). The zone of potential development: Implications for intelligence testing in the year 2000. *Intelligence, 3,* 255-277.

Büchel, F. P. & Büchel, P. (1997). *Das Eigene Lernen Verstehen DELV: Ein Programm zur Förderung des Lernens und Denkens für Jugendliche und Erwachsene.* Aarau: Sauerländer.

Büchel, F. P. & Scharnhorst, U. (1993). The Learning Potential Assessment Device (LPAD): Discussion of theoretical and methodological problems. In J. H. M. Hamers, K. Sijtsma & A. J. J. M. Ruijssenaars (Eds.), *Learning Potential Assessment. Theoretical, methodological and practical issues,* (pp. 83-111). Amsterdam: Swets & Zeitlinger.

Budoff, M. (1967). Learning potential among young adult retardates. *American Journal of Mental Deficiency, 72,* 404-411.

Budoff, M. (1970). *Learning Potential Measurement.* Cambridge: Research Institute of Educational Problems.

Budoff, M., Meskin, J. & Harrison, R. H. (1971). Educational test of the learning potential hypothesis. *American Journal of Mental Deficiency, 76,* 159-169.

Buffart, H. (1987). Zur strukturellen Informationstheorie. In H. G. Geißler & K. Reschke (Hrsg.), *Psychophysische Grundlagen mentaler Prozesse,* (S. 162-181). Leipzig: Karl- Marx-Universität.

Buffart, H. & Leeuwenberg, E. L. J. (1983). Structural information theory. In H. G. Geißler, H. Buffart, E. L. J. Leeuwenberg & V. Sarris (Eds.), *Modern Issues in Perception,* (pp. 48-72). Amsterdam: North-Holland Publishing Company.

Burke, H. R. & Bingham, W. C. (1969). Raven's Progressive Matrices: More on construct validity. *Journal of Psychology, 72,* 247-251.

Carlson, J. S. (1995). *European Contributions to Dynamic Assessment.* Greenwich: JAI Press.

Carlson, J. S. & Wiedl, K. H. (1980). Applications of a dynamic testing approach in intelligence assessment: Empirical results and theoretical formulations. *Zeitschrift für Differentielle und Diagnostische Psychologie, 1,* 303-318.

Carroll, J. B. (1993a). *Human cognitive abilities – A survey of factoranalytic studies.* New York: Cambridge University Press.

Carroll, J. B. (1993b). The unitary g problem once more: On Kranzler and Jensen. *Intelligence, 17,* 15-16.

Cattell, R. B. (1987). *Intelligence. Its structure, growth and action.* Amsterdam: North Holland.

Cattell, R. B. & Radcliffle, J. (1962). Reliabilities and validities of simple and extended weighted and buffered unifactor scales. *The British Journal of Statistical Psychology, 15,* 113-128.

Cattell, R. B., Weiss, R. H. & Osterland, J. (1977). *Grundintelligenztest CFT 1 Skala 1.* Braunschweig: Westermann.

Clauß, G. (1978). Zur Psychologie kognitiver Stile – Neuere Entwicklungen im Grenzbereich von Allgemeiner und Persönlichkeitspsychologie. In M. Vorwerg (Hrsg.), *Zur psychologischen Persönlichkeitsforschung*, (Bd. 1, S. 122-140). Berlin: Deutscher Verlag der Wissenschaften.

Cohen, J. (1977). *Statistical power analysis for the behavioral sciences*. (Rev. ed.). New York: Akademic Press.

Cohen, J. & Cohen, P. (1983). *Applied multiple regression/correlation analysis for the behavioral sciences*. (2nd ed.). Hillsdale, NJ: Lawrence Erlbaum.

Cohen, M. R. & Nagel, E. (1934). *An introduction to logic and scientific method*. New York: Harcourt, Brace & Co.

Colberg, M., Nester, M. A. & Cormier, S. M. (1982). Inductive reasoning in psychometrics: A philosophical corrective. *Intelligence, 6*, 139-164.

Conrad, W., Büscher, P. & Hornke, L. (1971). *Mannheimer Intelligenztest (MIT)*. Weinheim: Beltz.

Cordes, C. (1986). Assessment in San Francisco. The debate over how to help minority students. *APA Monitor, 17*, 16-17.

Corman, L. & Budoff, M. (1974). Factor structures of retarded and nonretarded children on Raven's Progressive Matrices. *Educational and Psychological Measurement, 34*, 304-412.

Cronbach, L. J. & Meehl, P. E. (1955). Construct validity in psychological tests. *Psychological Bulletin, 52*, 281-302.

Daniels, J. C. (1971). *Figure Reasoning Test (FRT)*. (6th ed.). London: Crosby Lockwood & Son Ltd.

Dannebauer, G. (1996). *Intelligenz- und Lernfähigkeitsdiagnostik bei gehörlosen Jugendlichen im Vergleich zu Vollsinnigen mit Hilfe der Adaptiven computergestützten Intelligenzlerntestbatterie (ACIL)*. Unveröffentlichte Diplomarbeit, Universität Leipzig, Leipzig.

Dearborn, W. F. (1921). Intelligence and its measurement. *Journal of Educational Psychology, 12*, 210-212.

Deutsch, M., Katz, I. & Jensen, A. R. (1968). *Social class, race and psychological development*. New York: Holt, Rinehart and Winston.

Doignon, J.-P. & Falmagne, J.-C. (1985). Spaces for the assessment of knowledge. *International Journal of Man-Machine Studies, 23*, 175-196.

Dörner, D. (1982). *Denken, Problemlösen und Intelligenz* (Memorandum 13). Bamberg: Lehrstuhl Psychologie II, Universität Bamberg.

Dörner, D. (1986). Diagnostik der operativen Intelligenz. *Diagnostica, 32*, 290-309.

Dörner, D. (1989). *Die Logik des Mißlingens. Strategisches Denken in komplexen Situationen*. Hamburg: Rohwohlt.

Dörner, D. (1991). *Über die Philosophie der Verwendung von Mikrowelten oder "Computerszenarios" in der psychologischen Forschung* (Memorandum 7). Berlin: Projektgruppe Kognitive Anthropologie, Max-Planck-Gesellschaft.

Dörner, D., Kreuzig, H. W., Reither, F. & Stäudel, T. (Hrsg.). (1983). *Lohhausen. Vom Umgang mit Unbestimmtheit und Komplexität.* Bern: Huber.

Dörner, D. & Pfeifer, E. (1992). Strategisches Denken, Strategische Fehler, Streß und Intelligenz. *Sprache & Kognition, 11*, 75-90.

Downs, S. (1985). *Testing Trainability.* Oxford: NFER Nelson.

Dunbar, K. & Klahr, D. (1989). Developmental differences in scientific discovery processes. In D. Klahr & K. Kotovsky (Eds.), *Complex information processing. The impact of Herbert A. Simon,* (pp. 109-143). Hillsdale, NJ: Erlbaum.

Duncker, K. (1935). *Zur Psychologie des produktiven Denkens.* Berlin: Springer.

Duncker, K. (1945). On problem solving. *Psychological Monographs, 58.*

Ebert, H. & Tack, W. H. (1974). Einige Lerneffekte bei Aufgaben zur Zahlenfolgen-Induktion. *Zeitschrift für experimentelle und angewandte Psychologie, 11*, 511-529.

Ebert, M. (1993). *Grundgedanken einer Psychologie des logischen Denkens.* Laufenberg: M. Ebert.

Embretson, S. E. (1987). Toward development of a psychometric approach. In C. S. Lidz (Ed.), *Dynamic Assessment,* (pp. 142-170). London: Guilford Press.

Engelbrecht, W. (1994). Computerunterstützte berufsbezogene Testauswertung im Dienst der Berufsberatung. *Zeitschrift für Arbeits- und Organisationspsychologie, 38*, 175-181.

Evans, J. S. B. T. (1982). *The psychology of deductive reasoning.* London: Routledge & Kegan Paul.

Evans, J. S. B. T. (1990). *Bias in human reasoning.* Hillsdale, NJ: Lawrence Erlbaum.

Evans, J. S. B. T., Newstead, S. E. & Byrne, R. M. J. (1993). *Human reasoning. The psychology of deduction.* Hove (UK): Lawrence Erlbaum.

Evans, J. S. B. T. & Over, D. E. (1996). *Rationality and reasoning.* Hove (UK): Lawrence Erlbaum.

Eysenck, H. J. (Ed.). (1973). *The measurement of intelligence.* Lancaster: Medical and Technical Publ.

Eysenck, H. J. (1979). *Structure and measurement of intelligence.* New York: Springer.

Facaoaru, C. (1985). *Kreativität in Wissenschaft und Technik.* Bern: Huber.

Facaoaru, C. (1996). *Test der Zahlenreihen und -analogien.* Göttingen: Hogrefe.

Ferguson, G. A. (1954). On learning and human ability. *Canadian Journal of Psychology, 8*, 95-112.

Feuerstein, R. (1972). Cognitive assessment of the socioculturally deprived child and adolescent. In L. J. Cronbach & P. J. Drenth (Eds.), *Mental tests and cultural adaption*, (pp. 265-275). Den Haag: Mouton.

Feuerstein, R., Rand, Y. & Hoffmann, M. B. (1979). *The dynamic assessment of retarded performance: The Learning Assessment Potential Device, theory, instruments and techniques*. Baltimore: University Park Press.

Fiebig, M. (1989). *Entwicklung eines computergestützten adaptiven Lerntests für schlußfolgerndes Denken im numerischen Bereich*. Unveröffentlichte Dissertation, Universität Leipzig, Leipzig.

Fischer, H. (1958). Ein Vergleich zwischen dem IST von Amthauer und dem PMA von Thurstone. *Diagnostica, 4*, 25-32.

Fiske, D. W. & Butler, J. M. (1963). The experimental conditions for measuring individual differences. *Educational and Psychological Measurement, 23*, 249-266.

Flammer, A., Grubenmann, S., Inauen, E. & Schuler, G. (1972). Empirische Untersuchung zur Äquivalenz von Intelligenztests an achtjährigen Schweizer Kindern. *Schweizerische Zeitschrift für Psychologie, 31*, 39-50.

Flammer, A. & Schmid, H. (1982). Lerntests. Konzept, Realisierungen, Bewährung. *Schweizerische Zeitschrift für Psycholologie und ihre Anwendung, 41*, 114-138.

Fleishman, E. A. & Hempel, W. E. (1954). Changes in factor structure of a complex psychomotor test as a function of practice. *Psychometrica, 19*, 239-251.

Franzen, U. & Merz, F. (1975). Der Einfluß des Verbalisierens auf die Leistung bei Intelligenzprüfungen: Neuere Untersuchungen. *Berichte aus dem Fachbereich Psychologie der Philipps-Universität Marburg/Lahn*.

Frensch, P. A. & Funke, J. (Eds.). (1995). *Complex Problem Solving. The European Perspectives*. Hillsdale, NJ: Erlbaum.

Fuchs, G. (1965). *Zur Diagnostik der mathematischen Leistungsfähigkeit*. Unveröffentlichte Dissertation, Universität Leipzig, Leipzig.

Funke, J. (1983). Einige Bemerkungen zu Problemen der Problemlöseforschung oder: Ist Testintelligenz doch ein Prädiktor? *Diagnostica, 29*, 283-302.

Funke, J. (1984). Diagnose der westdeutschen Problemlöseforschung in Form einiger Thesen. *Sprache & Kognition, 3*, 159-172.

Funke, J. (1985). Problemlösen in komplexen computersimulierten Realitätsbereichen. *Sprache & Kognition, 4*, 113-129.

Funke, J. (1986). *Komplexes Problemlösen. Bestandsaufnahme und Perspektiven*. Berlin: Springer.

Funke, J. (1990). Systemmerkmale als Determinanten des Umgangs mit dynamischen Systemen. *Sprache & Kognition, 9*, 143-153.

Funke, J. (1991). Solving complex problems: Exploration and control of complex systems. In R. J. Sternberg & P. A. French (Eds.), *Complex problem solving: Principles and mechanisms*, (pp. 185-222). Hillsdale, NJ: Lawrence Erlbaum.

Funke, J. (1992a). Dealing with dynamic systems: Research strategy, diagnostic approach and experimental results. *The German Journal of Psychology, 16,* 24-43.

Funke, J. (1992b). *Wissen über dynamische Systeme: Erwerb, Repräsentation und Anwendung.* Berlin: Springer.

Funke, U. (1993). Computergestützte Eignungsdiagnostik mit komplexen dynamischen Systemen. *Zeitschrift für Arbeits- und Organisationspsychologie, 37,* 109-118.

Funke, U. (1995a). Szenarien in der Eignungsdiagnostik und im Personaltraining. In B. Strauß & M. Kleinmann (Hrsg.), *Computersimulierte Szenarien in der Personalarbeit*, (S. 145-216). Göttingen: Verlag für Angewandte Psychologie.

Funke, U. (1995b). Using complex problem solving tasks in personnel selection and training. In P. A. Frensch & J. Funke (Eds.), *Complex Problem Solving. The European Perspective*, (pp. 219-243). Hillsdale, NJ: Lawrence Erlbaum.

Fürntratt, E. (1968). Ein Test zur Messung der kritischen Urteilsfähigkeit. *Diagnostica, 14,* 19-34.

Gebser, K. (1980). *Entwicklung eines tätigkeitsanalytisch orientierten psychometrischen Schulleistungsmeßverfahrens im Mathematikunterricht.* Unveröffentlichte Dissertation, Akademie der Pädagogischen Wissenschaften Berlin, Berlin.

Gediga, G., Schöttke, H. & Tücke, M. (1983). Problemlösen in einer komplexen Situation. *Archiv für Psychologie, 135,* 176-186.

Gentner, D. (1983). Structure-mapping: A theoretical framework for analogy. *Cognitive Science, 7,* 155-170.

Gentner, D. & Toupin, C. (1986). Systemacity and surface similarity in the development of analogy. *Cognitive Science, 10,* 277-300.

Gick, M. L. & Holyoak, K. J. (1980). Analogical problem solving. *Cognitive Psychology, 12,* 306-355.

Gick, M. L. & Holyoak, K. J. (1983). Shema induction and analogical transfer. *Cognitive Psycholgy, 15,* 1-38.

Gilhooly, K. J., Logie, R. H., Wetherick, N. E. & Wynn, V. (1993). Working memory and strategies in syllogistic-reasoning tasks. *Memory and Cognition, 21,* 115-124.

Glutting, J. & McDermott, P. A. (1990). Principles and problems in learning potential. In C. R. Reynolds & R. W. Kamphaus (Eds.), *Handbook of Psychological and Educational Assessment of Children*, (pp. 296-347). New York: Guilford Press.

Goldman, S. R. & Pellegrino, J. W. (1984). Deductions about induction: Analyses of developmental and individual differences. In R. J. Sternberg (Ed.), *Advances in the psychology of human intelligence*, (Vol. 2, pp. 149-197). Hillsdale, NJ: Lawrence Erlbaum.

Goleman, D. (1996). *Emotionale Intelligenz*. München: Hanser.

Grimm, K.-H. & Meyer, W.-U. (1976). Impulsivität – Reflexivität: Ein korrekturbedürftiges Konzept. *Zeitschrift für Entwicklungspsychologie und Pädagogische Psychologie, 8*, 235-244.

Groffmann, K. J. (1983). Die Entwicklung der Intelligenzmessung. In K. J. Groffmann & L. Michel (Hrsg.), *Enzyklopädie der Psychologie. Intelligenz- und Leistungsdiagnostik*, (S. 2-103). Göttingen: Hogrefe.

Grudin, J. (1980). Processes in verbal analogy solution. *Journal of Experimental Psychology: Human Perception and Performance, 6*, 67-74.

Gustafsson, J. E. (1992,). *General intelligence and analytical ability*. Paper presented at the 25.th International Congress of Psychology, Brussels.

Guthke, J. (1972). *Zur Diagnostik der intellektuellen Lernfähigkeit*. Berlin: Deutscher Verlag der Wissenschaften.

Guthke, J. (1974). *Zur Diagnostik der intellektuellen Lernfähigkeit*. (2. Aufl.). Berlin: Deutscher Verlag der Wissenschaften.

Guthke, J. (1977). *Zur Diagnostik der intellektuellen Lernfähigkeit*. (3. Aufl.). Stuttgart: Klett-Cotta.

Guthke, J. (1980). *Ist Intelligenz meßbar?* (2. Aufl.). Berlin: Deutscher Verlag der Wissenschaften.

Guthke, J. (1981). Zur Psychodiagnostik intraindividueller Variabilität. In M. Vorwerg (Hrsg.), *Zur psychologischen Persönlichkeitsforschung*, (Bd. 4, S. 9-32). Berlin: Deutscher Verlag der Wissenschaften.

Guthke, J. (1982). The learning test concept - An alternative to the traditional static intelligence test. *The German Journal of Psychology, 6*, 306-324.

Guthke, J. (1985). Ein neuer Ansatz für die rehabilitationspsychologisch orientierte Psychodiagnostik – das Lerntestkonzept als Alternative zum herkömmlichen Intelligenztest. In K. H. Wiedl (Hrsg.), *Rehabilitationspsychologie*, (S. 177-194). Stuttgart: Kohlhammer.

Guthke, J. (1988). Intelligenzdaten. In R. S. Jäger (Hrsg.), *Psychologische Diagnostik. Lehrbuch der Psychodiagnostik*, (S. 333-348). Weinheim: Psychologie Verlags Union.

Guthke, J. (1991). Das Lerntestkonzept in der Eignungsdiagnostik. In H. Schuler & U. Funke (Hrsg.), *Eignungsdiagnostik in Forschung und Praxis. Beiträge zur Organisationspsychologie*, (Bd. 10, S. 33-36). Stuttgart: Verlag für Angewandte Psychologie.

Guthke, J. (1992). Learning tests - the concept, main research findings, problems, and trends. In J. C. Carlson (Ed.), *Advances in Cognition and Educational Practice*, (Vol. 1A, pp. 213-233). Greenwich, CT: JAI Press Inc.

Guthke, J. & Adler, C. (1990). Empirische Untersuchungsergebnisse zum "dynamischen Testen" bei der Psychodiagnostik von Hirnorganikern. *Zeitschrift für Gerontopsychologie & -psychiatrie, 3,* 1-12.

Guthke, J. & Beckmann, J.F. (1996). Wygotkis Postulat von der "Zone der nächsten Entwicklung" und dessen Realisierung in der zeitgenössischen Psychodiagnostik. In J. Lompscher (Hrsg.), *Entwicklung und Lernen aus kulturhistorischer Sicht*, (S. 270-286). Marburg: BdWI-Verlag.

Guthke, J., Beckmann, J. F., Stein, H., Rittner, S. & Vahle, H. (1995). *Adaptive computergestützte Intelligenz-Lerntestbatteie (ACIL)*. Mödling: Schuhfried.

Guthke, J., Böttcher, H. R. & Sprung, L. (Hrsg.). (1990). *Psychodiagnostik.* (Bd. 1). Berlin: Deutscher Verlag der Wissenschaften.

Guthke, J. & Caruso, M. (1987). Basiskomponenten der intellektuellen Lernfähigkeit. In U. Schaarschmidt (Hrsg.), *Neue Trends in der Psychodiagnostik*, (Bd. 1, S. 135-143). Berlin: Psychodiagnostisches Zentrum.

Guthke, J. & Gitter, K. (1991). Prognose der Schulleistungsentwicklung mittels Status-und Lerntests in der Vorschulzeit. In H. Teichmann, B. Meyer-Probst & D. Roether (Hrsg.), *Risikobewältigung in der lebenslangen psychischen Entwicklung*, (S. 141-146). Berlin: Verlag Gesundheit.

Guthke, J. & Harnisch, A. (1986). Die Entwicklung eines Diagnostischen Programms "Syntaktischer Regel- und Lexikerwerb" - ein Beitrag zur Psychodiagnostik der Fremdsprachenlernfähigkeit. *Zeitschrift für Differentielle und Diagnostische Psychologie, 7,* 225-232.

Guthke, J., Jäger, C. & Schmidt, I. (1983). *Lerntestbatterie "Schlußfolgerndes Denken" (LTS)*. Berlin: Psychodiagnostisches Zentrum.

Guthke, J. & Lehwald, G. (1984). On component analysis of the intellectual learning ability in learning tests. *Zeitschrift für Psychologie, 192,* 3-17.

Guthke, J., Räder, E., Caruso, M. & Schmidt, K. D. (1991). Entwicklung eines adaptiven computergestützten Lerntests auf der Basis der strukturellen Informationstheorie. *Diagnostica, 37,* 1-28.

Guthke, J. & Wiedl, K. H. (1996). *Dynamisches Testen.* Göttingen: Hogrefe.

Guthke, J. & Wohlrab, U. (1982). *Neuere Ergebnisse der Lerntestforschung - Diagnostische Programme als Lerntestalternative* (Forschungsbericht). Leipzig: Karl-Marx-Universität, Sektion Psychologie.

Guthke, J., Wolschke, P., Willmes, K. & Huber, W. (1992). Leipziger Lerntest - Diagnostisches Programm zum begriffsanalogen Klassifizieren (DP - BAK). *Heilpädagogische Forschung, 18,* 153-161.

Guttman, L. & Levy, S. (1991). Two structural laws for intelligence tests. *Intelligence, 15,* 79-104.

Haenschke-Kramer, B. & Mehl, J. (1967). Zur Untersuchung von Spezialbe-
fähigungen auf mathematisch-naturwissenschaflichem Gebiet. *Zeitschrift für
Psychologie, 174*, 283-310.

Hager, W. (Hrsg.). (1995). *Programme zur Förderung des Denkens bei Kindern -
Konstruktion, Evaluation und Metaevaluation.* Göttingen: Hogrefe.

Hager, W. & Elsner, B. (1995). Validität einiger bei der Trainingsevaluation
eingesetzter diagnostischer Tests (Variablenvalidität: abhängige Variablen). In
W. Hager (Hrsg.), *Programme zur Förderung des Denkens bei Kindern*, (S.
229-256). Göttingen: Hogrefe.

Hager, W. & Hasselhorn, M. (1995). Induktives Denken und die Aufgaben des
Denktrainings für Kinder I (Variablenvalidität: unabhängige Variablen). In W.
Hager (Hrsg.), *Programme zur Förderung des Denkens bei Kindern*, (S. 208-
228). Göttingen: Hogrefe.

Hager, W., Roick, T. & Bartholomäus, K. (1994). *Test des induktiven Denkens*
(Unveröffentlichte Experimentalform): Institut für Psychologie der Universität
Göttingen.

Hamers, J. H. M., Hessels, M. G. P. & van Luit, J. E. H. (1994). *Lerntest für ethnische Minderheiten.* Frankfurt: Swets.

Hamers, J. H. M., Sijtsma, K. & Ruijssenaars, A. J. J. M. (Eds.). (1993). *Learning
Potential Assessment. Theoretical, methodological and practical issues.*
Amsterdam: Swets & Zeitlinger.

Hardesty, F. P. & Priester, H. J. (1966). *Hamburg-Wechsler-Intelligenztest für Kinder
(HAWIK).* (3. Aufl.). Bern: Huber.

Hasselhorn, M. & Grube, D. (1997). Entwicklung der Intelligenz und des Denkens:
Literaturüberblick. In F. E. Weinert & A. Helmke (Hrsg.), *Entwicklung im
Grundschulalter*, (S. 15-26). Weinheim: Psychologie-Verlags-Union.

Häuser, D. (1981). *Untersuchungen zur Repräsentation semantischer Beziehungen im
Gedächtnis.* Unveröffentlichte Dissertation, Humboldt Universität; Fachbereich
Psychologie, Berlin.

Haywood, H. C. & Tzuriel, D. (Eds.). (1992). *Interactive Assessment.* New York:
Springer.

Haywood, H. C., Tzuriel, D. & Vaught, S. (1992). Psychoeducational assessment
from a transactional perspective. In H. C. Haywood & D. Tzuriel (Eds.), *Interactive Assessment*, (pp. 38-64). New York: Springer.

Hebb, D. O. (1949). *The organization of behavior.* New York: Wiley.

Hegarthy, S. (1979). *Manual for the test of Children's Learning Ability.* Windsor:
NFER Publishing Company.

Hegel, T. (1996). *Zum Zusammenhang von Basiskomponenten der Intelligenz mit
computergestützten adaptiven Lerntests.* Unveröffentlichte Diplomarbeit, Institute für Psychologie, Universität Leipzig, Leipzig.

Heller, K., Gaedike, A.-K. & Weinläder, H. (1985). *Kognitiver Fähigkeitstest KFT 4-13+*. (2., verbesserte und erweiterte Aufl.). Weinheim: Beltz.

Hesse, F. W. (1982). Effekte des semantischen Kontextes auf die Bearbeitung komplexer Probleme. *Zeitschrift für Experimentelle und Angewandte Psychologie, 29,* 62-91.

Hesse, F. W. (1991). *Analoges Problemlösen: Eine Analyse kognitiver Prozesse beim analogen Problemlösen.* Weinheim: Psychologie Verlags Union.

Hessels, M. G. P. (1995, August). *How valid are learning potential scores? A comparision of the validities of learning potential test scores and traditional IQ scores.* Paper presented at the 3rd European Conference on Psychological Assessment, University of Trier, Germany.

Hochmann, S. (1991). *Überlegungen und Analysen zur Auswertung von Lerntests unter Berücksichtigung von Prozeßparametern.* Unveröffentlichte Diplomarbeit, Universität Leipzig, Fachbereich Psychologie, Leipzig.

Hoffmann, J. & Zießler, M. (1982). Begriffe und ihre Merkmale. *Zeitschrift für Psychologie, 190,* 46-77.

Höger, D. (1964). Analyse der Intelligenzstruktur bei männlichen Gymnasiasten der Klassen 6-9. *Psychologische Forschung, 27,* 419 - 474.

Holland, J., Holyoak, K., Nisbett, R. & Thagard, P. (1986). *Induction: Processes of inference, learning, and discovery.* Cambridge, MA: MIT-Press.

Holz-Ebeling, F. (1995). Faktorenanalysen und was dann? Zur Frage der Validität von Dimensionsinterpretationen. *Psychologische Rundschau, 46,* 18-35.

Holzman, T. G., Pellegrino, J. W. & Glaser, R. (1983). Cognitive variables in series completion. *Journal of Educational Psychology, 75,* 602-617.

Hörmann, H.-J. & Thomas, M. (1989). Zum Zusammenhang zwischen Intelligenz und komplexem Problemlösen. *Sprache & Kognition, 8,* 23-31.

Horn, J. L. (1980). Concepts of intellect in relation to learning and adult development. *Intelligence, 4,* 285-317.

Horn, J. L. (1985). Remodeling old models of intelligence. In B. B. Wolman (Ed.), *Handbook of Intelligence,* (pp. 267-300). New York: Wiley.

Horn, J. L. & Cattell, R. B. (1966). Refinement and test of the theory of fluid crystallized ability intelligence. *Journal of Educational Psychology, 57,* 253-270.

Horn, W. (1962). *Leistungsprüfsystem. (LPS).* Göttingen: Verlag für Psychologie.

Horn, W. (1982). *Leistungsprüfsystem. LPS.* Göttingen: Hogrefe.

Horn, W. (1983). *Leistungsprüfsystem L–P–S (Handanweisung).* (2., erweiterete und verbesserte Aufl.). Göttingen: Hogrefe.

Hornke, L. F. (1982). Testdiagnostische Untersuchungsstrategien. In K. J. Groffmann & L. Michel (Hrsg.), *Enzyklopädie der Psychologie:Themenbereich B Methodologie und Methoden, Serie II. Psychologische Diagnostik, Band 1 Grundlagen psychologischer Diagnostik,* (S. 130-172). Göttingen: Hogrefe.

Hornke, L. F. & Rettig, K. (1989). *Konstruktion eines Tests mit verbalen Analogien (CAT-A): Weitere Untersuchungen. Arbeitsbericht.* Aachen: RWTH Aachen.

Hübner, R. (1989a). Methoden zur Analyse und Konstruktion von Aufgaben zur kognitiven Steuerung dynamischer Systeme. *Zeitschrift für Experimentelle und Angewandte Psychologie, 36*, 221-238.

Hübner, R. (1989b). Repräsentation dynamischer Strukturen durch lineare Systeme. *Zeitschrift für Experimentelle und Angewandte Psychologie, 36*, 57-71.

Hunt, E. (1987). The next word on verbal ability. In P. A. Vernon (Ed.), *Speed of information processing and intelligence*, (pp. 347-392). Norwood, NJ: Ablex.

Hussy, W. (1989). Intelligenz und komplexes Problemlösen. *Diagnostica, 35*, 1-16.

Hussy, W. (1992). *Denken und Problemlösen*. Stuttgart: Kohlhammer.

Hylla, E. & Kraak, B. (1993). *Aufgaben zum Nachdenken*. Göttingen: Hogrefe.

Ingenkamp, K., Knapp, A. & Wolf, B. (1977). *Bildungs-Beratungs-Test (konvergentes Denken) (BBT 4-6)*. Weinheim: Beltz.

Iseler, A. (1970). *Leistungsgeschwindigkeit und Leistungsgüte*. Weinheim: Beltz.

Jäger, A. O. (1967). *Dimensionen der Intelligenz*. Göttingen: Hogrefe.

Jäger, A. O. (1982). Mehrmodale Klassifikation von Intelligenztestleistungen. Experimentell kontrollierte Weiterentwicklung eines deskriptiven Intelligenzstrukturmodells. *Diagnostica, 28*, 195-226.

Jäger, A. O. (1984). Intelligenzstrukturforschung: Konkurrierende Modelle, neue Entwicklungen, Perspektiven. *Psychologische Rundschau, 35*, 21-35.

Jäger, A. O. (1986a). Zwischenbilanz und Perspektiven der Intelligenzdiagnostik - ein Vorwort. *Diagnostica, 32*, 269-271.

Jäger, A. O. (1986b). Validität von Intelligenztests. *Diagnostica, 32*, 272-290.

Jäger, A. O. (1991). Beziehungen zwischen komplexen Problemlösen und Intelligenz - Eine Einleitung. *Diagnostica, 37*, 287-290.

Jäger, A. O. & Althoff, K. (1983). *Der Wilde-Intelligenz-Test (WIT) - Ein Strukturdiagnostikum*. Göttingen: Hogrefe.

Jäger, A. O., Süß, H.-M. & Beauducel, A. (1997). *Berliner Intelligenzstruktur-Test (BIS-Test). Form 4*. Göttingen: Hogrefe.

Jäger, C. (1972). *Entwicklung eines Lerntests für schlußfolgerndes Denken im numerischen Bereich*. Unveröffentlichte Dissertation, Karl-Marx-Universität, Fachbereich Psychologie, Leipzig.

Jäger, R. S. & Krieger, W. (1994). Zukunftsperspektiven der computerunterstützten Diagnostik, dargestellt am Beispiel der treatmentorientierten Diagnostik. *Diagnostica, 40*, 217-243.

Jensen, A. R. (1969). How much can we boost IQ and scholastic achievement? *Harvard Educational Review, 39*, 1-123.

Johnson-Laird, P. N. (1983). *Mental models: Towards a cognitive science of language, inference, and consciousness.* Cambridge, MA: Havard University Press.

Johnson-Laird, P. N. & Byrne, R. M. J. (1991). *Deduction.* Hove (UK): Lawrence Erlbaum.

Kagan, J. (1965). Individual differences in the resolution of response uncertainty. *Journal of Personality and Social Psychology, 2*, 154-160.

Kalmykova, S. J. (Hrsg.). (1975). *Probleme der Diagnostik der geistigen Entwicklung der Schüler (russisch).* Moskau: Pedagogika.

Kanfer, R. & Ackerman, P. L. (1989). Motivation and cognitive abilities: An integrative/aptitude-treatment interaction approach to skill acquisition. *Journal of Applied Psychology, 74*, 657-690.

Kern, B. (1930). *Wirkungsformen der Übung.* Münster: Helios.

Klahr, D. & Dunbar, K. (1988). Dual space search during scientific reasoning. *Cognitive Science, 12*, 1-48.

Klauer, K. C., Kauf, H. & Sydow, H. (1994). Experimentelle Validierung eines Lernmodells für Kurzzeitlerntests. *Diagnostica, 40*, 124-142.

Klauer, K. C. & Sydow, H. (1992). Interindividuelle Unterschiede in der Lernfähigkeit. Zur Analyse von Lernprozessen bei Kurzzeit-Lerntests. *Zeitschrift für Differentielle und Diagnostische Psychologie, 13*, 175-190.

Klauer, K. J. (1964). Der Progressive-Matrizen-Test bei Volks- und Hilfsschulkindern. *Heilpädagogische Forschung, 1*, 13-37.

Klauer, K. J. (1978). Kontentvalidität. In K. J. Klauer (Hrsg.), *Handbuch der Pädagogischen Diagnostik*, (Bd. 1, S. 225-255). Düsseldorf: Schwann.

Klauer, K. J. (1984). Kontentvalidität. *Diagnostica, 30*, 1-23.

Klauer, K. J. (1987). *Kriteriumsorientierte Tests.* Göttingen: Hogrefe.

Klauer, K. J. (1989a). *Denktraining für Kinder I.* Göttingen: Hogrefe.

Klauer, K. J. (1989b). Paradigmatisches Training induktiven Denkens: Ergebnisse zweier Transferexperimente. *Zeitschrift für Pädagogische Psychologie, 3*, 249-258.

Klauer, K. J. (1993). Learning potential testing: the effect of retesting. In J. H. M. Hamers, A. J. J. M. Ruijssenaars & K. Sijtsma (Eds.), *Learning Potential Assessment. Theoretical, methodological and practical issues*, (pp. 135-152). Amsterdam: Swets & Zeitlinger.

Klauer, K. J. (1996). Begünstigt induktives Denken das Lösen komplexer Probleme? *Zeitschrift für Experimentelle Psychologie, 43*, 58-113.

Klaus, G. & Buhr, M. (1974). *Philosophisches Wörterbuch*. Leipzig: Bibliographisches Institut.

Klein, S. (1975). Lernfähigkeitsdiagnostik mit Hilfe von Unterrichtsmaschinen. *Probleme und Ergebnisse der Psychologie, 51*, 55-61.

Kliegl, R. & Baltes, P. B. (1987). Theory-guided analysis of development and aging mechanisms through testing-the limits and research on expertise. In C. Schooler & K. W. Schaie (Eds.), *Cognitive functioning and social structures over the life course*, (pp. 95-119). Norwood: Ablex.

Klix, F. (1980). *Erwachendes Denken*. Berlin: Deutscher Verlag der Wissenschaften.

Klix, F. (1983). Begabungsforschung - ein neuer Weg in der kognitiven Intelligenzdiagnostik. *Zeitschrift für Psychologie, 191*, 360-387.

Klix, F. (1984a). Denken und Gedächtnis über Wechselwirkungen kognitiver Kompartments bei der Erzeugung geistiger Leistungen. *Zeitschrift für Psychologie, 192*, 213-244.

Klix, F. (Hrsg.). (1984b). *Gedächtnis, Wissen, Wissensnutzung*. Berlin: Deutscher Verlag der Wissenschaften.

Klix, F. (1984c). Über Wissensrepräsentation im menschlichen Gedächtnis. In F. Klix (Hrsg.), *Gedächtnis, Wissen, Wissensnutzung*, (S. 9-73). Berlin: Deutscher Verlag der Wissenschaften.

Klix, F. (1992). *Die Natur des Verstandes*. Göttingen: Hogrefe.

Klix, F. (1996). Lernen und Denken. In J. Hoffmann & W. Kintsch (Hrsg.), *Enzyklopädie der Psychologie: Themenbereich C Theorie und Forschung, Serie II Kognition, Band 7 Lernen*, (S. 529-582). Göttingen: Hogrefe.

Klix, F. & Lander, H. J. (1967). Die Strukturanalyse von Denkprozessen als Mittel der Intelligenzdiagnostik. In F. Klix, W. Gutjahr & J. Mehl (Hrsg.), *Intelligenzdiagnostik*, (S. 245-271). Berlin: Deutscher Verlag der Wissenschaften.

Klix, F. & Pötzschke, D. (1980). *Zur Formalisierung analoger Schlußweisen*. Berlin: Unveröffentlichter Forschungsbericht des ZKI der AdW Berlin.

Klix, F. & Sydow, H. (1977). *Zur Psychologie des Gedächtnisses*. Bern: Huber.

Klix, F. & van der Meer, E. (1978). Analogical reasoning - an approach to cognitive microprocesses as well as to intelligence performances. *Zeitschrift für Psychologie, 186*, 39-47.

Klix, F., van der Meer, E. & Preuß, M. (1984). Semantische Relationen: Erkennungsaufwand und psychophysiologische Reaktionstendenzen. In F. Klix (Hrsg.), *Gedächtnis, Wissen, Wissensnutzung*, . Berlin: Deutscher Verlag der Wissenschaften.

Kluwe, R. H., Schilde, A., Fischer, C. & Oellerer, N. (1991). Problemlöseleistungen beim Umgang mit komplexen Systemen und Intelligenz. *Diagnostica, 37*, 291-313.

Kohler, A. & Schneider, J. F. (1995). Einfluß der Kenntnis der Gruppennorm auf die Beantwortungszeit von Persönlichkeitsfragenbogen-Items. *Arbeiten der Fachrichtung Psychologie, Universität des Saarlandes, 179.*

Kohn-Schächter, A. (1926). Der Zahlenreihentest - Untersuchungen über das arithmetische Denken 12 - 14jähriger Knaben. *Zeitschrift für angewandte Psychologie, 26,* 369-439.

Kondakow, N. I. (1983). *Wörterbuch der Logik.* Leipzig: Bibliographisches Institut.

Kormann, A. (1979). Lerntests - Versuch einer kritischen Bestandsaufnahme. In L. H. Eckensberger (Hrsg.), *Bericht über den 31. Kongreß der Deutschen Gesellschaft für Psychologie in Mannheim 1978,* (Bd. 2, S. 85-95). Göttingen: Hogrefe.

Kornmann, R., Meister, H. & Schlee, J. (Hrsg.). (1983). *Förderungsdiagnostik. Konzept und Realisierungsmöglichkeiten.* Heidelberg: Schindele.

Kosslyn, S. M. (1981). The medium and the message in mental imagery: A theory. *Psychological Review, 88,* 46-66.

Kotovsky, K. & Simon, H. A. (1973). Empirical tests of a theory of human aquisition of concepts for sequential patterns. *Cognitive Psychology, 4,* 399-424.

Kramer, J. (1985). *Kramer-Test: Revision. 1972.* Solothurn: Antonius.

Kratzmeier, H. & Horn, R. (1987). *RAVEN-Matrizen-Test. Standard Progressive Matrices.* (2., erweiterte und überarbeitete Aufl.). Weinheim: Beltz.

Krause, B. (1985). Zum Erkennen rekursiver Regularitäten. *Zeitschrift für Psychologie, 193,* 71-86.

Kreuzig, H. W. (1983). Intelligenz als Prädiktor für Problemlösen. In D. Dörner, H. W. Kreuzig, F. Reither & T. Stäudel (Hrsg.), *Lohhausen. Vom Umgang mit Unbestimmtheit,* (S. 302-328). Bern: Huber.

Kubinger, K. (Hrsg.). (1988). *Moderne Testtheorie.* Weinheim: Psychologie Verlags Union.

Kubinger, K. D. (1986). Adaptive Intelligenzdiagnostik. *Diagnostica, 32,* 330-344.

Kubinger, K. D. (1993). Testtheoretische Probleme der Computerdiagnostik. *Zeitschrift für Arbeits- und Organisationspsychologie, 37,* 130-137.

Kubinger, K. D. & Farkas, M. G. (1991). Die Brauchbarkeit der Normen von Papier-Bleistift-Tests für die Computer-Vorgabe: Ein Experiment am Beispiel der SPM von Raven als kritischer Beitrag. *Zeitschrift für Differentielle und Diagnostische Psychologie, 12,* 257-266.

Kubinger, K. D. & Wurst, E. (1985). *Adaptives Intelligenzdiagnostikum (AID).* Weinheim: Beltz.

Kühn, R. (1987). Welche Vorhersagen des Schulerfolges ermöglichen Intelligenztests? Eine Analyse gebräuchlicher Verfahren. In R. Horn, K. H. Ingenkamp & R. S. Jäger (Hrsg.), *Tests und Trends,* (Bd. 6, S. 26-65). München: Psychologie Verlags Union.

Kukla, F. (1981). Gestörte Informationsverarbeitung Schizophrener bei der Erkennung semantischer Beziehungen zwischen Begriffen. *Zeitschrift für Psychologie, 189*, 269-288.

Kukla, F. (1984). Pathologisch veränderte Gedächtnistätigkeit. In F. Klix (Hrsg.), *Gedächtnis, Wissen, Wissensnutzung*, (S. 173-206). Berlin: Deutscher Verlag der Wissenschaften.

Kyllonen, P. C. & Christal, R. E. (1990). Reasoning ability is (little more) than working memory capacity?! *Intelligence, 14*, 389-433.

Leeuwenberg, E. & Buffart, H. (1983). An outline of coding theory. In H. G. Geißler (Ed.), *Modern issues in perception*, (pp. 25-47). Amsterdam: North-Holland.

Lehrl, S. (1977). *Mehrfachwahl-Wortschatz-Intelligenztest (MWT-B)*. Erlangen: Perimed-Verlag Straub.

Lehrl, S. (1995). *Mehrfach-Wortschatz-Intelligenztest*. Göttingen: Hogrefe.

Leib, R. & Buttler, J. (1989). *Beitrag zur Normierung des computergestützten adaptiven Lerntests AZAFO*. Unveröffentlichte Diplomarbeit, Universität Leipzig, Fachbereich Psychologie, Leipzig.

Leutner, D. & Schrettenbrunner, H. (1989). Entdeckendes Lernen in komplexen Realitätsbereichen: Evaluation des Computer-Simulationsspiels "Hunger in Nordafrika". *Unterrichtswissenschaft, 17*, 327-341.

Lidz, C. S. (Ed.). (1987). *Dynamic Assessment: An interactional approach to evaluating learning potential*. New York: Guilford Press.

Lidz, C. S. (1991). *Practitioner's Guide to Dynamic Assessment*. New York, London: Guilford Press.

Lienert, G. A. (1989). *Testaufbau und Testanalyse*. (4. Aufl.). München: Psychologie Verlags Union.

Lienert, G. A. & Leuchtmann, T. (1958). Die Möglichkeiten einer Kurzform des IST Amthauers. *Psychologie und Praxis, 2*, 177-182.

Lindworsky, J. (1916). *Das schlußfolgernde Denken. Experimentell-psychologische Untersuchungen*. Freiburg i.Br.: Herdersche Verlagsbuchhandlung.

Lompscher, J. (Hrsg.). (1972). *Theoretische und experimentelle Untersuchungen zur Entwicklung geistiger Fähigkeiten*. Berlin: Volk und Wissen.

Mandl, H. & Spada, H. (Hrsg.). (1988). *Wissenspsychologie*. Weinheim: Psychologie Verlags Union.

Maschke, P. (1989). Die Bearbeitungszeit von Persönlichkeitsfragebogen in der Eignungsauswahl: Ein Indikator für Verfälschung? *Zeitschrift für Differentielle und Diagnostische Psychologie, 10*, 121-127.

Masendorf, F. & Klauer, K. J. (1986). Gleichheit und Verschiedenheit als kognitive Kategorien: Experimentelle Überprüfung durch ein Intelligenztraining bei lernbehinderten Kindern. *Entwicklungspsychologie und Pädagogische Psychologie, 23*, 46-55.

Meijer, J. (1996). *Learning potential and fear of failure*. Amsterdam: Bauer.

Meili, R. & Rohracher, H. (Hrsg.). (1963). *Lehrbuch der experimentellen Psychologie*. Bern: Huber.

Meißner, R. (1983). *Analoge Schlußprozesse, eine entwicklungspsychologische Analyse*. Unveröffentlichte Dissertation, Humboldt Universität Berlin, Berlin.

Mentschinskaja, N. A. (Hrsg.). (1974). *Besonderheiten des Lernens zurückbleibender Schüler*. Berlin: Volk und Wissen.

Messer, S. B. (1976). Reflection - impulsivity. A review. *Psychological Bulletin, 83*, 1026-1053.

Minick, N. (1987). Implications of Vygotsky`s theories for dynamic assessment. In C. S. Lidz (Ed.), *Dynamic Assessment: An interactional approach to evaluating learning potential*, (pp. 116-140). New York: Guilford Press.

Moosbrugger, H. & Zistler, R. (1993). Wie befreit man die Itemtrennschärfe von den Zwängen der Itemschwierigkeit? Das SPS-Verfahren. *Diagnostica, 39*, 22-43.

Müller, H., Funke, J., Fahnenbruck, G. & Rasche, B. (1987). Über die Auswirkungen verschiedener Aktivitätsanforderungen auf Wissen und Können im Kontext dynamischer Systeme. *Berichte aus dem Psychologischen Institut der Universität Bonn, 13*.

Müller, K.-H. (1979). *Überprüfung verschiedener Meßmodelle und Verfahrensvarianten für die objektive Schulleistungsermittlung*. Unveröffentlichte Dissertation, Universität Leipzig, Leipzig.

Müller, K.-H. (1978). Überprüfung verschiedener Ansätze für pädagogisch-psychologische Schulleistungsmeßverfahren im Bereich der Mathematik (POS 6. Klasse, "Gebrochene Zahlen"). In G. Clauss, J. Guthke & G. Lehwald (Hrsg.), *Psychologie und Psychodiagnostik lernaktiven Verhaltens*, (S. 96-102). Berlin: Gesellschaft für Psychologie der DDR.

Nagler, B. (1995). *Zum Einsatz von computergestützten Lerntests. Ein Vergleich von Lern-und Statustestdaten im Zusammenhang mit Basiskomponenten der Intelligenz und außerintellektuellen Kriterien im stationären Bereich einer Thüringer Jugendhilfeeinrichtung*. Unveröffentlichte Diplomarbeit, Universität Leipzig, Fachbereich Psychologie, Leipzig.

Nährer, W. (1986). *Geschwindigkeit und Güte als Dimensionen kognitiver Leistungen*. Berlin: Springer.

Neher, K. M. (1996). *Frühdiagnostik dementieller Erkrankungen*. Berlin: Arno Spitz.

Neisser, U. (1974). *Kognitive Psychologie*. Stuttgart: Huber.

Neubauer, A. (1995). *Intelligenz und Geschwindigkeit der Informationsverarbeitung.* Wien: Springer.

Neubauer, G. P. (1995). Die Brauchbarkeit lösbarer Syllogismen als Testitems. *Zeitschrift für Differentielle und Diagnostische Psychologie, 16,* 164-176.

Newell, A. & Simon, H. A. (1972). *Human problem solving.* Englewood Cliffs, NJ: Prentice Hall.

Oberauer, K. (1993). Die Koordination kognitiver Operationen- eine Studie über die Beziehung zwischen Intelligenz und "working memory". *Zeitschrift für Psychologie, 201,* 57-84.

Oberauer, K. & Süß, H. M. (1995). *Working Memory Starship.* Programmdokumentation [Unveröffentlichte Programmbeschreibung]: Universität Mannheim.

Oberauer, K., Süß, H. M., Schulze, R., Wilhelm, O. & Wittmann, W. W. (1996). *Working memory capacity-facets of a cognitve ability construct* (Berichte des Lehrstuhls 7). Mannheim: Universität Mannheim, Lehrstuhl Psychologie II.

Opwis, K. & Spada, H. (1985). Erwerb und Anwendung von Wissen über ökologische Systeme. In D. Albert (Hrsg.), *Bericht über den 34. Kongreß der DGfPs in Wien 1984,* (S. 285-260). Göttingen: Hogrefe.

Orlik, P. (1978). Soziale Intelligenz. In K. J. Klauer (Hrsg.), *Handbuch der Pädagogischen Diagnostik,* (Bd. 2, S. 341-355). Düsseldorf: Schwann.

Oswald, W. D. & Roth, E. (1978). *Der Zahlenverbindungstest (ZVT).* Göttingen: Hogrefe.

Pascual-Leone, J. & Baillargeon, R. (1994). Developmental measurement of mental attention. *International Journal of Behavioral Development, 17,* 161-200.

Paulhus, D. L. & Martin, C. L. (1987). The structure of personality capabilities. *Journal of Personality and Social Psychology, 52,* 88-101.

Pellegrino, J. W. & Glaser, R. (1982). Analyzing aptitudes for learning: Inductive reasoning. In R. Glaser (Ed.), *Advances in instructional psychology,* (Vol. 2, pp. 269-345). Hillsdale, NJ: Lawrence Erlbaum.

Pennings, A. H. & Hessels, M. G. P. (1996). The measurement of mental attentional capacity: A Neo-Piagetian developmental study. *Intelligence, 23,* 59-78.

Perleth, C. & Sierwald, W. (1996). Stabilität und Veränderung in einem zweidimensionalen Intelligenzstrukturmodell – Ein Beitrag zur psychometrischen Intelligenzforschung. In A. Schorr (Hrsg.), *Experimentelle Psychologie,* (S. 240-241). Lengerich: Pabst.

Petermann, F. (1978). *Veränderungsmessung.* Stuttgart: Kohlhammer.

Piaget, J. (1975). *Das Erwachen der Intelligenz beim Kinde.* Stuttgart: Klett.

Plomin, R. & DeFries, J. C. (1980). Genetics and intelligence – Recent data. *Intelligence, 4,* 15-24.

Posner, M. I. & Mitchell, R. F. (1967). Chronometric analysis of classification. *Psychological Review, 74*, 392-409.

Posner, M. I. & Rafal, R. D. (1987). Cognitive theories of attention and the rehabilitation of attential deficits. In M. J. Meier, A. L. Benton & L. Diller (Eds.), *Neuropsychological rehabilitation*, (pp. 182-201). New York: Guilford Press.

Preuß, M. (1985). *Experimente über Relationserkennung im menschlichen Gedächtnis.* Unveröffentlichte Dissertation, Humboldt Universität, Fachbereich Psychologie, Berlin.

Probst, H. (1981). *Zur Diagnostik und Didaktik der Oberbegriffsbildung.* Solms-Oberbiel: Jarick.

Ptucha, J. (1994). Kognitive Operationen beim Fortsetzen von Zahlenfolgen. *Zeitschrift für Psychologie, 202*, 253-274.

Putz-Osterloh, W. (1981). Über die Beziehungen zwischen Testintelligenz und Problemlöseerfolg. *Zeitschrift für Psychologie, 189*, 79-100.

Putz-Osterloh, W., Bott, B. & Houben, I. (1988). Beeinflußt Wissen über ein realitätsnahes System dessen Steuerung? *Sprache & Kognition, 7*, 240-251.

Putz-Osterloh, W. & Lüer, G. (1981). Über die Vorhersagbarkeit komplexer Problemlöseleistungen durch Ergebnisse in einem Intelligenztest. *Zeitschrift für Experimentelle und Angewandte Psychologie, 28*, 309-334.

Räder, E. (1988). *Entwicklung eines computergestützten fehlerorientiert-adaptiven und kontentvaliden Lerntests für schlußfolgerndes Denken im figural-anschaulichen Bereich.* Unveröffentlichte Dissertation, Karl-Marx-Universität, Fachbereich Psychologie, Leipzig.

Radfort, J. (1966). Verbalisation effects in a „non-verbal" intelligence test. *British Journal of Educational Psychology, 36*, 33-38.

Räker, A. (1997). *Dynamisches Testen bei Apoplexiepatienten in der Rehabilitationphase. Entwicklung und Erprobung eines kognitiven Trainingsprogrammes zum schlußfolgernden Denken.* Unveröffentlichte Diplomarbeit, Institute für Psychologie, Universität Leipzig, Leipzig.

Rao, C. R. (1973). *Linear statistical inference and its applications.* New York: Wiley.

Raven, J. C. (1956). *The Standard Progressive Matrices.* London: Lewis.

Raven, J. C. (1965). *Advanced Progressive Matrices. Sets I and II. Plan and use of the scale with a report of experimental work.* London: Lewis.

Raven, J. C. (1976). *The Coloured Progressive Matrices.* London: Lewis.

Reichert, U. & Dörner, D. (1988). Heurismen beim Umgang mit einem "einfachen" dynamischen System. *Sprache & Kognition, 7*, 12-24.

Revecz, G. (1930). Prüfung der rechnerischen Fähigkeit und Fertigkeit an Schülern der höchsten Klasse der Grundschule. *Zeitschrift für angewandte Psychologie, 36*, 104-205.

Riemann, R. (1991). Fähigkeitskonzeption von Persönlichkeit: Chancen für die Eig-
nungsdiagnostik. In H. Schuler & U. Funke (Hrsg.), *Eignungsdiagnostik in
Forschung und Praxis*, (S. 249-252). Stuttgart: Verlag für angewandte
Psychologie.

Rips, L. J. (1983). Cognitive processes in propositional reasoning. *Psychological
Review, 90*, 38-71.

Rips, L. J. (1994). *The psychology of proof: Deductive reasoning in human thinking.*
Cambridge, MA: MIT Press.

Robertson, I. T. & Mindel, R. M. (1980). A study of trainability testing. *Journal of
Occupational Psychology, 53*, 131-138.

Roether, D. (1986). *Lernfähigkeit im Erwachsenenalter.* Leipzig: Hirzel.

Rosch, E. (1975). Cognitive Representation of semantic categories. *Journal of
Experimental Psychology, 104*, 192-233.

Rost, J. (1996). *Lehrbuch Testtheorie, Testkonstruktion.* Bern: Huber.

Roth, E. (1964). Die Geschwindigkeit der Verarbeitung von Information und ihr
Zusammenhang mit Intelligenz. *Zeitschrift für Experimentelle und Angewandte
Psychologie, 11*, 616-622.

Rubinstein, S. L. (1958). *Grundlagen der Allgemeinen Psychologie.* Berlin: Volk und
Wissen.

Rubinstein, S. L. (1961). *Das Denken und die Wege seiner Erforschung.* Berlin: Volk
und Wissen.

Rüdiger, D. (1978). Prozeßdiagnose als neueres Konzept der Lernfähigkeitsdiagnose.
In H. Mandl & A. Krapp (Hrsg.), *Schuleingangsdiagnose - Neue Modelle,
Annahme und Befunde*, (S. 66-83). Göttingen: Hogrefe.

Ruthe, P. (1919/20). Über mathematische Begabung, ihre Analyse und ihre Prüfung
bei 13jährigen begabten Volksschülern. *Zeitschrift für praktische Psychologie,
1*, 211-264.

Schaedli, R. (1961). Untersuchungen zur Verifikation von Meilis Intelligenzfaktoren.
Zeitschrift für experimentelle und angewandte Psychologie, 8, 211-264.

Scharnhorst, U. & Büchel, F. P. (1995). Teaching and evaluation of inductive
reasoning in nonretarded and mildly retarded students. In J. S. Carlson (Ed.),
*Advances in educational practice. European contributions to dynamic
assessment*, (pp. 209-240). Greenwich, CT: JAI Press.

Schmid, G. & Schoppek, W. (1989). *Validitäts- und Reliabilitätsaspekte bei der Computersimulation "Feuer".* Vortrag gehalten auf der 31. Tagung experimentell
arbeitender Psychologen, Bamberg.

Schmidt, F. L. & Hunter, J. E. (1983). Employment testing: Old theories and new
research findings. *American Psychologist, 36*, 1128 - 1137.

Schmidt, L. R. (1971). Testing the Limits im Leistungsverhalten: Möglichkeiten und Grenzen. In E. Duhm (Hrsg.), *Praxis der klinischen Psychologie*, (Bd. 2, S. 2-29). Göttingen: Hogrefe.

Schmidt-Atzert, L. & Deter, B. (1993). Die Vorhersage des Ausbildungserfolgs bei verschiedenen Berufgruppen durch Leistungstests. *Zeitschrift für Arbeits- und Organisationspsychologie, 37*, 191-196.

Schmidt-Atzert, L., Hommers, W. & Heß, M. (1995). Der I-S-T 70: Eine Analyse und Neubewertung. *Diagnsotica, 41*, 108-130.

Schneider, W. & Shiffrin, R. M. (1977). Controlled and automatic human information processing: I. detection, search, and attention. *Psychological Review, 84*, 1-66.

Scholz, G. (1980). *Untersuchung zur diagnostischen Relevanz der Lernphase in Lernfähigkeitstests im Chemieunterricht der 9. Klasse.* Unveröffentlichte Dissertation, Akademie der Pädagogischen Wissenschaften, Berlin.

Schröder, H. (1968). *Kombinierter Lern- und Intelligenztest (KLI 4-5).* Göttingen: Hogrefe.

Schuler, H. (1988). Berufseignungsdiagnostik. *Zeitschrift für Differentielle und Diagnostische Psychologie, 9*, 201-213.

Schuler, H. (1996). *Psychologische Personalauswahl.* Göttingen: Verlag für Angewandte Psychologie.

Schwarz, C. (1985). *Zur Spezifik von Erkennensprozessen bei mathematisch Hochbegabten.* Unveröffentlichte Dissertation, Humboldt-Universität, Berlin.

Schweizer, K. (1995). *Kognitive Korrelate der Intelligenz.* Göttingen: Hogrefe.

Seashore, H. G., Wesman, A. G. & Bennett, K. G. (1947). *Differential Aptitude Tests.* New York: The Psychological Corporation.

Sells, S. B. (1936). The atmosphere effect: An experimental study of reasoning. *Archives of Psychology, 100*, 1-72.

Sells, S. B. (1963). Dimensions of stimulus situations which account for behavior variances. In S. B. Sells (Ed.), *Stimulus determinations of behavior*, (pp. 3-15). New York: Ronalds Press.

Selz, O. (1935). Versuche zur Hebung des Intelligenzniveaus. *Zeitschrift für Psychologie, 134*, 236-301.

Shute, V. J., Glaser, R. & Raghavan, K. (1989). Inference and discovery in an exploratory laboratory. In P. L. Ackerman, R. J. Sternberg & R. Glaser (Eds.), *Learning and individual differences*, (pp. 279-326). New York: Freeman.

Shye, S. (1988). Inductive and deductive reasoning: A structural reanalysis of ability tests. *Journal of Applied Psychology, 73*, 308-311.

Simon, H. A. (1973). The structure of ill structured problems. *Artificial Intelligence, 4*, 189-201.

Simon, H. A. (1977). *Models of discovery.* Dodrecht, Holland: D. Reidel.

Simon, H. A. & Kotovsky, K. (1963). Human acquisition of concepts for sequential patterns. *Psychological Review, 70*, 534-546.

Simon, H. A. & Lea, G. (1974). Problem solving and rule induction: A unified view. In L. Gregg (Ed.), *Knowledge and Cognition*, (pp. 105-127). Hillsdale, NJ: Lawrence Erlbaum.

Sinha, M. (1968). The use of Raven's Progressive Matrices in India. *Indian Educational Review, 3*, 75-88.

Skyrms, B. (1975). *Choice and chance: An introduction to inductive logic*. Encino, CA: Dickenson Publishing Company.

Snijders, J. T. & Snijders-Oomen, N. (1958). *Snijders-Oomen: Nicht-verbale Intelligenz-Skala*. Groningen: Wolters-Noordhoff.

Snijders, J. T., Tellegen, P. J. & Laros, J. A. (1989). *Snijders-Oomen: Nicht-verbale Intelligenz-Skala (SON 5 1/2-17)*. Groningen: Wolters-Noordhoff.

Snow, R. E. & Lohman, D. (1989). Implications of cognitive psychology for educational measurement. In R. L. Linn (Ed.), *Educational Measurement*, (pp. 263-331). New York: Macmillan.

Spada, H. & Reimann, P. (1988). Wissensdiagnostik auf kognitionspsychologischer Basis. *Zeitschrift für Differentielle und Diagnostische Psychologie, 9*, 183-192.

Spada, H. & Wichmann, S. (1993). Kognitive Determinanten der Lernleistung. In F. E. Weinert (Hrsg.), *Enzyklopädie Pädagogische Psychologie, Bd. II: Psychologie des Lernens und der Instruktion*, (S. 119-152). Göttingen: Hogrefe.

Spearman, C. (1927). *The abilities of man: Their nature and measurement*. New York: Macmillan. [Reprinted: New York: AMS Publishers, 1981]

Spearman, C. (1946). The theory of general factor. *British Journal of Psychology, 36*, 117-131.

Stankov, L. (1983). Attention and intelligence. *Journal of Educational Psychology, 72*, 21-44.

Stankov, L. (1989). Attentional resources and intelligence. A disappearing link. *Personality and Individual Differences, 10*, 25-33.

Staudinger, U. M. & Baltes, P. B. (1996). Weisheit als Gegenstand psychologischer Forschung. *Psychologische Rundschau, 47*, 57-77.

Stein, H. (1989). *Bestimmung eines Komplexitätsmaßes für verbale Analogien zur Entwicklung eines fehlerorientierten adaptiven Lerntests*. Unveröffentlichte Diplomarbeit, Universität Leipzig, Fachbereich Psychologie, Leipzig.

Stein, H. (1993). *Zur Entwicklung und Erprobung eines adaptiven, computergestützten Kurzzeitlerntests mit verbalen Analogien*. Unveröffentlichte Dissertation, Universität Leipzig, Fachbereich Psychologie, Leipzig.

Stelzl, I. (1979). Ist der Modell-Test des Rasch-Modells geeignet, Homogenitätshypothesen zu überprüfen? Ein Bericht über Simulationsstudien mit inhomogenen Daten. *Zeitschrift für experimentelle und angewandte Psychologie, 26*, 652-672.

Stern, W. & Wiegmann, O. (1926). *Methodensammlung zur Intelligenzprüfung von Kindern und Jugendlichen.* Leipzig: Barth.

Sternberg, R. J. (1977). *Intelligence, information processing, and analogical reasoning: The componential analysis of human abilities.* Hillsdale, NJ: Lawrence Erlbaum.

Sternberg, R. J. (1982). Reasoning, problem soving, and intelligence. In R. J. Sternberg (Ed.), *Handbook of human intelligence,* (pp. 225-240). Cambridge: Cambridge University Press.

Sternberg, R. J. (1984). If at first you don't believe, try "tri" again. *The Behavioral and Brain Sciences, 7,* 304-312.

Sternberg, R. J. (1985). *Beyond IQ. A triarchic theory of human intelligence.* Cambridge: Cambridge University Press.

Sternberg, R. J. & Gardner, M. K. (1983). Unities in inductive reasoning. *Journal of Experimental Psychology, General 112,* 80-116.

Sternberg, R. J. & Rifkin, B. (1979). The development of analogical reasoning processes. *Journal of Experimental Child Psychology, 27,* 195-232.

Strauß, B. (1993). *Konfundierungen beim Komplexen Problemlösen.* Bonn: Holos.

Strauß, B., Hasselmann, D. & Hasselmann, G. (1993). Validitätsaspekte computergestützter Szenarian in der Managementdiagnostik. In A. Gebert & U. Winterfeld (Hrsg.), *Arbeits-, Betriebs- und Organisationspsychologie vor Ort. Bericht über die 34. Fachtagung der Sektion Arbeits-, Betriebs- und Organisationspsychologie im BDP,* (S. 530-540). Bonn: Deutscher Psychologen Verlag.

Strohschneider, S. (1986). Zur Stabilität und Validität von Handeln in komplexen Realitätsbereichen. *Sprache & Kognition, 5,* 42-48.

Strohschneider, S. (1991). Problemlösen und Intelligenz: Über die Effekte der Konkretisierung komplexer Probleme. *Diagnostica, 37,* 353-371.

Süllwold, F. (1964). *Das unmittelbare Behalten und seine denkpsychologische Bedeutung.* Göttingen: Hogrefe.

Süllwold, F. (1968). Intelligenz und Einstellung. *Psychologische Rundschau, 19,* 175-207.

Süllwold, F. (1987). Implizite Persönlichkeitstheorien. *Zeitschrift für experimentelle und angewandte Psychologie, 34,* 101-119.

Süllwold, F. (1996). *Untersuchungen zur prospektiven Phantasie.* Frankfurt am Main: Johann Wolfgang Goethe Universität, Institut für Psychologie.

Süß, H.-M. & Kersting, M. (1990). *Bedeutung und Erfassung von Wissen.* Vortrag gehalten auf dem 37. Kongreß der Deutschen Gesellschaft für Psychologie, Kiel.

Süß, H.-M., Kersting, M. & Oberauer, K. (1991). Intelligenz und Wissen als Prädiktoren für Leistungen bei computersimulierten komplexen Problemen. *Diagnostica, 37,* 334-352.

Süß, H.-M., Kersting, M. & Oberauer, K. (1993). Zur Vorhersage von Steuerungsleistungen an computersimulierten Systemen durch Wissen und Intelligenz. *Zeitschrift für Differentielle und Diagnostische Psychologie, 14*, 189-203.

Süß, H. M., Oberauer, K., Wittmann, W., Wilhelm, O. & Schulze, R. (1996). *Working memory capacity and intelligence: An integrative approach based on brunswik symmetrie* (Berichte des Lehrstuhles 7): Universität Lehrstuhl Psychologie II.

Sydow, H. & Meincke, J. (1991). *Programm zur Förderung des Denkens und der Wahrnehmung von drei- bis sechsjährigen Kindern.* Simbach/Inn: ZAK.

Tack, W. H. (1980). Zur Theorie psychometrischer Verfahren - Formalisierung der Erfassung von Situatonsabhängigkeit und Veränderung. *Zeitschrift für Differentielle und Diagnostische Psychologie, 1*, 87-106.

Tent, L. (1984). Intelligenz und Problemlösefähigkeit. Kommentar zu Dörner & Kreuzig. *Psychologische Rundschau, 35*, 152-153.

Tergan, S. O. (1988). Qualitative Wissensdiagnostik - Methodologische Grundlagen. In H. Mandl & H. Spada (Hrsg.), *Wissenspsychologie*, (S. 400-423). München/Weinheim: Psychologie Verlags Union.

Thorndike, E. L. (1924). *An introduction of the theory of mental and social measurements.* New York: Wiley.

Thurstone, L. L. (1938). *Primary mental abilities.* Chicago, IL: University of Chicago Press.

Thurstone, L. L. (1944). *A factorial study of perception.* Chicago: University of Chicago Press.

Thurstone, L. L. & Thurstone, T. G. (1941). *Factorial studies of intelligence.* Chicago, IL: University of Chicago Press.

Türke, W. (1981). *Zahlenfolgen, Kombinatorik, algebraische Strukturen* (Lehrmaterial zur Ausbildung an Instituten für Lehrerbildung). Potsdam: Wissenschaftlich-technisches Zentrum der Pädagogischen Hochschule.

Tzuriel, D. (1994). Assessment of learning potential and reflexivity – impulsivity dimension. *Newsletter of The International Center for the Enhancement of Learning Potential (ICELP), 2*, 15-17.

Tzuriel, D. & Klein, P. S. (1987). Assessing the young child: Children's analogical thinking modifiability. In C. Lidz (Ed.), *Dynamic Assessment*, (pp. 268-282). New York: Guilford.

Überla, K. (1977). *Faktorenanalyse.* Berlin: Springer.

Vahle, H. & Riehl, C. (1994). Lernprogramm Kombinatorik [unveröffentlichte Programmbeschreibung und Programm]. Leipzig: Universität Leipzig.

van der Meer, E. (1985). Über den anforderungsabhängigen Einsatz von begrifflichem und inferentiellem Wissen. *Zeitschrift für Psychologie, 193*, 87-116.

van der Meer, E. (1978). *Über das Erkennen von Analogien.* Unveröffentlichte Dissertation, Humboldt Universität, Berlin.

van der Vegt, J., Buffart, H. & van Leeuwen, C. (1989). The structural memory: A network model for human perception of serial objects. *Psychological Research, 50*, 211-222.

van Leeuwen, C. & Buffart, H. (1989). Faciliation of retrieval by perceptual structure. *Psychological Research, 50*, 202-210.

van Leeuwen, C., Buffart, H. & van der Vegt, J. (1988). Sequence influence on the organization of meaningless serial stimuli: Economy after all. *Journal of Experimental Psychology: Human Perception and Performance, 14*, 481-502.

Vernon, P. A. (1985). Individual differences in general cognitive ability. In L. C. Hartlage & C. F. Telzrow (Eds.), *The neuropsychology of individual differences*, (pp. 125-150). New York: Plenum Press.

Vernon, P. A. (1989). The generality of g. *Personality and Individual Differences, 10*, 803-804.

Vernon, P. A. (1992). *The neural efficiency model of intelligence. Handout.* Paper presented at the XXV. International Congress of Psychology, Brussels.

Vernon, P. A. (1993). Intelligence and neural efficiency. In D. K. Detterman (Ed.), *Current topics in human intelligence*, (Vol. 3, pp. 171-187). Norwood: Ablex.

von Kutschera, F. & Breitkopf, A. (1991). *Einführung in die moderne Logik.* (6. Aufl.). Freiburg: Karl Alber.

Wagner, R. K. (1987). Tacit knowledge in everyday intelligent behavior. *Journal of Personality and Social Psychology, 52*, 1236-1347.

Wagner, R. K. & Sternberg, R. J. (1986). Tacit knowledge and intelligence in the everyday world. In R. J. Sternberg & R. K. Wagner (Eds.), *Practical Intelligence. Nature and origins of competence in the everyday world*, (51-83). Cambridge: Cambridge University Press.

Walberg, H. J. & Tsai, S. L. (1983). Matthews effects in education. *American Educational Research Journal, 20*, 359-373.

Waldmann, M. R. & Weinert, F. E. (1990). *Intelligenz und Denken.* Göttingen: Hogrefe.

Weber, H. (1953). Untersuchungen über die Faktorenstruktur numerischer Aufgaben. *Zeitschrift für angewandte und experimentelle Psychologie*, 336-393.

Wechsler, D. (1956). *Die Messung der Intelligenz Erwachsener.* Bern: Huber.

Weinert, F. E. (1996). Wissen und Denken, *Jahrbuch der Bayerischen Akademie der Wissenschaften*, . München: Bayerische Akademie der Wissenschaften.

Weiß, R. & Osterland, J. (1980). *Grundintelligenztest CFT1*. (4. Aufl.). Braunschweig: Westermann.

Weiß, R. H. (1987). *Grundintelligenztest Skala 2. CFT 20*. Göttingen: Hogrefe.

Wertheimer, M. (1945). *Productive thinking*. New York: Harper.

White, P. O. (1973). Individual differences in speed, accuracy and persistence: A mathematical model for problem solving. In H. J. Eysenck (Ed.), *The measurement of intelligence*, (pp. 246-260). Lancaster: Medical and Technical Publ.

Whitley, S. E. (1980). Modeling aptitude test validity from cognitive components. *Journal of Educational Psychology, 72*, 750-769.

Wiedl, K. H. (1984). Lerntests: Nur Forschungsmittel und Forschungsgegenstand? *Zeitschrift für Entwicklungspsychologie und Pädagogische Psychologie, 16*, 245-281.

Wiedl, K. H. & Bethge, H. J. (1981). Zur Auswirkung regulationsfördernder Situationsveränderungen auf Intelligenzleistung und Blickverhalten kognitiv impulsiver Kinder. *Zeitschrift für Entwicklungspsychologie und Pädagogische Psychologie, 13*, 127-141.

Wiedl, K. H. & Carlson, J. S. (1976). The factorial structure of the Raven Coloured Progressive Matrices Test. *Educational and Psychological Measurement, 36*, 409-413.

Wiedl, K. H. & Herrig, D. (1978). Ökologische Validität und Schulerfolgsprognose im Lern- und Intelligenztest: Eine exemplarische Studie. *Diagnostica, 24*, 175-186.

Wiegmann, O. (1929). Beiträge zur Methodologie der Intelligenzprüfung. *Zeitschrift für angewandte Psychologie, 32*, 1-101.

Wild, B. (1989). Neue Erkenntnisse zur Effizienz des "tailored"-adaptiven Testens. In K. D. Kubinger (Hrsg.), *Moderne Testtheorie*, (S. 179-186). Weinheim: Beltz.

Wilhelm, O. & Conrad, W. (in Druck). Entwicklung und Erprobung von Tests zur Erfassung des logischen Denkens. *Diagnostica*.

Winkelmann, W. (1975). *Testbatterie zur Erfassung kognitiver Operationen (TEKO)*. Braunschweig: Westermann.

Wittmann, W. W. (1990). Brunswik-Symmetrie und die Konzeption der Fünf-Datenboxen - Ein Rahmenkonzept für umfassende Evaluationsforschung. *Zeitschrift für Pädagogische Psychologie, 4*, 241-251.

Wittmann, W. W. & Matt, G. E. (1986). Aggregation und Symmetrie. Grundlage einer multivariaten Reliabilitäts und Validitätstheorie, dargestellt am Beispiel der differentiellen Validität. *Diagnostica, 32*, 309-329.

Wittmann, W. W. & Süß, H.-M. (1996, 22.-26. September). *Intelligenz, Wissen und Handeln: Auf der Suche nach der operativen Intelligenz*. Vortrag gehalten auf dem 40. Kongreß der Deutschen Gesellschaft für Psychologie, München.

Wittmann, W. W., Süß, H. M., Oberauer, K., Schulze, R. & Wilhelm, O. (1995). *Der Zusammenhang von Arbeitsgedächtniskapazität und Konstruktion der Intelligenzforschung.* Zwischenbericht DFG - Projekt (unveröff.).

Wolfram, H., Neumann, J. & Wieczorek, N. (1986). *Psychologische Leistungstests in der Neurologie und Psychiatrie.* (2. überarbeitete Aufl.). Leipzig: Thieme.

Woodrow, H. (1946). The ability to learn. *Psychological Review, 53*, 147-158.

Woodworth, R. S. & Sells, S. B. (1935). An atmosphere effect in formal syllogistic reasoning. *Journal of Experimental Psychology, 18*, 451-460.

Wygotski, L. S. (1964). *Denken und Sprechen (russ. 1934).* Berlin: Akademie-Verlag.

Yee, P. L., Hunt, E. & Pellegrino, J. W. (1991). Coordination cognitive information: task effects and individual differences in integrating information from several sources. *Cognitive Psychology, 23*, 615-680.

Zimmermann, D. & Williams, R. (1977). The theory of test validity and correlated errors of measurement. *Journal of Mathematical Psychology, 16*, 135-166.

Zimmermann, W. (1987). Prozeßdiagnostik prosozial-kooperativer Lernfähigkeit. Frankfurt/M.: Athenäum Verlag.

Zistler, R. & Moosbrugger, H. (1994). *ANALIT. Programmbeschreibung (und Programm).* Frankfurt/Main: Johann-Wolfgang-Goethe-Universität, Institut für Psychologie.

Zubin, J. (1950). Symposion on statistics for the clinician. *Journal of Clinical Psychology, 6*, 1-6.

Sachwortregister

Psychologische Diagnostik

Jürgen Guthke / Karl Heinz Wiedl

Dynamisches Testen

*Theoretische Grundlagen und Anwendungsfelder
einer neuen Untersuchungsstrategie in der
Psychodiagnostik*
1996, XIV/456 Seiten, geb., DM 98,– / sFr. 92,–
öS 715,– • ISBN 3-8017-0381-9

Die psychologische Praxis wird heute vornehmlich durch sogenannte Einpunktmessungen mit einer Erhebung des gegenwärtigen Status charakterisiert. In diesem Buch wird erstmalig eine umfassende Übersicht über alternative Teststrategien gegeben, bei denen »intraindividuelle Variabilität« erfaßt werden soll. Forscher und Praktiker finden in diesem Band wertvolle Informationen über den Nutzen dieses Vorgehens im Rahmen der klinischen, pädagogischen und berufsbezogenen Diagnostik.

Hermann-Josef Fisseni

Lehrbuch der psychologischen Diagnostik

Mit Hinweisen zur Intervention
2., überarb. und erw. Auflage 1997, XVIII/550 S.
DM 79,– / sFr. 69,– / öS 577,– • ISBN 3-8017-0982-5

Die Überarbeitung des bewährten »Lehrbuches der psychologischen Diagnostik« erläutert Eigenart und Aufgabenfelder von Diagnostik und Intervention. Es informiert über diagnostisches Basiswissen und beschreibt spezielle Einzelverfahren und deren Verwendung. Schließlich wird eine Vielfalt diagnostischer Einzelfragen, wie z.B. ethische Implikationen diagnostischer oder interventiver Tätigkeit, diskutiert bevor im letzten Abschnitt Beispiele integrativer multimethodaler Diagnostik vorgestellt werden.

Heinrich Wottawa / Rüdiger Hossiep

Anwendungsfelder psychologischer Diagnostik

1997, 333 Seiten, DM 59,– / sFr. 51,– / öS 431,–
ISBN 3-8017-1043-2

Dieses Buch ermöglicht es sowohl Studierenden als auch praktisch tätigen Psychologen, sich in kompakter Form einen Überblick über die Nutzung psychologischer Diagnostik zu verschaffen. Das Buch stellt fünfzehn verschiedene Anwendungsfelder psychologischer Diagnostik dar. Jedes Gebiet wird im Hinblick auf seine gesellschaftliche Relevanz, die wichtigsten diagnostischen Fragestellungen, die wissenschaftlichen Grundlagen für den Einsatz psychologischer Diagnostik und die auf dieser Basis erarbeiteten Verfahren sowie die praktische Umsetzung der Befunde diskutiert.

Diagnostica

*Zeitschrift für Psychologische Diagnostik
und Differentielle Psychologie*
Erscheint seit 1955, vierteljährlich, Abonnementpreis
DM 98,– / sFr. 93,–; Einzelheft DM 29,–
sFr. 29,– / öS 212,– • ISSN 0012-1924

Die *Diagnostica* ist die unverzichtbare Zeitschrift für den diagnostisch arbeitenden Psychologen, der über die Gültigkeit und die Anwendungsbereiche diagnostischer Verfahren und Methoden stets informiert und auf dem neuesten Stand sein will. Diagnostiker und Testanwender finden neben Beiträgen zu aktuellen Themen der differentiellen und diagnostischen Psychologie wertvolle Informationen zu bewährten und neuentwickelten Testverfahren. Durch Diskussionen und Erfahrungsberichte über einzelne Methoden trägt die *Diagnostica* zur Entwicklung auf dem Gebiet der psychologischen Diagnostik bei.

 Hogrefe - Verlag für Psychologie
Rohnsweg 25, 37085 Göttingen • Tel. 0551/49609-0 • http://www.hogrefe.de